화엄세계 안에서의
지혜와 자비

화엄세계 안에서의 지혜와 자비

펴낸곳/이문출판사
(변경등록:1994. 6. 3. 제7-20호)
발행인/지경원
지은이/안형관 · 전영숙 편저

초판 발행/2010년 4월 29일

주소/704-306 대구시 달서구 진천동 581-3
/122-010 서울 마포구 성산동 114-15
전화/02) 359-8250, 053) 624-3113
팩스/02) 359-8251

값 24,000 원

ISBN 978-89-7334-130-8 93220

화엄경 묵상 제3권

화엄세계 안에서의
지혜와 자비

안형관 · 전영숙 편저

이문출판사

머리말

우리가 사는 이 시대에 절실히 요청되는 것이 있다면 그것은 바로 회향심일 것이다. 회향이란 스스로 쌓은 선근 공덕을 다른 사람에게 돌려 모두 다함께 불과(佛果)를 성취하려는 마음이다. 그러나 현대인의 철저한 자기중심적 사고와 극단적인 이기주의는 관계의 단절을 초래하고, 그로 인해 다른 사람에게 향하는 회향심이 실종되었다고 해도 과언이 아니다.

오늘날 괄목할만한 과학기술의 발달과 경제적인 풍요에도 불구하고 우리는 여전히 지구상의 전쟁과 가난을 극복하지 못하고 있다. 후기 산업사회, 신자유주의는 생태계의 파괴를 더욱 가속화하고, 국가간의 갈등과 종교간의 대립 또한 후손에게 물려줄 과제가 되고 있다. 날로 심해지는 빈부격차와 가치관의 변화에서 오는 혼돈과 무질서 속에서 사회의 가장 작은 단위인 가족공동체마저 해체되고 붕괴되는 위기에 직면하고 있다. 문명이 주는 혜택만큼이나 우리가 겪는 불안과 위기도 심각해지고 있다. 어느 한 쪽의 개발은 다른 곳이 병들게 되는 원인이 되기도 한다. 가족이나 개인의 문제에 있어서도 마찬가지이다. 눈에 보이는 양적 발전에 치중하면 할수록 정신적으로는 더욱 메마르고 황폐해질 우려가 크기 때문이다.

인간이 쏘아 올린 인공위성은 거대한 우주를 탐사할 뿐 아니라, 우리가 사는 지구의 한 작은 마을의 골목길까지도 상세하게 관찰할 수 있는 기능을 가졌다. 그러나 그런 뛰어난 기술도 이웃과 가족의 마음을 배려

하고 자신의 마음을 성찰하는 능력을 주지는 못한다. 게놈 지도를 밝혀내고 생명을 복제하는 경악할만한 기술도 깨달음의 길을 밝혀내지는 못하고 인간의 마음에 사랑과 자비를 심어주지는 못하고 있다. 결국 마음의 문제는 스스로 해결해야할 과제이다.

폭력과 갈등, 그리고 빈곤과 소외에 직면한 우리가 배우고 실천해야 할 것은 무엇일까? 나 혼자만이 아니라 우리 모두가 인간답게 살고 다함께 깨달음의 길로 나아갈 수 있는 길은 무엇일까? 그것은 아마 사랑과 자비를 회향하는 마음이라 말할 수 있을 것이다. 척박해진 관계를 회복하고, 진정한 자신의 존재를 깨닫기 위한 지혜를 얻는 것은 이제 절실한 과제가 되었다. 인간의 한계를 극복하기 위해서는 결국 가장 인간다워지는 것, 인간의 본성을 깨닫는 것이 아닐까. 우리는 이에 대한 해답을 『화엄경』에서 찾고자 한다. 화엄사상에서 종교간, 계층간, 인종간, 국가나 민족간의 갈등을 넘어 평화로 나아갈 수 있는 지혜를 얻을 수 있기 때문이다.

『화엄경』은 부처님의 깨달음의 경지를 설한 대승경전이다. 중생이 발심하여 깨달음의 경지에 이를 수 있도록 깨달음의 단계를 제시하면서 친절하게 우리를 안내하고 있다. 그 과정이 보살도이고, 그 길을 가는 사람이 보살이다. 보살은 이상적인 구도자로서, 우리가 어떻게 살아야 하고 어떻게 수행해야 하는지를 보여주고 있다. 특히 본서에서 주로 다루고 있는 「십회향품」에서는 자신의 모든 선근을 돌려 회향하는 보살의 모습을 여실히 보여주고 있다. 이 품을 통하여 보살이 깨달음을 추구하면서 한편 중생제도의 방편으로 이웃에게 어떻게 사랑과 자비를 베푸는지를 배울 수 있을 것이다.

'선우회'와 함께 『화엄경』을 읽고 음미하는 일은 어느덧 일상이 되었다. 부처님 가르침을 새기며 실천하려 애쓰고, 문제에 부딪칠 때마다 부처님께서 무어라 하실까 귀 기울이게 되었다. 부처님은 바로 내 옆에서 나를 이끌어주시는 스승이시다. 때론 따뜻한 목소리로 어루만져주시다가, 때론 준엄한 계율로 꾸짖으신다. 또 미련한 내가 알아듣지 못할까봐 열 번이고 백 번이고 수 없이 많은 비유를 들어 자상하게 설명해주신다. 진정한 평화와 자유를 얻을 수 있도록 해탈의 과정을 친절하게 안내하고 있다. 이것이 우리가 만난『화엄경』이다.

이 책에서 다루고 있는 『화엄경』은 80화엄으로 7처 9회 39품으로 이루어진 방대한 경전이다. 화엄경 묵상 제1권에서 제1 보리장회(1-6품)와 제2 보광명전(7-12품)을, 제2권에서는 제3 도리천궁회(13-18품)와 제4 야마천궁회(19-22품)를, 본서의 제3권에서는 제5 도솔천궁회(23-25회)의 경문을 가려 뽑아 일상의 삶에 비추어 함께 음미하였다. 이 책은 2,500여 년 전 부처님의 가르침을 지금 여기에서 듣고, 생활 속에서 그 가르침을 실천하고자 하는 노력의 산물이다. 특히 나눔 부분은 경구를 묵상하고 음미하는 과정에서 생생한 체험과 연결시켜 주고받은 자유로운 대화의 기록으로, 경을 읽으면서 자신을 돌아보는 계기로 삼을 수 있을 것이다.

이러한 시도는 화엄경 공부모임인 '선우회'를 통하여 꾸준히 조금씩 실천되고 있다. '선우회'는 『화엄경』을 통하여 부처님 말씀을 직접 듣는 공부모임이다. 종교와 종파의 경계를 넘어서 화엄세계 안에서 도반으로서 함께 구도의 길을 걸어가는 사람들의 진솔한 만남이다. 가르침을 직접 읽고, 그 의미를 새기며, 명상을 통해 깨달음의 경지로 나아가고자 하는 참으로 소중한 구도적인 인연이 아닐 수 없다. 선우들과 함께 한없이 넓고 아름다운 화엄의 세계에서 마음껏 뛰놀고 안기며 호흡하는 과정에서 이 책을 출판할 수 있게 되었다. 함께 경전을 읽고 뜻을 새기며,

자신의 기쁨과 슬픔을 나누고, 서로 격려하며 구도의 길을 걸었던 선우—가산(김숙향) · 지혜(김외옥) · 청안(김진혁) · 아정(김정옥) · 혜등(서영애) · 선정(정경옥) · 해인(은영지) · 청아(김정희) · 다정(이선지) · 심전(정기언) · 무아(한혜순) · 보시(김경숙) · 이행(권성애) · 해청(방근배) · 자비(노은화) · 우창(홍동식) · 바라밀(윤지연) · 나라연(김명화) · 무염해(박영남) · 백련성(김영희) · 서은란 · 예진(함명숙) · 애어(채민아) · 원(최재순) · 지(김지현) · 동사(서운희)—들, 영어문장을 함께 읽고 부적절한 부분을 지적해 준 이행(권성애)과 마이클 님께 고마운 마음을 전한다. 꼼꼼히 교정을 보고 나눔의 정리를 도와준 조승희님과 조윤희님께 감사드린다. 표지화를 그려주고 연꽃 전각을 해준 토민 전진원 선생께 감사드리고, 멋지게 표지디자인을 해준 지현진님께 감사드린다. 기쁜 마음으로 출간해 준 이문출판사 지경원 사장님과 애정어린 마음으로 세심하게 편집을 해준 정경주 선생께 감사드린다.

오늘 편저자의 부족하고 적은 정성이라도 결실을 맺기까지에는 이미 고인이 되셨지만 평생을 구도자로서 살아오신 문보살님, 우법성화 보살님, 심곡 보살님의 간곡한 서원이 밑거름이 되었다. 하늘나라에서라도 함께 기뻐하시기 바라는 마음 간절하며 끊임없이 정진하여 위없는 깨달음을 이루시길 기원한다. 또한 이 책은 중생제도에 뜻을 두셨던 이름 모를 수많은 사람들의 아름다운 염원이 모여 이루어지게 된 것이라 생각한다. 그 분들 앞에 존경의 마음으로 겸허히 머리 숙인다.

독자 여러분들도 함께 화엄의 세계로 들어와 부처님의 지혜와 자비를 호흡하게 되기를 바라마지 않는다.

2010년 3월
편저자

이 책을 읽기 전에

불자라고 말하는 사람들 중에서도 경전을 독송하거나 읽고 공부하는 사람은 그리 많지 않다. 학문적이거나 종교적인 동기로 좀 더 깊이 있게 연구하려는 학자들이나 종교인을 제외하고는, 불교관련 에세이를 읽거나 경전의 해설서를 읽는 경우가 많고 선뜻 경전을 손에 들기란 쉽지 않다. 알기 어려운 한자로 되어있는 경전이 우선 부담스럽고 번역이 되어있다 하더라도 절에서 스님들 사이에 쓰여지는 고어(古語)투인 책이 대부분이라서 이해하기 힘들다. 특히 요즘 한글세대의 젊은이들에게 일상생활에서 잘 사용되지 않는 한자어는 거부감이 앞서고 심하게는 좌절감마저 느끼게 한다. 모처럼 용기를 내어 읽기 시작했다 하더라도 어지간한 끈기로 끝까지 읽어나가기가 힘든 것이 사실이다. 이 책은 이러한 어려움을 가능한 한 모두 극복하려고 노력하였다.

이 책은 『80화엄경』의 주요 구절을 부분적으로 발췌하였다. 7처(處) 9회(會)의 각 회(會)마다 전체내용을 요약하였고, 39품(品)의 각 품 첫머리에 그 품의 내용을 요약하여 제시하였다. 또한 한자보다 영어에 더 익숙한 한글세대를 위하여 한글 · 한문 · 영문을 함께 읽을 수 있게 병렬하였으며, 어려운 한자의 풀이와 한글로 옮기기 어려운 용어는 주(註)를 달아 이해를 돕도록 구성하였다.

특히 이 책은 품마다 나눔 코너가 있어, 경전의 현대적 해석에만 그치지 않고 경전의 말씀을 어떻게 받아들일 것인가에 대해서 독자들이 깊이 음미해볼 수 있게 하였다. 어떻게 사는 것이 부처님의 가르침에 따라 사는 것인지, 어떻게 실천하여 끝내는 스스로 구경의 깨달음에 이르는 길을 찾을 수 있을 것인지에 대해서 깊이 묵상해 볼 수 있다.

이 책을 읽을 때 아래에 제시한 순서대로 읽도록 권하고 싶다.

첫째, 책의 내용을 조금씩 천천히 읽으면서 그 의미를 이해한다.

둘째, 말씀의 뜻 속으로 들어가 살핀다. 이는 묵상단계이다. 마음에 와 닿는 구절에 밑줄을 긋기도 하고, 함께 이야기 나누기도 하면서 경전의 이 구절이 나에게 무엇을 말하고 있는지, 지금 나에게 왜 그렇게 다가오는지 그리고 나는 이 말에 어떻게 응답하고 있는지를 살핀다.

셋째, 고요히 쉰다. 책장을 빨리 넘기려고 하지 말고 부처님의 가르침 속에, 진리 속에 고요히 쉬면서 명상한다.

넷째, 기도와 서원의 시간을 갖는다.

『화엄경』의 현대어 번역과 해석은 21세기를 살아가는 사람들을 위한 중요한 역사적 과업이라고 할 수 있다. 그것은 불교계에 종사하는 일부 종교인들만의 일은 아닐 것이다. 부처님의 큰 가르침을 믿고 따르며, 이 땅의 사바세계를 불국정토로 전환해 우리 모두 부처 되는 길은 모든 불자들의 몫일 것이다. 아울러 종교적인 벽을 넘어 다른 종교인들도 진정한 대화를 위해 함께 함이 참으로 바람직한 일로 볼 수 있다. 자기 신앙의 정체성을 지키면서도 어떤 장애도 없이 창조적인 만남을 가능하게 하는 경이 『화엄경』이기 때문이다.

차 례

일러두기

1. 『80화엄경』 내용의 핵심 부분을 발췌하여 불교에 익숙하지 못한 이도 이해하기 쉽도록 쉬운 우리말로 옮기고 영역본의 해당구절을 함께 제시하였다.
2. 중국 한어본은 실차난타(實叉難陀: Śikṣānanda, 652-710)가 번역하였고 무비스님이 현토(懸吐)한 『화엄경』(민족사, 1997)을 사용하였다.
3. 영역본은 Thomas Cleary의 번역본(Shambhala · Boston & London, 1993)을 사용했으며 번역에서 원문(한역본)의 빠진 부분과, 한글과 한역본에 비추어 의미상 일치되지 않는 부분은 [ ]로 표시하여 첨가하거나 수정하였다.
4. 한글 번역 중에 한역본에는 없으나 의미상 이해를 돕기 위해 첨가한 내용은 [ ]로 표시하였다.
5. 한역본의 문장을 한글 번역 문장에 따라 읽기 쉽도록 쉼표와 마침표로 표기하였다.
6. 비교적 자주 사용하지 않는 한자는 [한자풀이]에 음과 훈을 달아 이해하기 쉽게 했으며, 일반인들이 쉽게 접하지 못한 불교 용어는 사전 및 주석서를 활용하여 [주]에 자세히 설명하였다.
7. [주]에 설명된 용어는 *로 표시하였고, [주]의 내용 가운데 나오는 용어 중 일부는 독자의 편의를 위해 ※로 표시하여 부연 설명하였다.
8. 산스크리트어는 S, 빨리어는 P의 기호로 표시하였다.
9. 경문에서 상황에 대한 서술에도 경어를 쓴 것은 그 서술이 독자를 향하고 있기 때문이다.
10. 본문 중의 용어는 일반적으로 통용되고 있는 용어를 따랐고, 국내 간행된 여러 사전과 각종 문헌들을 참고하였다.

제 5 회
도솔천궁회
(兜率天宮會)

설법한 장소 : 도솔천궁(천상)

설주보살 : 금강당보살

품명(총3개품) :
23. 승도솔천궁품
24. 도솔궁중게찬품
25. 십회향품

설법의 주제

제5회의 주요 내용은 10회향법문이다. 3회의 수미산 정상에서 10주를 설한 것은 처음 불가에서 태어나 부처님 지혜의 정상에 머물러서 물러남이 없음을 밝힌 것이고, 4회의 야마천에서 10행의 법을 설한 것은 행이 법공(法空)에 의거해서 일체에 집착이 없음을 나타낸 것이다. 5회의 도솔천궁은 비록 욕계를 떠나지 않고 대비문에 처하지만 욕(欲)의 경계에서 늘 지족(知足)을 행하여 집착하는 바가 없으며 다만 중생을 이롭게 하기 위해 세간에 처함을 나타내는 것이다.

10회향의 지위는 대자비로 세속에 나아가 온갖 선(善)의 꽃을 활짝 피우는 경지를 말한다. 즉 진(眞)과 속(俗)을 회통시켜 대자비를 성취해서 생사에 머물면서도 열반을 없애지 않음을 회향이라 하는 것이다.

제23. 승도솔천궁품(昇兜率天宮品)

요 약

이 품은 욕계 6천 중 제4천인 도솔천을 배경으로 하고 있다. 부처님께서는 보리수 아래, 수미산 정상, 야마천궁을 떠나지 않으신 채 도솔천으로 향하셨다.

도솔천왕은 궁전에 마니장 사자좌를 깔고 부처님을 맞이한다. 이곳은 수미산 정상의 도리천궁이나 야마천의 야마천궁과는 비교할 수 없는 장엄으로 이루어져있다. 부처님께서 앉으실 사자좌는 백 만억 층계, 휘장, 보배, 영락, 전단향, 구름, 당기, 광명 등으로 장식되었다. 모든 하늘이 부처님을 맞이할 때 저마다 멀리서 부처님께서 오시는 것을 보고 마치 눈앞에 대하듯이 부처님을 공경하며 공양하였고, 백 만억 보살, 천왕, 천녀들이 모여와서 부처님께 공경 예배하였으며, 그곳에 모인 수많은 대중들은 부처님의 몸을 직접 뵙고, 수없이 많은 광명이 비치는 것을 보면서 크게 환희했다고 한다.

*세존께서 도솔타천에 오르심

이 때 세존께서는 다시 *신통력으로 이 *보리수 아래와 *수미산 꼭대기와 *야마천궁을 떠나지 않으시고 *도솔타천의 오묘한 보배로 장엄한 궁전으로 향하셨습니다. 이 때 도솔천왕은 부처님께서 오시는 것을 멀리서 보고, 곧바로 궁전에 마니장 *사자좌를 놓았습니다. 그 사자좌는 천상의 여러 가지 보배로 이루어져 있는데, 과거에 닦은 선근으로 얻은 것이며, 모든 여래의 신통력으로 나타내었고, 한량없는 백 천억 *나유타 *아승기 선근으로 생겼으며, 모든 여래의 깨끗한 법으로 되었고, 그지없는 복덕의 힘으로 아름답게 장엄한 것이며, 업보가 청정하여 파괴할 수 없는 것이며, 보는 이들이 좋아하여 싫은 줄을 모르며, 이것은 세간을 떠난 것이어서 세간에 물들지 않으며, 일체 중생이 모두 와서 보더라도 그 진정한 아름다움을 끝까지 다 알 수가 없습니다.

爾時 世尊 復以神力 不離於此菩提樹下 及須彌頂 夜摩天宮 而往詣於兜率陀天一切妙寶所莊嚴殿. 時 兜率天王 遙見佛來 卽於殿上 敷摩尼藏師子之座. 其師子座 天諸妙寶之所集成, 過去修行善根所得, 一切如來神力所現, 無量百千億那由他阿僧祇善根所生, 一切如來淨法所起, 無邊福力之所嚴瑩, 清淨業報 不可沮壞, 觀者欣樂 無有厭足, 是出世法 非世所染, 一切衆生 咸來觀察 無有能得究其妙好.

[한자풀이]

遙:멀 요, 아득하다 敷:펼 부 瑩:밝을 영, 옥의 빛 邊:가 변, 가장자리
沮:막을 저, 방해하다 壞:무너질 괴 欣:기뻐할 흔

At that time the Buddha, again by spiritual power, went to the palace adorned by all exquisite jewels in the Tushita heaven of satisfaction and happiness, yet without leaving the foot of the enlightenment tree and the palace of the Suyama heaven on the peak of Mt. Sumeru. The celestial king of the Tushita heaven, seeing from afar the Buddha's advent, set up a jewel mine lion seat in the palace; that lion throne was made of a collection of celestial jewels obtained from roots of goodness cultivated in the past, made manifest by the spiritual powers of all Buddhas, born of countless hundreds of thousands of millions of billions of roots of goodness, created by the pure teachings of all enlightened ones, adorned by the power of infinite virtue. Resulting from pure actions, it was indestructible, endlessly delightful to all beholders. Its transcendental qualities were not influenced by the world. Though all sentient beings come to gaze on it, none could exhaustively fathom its glories.

[주]

*세존: 世尊, ⓢBhagavat; Lokanātha; Lokajyeṣṭha, 바가범(婆伽梵) · 로가나타(路迦那他) · 로가야슬타라(路伽惹瑟吒)라 음역. ①부처님 10호의 하나. 부처님은 온갖 공덕을 원만히 갖추어 세간을 이롭게 하며, 세간에서 존중을 받으므로 세존이라 하고, 또 세상에서 가장 높으심으로 이렇게 이름. ②석존을 말함.

*신통력: 神通力, ⓢvikurvā, ṛddhi, 우리 마음으로 헤아리기 어렵고, 생각할 수 없는 무애자재한 통력, 온갖 일에 통달하여 자유자재하게 작용할 수 있는 힘으로 불 · 보살 등에게 이러한 힘이 있다.

※육신통: 六神通, ⓢsad-abhijnah, ①천안통(天眼通)-육안으로 볼 수 없는 것

을 보는 신통 ②천이통(天耳通)-보통 귀로는 듣지 못할 음성을 듣는 신통 ③타심통(他心通)-다른 사람의 마음을 자재하게 아는 신통 ④숙명통(宿命通)-지나간 세상의 생사를 자재하게 아는 신통 ⑤신족통(神足通) 또는 여의통(如意通)-불가사의하게 경계를 변하여 나타내기도 하고 마음대로 날아다니기도 하는 신통 ⑥누진통(漏盡通)-자재하게 번뇌를 끊는 힘

*보리수: 菩提樹, Ⓢ Bodhidruma ; Bodhivṛkṣa, 도수(道樹)・각수(覺樹)라 번역. 부처님이 정각(正覺)을 이루시던 곳을 덮었던 나무.

*수미산: 須彌山, Ⓢ Sumeru-parvata, 수미루(須彌樓, 修迷樓), 소미로(蘇迷盧) 줄여서 미로(迷盧). 번역하여 묘고(妙高), 묘광(妙光), 안명(安明), 선적(善積). 4주 세계의 중앙, 금륜(金輪)위에 우뚝 솟은 높은 산. 둘레에 7산(山) 8해(海)가 있고 또 그 밖에 철위산이 둘려 있어 물 속에 잠긴 것이 8만 4천 유순, 물 위에 드러난 것이 8만 4천 유순이며, 꼭대기는 제석천, 중턱은 4왕천의 주된 거처[住處]라 한다.

*야마천: 夜摩天, Ⓢ Suyāma-deva, 욕계(欲界) 6천(天)의 제 3천. 공거(空居) 4천의 하나. 수야마천(須夜摩天)・염마천 (焰摩天)・염천(焰天)이라고도 하며, 선시천(善時天)・시분천(時分天)이라 번역. 시간을 따라 쾌락을 받으므로 시분천. 지상에서 16만유순 위에 있다.

*도솔타천: 兜率陀天, Ⓢ Tusita-deva, 욕계 6천의 제4천. 도사다(覩史多)・투슬다(鬪瑟哆)・도솔타(兜率陀)・도술(兜術)이라고도 쓰며, 상족(上足)・묘족(妙足)・희족(喜足)・지족(知足)이라 번역. 수미산의 꼭대기서 12만 유순되는 곳에 있는 천계로서 7보(寶)로 된 궁전이 있고 한량없는 하늘 사람들이 살고 있다. 이 하늘은 아래에 있는 사왕천・도리천・야마천이 욕정에 잠겨있고, 위에 있는 화락천・타화자재천이 들뜬 마음이 많은데 대하여, 잠기지도 들뜨지도 않으면서 5욕락에 만족한 마음을 내므로, 미륵 등의 보처 보살이 있다고 한다.

*사자좌: 師子座, Ⓢ Siṁhāsana, ①부처의 자리・부처의 경지. 부처님이 모든 사람들 속에 있는 것이 마치 사자가 뭇 동물들 속에 있는 것처럼 우뚝 높다고

해서 이와 같이 말함. ②부처님이 앉으시는 상좌, 부처님은 인간에서 가장 높은 지위에 있는 분이므로 사자에 비유함. 제왕의 자리를 용좌라 하는 것과 같음.

*나유타: 那由他, ⓈNayuta 인도에서 아주 많은 수를 표시하는 수량의 이름. 아유다의 백배. 수 천만 혹은 천억·만억이라고도 하여 한결같지 않다.

*아승기: 阿僧祇, Ⓢsasṃkhya, 무수(無數), 무진수(無盡數)라 번역함. 인도에 있어서의 큰 수 즉 헤아릴 수 없는 수를 말한다. 상세히는 아승기야(阿僧祇耶)·아승기야(阿僧企耶). 줄여서 승기(僧祇). 무수(無數)·무앙수(無央數)라 번역. 산수로 표현할 수 없는 가장 많은 수. <화엄경>아승기품에서는 124 대수(大數) 중 제 105.<대비바사론> 177, <대지도론> 4, <화엄경탐현기> 15에 여러 가지 말이 있다. 범어로는 아승기라 할 것인데 제방(諸方)에서 [아승지]라 한다.

도솔천왕이 부처님을 맞이함

이 때 도솔천왕은 여래를 위하여 사자좌를 차려 놓고는, 존중하는 마음을 내어 십 만억 아승기 도솔천자들과 더불어 여래를 받들어 맞이하고, 청정한 마음으로 아승기 색의 꽃구름을 내리며, 불가사의한 색의 향구름을 내리며, 가지가지 색의 머리장식 구름을 내리며, 넓고 크고 청정한 전단구름을 내리며, 한량없는 가지가지 덮개 구름을 내리며, 얇고 오묘한 하늘옷구름을 내리며, 그지없이 여러 가지 오묘한 보배구름을 내리며, 하늘 장엄구구름을 내리며, 무량한 가지가지 사르는 향 구름을 내리며, 모든 전단향·물에 담그는향·단단한 향·가루향구름을 내리고, 여러 천자들은 제각기 그 몸에서 이런 온갖 구름을 내었습니다. 이때 백 천억 아승기 도솔천자와 회중에 있던 다른 천자들도 마음이 환희하여 공경하며 머리 숙여 예배하고, 아승기 천녀들은 기뻐하고 흠모하여 뛰어오르며 여래를 우러러 보고 있었습니다.

爾時 兜率天王 爲如來敷置座已, 心生尊重 與十萬億阿僧祇兜率天子 奉迎如來, 以淸淨心 雨阿僧祇色華雲, 雨不思議色香雲, 雨種種色鬘雲, 雨廣大淸淨栴檀雲, 雨無量種種蓋雲, 雨細妙天衣雲, 雨無邊衆妙寶雲, 雨天莊嚴具雲, 雨無量種種燒香雲, 雨一切栴檀沈水堅固末香雲, 諸天子衆 各從其身 出此諸雲. 時 百千億阿僧祇兜率天子 及餘在會諸天子衆 心大歡喜 恭敬頂禮, 阿僧祇天女 踊躍欣慕 諦觀如來.

[한자풀이]

鬘:머리장식 만 蓋:덮을 개 燒:사를 소, 불태우다 恭:공손할 공 敬:공경할 경 頂:정수리 정 禮:예절 예(례) 踊:뛸 용 躍:뛰어오를 약 欣:기뻐할 흔 慕:그리워할 모

Then the king of the Tushita heaven, having set up the throne for the Enlightened One, respectfully greeted the Buddha together with countless godlings of the Tushita heaven; with pure hearts they showered clouds of flowers of innumerable colors, clouds of incenses of inconceivable colors, clouds of garlands of various colors, vast clouds of pure sandalwood, clouds of innumerable various parasols, clouds of fine celestial raiment, clouds of boundless beautiful jewels, clouds of celestial ornaments, clouds of innumerable incenses of all kinds, and clouds of all kinds of sandalwood and aloe. When the godlings each produced these clouds from their bodies, a hundred trillion incalculable numbers of godlings of the Tushita heaven, as well as the other godlings in the assembly, were overjoyed and bowed reverently. Countless goddesses danced with joyful anticipation, gazing at the Enlightened One.

보살대중의 공양

도솔천궁에 있는 불가설 보살대중들이 허공중에 머물면서 일념으로 정근하며 다른 여러 하늘을 능가하는 공양구를 내어 부처님께 *공양하고 공경하는 마음으로 예배를 드리니, 아승기 음악이 일시에 함께 울려 퍼졌습니다.

이 때 *여래의 *위신력으로 인해, 옛날 선근의 흐름으로 인해, 불가사의하게 자재한 힘으로 인해, 도솔천궁의 모든 천인들과 천녀들이 멀리서 부처님을 보면서도 눈앞에 대한 듯이 하면서 다같이, '여래께서 세상에 나심을 만나기란 참으로 어려운 일인데, 우리는 지금 일체지를 갖추고 법에 걸림 없는 깨달으신 분을 뵙게 되었구나.'라고 생각하였습니다.

이렇게 사유하고 관찰하면서 여러 대중과 더불어 다 함께 동시에 여래를 받들어 맞이하였습니다. 제각기 하늘 옷에 온갖 꽃을 담고, 온갖 향 · 온갖 보배 · 온갖 장엄구 · 온갖 하늘의 전단가루향 · 온갖 하늘의 물에 담그는 가루향 · 온갖 하늘의 보배 가루향 · 온갖 하늘의 향기로운 꽃 · 온갖 하늘의 *만다라 꽃을 담아가지고 흩뿌리며 부처님께 공양하였습니다.

兜率宮中不可說諸菩薩衆 住虛空中 精勤一心 以出過諸天諸供養

具 供養於佛 恭敬作禮 阿僧祇音樂 一時同奏. 爾時 如來威神力故, 往昔善根之所流故, 不可思議自在力故, 兜率宮中 一切諸天 及諸天女 皆遙見佛 如對目前 同興念言, 如來出世 難可值遇 我今得見具一切智 於法無碍 正等覺者. 如是思惟 如是觀察 與諸衆會 悉共同時 奉迎如來. 各以天衣 盛一切華, 盛一切香, 盛一切寶, 盛一切莊嚴具, 盛一切天栴檀末香, 盛一切天沈水末香, 盛一切天妙寶末香, 盛一切天香華, 盛一切天曼陀羅華 悉以奉散 供養於佛.

[한자풀이]

供:이바지할 공, 공손하다 養:기를 양 恭:공손할 공, 섬기다 敬:공경할 경, 정중하다 禮:예도 예(례), 예절 奏:주 昔:예 석 遙:멀 요 對:대답할 대, 상대 興:일 흥, 일어나다 值:값 치, 가지다 遇:만날 우 奉:받들 봉 迎:맞이할 영 盛:담을 성, 채우다 栴:단향목 전 檀:단향목 단 沈:가라앉을 침, 빠지다, 잠기다 散:흩을 산

In the Tushita palace a host of unspeakably many enlightening beings hovered in the air, and with diligence and single-mindedness produced offerings surpassing all the heavens and presented them to the Buddha, bowing respectfully, while countless forms of music played all at once.

At this point, because of the great spiritual power of the Buddha, because of the effluence of past roots of goodness, and because of his inconceivable mystic powers, all the gods and goddesses in the Tushita palace saw the Buddha from afar as though he were right before them. They all had the same thoughts: "The appearance of an Enlightened One in the world is rarely encountered—now we are getting to see an omniscient one, who has unimpeded true awareness of all things."

Thus thinking, thus observing, together with the other groups they all welcomed the Buddhas, each heaping celestial robes with all kinds of flowers, fragrances, jewels, ornaments, heavenly sandalwood and aloe incense, celestial jewel incenses, flowers of all heavenly fragrances, and mandarava flowers from all the heavens, and spread them as offerings to the Buddha.

[주]

*공양: 供養, ⓢPūjanā, Pūjā, satkāra, 또는 공시(供施)·공급(供給)·공(供). 불·법·승 삼보(三寶)나 스승·부모·죽은 사람의 영혼에 대하여 신·구·의(身口意) 세 가지 방법으로 공물을 바치는 것. 우리나라 승가에서는 스님들의 식사를 공양이라 하는데, 이것은 공양하는 이의 시은(施恩)을 상기하여 잊지 않게 하고자 함에 그 뜻이 있다. 불교에서는 불살생(不殺生)이라는 근본적 원리를 벗어나지 않기 위하여, 바라문교 등에서 동물로 제물을 바치는 것과는 다른 제의(祭儀)의 형식을 추구하였는데, 이 때 채용된 것이 원주민들이 기름을 바르고 향을 피우며 꽃이나 물을 바치고 등을 켜던 풍습이라고 전한다. 초기 교단에서는 사사공양(四事供養)이라고 하여 의복·음식·침구·탕약 등 출가자에게 필요한 최소한의 의식주가 주로 승단에 시여(施與)되었다. 또 공양에는 경(敬)공양, 행(行)공양, 이(利)공양의 세 가지가 있다. 경공양은 전당을 장엄하게 하는 것. 행공양은 독경하는 것. 이공양은 음식을 공양하는 것 등임.

*여래: 如來, ⓢTathā gata, 부처님의 십호 중의 하나. 단어의 조성에 따라 여러 의미로 나눈다. ①tathā+gata: 지금까지의 부처님네와 같이 저들과 같은 길을 걸어서 열반의 피안에 간 사람. 곧 선서(善逝)·도피안(到彼岸)과 같은 의미임. ②tatha+āgata: 진리에 도달한 사람 ③Tathā+āgata: 지금까지의 모든 부처님과 같이, 저들과 같은 길을 걸어서 동일한 이상경(理想境)에 도달한 사람.

*위신력: 威信力, Ⓢtejas, 불가사의한 위력(威力). 위광(威光). 불과위(佛果位)에 있는 존엄하고 헤아릴 수 없는 불가사의한 힘.
*만다라화: 曼茶羅華, ⓈMandārava, 꽃 이름. 적의(適意)·성의(成意)·잡색(雜色) 등으로 번역. 또는 불화(佛花)·전가(顚茄)·민타라초(悶陀羅草)·천가미타화(天茄彌陀花)라고도 한다. 가지과에 딸림. 학명은 'Datura alba, Nes'. 인도·중국·한국·일본 등지에 있는 일종의 독물. 그 씨·잎·줄기는 약으로 쓴다.

부처님의 훌륭하신 덕을 친견함

이 때 모든 천인들과 보살대중들은 여래·*응공·*정등각이신 사람들 중의 불가사의한 영웅을 뵈었습니다. 그 몸이 무량하여 헤아릴 수 없으며, 불가사의한 가지가지 신통변화를 나타내어 수 없는 중생의 마음을 기쁘게 하며, 일체 허공계와 일체 법계에 두루하여 부처님의 장엄으로써 장엄하며, 모든 중생들이 선근에 편안히 머물게 하며, 한량없는 부처님의 신통력을 나타내 보이니 어떤 말로도 설명할 수가 없고, 여러 대보살들이 모두 공경하는 일로써 경우에 따라 알맞게 교화하여 모두를 기쁘게 하며, 여러 부처님의 광대한 몸에 머물러 공덕과 선근이 이미 다 청정하였고, 용모가 으뜸이라 덮어 가리울 수가 없습니다. 지혜의 경계가 끝이 없으니 비할 데 없는 삼매에서 나온 것이며, 그 몸이 끝이 없어 일체 중생의 몸 가운데 널리 있으면서 한량없는 중생을 모두 환희케 하며 *일체지의 *종성을 끊어지지 않게 하였습니다.

爾時 一切諸天 及諸菩薩衆 見於如來應正等覺不可思議人中之雄.

其身 無量 不可稱數 現不思議種種神變 令無數衆生 心大歡喜, 普遍一切虛空界一切法界 以佛莊嚴, 而爲莊嚴 令一切衆生 安住善根, 示現無量諸佛神力 超過一切諸語言道, 諸大菩薩 所共欽敬 隨所應化 皆令歡喜, 住於諸佛廣大之身 功德善根 悉已淸淨, 色相 第一 無能暎奪. 智慧境界 不可窮盡 無比三昧之所出生, 其身 無際 遍住一切衆生身中 令無量衆生 皆大歡喜 令一切智 種性不斷.

[한자풀이]

欽:공경할 흠 暎:映의 속자. 비출 영, 덮어 가리다 奪:빼앗을 탈, 없어지다

Then all the celestial beings and all the enlightening beings saw the Buddha, the perfectly enlightened one, the inconceivable hero of humanity, his bodies infinite, uncountable, manifesting inconceivably many different varieties of mystical transfigurations, causing the minds of countless sentient beings to be full of joy, pervading all universes throughout space, adorned with the embellishments of buddhahood, causing all sentient beings to abide in roots of goodness, displaying infinite spiritual powers of the Buddhas, beyond all manners of speaking, admired and respected by all great enlightening beings, causing them all to rejoice in accord with what they need to be taught, abiding in the immense body of the Buddhas, all virtues and roots of goodness purified, most excellent in appearance, not to be outshone by anyone.

The sphere of the Buddha's knowledge was inexhaustible, born of incomparable concentration. His body was boundless, omnipresent in the bodies of all sentient beings. He caused great joy to infinite beings. He caused the lineage of omniscient ones to continue unbroken.

[주]

*응공: 應供, ⓈArhat, 여래 십호 가운데 하나. 여래는 온갖 번뇌를 끊고 지덕이 원만하여 인간계와 천상계의 모든 중생들로부터 공양을 받을만 하다는 뜻.

*정등각: 正等覺, ⓈSamyak-sambodhi, 여래 십호 가운데 하나. 정(正)은 사(邪)에 반대되고, 등(等)은 치우치지 않음을 보인 것이며, 각(覺)은 일체제법을 깨달아 아는 지혜로 제불의 무상정지(無上正智)를 말함.

※응정등각: 應正等覺, 응(應)과 정등각(正等覺). 응은 응공(應供)의 준말. 인천(人天)의 공양을 받을만한 사람이라는 뜻. 정등각은 바르고 완전한 깨달음의 뜻으로 부처님의 십호(十號) 가운데 제2와 제3에 해당함.

※여래십호: 如來十號, 부처님의 열 가지 칭호. ①여래(如來) ②응공(應供) ③정등각자(正等覺者) ④명행족(明行足) ⑤선서(善逝) ⑥세간해(世間解) ⑦무상사(無上士) ⑧조어장부(調御丈夫) ⑨천인사(天人師) ⑩세존(世尊)

*일체지: 一切智, ⓈSarva-jñā, ⓅSabbaññā, 3지(三智)의 하나. 일체제법의 총상(總相)을 개괄적으로 아는 지혜. 천태(天台)에서는 성문(聲聞)·연각(緣覺)의 지혜라 하고, 구사(俱舍)에서는 부처님의 지혜라 한다. 본래는 '전지(全知)의'라는 의미의 형용사. '전지자(全知者)'를 의미하는 명사이기도 하다.

※3지: 三智, ①도종지(道種智):보살이 중생을 교화할 적에 세간(世間)·출세간(出世間)·유루(流淚)·무루(無漏)의 도를 말하는 지혜. ②일체지(一切智): 모든 법의 총체적 모양을 아는 지혜. 예를 들면 그림을 그릴 때 윤곽을 그리는 것과 같은 것. ③일체종지(一切種智): 부분적 모양을 아는 지혜. 예를 들면 그림을 그릴 때 윤곽을 그리고 나서 농담(濃淡) 음영(陰影) 등을 그리는 것과 같은 것.

*종성: 種性, 종성(種姓, Ⓢgotra)은 가족, 가족의 성, 혈통, 씨족 등을 의미하는데, 여래의 종성(種性)이란 말은 불성(佛性)과 같은 의미로 사용되기도 한다. 종성은 단지 인간의 유별(類別)을 나타내는 것만이 아니라 잠재적인 능력 등도 의미하는 말이다.

중생의 근기에 따라 부처님 몸을 나타내심

중생들의 업보가 같지 않음과 즐거움의 차이와 근기가 각각 다름에 따라 부처님의 몸을 나타내며, 여래는 항상 무수한 중생으로 인연을 삼아 세간이 모두 인연으로부터 일어난 것임을 말하며, 모든 것은 다 형상이 없고 오직 이것만이 지혜의 근본인 줄로 알고 중생들에게 형상에 대한 집착을 버리게 하고, 일체 세간의 성품과 모양을 나타내 보이어 세상에서 행하여 위없는 깨달음을 열어 보입니다.

모든 중생을 구제하고 보호하려고 세간에 나오시어 부처님의 도를 열어 보이며, 여래의 용모를 보고 인연에 이끌려 마음에 새기면서 더 열심히 수행하도록 하며, 세상 모든 번뇌를 없애고 보리행을 닦아 마음이 산란하게 동요하지 않고, 대승의 법문을 완전하게 얻어 모든 부처님의 도리와 이로움을 성취하게 합니다.

隨諸衆生 業報不同 心樂差別 諸根各異 而現佛身, 如來 恒以無數衆生 而爲所緣 爲說世間 皆從緣起, 知諸法相 皆悉無相 唯是一相智慧之本 欲令衆生 離諸相着, 示現一切世間性相 而行於世 爲其開示無上菩提. 爲欲救護一切衆生 出現世間 開示佛道, 令其得見如來身相攀緣憶念 勤加修習, 除滅世間煩惱之相 修菩提行 心不散動 於大乘門皆得圓滿 成就一切諸佛*義利.

[한자풀이]

攀:더위잡을 반, 매달리다

Abiding in this way, he manifested buddha-bodies in accord with the dissimilarities of the actions and consequences of sentient beings, the distinctions in their mental inclinations, and the individual differences in their faculties.

The Enlightened One was always relating to countless sentient beings, explaining to them that everything in the world derives from conditional, interdependent origination. He knew that the signs of all things are signless, this beings their sole characteristic, the basis of wisdom. He wanted to cause all sentient beings to detach from all signs, forms, and characteristics. He showed clearly all natures and characteristics of the world, thus traversing the world; to reveal to them unexcelled enlightenment, desiring to rescue all sentient beings, he appeared in the world and showed the way of the way of the enlightened. He caused them to perceive the features of the body of the enlightened one, to concentrate on them and meditate on them, to diligently cultivate and develop themselves to annihilate mundane afflictions, cultivate enlightening practice with unwavering minds, and attain fulfillment of all aspects of the Great Vehicle, attaining the rewards of the Buddhas.

[주]

*義利: 의리, Ⓢartha, ①도리(道理)와 이익(利益). ②현재를 이롭게 하는 것을 의(義), 미래를 이롭게 하는 것을 리(利)라 한다.

적절한 방편으로 중생을 제도하심

큰 *법왕이 되어 태양처럼 널리 비치며, 세상의 *복밭이 되어 큰 *위덕을 갖추고, 모든 세간에 널리 몸을 변화하여 나타내며, 지혜의 광명을 놓아 모두 깨닫게 합니다. 중생들이 부처님께서 끝없는 *공덕을 갖추신 것을 알게 하려고, 비단으로 정수리에 매어 지위를 받습니다. 세간에 따라 알맞게 방편으로 지도하고, 지혜의 손으로 *중생을 위로합니다. 훌륭한 의사가 되어 온갖 병을 잘 치료하며, 일체 세간의 한량없는 국토를 널리 돌아다니면서도 쉬지 않습니다. 청정한 지혜의 눈이 모든 장애를 걷어내어 밝게 볼 수 있습니다. 나쁜 업을 지은 중생들을 가지가지로 조복하여 도에 들어가게 하되 적절한 시기를 잘 선택하게 하여 쉼이 없습니다. 만일 중생들이 평등한 마음을 일으키면 곧 평등한 *업보를 나타내며, 그 마음을 따르고 그 업보를 따라서 부처님의 몸이나 가지가지 신통변화를 나타내어 법을 말하여 (중생들이) 깨닫게 하며, 법의 지혜를 얻어 크게 환희하고 모든 감각기관이 희열에 차고, 한량없는 부처님을 보고 깊고 귀한 신심을 일으키고 선근을 내어 영원히 물러서지 않게 합니다.

爲大法王 如日普照, 爲世福田 具大威德, 於一切世間 普現化身, 放智慧光 悉令開悟. 欲令衆生 知佛具足無邊功德, 以無碍繒 繫頂受位. 隨順世間 方便開導, 以智慧手 安慰衆生. 爲大醫王 善療衆病, 一切世間無量國土 悉能遍往 未曾休息. 淸淨慧眼 離諸障翳 悉能明見, 於作不善惡業衆生 種種調伏 令其入道 善取時宜 無有休息. 若諸衆生 起

平等心 卽爲化現平等業報, 隨其心樂 隨其業果 爲現佛身 種種神變 而爲說法 令其悟解, 得法智慧 心大歡喜 諸根踊躍, 見無量佛 起深重信 生諸善根 永不退轉.

[한자풀이]

福:복 복 威:위엄 위 德:덕 덕 繪:그림 회, 그림이 있는 비단 繫:맬 계 隨:따를 수 慰:위로할 위 醫:의원 의 療:병고칠 료 翳:가릴 예 調:고를 조, 화합하다 伏:엎드릴 복 宜:마땅할 의 歡:기뻐할 환 喜:기쁠 희 退:물러날 퇴 轉:구를 전, 움직이다

He had attained mastery of virtuous qualities, and was a great king of truth, like the sun illumining everywhere. Being a field of blessings for the world, he had great dignity, influence, and virtue. He manifested emanation bodies in all worlds, radiating the light of wisdom, causing all to be enlightened. Wanting to cause all sentient beings to know the boundless virtues possessed by the Buddha, he took the turban of nonobstruction, tied it on his head, and assumed the rank of Buddhahood. Adapting to the world, he guided by means of expedient methods, comforting beings with the hand of wisdom. As a great physician, he skillfully cured all sickness, able to go to all the countless lands in all worlds, without rest.

His clear, pure eye of wisdom was free from all obstructions, able to clearly see all. Evil-doing sentient beings he tamed in various ways, causing them to enter the Path, skillfully seizing appropriate opportunities to civilize and teach them, never ceasing. If sentient beings developed equanimous, impartial minds, he would then show them the consequences of impartial deeds. In accord with their inclinations and in accord with their actions and results thereof, he manifested various spiritual powers of the buddha-body for them, to expound the truth and enlighten them, that they may attain the knowledge and wisdom of the teaching, and that their minds be joyful and their senses ecstatic, that they see innumerable Buddhas, develop profound faith, and produce roots of goodness, never regressing.

[주]

*법왕: 法王, ⓈDhamarāja, 부처님을 찬탄하는 말. 왕은 가장 뛰어나고 자재하다는 뜻. 부처님은 법문의 주인이며, 중생을 교화함에 자유자재한 묘용(妙用)이 있으므로 이렇게 이름.

*복밭: 복전(福田), Ⓟpuññakkhetta, dakṣniṇīya여래나 비구 등 공양을 받을만한 법력이 있는 이에게 공양하면 복이 되는 것이, 마치 농부가 밭에 씨를 뿌려 다음에 수확하는 것과 같으므로 복밭이라 한다.

*위덕: 威德, Ⓢtejas, anubhava, 두려운 것을 위(威)라 하고 사랑스러운 것을 덕(德)이라 한다.

*공덕: 功德, Ⓢguṇa, bhāgya, puṇya, vibhūti Ⓟguṇa, bhagga, puñña, 좋은 결과를 얻을 수 있는 원인이 되는 수승한 복덕(福德). 그러한 선행을 쌓은 결과로서 얻게 되는 수승(殊勝)한 과보.

*중생: 衆生, ⓈSattva, 살타(薩埵)의 번역, 신역(新譯)에는 유정이라 하고, 구역(舊譯)에는 중생이라 함. 정식(情識)이 있는 생물. 중생이란 뜻에는 여러 생을 윤회한다, 여럿이 함께 산다, 많은 연이 화합하여 비로소 생한다는 뜻이 있다. 넓은 뜻으로 해석하면 오계(悟界)의 불・보살에게도 통하나, 보통으로는 미계(迷界)의 생류(生類)들을 일컫는 말.

*업보: 業報, Ⓢkarma-vipāka, 업과(業果)라고도 함. 업인(業因)과 과보(果報). 선악(善惡)의 업(業)에 의해 받는 고락(苦樂). 선업(善業)은 선과(善果)를 가져오고, 악업(惡業)은 악과(惡果)를 가져오게 된다.

여래의 다함없는 자재

이 때 대중들은 모두 부처님의 몸에서 백 천억 나유타 불가사의한 큰 광명이 나오는 것을 보았는데, 광명마다 불가사의한 색과 불가사의한 빛이 있어 불가사의한 끝없는 세계를 비추었습니다. 부처님의 신통력으로 크고 오묘한 음성을 내고, 그 음성이 백 천억 나유타 불가사의한 찬양의 노래를 하니, *세간을 초월하여 *출세간의 *선근으로 성취한 말씀이었습니다. 또 백 천억 나유타의 불가사의한 아름다운 장엄을 나타내는데, 백 천억 나유타 불가사의한 *겁 동안에 찬탄하여도 다할 수가 없으니, 여래의 다함없는 자재에서 나오는 것입니다.

爾時大衆 咸見佛身 放百千億那由他不思議大光明, 一一光明 皆有不思議色 不思議光 照不思議無邊法界. 以佛神力 出大妙音 其音 演暢百千億那由他不思議讚頌, 超諸世間 所有言詞 出世善根之所成就. 復現百千億那由他不思議微妙莊嚴, 於百千億那由他不思議劫 歎不可盡, 皆是如來無盡自在之所出生.

Then the great assembly all saw the Buddha's body emit a hundred trillion infinities of inconceivable great lights, each light with inconceivably many hues and inconceivable many beams illumining inconceivably many realms of phenomena, by the Buddha's spiritual power producing great subtle sound conveying infinites of eulogies in words transcending all worlds, perfected by transmundane virtues.

He also manifested hundreds of trillions of quadrillions of inconceivable numbers of subtle adornments, which could never be fully described even in a hundred trillion quadrillion inconceivable number of eons, all of them produced by the inexhaustible spiritual power of the Buddha.

[주]

*세간: 世間, Sloka-dhātu, sarva-loka, ①일반사회, 세상, 세속(世俗), 세계와 같은 뜻. 세상의 모든 사상(事象), 사물(事物)을 가리킨다. ②육도(六道)를 가리킨다. 지옥・아귀・축생・아수라・인・천계의 미혹의 세계를 말하며, 출세간(出世間)에 대한 말.

*출세간: 出世間, Sloka-uttara, ①번뇌망상과 미혹의 세간을 버리고 무위적멸(無爲寂滅)・해탈(解脫)의 경계에 들어가는 것. ②티끌 세상을 벗어남. 세상을 벗어나 불도(佛道)수행에 들어감.

*선근: 善根, Skuśala-mūla, ①좋은 과보를 받을 좋은 인(因)이란 뜻. 착한 행업의 공덕 선근을 심으면 반드시 선한 열매를 맺는다 함. ②온갖 선을 내는 근본이란 뜻으로 무탐(無貪)・무진(無瞋)・무치(無癡)를 3선근이라 함.

*겁: 劫, 劫波의 약어, Skalpa, Pkappa, 우주론적인 시간의 단위. 찰나가 모여서 밤낮이 되며, 밤낮이 모여서 반달과 한 달이 되고, 반 달과 한 달이 모여서 가장 긴 시간, 곧 겁을 이룬다. 인도의 시간 단위 중에 가장 긴 것임, 무한대의 시간, 영원한 시간, 우주의 연령을 뜻함. 기세간(器世間) 곧 세계의 성(成)・주(住)・괴(壞)・공(空) 등이 반복되는 헤아릴 수 없이 긴 시간을 말한다. 반석겁(盤石劫), 개자겁(芥子劫), 석산겁(石山劫) 등.

중생을 이롭게 하심

이 때 여래께서 대비로 널리 덮으시어 일체지로 장엄한 것을 보이시니, 불가설 백 천억 나유타 아승기 세계에 있는 중생들에게 믿지 못하는 이는 믿게 하고, 이미 믿고 있는 이는 믿음이 커지게 하고, 이미 믿음이 커진 이는 그것을 청정하게 하고, 이미 청정한 이는 그것을 성숙하게 하고, 이미 성숙한 이는 마음을 조복하게 하며, 깊고 깊은 법을 관찰하여 한량없는 지혜의 광명을 구족하며, 한량없이 광대한 마음과 일체지의 마음을 내어, 물러서지 않고 법의 성품에 어기지 않고 실제를 두려워하지 않고 진실한 이치를 증득하며, 모든 *바라밀다의 행을 만족하고 출세의 선근이 모두 청정하여 마치 *보현보살이 부처님의 자재를 얻은 듯하며, *마군의 경계를 떠나서 부처님의 경계에 들어가게 합니다.

爾時 如來 大悲普覆 示一切智所有莊嚴, 欲令 不可說百千億那由他阿僧祇世界中衆生 未信者 信, 已信者 增長, 已增長者 令其淸淨, 已淸淨者 令其成熟, 已成熟者 令心調伏, 觀甚深法 具足無量智慧光明, 發生無量廣大之心 *薩婆若心, 無有退轉 不違法性 不怖實際 證眞實理, 滿足一切波羅蜜行 出世善根 皆悉淸淨 猶如普賢 得佛自在, 離魔境界入諸佛境.

Then the Enlightened One, his great compassion covering all, showed the adornments of omniscience, wanting to cause the sentient beings in innumerable worlds who had no faith to have faith, to cause those with faith to develop, to cause the developed become pure, to cause the pure to become mature, to cause the mature to conquer their minds and contemplate the profound truth, be filled with the boundless light of knowledge and wisdom, develop an immeasurably broad mind, an omniscient mind, never regressing, not going against the essential nature of things, not fearing ultimate reality, to realize genuine truth, fulfill all transcendent practices, purify all transmundane virtues, like Universally Good, attain the freedom of buddhahood, leave the realm of demons and enter the realm of Buddhas.

[주]

*바라밀다: 波羅蜜多, Sprāmitā, PPārami, 또는 바라밀(波羅蜜). 어원은 "최고의", "최상의"로 성취, 최상, 완성을 의미한다. 한역에서는 '도피안(到彼岸)', '도(度)'등으로 번역된다. 구경(究竟), 도피안(到彼岸), 보살의 대행(大行)을 말하는 것. 생사의 차안(此岸)에서 열반의 피안(彼岸)까지 가는 것이므로 도피안(到彼岸)이라 함. 바라밀의 여러 의미 때문에 의역하지 않고 바라밀 혹은 바라밀다라고 음역하는 것이 보통이다.

*보현보살: 普賢菩薩, SSamantabhadra, 문수사리보살과 함께 석가여래의 협사(脇士)로 유명한 보살. 문수보살이 여래의 왼편에 모시고 여러 부처님네의 지덕(智德) · 체덕(體德)을 맡음에 대하여, 이 보살은 오른쪽에 모시고 이덕(理德) · 정덕(定德) · 행덕(行德)을 맡았다. 또 문수 보살과 같이 일체보살의 으뜸이 되어 언제나 여래의 중생제도하는 일을 돕는다. 또 중생들의 목숨을 길게 하는 덕을 가졌으므로 보현연명보살, 혹은 연명보살(延命菩薩)이라고도 한다.

*살바야: 薩婆若, Ssarvajña 일체지(一切智)라 번역한다. 불과(佛果)에서 일체법을 증득하는 지혜. 살바야해(薩婆若海)라고 하는 것은 이 지혜가 넓다는 것을 바다에 비유한 것이다.

*마군: 魔軍, 줄여서 마(魔), 악마들의 군병(軍兵). 석존이 성도할 때에 제6천(天)의 마왕이 그의 권속들을 거느리고 와서 성도를 방해함에 신통력으로 이들을 모두 항복받았다고 한다. 또는 불도를 방해하는 온갖 악한 일을 모두 마군이라고도 한다.

도솔천궁에 머물러 주시기를 간청함

이때 도솔타천왕은 여래를 위하여 이러한 공양구를 마련하였고, 백천억 나유타 아승기 도솔타 천자들과 더불어 부처님을 향하여 합장하고 부처님께 여쭈었습니다.
"어서 오십시오. 세존이시여. 잘 오셨습니다. *선서시여. 참으로 잘 오셨습니다. 여래 · 응공 · 정등각이시여. 저희를 가엾이 여기시어 이 궁전에 계셔주십시오."

爾時 兜率陀天王 奉爲如來 嚴辨如是諸供具已, 與百千億那由他阿僧祇兜率天子 向佛合掌 白佛言. 善來世尊 善來善逝 善來如來應正等覺, 唯見哀愍 處此宮殿.

[한자풀이]
奉:받들 봉 嚴:엄할 엄 辨:분별할 변 掌:손바닥 장 哀:슬플 애
愍:근심할 민 宮:집 궁 殿:큰 집 전, 궁전

Then the king of the Tushita heaven, having prepared all the offerings for the Buddha, together with countless deities of the Tushita heaven, joined his palms in a gesture of respect toward the Buddha and said, "Welcome, World Honored One; welcome, Felicitous One; welcome, Enlightened One, Worthy, Truly Awakened One! Please look upon us with compassion and sojourn in this place."

[주]

*선서: 善逝, ⓢSugata, 부처님 10호의 하나. 수가타(須伽陀)라 음역. 호거(好去)・묘왕(妙往)이라고도 번역. 인(因)으로부터 과(果)에 가기를 잘하여 돌아오지 않는다는 뜻. 부처님은 여실히 저 언덕에 가서 다시 생사해(生死海)에 빠지지 않기 때문에 이렇게 이름.

궁전의 아름다운 장엄

이 때 일체보장엄전에는 자연적으로 아름답게 *장엄되었는데 다른 하늘들의 어떤 장엄보다 훌륭한 것이었습니다. 온갖 보배 그물이 빙둘러가며 덮여있고, 온갖 오묘한 보배 구름을 두루 내리고, 온갖 장엄구 구름을 두루 내리고, 온갖 보배 옷 구름을 두루 내리고, 온갖 전단향 구름을 두루 내리고, 온갖 견고한 향 구름을 두루 내리고, 온갖 보배로 장엄한 덮개 구름을 두루 내리고, 불가사의한 꽃다발 구름을 두루 내렸으며, 불가사의한 풍류와 음성을 내어 여래의 *일체종지를 찬탄하는데 모두 오묘한 진리와 서로 상응하며, 이와 같이 온갖 공양구가 다른 하늘의 공양보다 훨씬 능가하는 것이었습니다.

爾時 一切寶莊嚴殿 自然而有妙好莊嚴 出過諸天莊嚴之上. 一切寶網 周帀彌覆, 普雨一切上妙寶雲, 普雨一切莊嚴具雲, 普雨一切寶衣雲, 普雨一切栴檀香雲, 普雨一切堅固香雲, 普雨一切寶莊嚴蓋雲, 普雨不可思議華聚雲, 普出不可思議妓樂音聲 讚揚如來 一切種智 悉與妙法 而共相應, 如是一切諸供養具 悉過諸天供養之上.

At that point the hall adorned by all jewels naturally had wonderfully fine decorations, surpassing all the heavens, and atop the decorations were nets of all jewels covering all over, showering clouds of all the finest gems all over, showering clouds of all kinds of ornaments, clouds of all kinds of precious raiment, clouds of all kinds of sandalwood incenses, clouds of all kinds of solid fragrances, clouds of canopies adorned by all jewels, and clouds of bunches of inconceivably many flowers, producing everywhere inconceivable music praising the Enlightened One's knowledge of all means of liberation, all in accord with the sublime truth. All these offerings were beyond those of the celestial beings.

[주]

*장엄: 莊嚴, Ⓢvyūha, alaṃkṛta, 좋고 아름다운 것으로 국토를 꾸미고, 훌륭한 공덕을 쌓아 몸을 장식하고, 향·꽃들을 부처님께 올려 장식하는 것. 또 나쁜 일을 멀리하고 선행을 닦는 것을 장엄이라고 한다. 장엄에는 지혜와 선정을 닦는 지혜장엄과 보시, 지계의 덕을 닦는 복덕장엄이 있다. 또는 몸을 아름답게 꾸미는 도구를 장엄구라고 한다.

*일체종지: 一切種智, Ⓢsarva-akara-jnata, 3지(智)의 하나. 일체만법의 별상(別相)을 낱낱이 정밀하게 아는 지혜. 부처님의 지혜. 부분적 모양을 아는 지혜. 예를 들면 도화의 윤곽을 그리고 나서 농담(濃淡) 음영(陰影) 등을 그리는 것과 같은 것.

도솔천왕의 게송

이때 도솔타천왕은 부처님의 위신력을 받들어 지난 세상 부처님 계신 곳에서 선근을 심었던 것을 스스로 새기면서 *게송으로 말하였습니다.

爾時 兜率陀天王 承佛威力 卽自憶念過去佛所 所種善根 而說頌言.

Then the king of the Tushita heaven, empowered by the Buddha, recalled the roots of goodness he had planted with past Buddhas and said in verse.

[주]
*게송: 偈頌, [S][P]gāthā, 부처님의 공덕이나 교리를 노래 글귀로 찬미한 것. 게는 게타(偈陀)의 줄임말, 송은 그 뜻을 한역한 것으로, 범어와 한어를 병칭(倂稱)한 것이다. 경론 가운데 귀글로써 불타의 공덕을 찬탄하거나, 교리(敎理)를 기록한 것. 4자 내지 8자를 한 구로 하고 4구를 한 게송으로 한다.

지난 옛적 무애월 여래 계시었으니	昔有如來無碍月
훌륭하신 중에서도 가장 으뜸이시라	諸吉祥中最殊勝
그 부처님 일찍이 장엄전에 드시니	彼曾入此莊嚴殿
그러므로 이곳이 가장 길상합니다	是故此處最吉祥

There once was a Buddha, Unobstructed Moon,
Most auspicious among the auspicious;
He once entered this hall of adornment,
Therefore this place is most auspicious.

지난 옛적 공덕광불 계시었으니 昔有佛號功德光
여러 가지 길상 중에 가장 훌륭해 諸吉祥中最殊勝
그 부처님 일찍이 마니전에 드시니 彼曾入此摩尼殿
그러므로 이곳이 가장 길상합니다 是故此處最吉祥

There once was a Buddha called Light of Virtue,
Most auspicious among the auspicious;
He once entered this crystal hall,
Therefore this place is most auspicious.

이 세계에서 도솔타천왕이 부처님의 위신력을 받들어 과거의 부처님들을 게송으로 찬탄한 것과 같이, 시방의 모든 세계 도솔타천왕들 역시 다 이와 같이 부처님의 공덕을 찬탄하였습니다.

如此世界兜率天王 承佛神力 以頌讚歎過去諸佛, 十方一切諸世界中兜率天王 悉亦如是 歎佛功德.

As in this world the king of the Tushita heaven, by the power of the Buddha, eulogized Buddhas of the past, so also did the kings of the Tushita heavens in all worlds praise the virtues of Buddhas.

세존께서 사자좌에 앉으심

이 때 세존께서는 일체마니보장엄전의 *마니 보배로 장엄한 사자좌에 *결가부좌하셨습니다. *법신은 청정하고 오묘한 작용이 자재하시어 삼세의 부처님들과 경계가 같으시며, 일체지에 머무시어 일체 부처님과 더불어 한 성품에 들어가 같아졌으며, 부처님 눈이 밝으시어 일체 법을 보면서도 장애가 없으시며, 크나 큰 위력이 있어 법계에 노닐면서도 쉬지 않으시며, 큰 신통을 갖추시어 교화할 중생이 있는 곳은 모두 나아가시며, 모든 부처님의 걸림 없는 장엄으로 몸을 장엄하고, 적절한 시기를 잘 아시어 대중에게 법을 말씀하셨습니다. *불가설 *보살 대중이 각각 다른 방향의 여러 국토로부터 다 함께 와서 모였는데, 모인 대중이 청정하고 법신은 둘이 아니며, 아무데도 의지하지 않고도 자유자재로 부처님의 행을 일으킬 수 있었습니다.

爾時 世尊 於一切寶莊嚴殿摩尼寶藏師子座上 結跏趺坐. 法身清淨 妙用自在 與三世佛 同一境界, 住一切智 與一切佛 同入一性, 佛眼明了 見一切法 皆無障碍, 有大威力 普遊法界 未嘗休息, 具大神通 隨有可化衆生之處 悉能遍往, 以一切諸佛無碍莊嚴 而嚴其身, 善知其時 爲衆說法. 不可說諸菩薩衆 各從他方種種國土 而共來集, 衆會清淨 法身無二, 無所依止 而能自在 起佛身行.

[한자풀이]
結:맺을 결 跏:책상다리할 가 趺:책상다리할 부 遊:놀 유 嘗:맛볼 상, 시험하다
遍:두루 편 從:좇을 종

Then the World Honored One sat crosslegged on the jewel treasury lion throne in the hall adorned by all jewels. His body of reality was pure, his inconceivable action was free. He was in the same realm as all Buddhas of all times, abiding in omniscience, entering into the same one essence with all the Buddhas. His enlightened eye was perfectly clear, and he saw all thing without hindrance. He had great mystic powers, coursing everywhere throughout the cosmos unceasingly. He had great occult powers, able to go anywhere there might be beings who could be taught. His body was adorned with the unobstructed embellishments of all Buddhas. He was well aware of appropriate timing in expounding teachings to people. Unspeakably many enlightening beings came from various lands in other regions and assembled; the congregation was pure, their reality-body nondual; they rested on nothing, and were freely able to perform the actions of Buddhas.

[주]

*마니: 摩尼, Ⓢ Mani, 보석의 이름, 이구보(離垢寶), 보주(寶珠) 혹은 여의주(如意珠)라고도 번역함. 이 구슬은 용왕의 뇌에서 나온 것이라 하며, 사람이 이 구슬을 가지면 독(毒)이 해칠 수 없고, 불에 들어가도 타지 않는 공덕이 있다고 한다. 혹은 제석천왕이 가진 금강저가 아수라와 싸울 때에 부서져서 남섬부주에 떨어진 것이 변하여, 이 구슬이 되었다고도 한다. 또는 지나간 세상의 모든 부처님의 사리(舍利)가 불법이 멸할 때에 모두 변하여 이 구슬이 되어 중생을 이롭게 한다고도 한다.

*결가부좌: 結跏趺坐, Ⓢ paryaṅkā-nibandhā-niṣadyā, paryaṅka, Ⓟ pallaṅka, 스님이나 수행인이 좌선할 때 앉는 방법의 하나. 전가부좌(全跏趺坐), 본가부

좌(本跏趺坐)라고도 한다. 모든 좌법 중에서 결가부좌가 가장 안온하고 쉽게 피곤해지지 않는 좌법이다. 가(跏)는 발바닥, 부(趺)는 발등의 의미로, 양 다리를 교차시켜 발바닥을 위로 보이게 앉는 자세이다. 먼저 오른발을 왼편 넓적다리 위에 놓고, 왼발을 오른편 넓적다리 위에 놓고 앉는 것. 모든 부처님께서 항상 이 법에 의하여 앉으므로 불좌(佛坐), 여래좌(如來坐) 등이라고도 한다. 한 다리를 교차한 것을 반가부좌라 한다.

*법신: 法身, Ⓢ Dharma-kāya, 3신(三身)의 하나. 진리를 체(體)로 하는 불(佛). 영원한 진리를 말함. 법은 진여, 법계의 이(理)와 일치한 부처님의 진신(眞身). 대승에서는 본체론적으로 우주의 본체인 진여 실상 등의 법(法) 또는 그와 일치한 불신을 법신이라 한다.

*불가설: 不可說, Ⓢ nirabbilāpyaśūnyatā, 설명할 수 없는 공(空). 말로 이야기할 수 없다는 뜻.

*보살: 菩薩, 보리살타(菩提薩埵)의 준말. Ⓢ bodhisattva, 도중생(道衆生)・도심중생(道心衆生)・각유정(覺有情)이라 번역. 보리는 도(道), 각(覺)이며, 살타는 유정(有情), 중생이다. 즉 깨달음을 구하는 중생이라는 뜻이다. 성불하기 위하여 수행에 힘쓰는 이의 총칭으로 넓은 의미로는 일반으로 대승교에 귀의한 사람. 보살이란 것은 큰 마음을 내어 불도에 들어오고, 4홍서원을 내어 6바라밀을 수행하며, 위로는 보리를 구하고, 아래로는 일체 중생을 교화하여 3아승기 100겁의 긴 세월에 자리(自利), 이타(利他)의 행을 닦으며 51위(位)의 수행계단을 지나 드디어 불과(佛果)를 증득하는 사람. 다만 지장보살과 같이 중생제도를 위하여 영영 성불하지 않는 이도 있으니, 이를 대비천제(大悲闡提)라 한다.

믿지 못하는 이는 믿게 하고,
이미 믿고 있는 이는 믿음이 커지게 하고,
이미 믿음이 커진 이는 그것을 청정하게 하고,
이미 청정한 이는 그것을 성숙하게 하고,
이미 성숙한 이는 마음을 조복하게 합니다.

To cause those who have no faith to have faith,
to cause those who have faith to develop,
to cause the developed to become pure,
to cause the pure to become mature,
to cause the mature to conquer their minds.

부처님께서는 도리천에서 10주에 대한 법문을 설하시고, 야마천에서 10행에 대한 법문을 설하셨는데, 이제 도솔천에서 10회향에 대한 법문을 하시려고 합니다. 이렇게 점점 높은 단계의 하늘로 올라가시는 것은 깨달음을 향한 보살의 단계가 점점 상승하고 있음을 상징적으로 나타내는 것인지요?

그렇습니다. 도리천, 야마천, 도솔천 등의 하늘은 욕계의 하늘들입니다. 욕계에는 여섯 하늘이 있는데, 수미산 중턱의 사왕천에서 시작하여 위쪽으로 도리천, 야마천, 도솔천, 화락천, 타화자재천이 있습니다. 부처님이 설법하신 하늘이 점점 높아지고 있는 것은 처소로써 법이 나아가고 있음을 나타내고 있는 한편, 보살의 지위도 깨달음을 향해 점점 높아지고 있음을 상징적으로 나타낸 것이라 해석할 수 있지요.

부처님께서는 수미산 정상인 도리천에서 10주(住)를 설하셨고, 야마천에서 10행(行)을 설하셨으며, 이곳 도솔천에서 10회향(廻向)을 설하시고자 합니다. 10주를 설한 것은 처음 불가에 태어나 부처님 지혜에 머물러 물러남이 없다는 것을 밝힌 것입니다. 10행을 설한 것은 행이 법에 의거하여 모든 것에 집착함이 없음을 나타낸 것입니다. 10회향을 설하고자 하는 것은 비록 욕계를 떠난 것은 아니지만, 대자비를 성취하여 집착함이 없고 오로지 중생에게 이로움을 주고자 세간에 처하여 생사를 거듭하는 것을 나타내고 있습니다. 이 하늘에서 10회향을 설한 것은, 이 하늘은 수미산의 위로부터 타화자재천에 이르기까지의 다섯 하늘의 중간에 해당되는 하늘로서 지혜와 자비를 균등하게 융화시켜 회통하여 편중됨이 없음을 상징하고 있기 때문입니다. 이통현 장자의 해설에 따르면 화락천과 타화자재천은 방일을 즐기고, 색계와 무색계는 고요함을 즐기는 마음이 많으며, 야마천과 도리천은 즐거움에 집착하는 곳이라고 합니다. 즉 이 도솔천은 욕계의 여섯 하늘 중 가장 가운데 위치하고 있고, 보시·계율·선정의 세 가지 복덕을 닦은 사람이 태어나는 곳이므로 삼세 모든 부처님께서도 이 도솔천에 계시면서 보리심을 원만히 키워 세간을 교화하셨다고 합니다.

부처님을 맞이하는 대중들도 10주의 도리천에서는 하늘대중들이 맞이하였고, 10행의 야마천에서는 모든 하늘대중과 보살대중이 맞이하는데, 이곳 10회향의 도솔천에서는 8부 천왕들과 모든 하늘대중과 이루 말할 수 없이 많은 보살대중들이 맞이하고 부처님이 앉으실 사자좌를 장엄하고 있습니다. 이는 10주의 지위에서는 단지 처음으로 부처님 지혜의 가문에 태어남을 밝힐 뿐이어서 아직 범부가 성인의 지위에 들지 못했기 때문에 보살대중 없이 하늘대중만 있는 것입니다. 그러나 10행의 지위에서는 10주의 지위에서 이미 깨달음의 길에 들어갔기 때문에 모든 보살대중들이 부처님을 맞이하여 10행의 법문에 모여들고 있음을 나타내고 있는 것이지요. 특히 도솔천궁의 회상에서 모든 하늘과 보살대중과 온갖 장엄의 종류가 많은 것은 회향의 지위에서 자비와 지혜를 회통하여 출세간과 세간이 일체로 대자비를 성취함으로써 사물을 널리 이롭게 하고 미미한 생명이라도 버리지 않기 때문에 한량없는 대중들이 부처님을 맞이하는 것입니다. 이 지위의 자비는 참으로 넓고 크며, 중생제도가 끝없고, 사물을 이롭게 함이 광대하여 이로움이 무궁무진하므로 장엄도 끝없이 아름답고 훌륭하게 표현하고 있는 것입니다.

그러나 오히려 10지의 타화자재천은 10회향만큼의 장엄이 이루어지지 않고 있는 것을 볼 수 있습니다. 그것은 10지의 지위는 10회향의 대자비 경계와 지혜를 더욱 견고하고 두텁게 한 것이지 따로 구하는 법이 있는 것은 아니기 때문입니다. 즉 10지나 등각의 지위는 10주와 10행과 10회향의 법에 의거해서 그 공용을 성취하는 것이기 때문에 부처님께서 타화자재천에 오르실 때에는 따로 법사와 공양을 일으키지 않는 것입니다.

이와 같이 앞뒤 회상에서 이루어지는 설법의 내용을 생각하면서 경전을 읽으면 이 도솔천궁에 펼쳐지는 아름다운 장엄거리와 수많은 대중들의 공양과 찬탄을 이해할 수 있으리라 생각합니다.

부처님을 맞이하는 도솔천궁의 모습이 참으로 장엄합니다. 도솔천왕이 사자좌를 정성스럽게 준비하면서 구름같이 많은 온갖 아름다운 것들이 비 내리고, 수많은 대중들이 기쁨에 가득 찬 마음으로 부처님을 간절히 기다리는 장면이 감동적이기까지 합니다. 이 부분을 보면서 저는 그토록 간절히 가슴을 설레면서 누군가를 기다려본 적이 있었나 하는 생각이 듭니다.

도솔천왕이 멀리서 부처님께서 오심을 본다고 했는데, 앞의 10행의 지위로부터 10회향의 지위로 향하고 있음을 상징적으로 거리로써 표현한 것입니다. 그리고 간절히 진심으로 기다리는 마음을 온갖 꽃과 보배 장식으로 표현한 것이겠지요.

우리나라도 세계적인 큰 행사를 치르면서 정성을 다하여 손님맞이 준비를 한 기억이 있습니다. 올림픽과 월드컵 등의 세계인의 축제를 준비하면서, 운동장을 짓고 도로를 새로 정비하고 길거리를 꽃으로 장식하며 온 국민이 한 마음이 되어 몇 년 전부터 계획하고 손님을 맞이할 준비를 했었지요. 귀한 손님이 머무는 곳이면 눈길이 미치지 않는 곳까지도, 그저 스쳐지나갈 뿐인 곳에까지도 섬세하게 다 신경을 쓰게 됩니다.

또 사랑하는 사람을 기다릴 때의 마음은 어떠합니까? 그가 좋아할 음악을 생각하고, 음식을 장만하기도 하고, 선물을 고르면서 무엇이 그를 더 기쁘게 할까하는 마음으로 가슴 설레며 사랑하는 이를 기다려 본 적이 있겠지요? 생각하는 것만으로 행복하고 어떤 수많은 수식어로도 그를 대신할 수 없음을 느껴보신 적이 있을 것입니다.

도솔천왕과 하늘대중들이 온갖 보배로 장엄하고 청정한 마음으로 공양하며 부처님을 기다리는 것은 사랑하는 사람을 기다리거나 귀한 손님을 맞이하는 것과 비교할 수 없을 것입니다. 그것은 깨달음을 위한 기다림이요, 중생을 이롭게 하기 위한 기다림이기 때문입니다. 경전에서 말하는 것처럼 여래께서 세상에 나시는 것을 만나기란 참으로 어려운 일인데, 그분을 직접 뵙는 기쁨이야 어디에 비교할 수 있겠습니까?

경전에 표현된 '백만 억 층계, 백만 억 휘장, 백만 억 인드라 금강보배, 백만 억 향'과 같은 거대하고 화려한 장엄을 볼 때, 너무 과장된 것이라고 받아들이기보다는 그 의미를 생각해야할 것입니다. 층계도 10주에서는 십 천이라 하고 10행에서는 백만이라 하였는데, 10회향에서 백만 억이라 말하고 있는 것은 올라가는 지위를 상징하는 것이고, 가르침의 그물을 펼치는 것을 보배망으로 표현한 것이며, 대자비를 세속에 드리워 중생을 이롭게 하는 것을 만장에 비유하고 있음을 알 수 있습니다. 그러므로 경전 속의 장엄이 물리적인 것으로 받아들여 지나치다고 하기보다 도솔천궁에 수많은 대중 속에 함께 서서 멀리서 다가오는 부처님을 공경과 찬탄의 마음으로 어서 오시기를 간절히 바라는 마음이 되어 보면 어떨까요?

부처님께서 앉으실 사자좌의 이름에도 의미가 있습니까? 그 자리가

온갖 보배와 장엄거리로 아름답고 훌륭하게 장식되었음이 모두 과거에 닦은 선근으로 인해 얻은 것이라는 경구절을 보니 숙연해집니다.

부처님께서 수미산 정상의 도리천에 올라 10주를 설하실 때 제석천이 그의 궁전 묘승전에 보광명장 사자좌를 놓으셨지요. 또 야마천에 올라 10행을 설하실 때 야마천왕이 보련화장 사자좌를 마련하셨습니다. 이제 도솔천에 올라 10회향을 설하시려할 때 마니장 사자좌를 놓으셨습니다. 행에 있어서 오염되지 않는 것이 마치 연꽃과 같음을 나타내기 때문에 10행에서는 사자좌의 이름을 보련화장이라고 부르고 있습니다. 10회향의 마니장 사자좌의 마니는 이구보(離垢寶)라고도 하는데, 이는 더러움을 벗어난 보배라는 뜻입니다. 10회향의 지위는 대자비로 세속에 나아가 중생을 이롭게 하기 위하여 온갖 선의 꽃을 활짝 피우려 하므로 늘 생사에 처해 있으면서도 오염이 없음을 밝히고 있는 것입니다.

세속에서도 희망하는 어떤 지위에 이르려고 할 때 노력 없이 그저 주어지는 법은 없습니다. 오랜 세월 목표를 위해 공부해야하고 자격을 취득해야하고 시험을 통과해야하며 같은 목표를 가진 사람들과의 끝없는 경쟁에서 이겨야 그 지위에 오르고 자리를 유지할 수 있지요. 그것이 학자의 길이든, 정치인의 길이든, 사업가의 길이든 … 사람들이 부러워하는 자리일수록 치러야하는 대가도 클 수밖에 없을 것입니다. 최근 경기가 나빠지고 안정된 직장을 바라는 젊은이들이 늘어나면서 공무원 시험의 경쟁률이 매우 높아졌다는 보도를 접하게 됩니다. 이와 같이 명예를 위한 이름은 물론 생계를 위한 직장을 구하기 위해서도 이렇게 일생을 두고 노력해야하는데, 생사를 초월하는 깨달음의 지위를 얻기 위한 노력은 한 생에서 이룰 수 있는 일이 아닐 것입니다.

부처님께서도 35세에 깨달음을 이루셨지만 과거의 수많은 생에 걸쳐 끊임없는 수행을 하신 결과로 이루신 것이며, 이 사자좌 역시도 과거에 닦은 수없는 선근으로 얻은 것임을 말하고 있는 것입니다. 사람들은 눈앞의 결과를 바라거나 노력에 대한 보상이 즉각 주어지길 바랄 때가 많습니다. 그러나 누가 알아주든 알아주지 않든 간에 선근은 선근으로 남는 것입니다. 그렇다면 작고 눈에 보이지 않는 작은 선근의 공덕이 하나씩 모여 우리 마음속의 사자좌를 장식하게 되겠지요. 도솔천왕이 부처님을 맞이하며 찬란하고 장엄하게 꾸민 사자좌처럼, 우리 자신은 내 마음의 불성이 자리할 사자좌를 아름답게 장식하고 있는지 돌아보아야하겠습니다.

부처님께서 대비심으로 중생을 거두실 때 '믿지 못하는 이는 믿게 하고, 이미 믿고 있는 이는 그 믿음이 커지게 하고, 이미 믿음이 커진 이는 그것을 청정하게 하고, 이미 청정한 이는 그것을 성숙하게 하고, 이미 성숙한 이는 마음을 조복하게 한다'는 식으로 조금씩 단계를 높여 나가는 제도의 방식이 놀랍습니다. 자녀양육에 있어서나 학생교육에 있어서도 내 뜻대로 상대를 만들기 위해 과도하게 요구하여 반발심을 초래하는 경우가 있는데, 부처님처럼 대비심으로 상대를 근기에 알맞게 대하면 무리가 없겠다는 생각이 듭니다.

자기 마음에만 묶여있는 사람은 다른 사람을 못 봅니다. 왜냐하면 자기 마음을 투사하여 보니까 영원히 그 사람의 마음을 알 수가 없지요. 얼마 전 유치원생 자녀를 둔 부모가 학원을 여덟 군데나 보냈는데, 그 아이가 기억상실증에 걸리고 말았다는 뉴스가 있었습니다. 물론 자식이 다른 아이들보다 잘나고 뛰어나기를 바라는 부모의 마음을 이해할 수 없는 것은 아닙니다만, 이쯤 되면 이것은 부모의 사랑이라기보다 집착이고 욕심이라 해야겠지요.

요즘 우리나라의 교육환경이 지나치게 경쟁적이어서 내 자식이 다른 아이들보다 뒤쳐질까 하는 부모의 두려움이 매우 커지고 있습니다. 그러한 부모의 심정도 이해가 안 되는 것은 아니지만, 왜 그것을 배워야하는지도 모르는 아이로선 감당하기 힘든 상황이었던 것이지요. 홍수처럼 쏟아지는 원하지 않는 지식을 한꺼번에 받아내야 하는 중압감은 오히려 하나도 기억하지 못하는 극단적인 방법을 선택하게 했는지도 모릅니다. 부모가 자녀의 특성을 알고 또 자녀가 무엇을 원하는지를 알고 그 연령에서 소화해낼 수 있을 만큼만 요구하면서 점차적으로 다가갔다면, 자녀는 새로운 지식을 알아가는 기쁨으로 또 부모는 자식이 콩나물 자라듯이 부쩍부쩍 성장해가는 것을 보는 기쁨으로 모두 행복했을 것입니다.

경전에서 부처님은 중생의 근기에 따라 조금씩 가르침의 깊이를 더해가는 것을 볼 수 있습니다. 아직 믿음을 내지도 못한 중생을 조복하려 하면 아무리 훌륭한 가르침이라 할지라도 거센 저항에 부딪칠 수밖에 없겠지요. 믿음이란 시작이면서 끝입니다. 한 티끌도 섞이지 않은 청정한 믿음이라면 하늘이 무너지는 위협이나 죽음의 두려움 앞에서도 동요가 없을 것입니다. 부모의 자녀양육에 있어서도 사랑을 바탕으로 한 믿음이 우선입니다. 자녀에 대한 믿음, 그리고 부모에 대한 믿음이 있는 한 부모자녀 관계가 붕괴되는 일은 없을 것입니다.

호박 덩굴을 하나 올릴 때도 씨를 심기 전부터 거름을 하고 땅을 비옥하게 만들지요. 적당한 시간이 지난 후에 너무 깊지도 너무 얕지도 않게 씨를 심고 적절한 양의 물을 주고 싹이 나기를 기다립니다. 뿌리를 내리고 잎이 자라면 편안하게 줄기를 뻗어나갈 자리를 만들어주고 더러는 줄을 쳐서 쉽게 타고 올라갈 수 있도록 도와줍니다. 이렇게 철저히 호박의 입장에서 그의 성장을 돕지요. 그렇게 했을 때 호박 역시 농부의 기대를 저버리지 않고 싱싱한 수확으로 정성에 보답하게 됩니다. 성급하게 자녀가 빨리 자라기를 바라는 부모는 호박이 마음껏 넝쿨을 뻗으며 자라는 것을 기다리지 못하는 것과 같습니다. 싹도 틔우기 전에 싹이 나고 있나 궁금하고 싹이 나지 않으면 어쩌나 불안해서 땅을 파헤쳐보는 것과 같지요. 겨우 뿌리를 내려 줄기를 뻗을 때도 스스로 햇빛을 받고 바람을 맞기 좋은 곳으로 뻗어나가는 것을 허용하지 못하고 이리저리 구부리고 휘감아 힘들게 하면 줄기도 말라버리고 열매도 부실하고 뿌리까지 썩어버리는 경우도 있습니다. 자녀의 성장에 있어서도 스스로의 생명의 힘으로 자라도록 부모는 믿음과 사랑의 거름을 주고, 잡초를 뽑고 물을 주듯이 좋은 환경을 조성하도록 노력해야할 것입니다.

이렇게 생각하면 식물재배나 자식양육이나 중생제도에도 단계적인 노력이 필요함을 알 수 있습니다. 상대의 근기를 알고 적절한 시기를 잘 알아야 하겠습니다. 과정을 소홀히 하고 성급하게 결과에 연연하는 많은 사람들이 생각해볼 문제인 것 같습니다.

보살은 보리행을 닦아 세상의 모든 번뇌를 없애고 마음의 동요를 없앤다고 하지만, 수행이 부족한 저로서는 마음이 힘들 때면 과거로 돌아가고 싶고 고향의 품에 안기어 쉬고 싶은 마음이 들곤 합니다.

고향이란 어머니 품 같은 곳이지요. 언제라도 달려가면 나를 안아줄 것 같고 고향하늘과 산천은 내 어깨를 두드리며 나를 위로해줄 것 같지요. 그래서 많은 사람들이 용기가 필요할 때, 위로가 필요할 때, 힘이 빠져 쉬고 싶을 때 고향을 떠올리거나 고향을 찾아 떠나기도 하지요.

그러나 정작 고향이라고 가보면 산 아래 작은 마을로 이어지던 좁은 돌담길과 오순도순 모여 있던 정겨운 시골집 정경은 이미 없어지고, 들꽃도 뭉개버린 시멘트 길과 산을 깎아내어 어울리지 않게 번듯한 아파트가 들어서 있는 모습에 씁쓸하게 돌아선 경험이 있을 것입니다. 그런데도 우리는 고향을 그리워합니다. 어쩌면 다시 돌아갈 수 없기 때문에 더욱 그리운 곳이고, 아름다운 추억이 있기 때문에 더욱 그리운 곳이겠지요.

그렇다면 마음의 고향은 어디일까요. 우리가 어릴 적 뛰어놀던 곳에 대한 그리움은 단지 과거에로의 회귀만을 의미하는 것은 아닐 것입니다. 평화로움과 고요함 그리고 순수함에 대한 그리움이기도 하겠지요. 마음이 그리고 있는 조용한 시골길과 마음껏 뛰놀고 소리쳐도 모든 것을 받아주던 산과 들 그리고 냇가는 무엇을 의미할까요? 그것은 아마 생명을 보듬고 길러내는 어머니의 품이며, 모든 중생이 부처를 이루도록 하는 부처님 성품을 의미하기도 합니다. 자기 본향을 그리워하는 것, 그것은 진정한 자기에게로 돌아가고 싶은 욕구입니다. 바로 본성에로의 회귀를 의미하는 것이지요.

힘들고 외로울 때 우리는 고향을 생각합니다. 마찬가지로 번뇌가 많고 마음이 흔들릴 때 우리는 지극히 순수한 나, 전혀 오염되지 않은 나를 더욱 그리워하게 되는 것입니다. 고통스러운 현실을 앞두고 훌쩍 고향산천을 찾는 것이 도피일까요? 어쩌면 자신에 대한 성찰이기도 하고, 자신과의 화해이기도 하고, 보다 청정한 본래의 모습을 찾아 떠나는 적극적인 탐색이기도 하겠지요. 공기가 좋은 곳에서 쉬고 싶고, 숲이 아름다운 곳에서 머물고 싶습니다. 특히 고향의 넉넉하고 편안한 품에 안기고 싶습니다. 그것이 바로 우리가 추구하는 마음자리가 아니겠습니까?

제24. 도솔궁중게찬품(兜率宮中偈讚品)

요 약

부처님께서 도솔천의 일체보장엄전 마니보장사자좌에 결가부좌하고 앉으시니 시방으로부터 온 대보살들이 각각 무수한 보살들과 더불어 부처님 계신 곳으로 와서 예배드린다. 그 대보살들은 금강당보살을 위시하여 당(幢)자를 돌림자로 하는 견고당 · 용맹당 · 광명당 · 지당 · 보당 · 정진당 · 이구당 · 성수당 · 법당보살인데, 당(幢)의 의미는 지혜를 바탕으로 하는 자비의 기치를 말한다. 제5회의 설주인 금강당보살과 무수한 보살대중들이 부처님 곁에 운집하자 부처님께서는 두 무릎에서 백천억나유타아승기 광명을 내어 온 법계를 널리 비추셨다. 이렇게 설법의 준비가 끝나자 금강당보살이 부처님의 위신력을 받들어 부처님을 찬탄하는 노래를 게송으로 부르기 시작한다.

보살대중들이 모여듦

이 때 부처님의 위신력으로 시방에서 온 각각의 대보살이 저마다 일만 부처님 세계의 티끌 수 같이 많은 보살들과 더불어 일만 부처님 세계의 티끌 수 같이 많은 국토 밖에 있는 여러 세계에서 부처님 계신 곳으로 왔습니다. 그 이름은 금강당보살 · 견고당보살 · 용맹당보살 · 광명당보살 · 지당보살 · 보당보살 · 정진당보살 · 이구당보살 · 성수당보살 · 법당보살이었습니다.

爾時 佛神力故 十方各有一大菩薩 一一各與萬佛刹微塵數諸菩薩俱 從萬佛刹微塵數國土外諸世界中 來詣佛所. 其名曰金剛幢菩薩 堅固幢菩薩 勇猛幢菩薩 光明幢菩薩 智幢菩薩 寶幢菩薩 精進幢菩薩 離垢幢菩薩 星宿幢菩薩 法幢菩薩.

[한자풀이]

刹:절 찰 微:작을 미 塵:티끌 진 數:셀 수 詣:이를 예 幢:기 당 堅:굳을 견 固:굳을 고 勇:날쌜 용 猛:사나울 맹 寶:보배 보 離:헤어질 리 垢:때 구 星:별 성 宿:성수 수

THEN, DUE TO THE SPIRITUAL FORCE of the Buddha, a great enlightening being from each of the ten directions, each accompanied by as many enlightening beings as atoms in ten thousand buddha-lands, came to where the Buddhas was, from worlds beyond lands as numerous as atoms in ten thousand buddha-lands. Their names were Diamond Banner, Banner of Steadfastness, Banner of

Bravery, Banner of Light, Banner of Knowledge, Jewel Banner, Banner of Energy, Banner of Purification, Constellation Banner, and Banner of Truth.

부처님께서 광명을 내어 비추심

이 때 세존께서 두 무릎으로부터 백천억 나유타 광명을 내어 시방의 온 *법계와 *허공계를 널리 비추시니, 저 보살들이 모두 부처님께서 신통 변화하시는 모양을 보았고, 이 보살들도 모든 부처님의 신통 변화하시는 모양을 보았습니다.

이 보살들은 지난 옛적에 모두 *비로자나 여래와 함께 선근을 심으면서 보살의 행을 닦았고, 모두 부처님들의 자재하시고도 깊고 깊은 *해탈에 이미 깨달아 들어가서 차별이 없는 법계의 몸을 얻었으며, 일체 국토에 들어가지만 어디에도 머무르지 않으며, 한량없는 부처님을 뵙고 모두 가서 섬기었습니다. 한 순간 동안에 법계로 두루 다니지만 자유자재로 걸림이 없고, 마음이 청정하여 가치를 측정할 수 없는 보배와 같으며, 수 없는 부처님들이 항상 보호 가피하시고 또한 힘을 주었으며, 으뜸가는 경지인 저 언덕에 이르러 항상 깨끗한 마음으로 위없는 깨달음에 머물렀습니다.

爾時 世尊 從兩膝輪 放百千億那由他光明 普照十方盡法界虛空界一切世界, 彼諸菩薩 皆見於此佛神變相, 此諸菩薩 亦見於彼一切如來神變之相. 如是菩薩 皆與毘盧遮那如來 於往昔時 同種善根 修菩薩行, 悉已悟入諸佛自在甚深解脫 得無差別法界之身, 入一切土 而無所住, 見無量佛 悉往承事. 於一念中 周行法界 自在無碍, 心意淸淨 如無價寶, 無量無數諸佛如來 常加護念 共與其力, 到於究竟第一彼岸 恒以淨念 住無上覺.

[한자풀이]

膝:무릎 슬 輪:바퀴 륜, 수레

Then the World Honored One emanated countless beams of light from the wheel marks on his knees, illuminating the entire space of the cosmos in the ten directions. The enlightening beings in all worlds all saw this miraculous display of the Buddha, and the enlightening beings here saw the miraculous displays of all the Buddhas in other worlds. These enlightening beings had all similarly planted roots of goodness in the distant past along with Vairocana Buddha, cultivating enlightening practice; they all had awakened to and entered the free, extremely profound liberation of the Buddhas, and had attained the undifferentiated cosmic body, entering all lands without dwelling anywhere. They saw countless Buddhas and went to serve them all. In a single mental instant they traversed the cosmos, freely and without hindrance. Their minds and intellects were pure, like priceless jewels. Innumerable Buddhas always guarded them mindfully, sharing their power with them. They reached the ultimate, supreme other shore; by pure mindfulness they continually dwelt in highest awareness;

[주]

*법계: 法界, ⓈDharmadhātu, 달마타도(達磨馱都)라 음역. 법의 종류, 법의 영

역, 법의 본성이라는 의미. 세 가지 뜻이 있다. ①계(界)는 인(因)이란 뜻, 법(法)은 성법(聖法)이니, 성법을 내는 원인이 되므로 곧 진여(眞如)를 말한다. ②계(界)는 성(性)이란 뜻. 법은 일체 모든 법이니, 만유제법의 체성이 되므로 곧 진여를 말한다. ③계(界)는 분제(分齊)란 뜻. 법은 모든 법이니 분제가 서로 같지 않은 모든 법의 모양. 곧 만유제법을 포함하여 말한다.

*허공계: 虛空界, ①진여(眞如)를 말함. 무색무형이고, 일체만유를 포괄하는 것이 허공 같기 때문이다. ②허공의 영역이라는 의미이다.

*비로자나: 毘盧遮那, ⓈVairocana, 변일체처(遍一切處), 광명변조(光明遍照), 부처님의 진신(眞身)을 나타내는 칭호. 부처님의 신광(身光)·지광(智光)이 이사무애(理事無碍)의 법계에 두루 비추어 원명한 것을 의미함.

*해탈: 解脫, ⓈMukti : Mokṣa : Vimukti, 계박(繫縛)을 벗어나서 자재함을 얻는다는 뜻. 미혹의 속박에서 벗어나 완전한 자유를 얻음. 괴로움에서 해방된 평온한 상태. 번뇌의 속박을 떠나 무애자재한 깨달음을 얻음. 열반(涅槃)의 별칭임.

보살들의 찬탄

이 때 금강당보살이 부처님의 신력을 받들어 시방을 두루 관찰하고 게송으로 말하였습니다.

爾時 金剛幢菩薩 承佛神力 普觀十方 而說頌言.

Then the enlightening beings Diamond Banner, empowered by the Buddha, looked over the ten direction and said in verse.

여래는 세상에 나지도 않고	如來不出世
마찬가지로 열반도 없지마는	亦無有涅槃

본래의 크나큰 원력으로써 以本大願力
자재로운 법을 나타냅니다 示現自在法
The Buddha does not appear in the world
And has no extinction either:
By the power of his great original vow
He demonstrates his freedom.

이 법은 상상할 수도 없고 是法難思議
마음작용이 미치는 곳 아니라 非心所行處
지혜로 저 언덕에 이르러야 智慧到彼岸
비로소 부처님경지 보게 됩니다 乃見諸佛境
This truth is inconceivable—
It is not in the sphere of mind:
When knowledge reaches the other shore
One then sees the realm of the Buddhas.

육신을 부처라 할 수 없고 色身非是佛
음성 역시도 그렇지마는 音聲亦復然
육신과 음성을 떠나서는 亦不離色聲
부처님 신통을 볼 수 없습니다 見佛神通力
The physical body is not the Buddha,
Neither is the audible voice:
Yet not apart from form and sound
Can Buddha's mystic power be perceived.

지혜가 적은 이는 알 수 없어요 少智不能知
부처님들의 참다운 경계를 諸佛實境界
오래도록 청정한 업 닦아야 久修清淨業
마침내 분명하게 깨닫게 됩니다 於此乃能了
Those of little knowledge cannot know
The true realm of the Buddhas;
After long cultivation of purifying action
Will one be able to comprehend.

한량없는 세계 가운데에 無量世界中
여래의 몸을 나타내시어 示現如來身
오묘한 법 널리 말하지만 廣說微妙法
그 마음엔 집착이 없습니다 其心無所着
Manifesting the body of an enlightened one
In unnumerable worlds,
Widely expounding the subtle teaching,
His mind has no attachments.

일체지를 구하기를 바라거나 欲求一切智
위없는 깨달음 빨리 이루려면 速成無上覺
청정하고 오묘한 마음으로써 應以淨妙心
보리행을 닦고 익혀야 합니다 修習菩提行
If you want to see omniscience
And soon attain highest awareness,
You should, with pure clear mind,

Cultivate enlightening practice.

이 때 견고당보살이 부처님의 위신력을 받들어 시방을 두루 관찰하고 게송으로 말하였습니다.

爾時 堅固幢菩薩 承佛神力 普觀十方 而說頌言.

Then the enlightening beings Banner of Steadfastness, empowered by the Buddha, looked over the ten direction and said in verse.

여래의 훌륭함은 비할 데 없고 如來勝無比
깊고 깊어 이루 말할 수 없으며 甚深不可說
언어적 표현을 뛰어넘는 것이라 出過言語道
맑고 깨끗하기가 허공과 같습니다 淸淨如虛空
The Enlightened One is incomparable,
Most profound, inexplicable,
Beyond all manner of speech,
Pure as space itself.

온갖 것을 통달한 이는 通達一切法
바로 진실한 불자이니 是乃眞佛子
이런 이는 분명히 알 수 있어요 此人能了知
부처님들의 자재하신 힘을 諸佛自在力
By comprehending all things
Does one become a true child of Buddha:
Such a person can know
The Buddhas' autonomous power.

누구든지 부처님을 존경하고　　若有尊敬佛
부처님 은혜 갚으려 한다면　　念報於佛恩
저 사람 결코 떠나지 않아요　　彼人終不離
모든 부처님 계시는 곳을　　一切諸佛住
If any respect the Buddhas
And want to requite the Buddha's grace,
They will never leave
The abode of all the Buddhas.

지혜로운 사람이라면 어떻게　　何有智慧人
부처님을 뵙고 듣는 가운데　　於佛得見聞
청정한 원을 수행하지 않고서　　不修淸淨願
부처님 가신 길 밟을 수 있으리오　　履佛所行道
How can intelligent people
Who've seen and heard the Buddha
Not carry out pure vows
And tread the path the Buddha traversed?
[한자풀이]
履:가죽신 리, 밟을 리

이 때 용맹당보살이 부처님의 신력을 받들어 시방을 두루 관찰하고 게송으로 말하였습니다.

爾時 勇猛幢菩薩 承佛神力 普觀十方 而說頌言.

Then Banner of Bravery, empowered by the Buddha, looked over the ten direction and said in verse.

밝고 깨끗한 눈이 譬如明淨眼
햇빛으로 색을 볼 수 있는 것처럼 因日覩衆色
깨끗한 마음 역시 그와 같아서 淨心亦復然
부처님 힘으로 여래를 봅니다 佛力見如來
Just as a clear eye
Can see colors due to the sun,
So too can a pure heart
See the Enlightened by Buddha's power.

마치 정진하는 힘으로 如以精進力
바다 밑까지 닿을 수 있는 것처럼 能盡海源底
지혜의 힘 역시 그와 같아서 智力亦如是
한량없는 부처님 뵙게 됩니다 得見無量佛
As by the power of effort
One can plumb the depths of the sea,
So too can the power of knowledge
See innumerable Buddhas.

비유하면 비옥한 좋은 밭에 譬如良沃田
뿌린 씨가 잘 자라는 것처럼 所種必滋長
이와 같이 깨끗한 마음 밭에서 如是淨心地
모든 불법이 생겨납니다 出生諸佛法
As in a fertile, watered field
Whatever's planted will grow,
So does the ground of a pure mind

Produce enlightened qualities.

[한자풀이]

沃:물댈 옥, 기름지다 滋:자랄 자, 번식하다

어떤 사람이 보배창고를 얻게 되면 如人獲寶藏
가난한 고통 영원히 벗어나는 것처럼 永離貧窮苦
보살들도 불법 구하여 얻게 되면 菩薩得佛法
더러움 여의고 마음이 청정해집니다 離垢心清淨
As a man who's found a jewel mind
Is forever freed from poverty,
An enlightening being finding the Buddha teaching
Is free from defilement, pure in mind.

이 때 광명당보살이 부처님의 위신력을 받들어 시방을 두루 관찰하고 게송으로 말하였습니다.

爾時 光明幢菩薩 承佛神力 普觀十方 而說頌言.

Then Banner of Light, empowered by the Buddha, looked over the ten direction and said in verse.

마치 한 마음의 힘으로 譬如一心力
가지가지 마음 낼 수 있듯이 能生種種心
한 부처님의 몸으로 如是一佛身
모든 부처님 나타내시네 普現一切佛
Just as the power of one mind
Can produce various minds,

So can on buddha-body
Manifest all Buddhas everywhere.

부처님 몸 변화한 것 아니고　　佛身非變化
변화하지 않음도 아니지만　　亦復非非化
변화가 없는 법 가운데에서　　於無化法中
변화한 형상을 보이시네　　示有變化形
The Buddha's bodies are not emanations
And yet not other than emanations:
In the reality where there are no emanations
He appears to have emanated forms.

이 때 지당보살이 부처님의 위신력을 받들어 시방을 두루 관찰하고 게송으로 말하였습니다.

爾時 智幢菩薩 承佛神力 普觀十方 而說頌言.

Then Banner of Knowledge, empowered by the Buddha, looked over the ten direction and said in verse.

모든 국토 어디에나　　一切國土中
한량없는 몸 나타내지만　　普現無量身
몸은 어느 곳에도 있지 않고　　而身不在處
법에조차도 머물지 않습니다　　亦不住於法
In all lands
Buddha manifests countless bodies,
Yet the bodies stay in no place,

And he dwells not in the real.

깨끗하고 둥근 보름달이 譬如淨滿月
물 속마다 비치는 것처럼 普現一切水
달그림자 비록 한량없지만 影像雖無量
본래의 달은 둘이 아닙니다 本月未曾二
Just as the clear full moon
Appears in all bodies of water
And while the reflections are numberless
The real moon is not two,

걸림 없는 지혜로 如是無碍智
등정각을 이루어 成就等正覺
온갖 세계에 널리 나타나지만 普現一切刹
부처님 자체는 둘이 아닙니다 佛體亦無二
So does the one of unimpeded knowledge
With perfect true enlightenment
Universally appear in all lands:
Yet the Buddha-body is nondual.

이 때 보당보살이 부처님의 위신력을 받들어 시방을 두루 관찰하고 게송으로 말하였습니다.

爾時 寶幢菩薩 承佛神力 普觀十方 而說頌言.

Then Jewel Banner, empowered by the Buddha, looked over the ten direction and said in verse.

부처님 몸 처소가 없지만 佛身無處所
모든 곳에 가득 하시니 充滿一切處
허공이 끝이 없는 것처럼 如空無邊際
상상조차 하기 어렵습니다 如是難思議
The Buddha-body has no location,
Yet fills all places;
Like space, it's boundless:
Such is its inconceivability.

여래는 분별을 떠나서 如來離分別
세상도 숫자도 초월하시니 非世超諸數
삼세의 여러 도사님들이 三世諸導師
세상에 나오심도 그러합니다 出現皆如是
The Enlightened are beyond discrimination:
Not of the world, they transcend all accounts—
All Guides of past, present, and future
Appear in this way.

이 때 정진당보살이 부처님의 위신력을 받들어 시방을 두루 관찰하고 게송으로 말하였습니다.

爾時 精進幢菩薩 承佛神力 普觀十方 而說頌言.

Then Banner of Energy, empowered by the Buddha, looked over the ten direction and said in verse.

마치 모든 것들이 譬如一切法

여러 인연으로 생기듯이 衆緣故生起
부처님 뵙는 것도 그와 같아서 見佛亦復然
온갖 선한 업을 빌려야 합니다 必假衆善業
Just as all things
Originate due to multiple conditions,
So also does seeing Buddha
Necessarily depend on many good works.
[한자풀이]
假:거짓 가, 임시적, 빌다

한량없이 많은 국토 가운데 無量國土中
도사께서 세상에 출현하심은 導師興於世
서원의 힘에 따른 것이므로 隨其願力故
온누리에 널리 응답하시네 普應於十方
In infinite lands
The Guides appear in the world;
In accord with the power of their vows
They respond in every place.

이 때 이구당보살이 부처님의 위신력을 받들어 시방을 두루 관찰하고 게송으로 말하였습니다.

爾時 離垢幢菩薩 承佛神力 普觀十方 而說頌言.

Then Banner of Purification, empowered by the Buddha, looked over the ten direction and said in verse.

여래의 크나큰 지혜 광명이 如來大智光
세간을 두루 깨끗하게 하고 普淨諸世間
이윽고 세간이 깨끗해지면 世間旣淨已
부처님 법을 열어 보이시네 開示諸佛法
The light of great knowledge of the Enlightened
Universally purifies all worlds;
Once the worlds are purified,
He reveals the enlightening teachings.
[한자풀이]
旣:이미 기, 이윽고

부처님 몸에서 세간에 이르기까지 佛身及世間
그 모두가 나라고 할 것이 없으니 一切皆無我
이것을 깨달아 정각을 이루고 悟此成正覺
다시금 중생 위해 말씀하시네 復爲衆生說
The bodies of Buddha and the worlds' beings
Are all without self:
Realizing this, he attains true awakening
And also explains it to others.

도사는 오고 가는 일 없고 導師無來去
머무는 곳 또한 없으니 亦復無所住
*전도를 영원히 벗어나면 遠離諸顚倒
등정각이라 할 수 있습니다 是名等正覺
The Guide has no coming or going

And also no place of abode:
Departing from all delusions
Is called true perfect enlightenment.

[주]

*전도: 顚倒, Ⓢviparyāsa, 엎어지고 넘어짐, 거꾸로 뒤바뀜.

이 때 성수당보살이 부처님의 위신력을 받들어 시방을 두루 관찰하고 게송으로 말하였습니다.

爾時 星宿幢菩薩 承佛神力 普觀十方 而說頌言.

Then Constellation Banner, empowered by the Buddha, looked over the ten direction and said in verse.

중생들이 허망하게도 衆生妄分別
부처다 세계다 분별하지만 是佛是世界
법의 성품 깨달은 이에게는 了達法性者
부처도 세계도 없습니다 無佛無世界

Sentient beings erroneously discriminate:
"This is Buddha," "this is the world."
For one realizing the true nature of things
There's no Buddha and no world.

언어 속에서 모든 부처님의 言語中顯示
자재하심이 나타나 보이지만 一切佛自在
정각은 말도 초월한 것이어서 正覺超語言
언어를 빌려서 말하는 것입니다 假以語言說

In words are expressed
The powers of Buddhas;
But true enlightenment transcends words,
Though it be provisionally explained by words.

이 때 법당보살이 부처님의 위신력을 받들어 시방을 두루 관찰하고 게송으로 말하였습니다.

爾時 法幢菩薩 承佛神力 普觀十方 而說頌言.

Then Banner of Truth, empowered by the Buddha, looked over the ten direction and said in verse.

모든 세간의 고통을	寧可恒具受
항상 달게 받을지언정	一切世間苦
결코 여래를 멀리 떠나	終不遠如來
자재한 힘 못 보아선 안 됩니다	不覩自在力

It's better to always experience
All the pains of the world
Than to be apart from the Buddha
And not see Buddha's mystic powers.

만약 어떤 중생들이	若有諸衆生
미처 보리심 내지 못했더라도	未發菩提心
부처님 명호를 한번이라도 들으면	一得聞佛名
반드시 보리를 이룰 것입니다	決定成菩提

If there are any sentient beings

Who have not yet set their minds on enlightenment,
If they once hear the name of Buddha
They'll surely attain enlightenment.

지혜 있는 사람 그 누구라도 若有智慧人
일념으로 도에 대한 마음을 내면 一念發道心
더없이 귀한 부처 꼭 이루리니 必成無上尊
절대로 의심을 갖지 말아야 합니다 愼莫生疑惑
People with knowledge and wisdom,
Once they set their minds on enlightenment,
Will surely become supreme Buddhas:
Have no doubt of that.
[한자풀이]
愼:삼갈 신, 진실로

설령 한 순간 한 순간마다 設於念念中
무량한 부처님께 공양하더라도 供養無量佛
진실한 법을 알지 못하면 未知眞實法
공양한다고 말할 수 없습니다 不名爲供養
Even if in every instant
You give offerings to countless Buddhas,
If you don't know the real truth
This is not to be called offering.

비록 오는 세월이 다하도록 雖盡未來際

부처님 국토를 두루 다닌대도　　徧遊諸佛刹
이 오묘한 불법 구하지 않는다면　　不求此妙法
결코 보리를 이룰 수 없습니다　　終不成菩提
Though one pass the whole future
Traveling to all buddha-lands,
If one doesn't seek this wondrous truth
One will never become enlightened.

중생들은 끝없는 옛적부터　　衆生無始來
생사를 거듭하며 오래 헤매어도　　生死久流轉
진실한 법을 깨닫지 못하므로　　不了眞實法
부처님들께서 세상에 나오시네　　諸佛故興世
Sentient beings, from beginningless past,
Have long revolved in birth and death;
They do not know the real truth,
So Buddhas come forth in the world.

모든 진리 깨뜨릴 수가 없고　　諸法不可壞
깨뜨릴 수 있는 사람도 없어　　亦無能壞者
자재하신 크나 큰 광명이　　自在大光明
온 세상에 널리 나타나시네　　普示於世間
Truths cannot be destroyed,
And no one can destroy them:
The great light of mystic power
Is revealed throughout the world.

우리의 마음밭은 불성이 자랄 소중한 곳이므로
우리 각자는 마음 밭을 비옥하게 일구어
불성을 꽃피우도록 해야겠습니다.

Our mind is the valuable field
that the Buddha-nature will grow,
so everyone of us have to cultivate
the ground of our mind fertilely
and to make it blossom out.

세존께서 두 무릎으로 백천억 나유타광명을 내어 비추셨다 하였는데, 이러한 신체 부위도 어떤 의미를 가지는 것입니까?

물론입니다. 『화엄경』은 매우 상징적인 표현을 많이 쓰고 있습니다. 10신(信)을 설하실 때에는 발바닥의 족륜으로부터 광명을 놓으셨는데, 이는 믿음이 가장 바탕을 이루는 것이기 때문입니다. 또 10주(住)에서는 발가락 끝으로 광명을 놓으시는데, 이는 성스러운 지위에 들어가는 시작이기 때문이고, 10행(行)에서 발등으로 광명을 놓으시는 것은 법신에 의지하여 행을 일으킨다는 것을 상징적으로 나타내고 있는 것입니다. 10회향(迴向)에서는 무릎으로 광명을 내게 되는데, 무릎이란 구부리고 펴는 기능이 있어 앉고 서고 돌리고 하는 것을 마음대로 할 수 있어 세속에 처해도 물듦이 없이 자유자재롭다는 것을 의미하고 있습니다. 이 지위에서는 대지혜와 대자비로써 중생을 이롭게 하는데, 생사에 처해도 항상 열반이고 열반에 처해서도 생사와 함께 하므로 자유자재로 걸림이 없다는 것을 나타내는 상징적 표현이지요.

이와 같이 보살의 이름이나 광명, 숫자 등에도 상징적 의미가 함유되어 있으므로 경전을 읽을 때는 문자에 매여서 물리적인 수와 양의 개념으로 문장을 읽기보다 그 의미가 무엇인지를 생각하면서 받아들여야 할 것입니다.

깨달음의 경지는 상상할 수도 없고 마음작용이 미치는 곳이 아니라 지혜로 저 언덕에 이르러야 한다는 게송이 마음에 와 닿습니다. 알음알이에 빠진 저와 같은 사람들이 깨달음의 경지마저도 자꾸만 이성적으로 혹은 심리적인 경계로 파악하려는 경향이 있는 것 같습니다.

흔히 머리로만 아는 것을 지식이라 하여 지혜와는 엄연히 구별하고 있지요. 그러나 머리로라도 알면 빠른 행동의 변화를 가져올 수 있기 때문에 사람들은 '아는 것이 힘'이라고 했다가, 그것이 전부인 줄 알고 집착하고 매여서 편견과 오만에 빠지게 되는 경우엔 '아는 것이 병'이라고 하면서, 그럴 바에야 차라리 '모르는 게 약'이라고까지 하고 있습니다.

선불교에서도 불립문자(不立文字), 교외별전(敎外別傳)이라고 하면서 깨달음의 체험은 문자에 의해서나, 논리적인 사유에 의해 전해지는 것이 아니라 직접 체험함으로써 얻을 수 있다고 하였습니다. 그래서 선가에서는 책을 읽기보다 참선을 통하여 자기 본성을 밝혀 본래 면목을 찾도록 가르치고 있지요. 그것은 수행자가 온몸으로 지혜를 체득하는 것이 아니라 그저 혀끝으로 지식조각들을 내뱉으면서 깨달음을 얻은 양 만심에 빠질 것을 경계해서일 것입니다.

특히 어릴 때부터 많은 지식의 양을 습득하도록 훈련되었고, 또 그것이 가치 있는 일로 교육받으면서 성장한 현대인들에게 참된 지혜를 이해하기란 쉬운 일이 아닐 것입니다. 지혜란 머리로 아는 것과 마음으로 느끼는 것이 일체가 된 상태로, 분석적 개념의 지식이 아니라 진리를 있는 그대로 보는 것을 말합니다. 이러한 지혜는 수행의 결과로써 얻을 수 있는 것이고, 또 이 지혜의 바라밀로써 깨달음의 저 언덕에 이를 수 있게 됩니다. 그래서 게송에서도 지혜가 적은 이는 부처님의 참다운 경계를 알 수 없다고 하는 것이지요.

비옥한 좋은 밭에서 뿌린 씨가 잘 자라는 것처럼 깨끗한 마음 밭에서 불법이 생겨난다는 게송을 보니, 제가 부모로서 좋은 밭이 되어주지

못했다는 생각은 않고 자식들이 잘 자라주지 않는다고 한탄만 한 저의 무지함을 반성하게 됩니다.

비옥한 밭에서 식물이 잘 자라고 튼실한 결실을 맺지요. 깨달음의 열매를 얻기 위한 마음 밭이 그런 것처럼, 훌륭한 자식을 키우기 위한 부모 밭이 그렇지요. 그래서 예부터 자식농사라 하지 않았던가요? 우선 토양이 좋아야겠지만, 토질만 좋다고 방치하면 어느새 잡초가 자라고 벌레가 덤비게 되지요. 토질이 조금 떨어지는 땅이라 하더라도 거름으로 영양분을 보충하고 적절한 시기에 물을 대주고, 돌을 골라내고 풀을 뽑고 해충을 잡아 식물이 싹을 틔우고 뿌리를 잘 내릴 수 있도록 정성을 다해야 합니다. 그렇게 정성을 들여도 새가 날아와 막 싹을 틔우려는 씨앗을 파먹어버리기도 하고 밤새 들짐승이 와서 밟고 짓이겨버리기도 하지요. 좋은 결실을 내는 비옥한 밭을 유지하기란 참으로 많은 노력과 꾸준한 성실성을 필요로 합니다. 부모도 자녀를 훌륭한 인간으로 기르기 위해 부모라는 밭을 쉼 없이 가꾸어야 할 것입니다.

마찬가지로 우리의 마음 밭도 불법이 자랄 수 있는 좋은 환경을 만들어야 하겠습니다. 누구에게나 여래의 종성이 갖추어져 있다고 합니다. 대승불교에서는 모든 중생에게 부처가 될 가능성이 있음을 주장하고 있습니다. 『여래장경』에는 '일체중생은 여래를 그 안에 가지고 있다'고 합니다. 여래장(如來藏)이란 '여래가 될 태아'라는 의미이며, '부처가 될 인(因)'이라는 의미로 불성(佛性)이라고 부르기도 하는 사상이지요.

우리 마음 밭은 불성이 자랄 소중한 곳인데, 마음이 병들고 돌멩이와 가시덤불로 가득하다면 비록 씨앗은 있다고 하나 제대로 자랄 수가 없습니다. 농부의 마음으로 물을 주고 풀을 뽑고 들짐승의 공격을 받지 않도록 돌보며 정성을 다할 때 비로소 불성이 꽃필 수 있을 것입니다.

그러나 많은 사람들이 제 마음에 불성의 보배 꽃을 피울 씨앗이 있다는 것을 모르고, 자기 밭은 버려두고 남의 밭을 기웃거리며 맴돌고 있는 경우가 많이 있습니다. 우리 각자가 자신의 마음 밭을 돌아보며 불성이 자랄 비옥한 땅을 일구도록 해야겠습니다.

수행자가 청정한 원을 수행하지 않고 어떻게 부처님 가신 길을 갈 수 있겠는가라고 말한 게송의 내용을 보니 작은 서원이라 할지라도 그 원을 묵묵히 실천하는 길이 부처님을 따르는 길임을 알 수 있을 것 같습니다.

원(願)은 삶의 의미입니다. 원이 없으면 생명이 아니지요. 밥을 먹고 공부를 하고 돈을 벌고 취미활동을 하는 이 모든 활동들에는 원이 바탕이 되고 있습니다. 비록 자각하지 못하고 있더라도 자기 자신의 마음속에는 이미 원을 가지고 있습니다. 모든 생명은 성장의 속성을 가지고 있습니다. 눈이 있는 한 보려고 하고, 생명이 있는 한 성장하려는 것은 당연한 일이겠지요. 그러니까 원은 의식적으로 무엇이 되어야겠다, 어떻게 살아야겠다는 생각 이전에 이미 형성되어 있다고 할 수 있지요. 왜냐하면 인간 본래의 성품은 불성(佛性)이기 때문입니다. 환경에 의해 훼손되고 더럽혀진다 해도 끊임없이 본래 성품을 회복하고 꽃피우는 방향으로 나아가게 마련입니다. 그렇기 때문에 온갖 실패와 좌절을 겪고도 다시 딛고 일어설 수 있는 것입니다.

만약 원이 없으면 어떻게 될까요? 추구해야할 그 무엇도 없고 아무런 희망도 기쁨도 없습니다. 절망이고 암흑이지요. 살아있어도 사는 게 아닙니다. 이렇게 생명의 본질을 거스르고 있는 사람은 심각한 심리적

장애를 겪거나 심지어는 죽음을 선택하게 되는 경우도 있습니다.

우리가 서원을 말할 때, 불보살의 사홍서원을 이야기하거나 보현보살의 십대원을 생각하기가 쉽습니다. 그렇기 때문에 서원이란 수행자들에게나 해당되는 특별한 것으로 받아들일 수도 있을 것입니다. 물론 이러한 서원이 불보살의 가장 대표적인 서원인 것은 틀림없습니다. 그렇지만 너무 거창해서 나와는 무관한 것이라 생각할 필요는 없습니다. 남의 이야기라고 생각한다면 아무런 소용이 없지요. 서원은 지극히 자연스럽고 당연한 것입니다. 우리 모두가 부모를 공경하고 자녀에게 좋은 부모가 되기를 바라듯이, 운동을 열심히 해서 건강하고 날씬한 몸매 갖기를 원하듯이, 좋은 사람을 만나고 좋은 직장을 가지고 싶듯이 자연스럽고 편안하게 서원을 할 수 있습니다.

내가 밥 먹을 때, 모든 중생이 굶지 않고 나처럼 먹을 수 있기를 바라는 것이 바로 서원이지요. 길을 걸으면서 모두가 바른 길을 걷기를 소망하면 그것 역시 서원이지요. 바다를 바라보면서 모두가 바다처럼 넓고 큰마음이기를 바란다면 그것이 서원이구요, 허공을 바라보면서 저토록 걸림 없이 자유로운 마음이기를 바란다면 그것이 서원입니다.

처음부터 중생을 제도하리라는 서원을 한다는 것은 구도자가 아니고는 어려운 일이겠지요. 그러나 건강한 신체를 가꾸고 싶다는 생활인의 작은 소망도 알고 보면 보살의 서원과 다르지 않습니다. 그것은 멋지고 당당하게 살고 싶다는 바람일테고, 열심히 일을 해서 자기 성취를 실현하고 싶다는 바람일테고, 가족에게 걱정을 끼치지 않고 잘 돌보겠다는 바람일테고, 나아가 내 이웃에게 도움이 되고자하는 바람일테니까요. 서원이라는 것을 너무 거리감을 가지고 어렵게 생각할 필요는 없을 것입니다. 잠을 자고 사랑을 하는 것처럼 일상 속에서 작은 서원이라도 이루어나갈 때, 그것이 바로 부처님의 길을 따르는 일이 될 것입니다.

모든 것들이 인연으로 생기듯이 부처님 뵙는 것도 선한 업을 빌려야 한다는 게송을 읽으니 우연히 이루어지는 일은 없는 것 같습니다. 좋은 인연에 감사하는 한편, 좋지 못한 인연에 대하여 겸허하게 자신을 돌아보는 계기로 삼아야겠습니다.

불교에서는 모든 것이 인연이라고 가르칩니다. 또 어떤 만남도 무의미한 만남은 없다고 하지요. 가끔은 만남이 부담스럽고 실망을 안겨주기도 하고 심지어 고통을 주기도 하지만, 그 만남은 소중한 것이고 나에게서 비롯된 것임을 알 수 있습니다.

인(因)은 원인이고, 연(緣)은 조건을 말합니다. 즉 어떤 결과를 가지고 오게 하는 직접적이고 내적(內的)인 원인을 인이라 하고, 간접적이고 외적(外的)인 조건을 연이라 합니다. 일체의 현상은 이러한 인과 연이 화합하여 생멸을 되풀이 한다고 합니다. 예를 들면 식물의 씨앗을 인이라 한다면, 햇빛이나 물 혹은 토양 등은 연이라 할 수 있습니다. 이 인과 연이 만나서 화합함으로써 싹을 틔우고 꽃을 피우고 열매를 맺게 할 수 있지요. 깨달음의 길에 있어서도 마찬가지입니다. 모든 중생의 마음 속 불성은 인이 되고, 그것이 어떤 조건을 만나 비로소 깨달음의 길로 들어서고 불과(佛果)를 맺게 될 것이기 때문입니다.

사람마다 가진 인(因)이 다르기 때문에 똑같은 조건이 주어지더라도 그것을 받아들이는 사람이 있고, 배척하는 사람이 있는 것입니다. 불치의 병에 걸린 사람도 자신의 질병을 깨달음의 기회로 삼는 사람이 있는가 하면, 자포자기하여 절망에 빠져버리는 사람도 있습니다. 내가 가진 인에 따라 선택이 달라질 수 있습니다. 학교 다닐 때 많은 친구를 사귈 기회가 있었지만, 내게 맞는 몇몇 친구를 선택하게 되는 현상은 매우 흥미롭습니다. 어떤 아이는 훌륭한 친구를 사귀는가 하면 어떤 친구는 불량한 학생을 사귀기도 하고, 또 드물지만 그 어떤 친구도 선택하지 않는 경우도 있지요.

특히 결혼에 있어서도 그렇습니다. 평생을 함께할 단 한명의 대상자를 찾을 때 많은 기회가 있었음에도 하필 그 사람을 선택한 일에 대해서 흔히 '인연'이라는 말을 많이 합니다. '제 눈에 안경'이라는 말도 자기가 가진 원인으로 어떤 조건을 받아들이기 때문이라고 말할 수 있겠습니다. 한번은 제가 심리적 문제를 앓고 있는 사람에게 훌륭한 선생님을 소개해주면서 도움을 받을 것을 권유했지만, 그는 한번 만나보고는 싫다고 하면서 점쟁이 집을 드나들면서 굿을 하러 다니는 것을 보았습니다. 이렇게 인이 각각 다른 것은 그가 지은 업(業)이 다르기 때문입니다. 업은 만물을 만들어내는 원인이 된다 해서 이것을 인업(因業)이라 하지요. 내게 인연이 되지 않을 때는 눈을 뻔히 뜨고 있어도 보이지 않다가 수년이 흐른 후에야 그 때 좋은 기회를 놓쳤음을 알게 되는 경우도 많이 있지요.

배움의 기회도 그렇습니다. 선지식의 만남과 부처님의 가르침을 만나는 것도 인연이 있어야 하지요. 선업을 닦는 일이 바로 선한 조건을 만나는 원인이 되겠지요. 모든 인연은 소중합니다. 지금 내가 힘들고 고통스러운 현실에 처해있다 하더라도, 내가 행하는 크고 작은 업들이 모여 그것이 원인이 되어 또 다른 조건을 만나게 될테니까요. 좋은 인연에 감사합시다. 그리고 나를 힘들게 하는 인연이라도 겸허하게 받아들이고, 더 성숙한 인연으로 발전시켜 나갈 수 있도록 노력해야 하겠습니다.

중생들이 허망하게 분별하지만 깨달음의 세계에서는 부처도 세계도

평등하다고 합니다. 그런데도 끊임없이 내 기준에서 이것은 옳다 그르다 판단하는 자신의 모습을 봅니다. 분별심을 없앤다는 것은 결국 사물을 있는 그대로 볼 수 있게 된다는 의미입니까?

모든 번뇌가 분별함으로써 일어나게 됩니다. 이것은 좋고 저것은 나쁘다고 했을 때, 좋은 것은 취하려고 하고 나쁜 것은 배척하려고 하겠지요. 그러나 가지고 싶은 것은 가지지 못해서 괴롭고, 떨쳐버리고 싶은 것은 떨치지 못해서 괴롭지요. 그래서 허망한 분별로 인해 집착하게 되고, 집착은 사람들로 하여금 탐·진·치의 수렁에 빠져 허우적거리게 합니다. 어쩌면 많은 사람들이 하루 24시간을 분별하면서 살고 있는지도 모르지요. 잠을 자는 동안 꿈속에서조차도 두려워하고 쫓기고 무엇을 갖고 싶어서 욕심을 내고 있을지도 모르지요. 그러나 좋고 나쁘다고 하는 분별은 절대적이고 객관적인 기준이 있는 것이 아니고, 결국 내 기준의 잣대에 의한 것임을 알 수 있습니다.

경문에서도 부처다 세계다 분별하는 것은 허망한 것이라 하였지요. 깨달음의 세계에서는 그러한 분별이 없다는 것입니다. 『대승기신론』에서는 중생이 본래 갖추고 있는 진여심(眞如心)을 중생심이라 하였습니다. 중생심이란 우리가 일상에서 일으키는 미혹한 마음을 일컫는 것이지만, 이 마음에 법계의 모든 법이 갖추어져 있으므로 '중생심이 곧 불성'이라고 말하는 것입니다. 존재의 진정한 성품은 둘이 아닌데, 부처와 세계를 완전히 분리시켜 부처는 거룩하고 세계는 비천하다고 생각하는 것은 허망한 분별이라는 것입니다.

그러나 불국토와 예토가 하나이고, 수많은 고통과 애환과 아우성과 미움과 질투와 갈등으로 얼룩진 세계의 중생의 마음이 바로 부처의 마음이라고 볼 수 있는 안목은 대단한 것이겠지요. 이것은 오랜 수행의 결과로써 얻을 수 있는 지혜일 것입니다. 나의 집착과 편견으로 욕심내고 화내고 어리석음에 빠진 일들로부터 하나씩 분별심을 벗겨내는 용기가 필요할 것입니다.

경전에서 도에 대한 마음을 내면 절대로 의심을 갖지 말아야 한다고 가르치고 있습니다. 깨달음의 길에서 믿음이 그만큼 중요하다는 것을 가르치는 것이겠지요?

참으로 믿음은 모든 관계에서나 깨달음의 길에 있어서도 가장 기본이 되는 덕목입니다. 『화엄경』의 「범행품」에 나온 '초발심시즉득아누다라삼먁삼보리'라는 구절을 기억하실 것입니다. 처음 보리심을 낼 때, 곧 바로 정각을 성취한다는 말인데, 깨달음의 성취는 온전한 믿음에서 이루어진다는 의미입니다. 그러므로 초발심은 처음이자 마지막이라는 것을 알 수 있습니다.

오늘날 사회 전반에 불신이 만연해있는 것을 볼 수 있습니다. 정부와 국민간의 불신, 노사간의 불신, 학교와 학부모의 불신, 가정 내에서 부부 혹은 부모자녀의 불신, 자기 자신에 대한 불신이 팽배해져 있습니다. 물론 불신의 원인은 여러 가지가 있겠습니다만 가장 기본적으로는 스스로를 신뢰하지 못하기 때문에 남을 신뢰하지 못하는 형태로 나타나는 경우가 많습니다.

심리사회적발달단계를 제시한 에릭슨은 인간이 처음으로 태어나서 생후1년 동안에 형성하는 심리적 특성은 신뢰감이라고 하였습니다. 가장 가까운 관계(거의 부모이겠지만)로부터 적절한 보살핌을 받고 기본적인 욕구가 충족된 아이는 자신과 세계에 대한 신뢰감을 가지게 되지만, 욕구가 좌절되고 부정적인 경험을 많이 하게 된 아이는 자신과 세계에 대한 불신감을 갖게 된다고 하였습니다. 이 시기에 형성된 신뢰감과 불신감은 일생을 통해 지속되며, 다음 단계의 성격발달에 직접적인 영향을 미치게 된다고 하였지요. 그러나 자신과 남 그리고 세상에 대한 신뢰감은 어쩌면 태어난 이후부터가 아니라 엄마의 뱃속에서부터 형성된다고 보아도 좋을 것입니다. 우리의 선조들이 태교의 중요성을 강조하면서 태어나서 10년의 가르침보다 뱃속 10개월의 가르침을 중요시한 것만 보아도, 신뢰감은 엄마와의 교감을 통하여 이 세상에 태어나기 전에 이미 자리 잡기 시작하는 가장 원초적인 감정이라 할 수 있을 것입니다.

한 때 심한 공황장애로 정신과 치료를 받던 중년여성이 자신의 불안의 근저에는 믿음이 없었기 때문임을 절감하게 되었습니다. 이 여인은 아들 낳기를 소망하던 어머니로부터 딸이라는 이유로 태어남과 동시에 배척을 받아 내팽개쳐지고, 자라면서도 다른 사람 손에 맡겨지게 되었지요. 무가치한 자신의 존재를 보상받기 위하여 열심히 공부했고 사회적인 업적도 이루었지만, 뼛속 깊은 외로움과 불안감은 자신을 공황장애로까지 몰고가버리고 말았지요. 그 밑바닥에는 부모로부터 사랑받고 인정받지 못한 상처가 자신과 세계에 대한 믿음의 부재로 자리 잡게 된 것이 원인이었음을 알게 되었습니다. '내가 과연 가치 있는 존재인가, 남에게 사랑받을 수 있을까, 저 사람이 정말 나를 사랑하는 것일까, 내 주장을 했을 때 다른 사람이 나를 싫어하면 어쩌나, 나를 떠나버리지는 않을까, 내가 해낼 수 있을까, 나는 정말 형편없는 사람이야, 내가 하는 일이 그렇지..' 이런 생각에 사로잡힌 그녀는 다른 사람들이 볼 때 능동적이고 순응적인 모습과는 달리, 단 한 순간도 편안하고 행복한 적이 없었던 것이지요. 늘 불안해하며 인정받지 못할까봐 전전긍긍하고 다른 사람의 비위를 맞추려 하다 보니 한 번도 진정한 자신으로 살지 못했던 것입니다. 겉으로 볼 때 성격 좋고 다른 사람들과 잘 어울리는 줄만 알았던 그녀의 내면은 자신과 타인에 대한 불신과 함께 버림받지 않으려는 처절한 몸부림을 하고 있었던 것이지요.

안간힘을 다하며 살아온 그녀의 50인생은, 모래위에 지은 집처럼 아무리 화려하게 장식하고 높이 쌓아올려도 믿음이라는 기초가 부실해서 언제 무너질지 모르는 위험이 있었던 것이지요. 자신을 믿지 못하고 남을 믿지 못하니 관계가 즐겁지 못하고, 어떤 성취도 자신의 존재 가치를 높이지 못하니 에너지가 다 고갈되고 무기력해지면서 죽을 것 같은 불안에 휩싸이게 된 것이지요. 이 여성이 다시 자신을 회복하고 성장의 길로 나아갈 수 있었던 것은 놀랍게도 믿음을 갖게 되면서부터였습니다. 어떤 생명도 가치 있는 존재라는 것, 모든 존재는 불성이 있다는 것, 불성은 어떤 더러움에도 물들지 않는다는 믿음을 가지면서 불안에서 벗어날 수 있게 되었습니다. 그 믿음은 꺼져가는 생명의 불꽃을 살리게 되었지요. 그 전에는 다른 사람의 평가에 휘둘리고 인정받기 위해 강박적으로 행동하면서 가짜 자신으로 살았던 그녀가, 창조적이고 자발적으로 자신의 선택에 의해서 살아가는 진정한 자신의 모습을 찾게 되었습니다.

믿음이야말로 진정한 생명의 아름다움을 느끼게 하고, 나아가 진리의 길로 들어서게 하며 또 깨달음을 이룰 수 있게 하는 것이지요.

제25. 십회향품(十廻向品)

요 약

이 품에서는 금강당보살이 지광삼매에 들어서 부처님의 한량없는 지혜를 얻었고, 그 삼매에서 일어나 설법을 하게 된다. 보살은 큰 원을 세우고 삼세의 모든 부처님들이 행하신 열 가지 회향을 닦아 배워야 한다는 내용이다. '회'는 돌리는 것이고 '향'은 나아가는 것이므로, 회향은 방향을 돌이켜 나아가는 것이다. 즉 세속에 처하면서 자기가 닦은 선근을 중생에게 돌려 중생들이 번뇌에서 벗어나 깨달음을 얻게 하기 때문에 회향이라고 한다.

아래로는 중생에게 회향하는 중생회향과, 위로는 보리를 구하기 위한 보리회향과, 자기가 닦은 선근공덕으로 무위적정한 열반을 얻고자 하는 실제회향에 대해서 설하고 있다.

열 가지 회향의 명칭은 ①일체중생을 구호하면서도 중생이라는 생각을 떠난 회향(救護一切衆生離衆生相廻向) ②깨뜨릴 수 없는 회향(不壞廻向) ③모든 부처님과 동등한 회향(等一切諸佛廻向) ④모든 곳에 이르는 회향(至一切處廻向) ⑤다함없는 공덕장회향(無盡功德藏廻向) ⑥모두 평등한 선근에 들어가는 회향(入一切平等善根廻向) ⑦일체중생을 평등하게 따라 주는 회향(等隨順一切衆生廻向) ⑧진여 모양의 회향(眞如相廻向) ⑨집착도 속박도 없는 해탈 회향(無縛無着解脫廻向) ⑩법계와 평등한 무량회향(等法界無量廻向)이다.

금강당보살의 삼매와 부처님의 가피

이 때 금강당보살이 부처님의 위신력을 받들어 '보살지광삼매'에 들어갔습니다. 이 삼매에 들고나니 *시방으로 각각 십만 부처님세계의 티끌 수 같은 세계를 지나 *명호가 다 같이 금강당불이신 십만 부처님세계의 티끌 수 같은 부처님께서 그 앞에 나타나서 다 함께 칭찬하셨습니다. "훌륭합니다. 선남자여, 그대는 이 보살지광삼매에 매우 잘 들었습니다. 선남자여, 이것은 시방으로 각각 십만 부처님세계의 티끌 수 부처님들이 위신력으로 그대에게 *가피하려는 것이며, 또한 비로자나여래의 지난 옛 *서원의 힘과 위신의 힘일 뿐 아니라 그대의 지혜가 청정하기 때문이며, 모든 보살의 선근이 뛰어나기 때문이며, 그대에게 이 *삼매에 들어가 법을 연설하도록 하려는 것입니다."

爾時 金剛幢菩薩 承佛神力 入菩薩智光三昧. 入是三昧已 十方各過十萬佛刹微塵數世界外 有十萬佛刹微塵數諸佛 皆同一號 號金剛幢, 而現其前 咸稱讚言. 善哉善哉. 善男子, 乃能入此菩薩智光三昧. 善男子, 此是十方各十萬佛刹微塵數諸佛神力 共加於汝. 亦是毘盧遮那如來 往昔願力 威神之力, 及由汝智慧清淨故, 諸菩薩善根增勝故, 令汝入是三昧 而演說法.

THEN THE ENLIGHTENING BEING Diamond Banner, empowered by the Buddha, entered absorption in the light of knowledge of enlightening beings. When he had entered this absorption, there appeared before him as many Buddhas as atoms in a hundred thousand buddha-lands from beyond as many worlds as atoms in a hundred thousand buddha-lands in each of the ten directions. Those Buddhas, who were all alike named Diamond Banner, praised bim, saying, "Good! Good man, it's very good that you can enter this absorption in the light of knowledge of enlightening beings. Good man, this is the spiritual power of Buddhas as numerous as atoms in a hundred thousand buddha-lands in each of the ten directions bolstering you, and also the spiritual power of the force of Vairocana Buddha's past vows, and it is also due to the purity of your knowledge and wisdom, and to the growing supremacy of the bace of goodness of enlightening beings, enabling you to enter this absorption and expound the teaching."

[주]

*시방: 十方, Ⓢdaśa-diś, 동, 서, 남, 북의 사방과 서북, 서남, 동북, 동남의 사유(四維)와 상, 하를 합하여 시방이라 함.

*명호: 名號, ①부처님의 칭호. 이 명호는 덕을 포섭하고 실(實)을 나타내므로, 부처님은 그 명호로써 생각하는 중생을 구제한다. ②명(名)은 한 부처님의 별명, 예를 들면 서가・약사・아촉・아미타와 같은 것. 호(號)는 모든 부처님의 통칭, 여래・응공・등정각・명행족 등 10호를 말한다.

*가피: 加被, Ⓢadhiṣṭhāna, 불・보살과 모든 성현들이 법력과 자비의 마음으로, 일종의 힘을 더하는 것. 부처님이 자비의 힘을 베풀어 중생에게 이롭게 함. 불・보살이 가피하는 힘을 가피력 또는 가위력(加威力)이라 하며 그 힘을 입어 설법하는 것을 가설(加說)이라고 한다.

*서원: 誓願, Ⓢpraṇidhāna, 원래의 의미는 '기원한다', '맹세한다' 등의 의미이지

만, 특히 대승불교에서는 보살이 스스로 깨달음을 얻고 또한 다른 중생(衆生)을 구제할 것을 맹세하거나 또는 소원하는 것을 말한다. 결정코 목적을 이루려고 맹세함. 불·보살에게는 반드시 총(總)서원·별(別)서원이 있으니, 총서원은 사홍서원(四弘誓願)으로 모든 불·보살이 다 일으키는 것이고, 별서원은 아미타불의 48원, 약사여래의 12원과 같이 한 부처님에게만 국한한 서원 임.
*삼매: 三昧, ⓢSamādhi, 삼마데(三摩提·三摩帝)·삼마디(三摩地)라 음역. 정(定)·등지(等持)·정수(正受)·조직정(調直定)·정심행처(正心行處)라 번역. 산란한 마음을 한 곳에 모아 움직이지 않게 하며, 마음을 바르게 하여 망념에서 벗어나는 것.

삼매에서 깨어나 회향의 열 가지 이름을 설함

이 때 부처님들께서 각각 오른손으로 금강당보살의 정수리를 만지자, 금강당보살은 바로 선정으로부터 일어나서 보살들에게 말하였습니다.
"불자들이여, 보살마하살의 불가사의한 큰 서원은 법계에 충만하며 널리 일체 중생을 구호할 수 있는데, 이른바 과거·미래·현재의 모든 부처님의 *회향을 닦고 배워야 하는 것입니다.

불자들이여, 보살마하살의 회향에는 몇 가지 종류가 있습니까? 불자들이여, 보살마하살의 회향은 열 가지가 있는데, 삼세의 부처님들께서 함께 말씀하십니다. 열 가지란, 첫째 일체 중생을 구호하면서도 중생이라는 생각에 매이지 않는 회향, 둘째 깨뜨릴 수 없는 회향, 셋째 모든 부처님과 평등한 회향, 넷째 온갖 곳에 이르는 회향, 다섯째 다함이 없는 공덕장 회향, 여섯째 모든 평등한 선근에 들어가는 회향, 일곱째 일체 중생을 평등하게 따르는 회향, 여덟째 진여의 모양인 회향, 아홉째 속박도 없고 집착도 없는 해탈 회향, 열째 법계에 들어가는 무량한 회향입니다."

爾時 諸佛 各以右手 摩金剛幢菩薩頂, 金剛幢菩薩 得摩頂已 卽從定起 告諸菩薩言. 佛子 菩薩摩訶薩 有不可思議大願 充滿法界 普能救護一切衆生, 所謂修學去來現在一切佛廻向. 佛子 菩薩摩訶薩 廻向有幾種. 佛子 菩薩摩訶薩 廻向 有十種, 三世諸佛 咸共演說. 何等 爲十, 一者 救護一切衆生 離衆生相廻向, 二者 不壞廻向, 三者 等一切諸佛廻向, 四者 至一切處廻向, 五者 無盡功德藏廻向, 六者 入一切平等善根廻向, 七者 等隨順一切衆生廻向, 八者 眞如相廻向, 九者 無縛無着解脫廻向, 十者 入法界無量廻向.

Then the Buddhas each patted the enlightening being Diamond Banner on the head with their right hands, after which Diamond Banner rose from absorption and declared to the enlightening beings, "Children of Buddhas, great enlightening beings have inconceivable great vows, filling the cosmos, able to save all sentient beings. That is, to learn and practice the dedications of all Buddhas of past, present, and future. How many kinds of dedication have the great enlightening beings? Great enlightening beings have ten kinds of dedication, which are expounded by the Buddhas of past, present, and future. What are they? (1) Dedication to saving all sentient beings without any mental image of sentient beings. (2) Indestructible dedication. (3) Dedication equal to all Buddhas. (4) Dedication reaching all places. (5) Dedication of inexhaustible treasuries of virtue. (6) Dedication causing all roots of goodness to endure. (7) Dedication equally adapting to all sentient beings. (8) Dedication with the character of true thusness. (9) Unattached, unbound, liberated dedication. (10) Boundless dedication equal to the cosmos."

[주]

*회향: 廻向, Ⓢpariṅāma, pariṅāmana, 회전취향(廻轉趣向)의 뜻. 자기가 닦은 선근 공덕(善根功德)을 다른 중생이나 또는 자기의 불과(佛果)에 돌려 향함. 〈대승의장(大乘義章)〉에 3종 회향을 말한다. ①중생회향(衆生廻向):자기가 지은 선근 공덕을 다른 중생에게 회향하여 공덕 이익을 주려는 것으로, 불·보살의 회향과, 세속에서 영가(靈駕)를 천도하기 위하여 독경하는 등의 것. ②보리회향(菩提廻向):자기가 지은 온갖 선근을 회향하여 보리의 과덕(果德)을 얻으려고 하는 것. ③실제회향(實際廻向):자기가 닦은 선근 공덕으로, 무위 적정(無爲寂靜)한 열반을 추구하는 것. 또 〈정토론주(淨土論註)〉에서는 두 가지 회향을 말하는데, ①왕상회향(往相廻向)은 자기가 지은 과거와 금생의 선근 공덕을 일체 중생에게 베풀어서 함께 정토에 왕생하기를 원하는 것. ②환상회향(還相廻向)은 정토에 왕생한 뒤에 다시 대비심을 일으켜 이 세계에 돌아와서 중생을 교화하여 함께 불도에 들게 하는 것.

제 1 회향

구호일체중생이중생상회향이란?

"불자들이여, 무엇을 보살 마하살의 '구호일체중생이중생상회향(일체 중생을 구호하면서도 중생이라는 생각에 매이지 않는 회향)'이라 합니까?

불자들이여, 이 보살마하살이 *보시 *바라밀다를 행하고, *지계 바라밀다를 청정히 하고, *인욕 바라밀다를 닦고, *정진 바라밀다를 일으키고, *선정 바라밀다에 들어가고, *지혜 바라밀다에 머무르며, *대자 · 대비 · 대희 · 대사로 이러한 무량선근을 닦으며 선근을 닦을 때에, '이 선근으로 일체 중생들을 널리 이롭게 하여 모두 청정하게 하며, 마침내 *지옥 · *아귀 · *축생 · *염라왕 등의 한량없는 고통을 영원히 벗어나게 되기를 바랍니다.'라고 생각합니다."

佛子 云何爲菩薩摩訶薩 救護一切衆生 離衆生相迴向. 佛子 此菩薩摩訶薩 行檀波羅蜜, 淨尸波羅蜜, 修羼提波羅蜜, 起精進波羅蜜, 入禪波羅蜜, 住般若波羅蜜, 大慈大悲大喜大捨 修如是等無量善根 修善根時 作是念言, 願此善根 普能饒益一切衆生 皆使淸淨, 至於究竟 永離地獄餓鬼畜生閻羅王等 無量苦惱.

"What is the great enlightening beings' dedication to saving all sentient beings? Here the enlightening beings practice transcendent giving, purify transcendent discipline, cultivate transcendent forbearance, arouse transcendent energy, enter transcendent meditation, abide in transcendent wisdom, great compassion, great kindness, great joy, and great equanimity. Cultivating boundless roots of goodness such as these, they form this thought: 'May these roots of goodness universally benefit all sentient beings, causing them to be purified, to reach the ultimate, and to forever leave the innumerable pains and afflictions of the realms of hells, ghosts, animals, and [Yama-raja], and so on.'"

[주]

*보시: 布施, ⓈDāna, 베풀어주는 것. 부자가 가난한 사람에게 재물을 베풀어주고, 마음이 부유한 사람이 마음이 가난한 사람에게 가르치고 깨치게 하는 것이다. 구체적으로 말하면 재물을 베풀어주는 재시(財施), 부처님의 가르침을 전해주는 법시(法施), 남에게 정신적인 안도감을 주어 두려움이 없게 하는 무외시(無畏施) 등이 있다.

*지계: 持戒, Ⓢśila, Ⓟsilava, 청정이라 번역하기도 하며, '계'라고 줄여 부르기도 한다. 불교도의 일상 수행의 준칙이면서 불교의 도덕실천 규범이기도 함. 정(定)·혜(慧)와 합하여 삼학(三學)이라 한다. 대승불교의 육바라밀의 하나이며, 그 기본원칙은 악을 그치게 하고 선을 따르게 하는 것이다. 불교에서는 계율을 수지하는 것은 모든 죄악을 방지하고 모든 선법을 생기게 하는 근거라고 생각하고 있다.

*인욕: 忍辱, ⓈKsānt, 십바라밀의 하나. 욕됨을 당하고도 복수하려는 마음이 없이 참고 안주하는 것이다. 즉 온갖 모욕과 번뇌를 참고 원한을 일으키지 않는 것을 말한다. 인욕을 닦게 되면 사람들의 마음속에 있는 분(忿)·원(怨)·에(恚)·진(瞋) 등을 능히 부수어 없애어, 불교에서 말하는 공덕을 얻을 수 있다.

*정진:精進, ⓈVirya, 십바라밀의 하나. 불교교의에 따라 끊임없이 수행에 노력하고, 이 과정 중에서 끊임없이 선(善)을 닦고 악(惡)을 끊어 훌륭한 공덕을

몸에 익혀 불교에서 요구하는 완전한 선(善)의 경지에 도달한다는 것이다.

*선정: 禪定, 산스크리트어 dhyana의 음사어인 선(禪)과 그 번역어인 정(定)의 합성어. 좌선에 의하여 심신(心身)이 통일된 상태. 마음을 한 곳에 집중시키는 명상.

*지혜(반야)바라밀다: 智慧(般若)波羅蜜多, Ⓢprajñā-pāramitā, ①완전한 지혜. 완성된 최고의 지혜. 탁월한 지성의 지고의 경지. 지혜행. 인간이 진실한 생명을 깨달았을 때 나타나는 근원적인 지례. 육바라밀의 하나. ②십바라밀의 하나. 반야로써 사람들에게 바른 가르침을 주어서 해탈시키는 뜻.

※육바라밀: 六波羅蜜, ⓈṢaḍ-pāramitā, 바라밀은 생사의 차안(此岸)에서 열반의 피안으로 건너간다는 뜻의 도피안(度彼岸)이라고 함. 대승불교의 수행자, 즉 보살이 닦는 수행덕목이다. ①단바라밀(檀波羅蜜): 보시(布施), 공(空)의 도리를 체득하여 일체중생에게 헌신하는 수행 ②시라바라밀(尸羅波羅蜜): 지계(持戒), 불교윤리의 실천 ③찬제바라밀(羼提波羅蜜): 인욕(忍辱), 참고 용서하는 마음의 수행 ④비리야바라밀(毘梨耶波羅蜜): 정진(精進), 굳은 신념과 끊임없는 노력 ⑤선바라밀(禪波羅蜜): 선정(禪定), 진리를 사유하여 산란한 마음을 정지함 ⑥반야바라밀(般若波羅蜜): 지혜(智慧)의 완성. 이상의 6바라밀에 ⑦방편(方便) ⑧원(願) ⑨력(力) ⑩지(智)바라밀을 더하여 10바라밀이라고 한다.

*바라밀다: 波羅蜜多, Ⓢprāmitā, ⓅPārami, 또는 바라밀(波羅蜜). 23품 참고.

*대자・대비・대희・대사: 大慈·大悲·大喜·大捨, 사무량심(四無量心), Ⓢ Catvāri-apramāṇa-cittāni, 한없이 중생을 어여삐 여기는 마음의 네 가지. ①자무량심(慈無量心), Maitrī-apramāṇa-citta 무진(無瞋)을 체(體)로하고 한량없는 중생에게 즐거움을 주려는 마음. 처음은 자기가 받는 낙(樂)을 남도 받게 하기로 뜻 두고, 먼저 친한 이부터 시작하여 널리 일체 중생에게까지 미치게 하는 것. ②비무량심(非無量心), Karuṇā-a. 무진(無瞋)을 체로 하여, 남의 고통을 벗겨 주려는 마음. 처음은 친한 이의 고통을 벗겨주기로 하고, 점차로 확대하여 다른 이에게까지 미치는 것. ③희무량심(喜無量心) Muditā-a. 희수(喜受)

를 체로 하여 다른 이로 하여금 고통을 여의고, 낙을 얻어 희열(喜悅)케 하려는 마음. 처음은 친한 이부터 시작하여 점점 다른 이에게 미치는 것은 위와 같다. ④사무량심(捨無量心). Upekṇā-a. 무탐(無貪)을 체로 하여 중생을 평등하게 보아 원(怨)・친(親)의 구별을 두지 않으려는 마음. 처음은 자기에게 아무런 관계가 없는 이에 대하여 일으키고, 점차로 친한 이와 미운 이에게 평등한 마음을 일으키는 것. 무량이란 것은 무량한 중생을 상대(相對)로 하며, 또 무량한 복과(福果)를 얻으므로 이렇게 이름 한다.

*지옥: 地獄, Ⓢnaraka ; niraya, 즐거움은 없고 괴로움만 극심한 곳. 죄업을 지은 중생이 그 죄업의 성질에 따라 떨어져서 온갖 괴로움을 받는다고 한다. 지옥에는 여덟 종류의 뜨거운 큰 지옥(八大熱地獄)과 이 속에 16별처지옥(十六別處地獄)이 있으며 또한 여덟 종류의 추운 지옥(八寒地獄)과 그 안에 16별처지옥이 있다고 함. 죄업이 무거운 중생은 한 지옥에서 형벌이 끝나면 계속 다른 지옥으로 옮겨 다니면서 끝없는 고통을 겪어야 된다고 한다.

*아귀: 餓鬼, Ⓢpreta, 탐욕의 과보로서 중생이 윤회하는 여섯 세계(육도) 중의 한 세계. 아귀는 무엇을 먹더라도 곧 불덩이로 변해서 끊임없는 기갈에 시달리며 그 생김새는 북같이 큰 배에 바늘만한 목을 가졌다고 함.

*축생: 畜生, Ⓢtiryag-yoni, 남에게 길리우는 생류. 고통이 많고 낙이 적으며, 성질이 무지하여 식욕・음욕만이 강하고, 부자 형제의 차별이 없이 서로 잡아먹고 싸우는 새・짐승・벌레・고기 따위. 그 종류는 매우 많고 사는 곳은 물・하늘・뭍에 걸쳐 있다. 중생으로서 악업을 짓고 우치가 많은 이는 죽어서 축생도에 태어난다고 함.

*염라왕: 閻羅王, 지옥을 관장하는 신(神). 인도신화의 야마(yama)에서 온 말로, 인류최초로 죽은 자가 되어 남쪽 지하에 살면서 사자(死者)의 생전행위에 따라 사자를 조령(祖靈)의 세계, 지상에의 재생(再生), 또는 지옥 등 어느 한쪽으로 보내는 죽음의 신이다. 불교에서는 외호(外護)신으로 받아들여 야마천 천계의 왕으로서의 온건하게 묘사된다. 또는 사자심판을 하는 명부(冥府)의 왕이 되기도 한다.

보살이 닦은 선근을 일체중생에게 회향함

"보살마하살이 선근을 심을 때에, 자기의 선근으로 이렇게 회향합니다. '나는 마땅히 일체 중생의 집이 되리니 모든 괴로운 일을 면하게 하려는 때문이며, 일체 중생의 구호가 되리니 모든 번뇌에서 해탈케 하려는 때문이며, 일체 중생의 귀의할 데가 되리니 모든 공포를 벗어나게 하려는 때문이며, 일체 중생의 나아갈 데가 되리니 일체지에 이르게 하려는 때문이며, 일체 중생의 안락처가 되리니 구경의 편안할 곳을 얻게 하려는 때문이며, 일체중생의 광명이 되리니 지혜의 빛을 얻어 어리석음의 어둠을 멸하게 하려는 때문이며, 일체 중생의 횃불이 되리니 모든 무명의 암흑을 깨뜨리려는 때문이며, 일체 중생의 등불이 되리니 끝까지 청정한 곳에 머물게 하려는 때문이며, 일체 중생의 안내자가 되리니 그들을 진실한 법에 들게 하려는 때문이며, 일체 중생의 *대도사가 되리니 걸림 없는 큰 지혜를 주려는 때문입니다.' 불자들이여, 보살마하살이 모든 선근으로 이렇게 회향하여 일체중생에게 평등하게 이로움을 주며, 궁극적으로는 모두 일체지를 얻게 합니다."

菩薩摩訶薩 種善根時, 以己善根 如是廻向. 我當爲一切衆生作舍 令免一切諸苦事故, 爲一切衆生作護 悉令解脫諸煩惱故, 爲一切衆生作歸 皆令得離諸怖畏故, 爲一切衆生作趣 令得至於一切智故, 爲一切衆生作安 令得究竟安隱處故, 爲一切衆生作明 令得智光滅癡闇故, 爲一切衆生作炬 破彼一切無明闇故, 爲一切衆生作燈 令住究竟淸淨處故, 爲一切衆生作大導師 引其令入眞實法故, 爲一切衆生作大導師 與其無碍大智慧故. 佛子 菩薩摩訶薩 以諸善根 如是廻向 平等饒益一切衆生 究竟皆令得一切智.

[한자풀이]

舍:집 사 免:면할 면 解:플 해 脫:벗을 탈 煩:괴로워할 번 惱:괴로워할 뇌 歸:돌아갈 귀 怖:두려워할 포 畏:두려워할 외 趣:나아갈 취 隱:숨길 은 滅:없앨 멸 癡:어리석을 치 闇:어두울 암 燈:등불 등 饒:넉넉할 요 益:더할 익 究:궁구할 구 竟:다할 경

"When the great enlightening beings plant these roots of goodness, they dedicate their own roots of goodness thus: ' I should be a hostel for all sentient beings, to let them escape from all painful things. I should be a protector for all sentient beings, to let them all be liberated from all afflictions. I should be a refuge for all sentient beings, to free them from all fears. I should be a goal for all sentient beings, to cause them to reach universal knowledge. I should make a resting place for all sentient beings, to enable them to find a place of peace and security. I should be a light for all sentient beings, to enable them to attain the light of knowledge to annihilate the darkness of ignorance. I should be a torch for all sentient beings, to destroy all darkness of nescience. I should be a lamp for all sentient beings, to cause them to abide in the realm of ultimate purity. I should be a guide for all sentient beings, to lead them into the truth. I should be a great leader for all sentient beings, to give them great knowledge.' Enlightening beings dedicate all foundations of goodness in this way, to equally benefit all sentient beings and ultimately cause them all to attain universal knowledge."

[주]

*대도사: 大導師, Ⓢmaha-nayaka, 불・보살의 존칭. 중생을 가르쳐 열반과 보리로 이끄는 스승이라는 뜻. 마하나야가(摩訶那耶迦)라고 음사한다. 원래는 위대한 지도자, 혹은 수장이라는 뜻으로 상인들의 우두머리를 일컫는 말에서 뜻이 변한 것이다.

큰 바다의 변함없음에 비유함

"비유하면 큰 바다는 어떤 독으로도 변하게 하거나 파괴할 수 없는 것과 같이 보살도 그와 같습니다. 아무리 어리석고, 지혜 없고, 은혜를 모르고, 심술궂고 모질고, 교만하여 잘난 체하고, 마음이 캄캄하고, 선한 법을 알지 못하는 그런 종류의 나쁜 중생들이 갖가지로 못 견디게 굴더라도 보살은 어지러이 동요하지 않습니다."

譬如大海 一切衆毒 不能變壞 菩薩 亦爾. 一切愚蒙, 無有智慧, 不知恩德, 瞋狠頑毒, 憍慢自大, 其心盲瞽, 不識善法 如是等類 諸惡衆生 種種逼惱 無能動亂.

[한자풀이]

愚:어리석을 우 蒙:입을 몽, 덮어씌우다 狼:이리 랑 頑: 완고할 완 盲:소경 맹 瞽:소경 고, 마음이 어둡다

"Just as the ocean cannot be changed or destroyed by all poisons, so too are enlightening beings—the various oppressive afflictions of all the ignorant, the unwise, the ungrateful, the wrathful, those poisoned by covetousness, the arrogant and conceited, the mentally blind and deaf, those who do not know what is good, and other such evil sentient beings, cannot disturb the enlightening beings."

인연 없는 중생에게도 선근을 회향함

"보살은 중생들의 성품이 추악하고 소견이 잘못되고 성 잘 내고 흐리어 *조복하기 어렵다하여 곧바로 버리고 회향을 그만두는 것이 아닙니다. 보살은 오로지 큰 원력의 갑옷으로 스스로 장엄하여 중생을 구호하고 언제나 물러서지 않으며, 중생들이 은혜 갚을 줄을 모른다하여 보살행에서 물러나 보살도를 버리지 않으며, 어리석은 범부들과 같은 곳에 있다하여 모든 진실한 선근을 버리지 않으며, 중생들이 잘못을 자주 일으키므로 참고 받아들이기 힘들다하여 그들에게 싫증내는 마음을 일으키지 않습니다.

왜냐하면 마치 태양이 한 가지 일만을 위하여 세상에 나타나는 것이 아닌 것처럼, *보살마하살도 이와 같습니다. 오로지 한 중생만을 위하여 선근을 닦아 *아누다라삼먁삼보리에 회향하는 것이 아니고, 널리 중생을 구호하기 위하여 선근을 닦아 아누다라삼먁삼보리에 회향하는 것입니다."

不以衆生 其性弊惡 邪見瞋濁 難可調伏 便卽棄捨 不修廻向. 但以菩薩大願甲胄 而自莊嚴 救護衆生 恒無退轉, 不以衆生 不知報恩 退菩薩行 捨菩薩道, 不以凡愚 共同一處 捨離一切如實善根, 不以衆生

數起過惡 難可忍受 而於彼所 生疲厭心.

何以故 譬如日天子 不但爲一事故 出現世間, 菩薩摩訶薩亦復如是. 不但爲一衆生故 修諸善根 廻向阿耨多羅三藐三菩提, 普爲救護一切衆生故 而修善根 廻向阿耨多羅三藐三菩提.

[한자풀이]

弊:해질 폐, 나쁘다 邪:사 瞋:성낼 진 濁:흐릴 탁 棄:버릴 기 捨:버릴 사 疲:지칠 피 厭:싫을 염 甲:첫째 천간 갑 胄:맏아들 주

"They do not reject sentient beings and fail to cultivate dedication because of the meanness of character of sentient beings, or because their erroneous views, ill will, and confusion are hard to quell. The enlightening beings just array themselves with the armor of great vows of enlightening beings, saving sentient beings without ever retreating; they do not withdraw from enlightening activity and abandon the path of enlightenment just because sentient beings are ungrateful, they do not get sick of sentient beings just because ignoramuses altogether give up all the foundations of goodness which accord with reality, or because they repeatedly commit excesses and evils which are hard to bear. Why? Just as the sun does not appear in the world for just on thing, so too the enlightening beings do not cultivate roots of goodness and dedicate them to complete perfect enlightenment just for the sake of one sentient being—it is in order to save and safeguard all sentient beings everywhere that they cultivate roots of goodness and dedicate them to unexcelled complete perfect enlightenment."

[주]

*조복: 調伏, Ⓢnigraha, Ⓟniggaha, 신(身)·구(口)·의(意) 3업(業)을 조복하고 모든 악행(惡行)을 항복 받는 것. 부처님께 기도하여 부처님의 힘을 빌려 원적과 악마를 항복 받는 일 또는 이성이 감성을 잘 통제하는 것. 부드러운 자는 법(法)으로 조복하고, 강한 자는 세력으로 조복함.

*보살마하살: 菩薩摩訶薩, ⓈBhodhisattva Mahāsattva, 보리살타마하살타(菩提薩埵薩摩訶薩埵)의 약칭. 보리살타는 도중생(道衆生)·각유정(覺有情)이라 번역하고, 마하살타는 대중생(大衆生)·대유정(大有情)이라 번역함. 도과(道果)를 구하는 이를 도중생이라 하는데, 도과를 구하는 이는 성문·연각도 해당되므로 이들과 구별하기 위하여 다시 대중생이라 함. 또 보살에는 많은 계위가 있으므로 그 중에서 10지(地) 이상의 보살을 표시하기 위하여 다시 마하살이라 함.

*아누다라삼막삼보리: 阿耨多羅三藐三菩提, 무상정등정각(無上正等正覺), Ⓢ Anuttarasamyaksambodhi, 불교 최상의 이상(理想)인 불과(佛果)의 지혜 즉 부처님의 깨우침을 말함. 아뇩다라삼먁삼보리라고 부르기도 하고, 아뇩보리라고 줄여서 부르기도 한다. 아누다라는 '무상(無上)'의 뜻이고, 삼먁삼보리는 정변지, 정등정각(正等正覺)의 뜻이다.

회향하는 마음을 냄

"불자들이여, 보살마하살은 불법으로써 인연을 삼아 광대한 마음과 물러서지 않는 마음을 내고, 한량없는 겁 동안에 귀하고 얻기 어려운 마음의 보배를 닦아서 모든 부처님과 더불어 다 평등하게 됩니다. 보살이 이렇게 모든 선근을 살펴보고, 신심이 청정하며 *대비심이 견고하여 깊고 깊은 마음·환희한 마음·청정한 마음·가장 훌륭한 마음·

부드러운 마음 · 자비로운 마음 · 불쌍히 여기는 마음 · 거두어 보호하는 마음 · 이롭게 하는 마음 · 안락한 마음으로써 널리 중생을 위하여 진실하게 회향하는 것이며, 입으로 말만 하는 것이 아닙니다."

佛子 菩薩摩訶薩 以諸佛法 而爲所緣 起廣大心 不退轉心, 無量劫中 修習希有難得心寶 與一切諸佛 悉皆平等. 菩薩 如是觀諸善根 信心清淨 大悲堅固 以甚深心, 歡喜心, 清淨心, 最勝心, 柔軟心, 慈悲心, 憐愍心, 攝護心, 利益心, 安樂心 普爲衆生 眞實廻向, 非但口言.

"Enlightening beings, focusing on all the Buddha teachings, develop a broad mind and great determination, a determination never to retreat, and through measureless cons cultivate and collect rare, hard to obtain mental jewels, all equal to those of all Buddhas. Thus observing the bases of goodness, enlightening beings′ mind of faith is pure, their great compassion is firm and enduring; they truly and genuinely dedicate them to sentient beings with a most profound intent, a joyful mind, a pure mind, a mind conquering all, a gentle mind, a kind, compassionate mind, a mind of pity and sympathy, with the intention to protect, to benefit, and to give peace and happiness to all sentient beings—they do this sincerely and in reality, not just in words."

[주]

*대비: 大悲, ⓈMahakaruna, 남의 괴로움을 보고 가엾게 여기어 구제하려는 마음을 비(悲:karuna)라 한다. 불보살의 비심은 깊고 크기 때문에 대비라고 한다. 관세음보살의 다른 이름이기도 함.

중생들이 즐거움을 얻게 함

"불자들이여, 보살마하살은 또 '내가 마땅히 선근으로 이렇게 회향하여, 일체 중생들로 하여금 끝까지 이르는 즐거움 · 이로운 즐거움 · 받지 않는 즐거움 · 고요한 즐거움 · 의지함이 없는 즐거움 · 흔들림 없는 즐거움 · 한량없는 즐거움 · 버리지 않고 물러서지 않는 즐거움 · 멸하지 않는 즐거움 · 일체지의 즐거움을 얻게 하리라'고 생각합니다."

佛子 菩薩摩訶薩 復作是念, 我當以善根 如是廻向, 令一切衆生 得究竟樂 利益樂 不受樂 寂靜樂 無依樂 無動樂 無量樂 不捨不退樂 不滅樂 一切智樂.

"Great enlightening beings also form this thought: 'I should dedicate roots of goodness in this way to enable all sentient beings to attain ultimate bliss, beneficial bliss, the bliss of nonreception, the bliss of dispassionate tranquility, the bliss of nondependence, the bliss of imperturbability, immeasurable bliss, the bliss of not rejecting birth and death yet not regressing from nirvana, undying bliss, and the bliss of universal knowledge.'"

회향의 이유

"불자들이여, 보살마하살이 여러 가지 선근으로 이렇게 회향하는 것은 알맞은 *방편으로 일체 중생을 구호하여 생사에서 벗어나게 하고, 모든 부처님을 섬기고 공양하게 하며, 장애 없는 *일체지지를 얻게 하고, 마군을 여의며, 나쁜 벗을 멀리하고 모든 보살과 *선지식을 가까이 하며, 모든 죄를 멸하고 청정한 업을 이루게 하며, 보살의 광대한 행원과 무량한 선근을 갖추도록 하려는 것입니다."

佛子 菩薩摩訶薩 以諸善根 如是廻向 所謂隨宜救護一切衆生 令出生死, 承事供養一切諸佛, 得無障碍一切智智, 捨離衆魔, 遠惡知識 親近一切菩薩善友, 滅諸過罪 成就淨業, 具足 菩薩廣大行願無量善根.

"In this way do great enlightening beings dedicate all their basic virtues-that is, they save all sentient beings by employing means appropriate to the situation to cause them to emerge from birth and death, serve and provide for all the Buddhas, attain unhindered, omniscient knowledge, abandon all maniacs and bad associates, approach all enlightening beings and good associates, annihilate all error and wrongdoing, perfect pure behavior, and fulfill the great practical vows and innumerable virtues of enlightening beings."

[주]

*방편: 方便, Ⓢ Upāya, ①방은 방법, 편은 편리이니 일체 중생의 기류근성(機類根性)에 계합(契合)하는 방법과 수단을 편리하게 쓰는 것. 또 방은 방정한 이치, 편은 교묘한 말. 여러 가지 기류에 대하여 방정한 이치와 교묘한 말을 하는 것. 또 중생을 제도하기 위하여 여러 가지 수단 방법을 강구하는 것. 혹은 그 수단 방법을 방편이라 한다. ②권도(權道)로 통달하게 하는 지혜, 불보살이

여러 가지 수단 방법을 써서 중생을 진실한 대도(大道)로 이끌어 들이는 권지(權智).

*일체지지: 一切智智, 살바야나(薩婆若那)를 번역한 말. 일체지 중에서 극지(極智)란 뜻. 부처님의 지혜.

*선지식: 善知識, ⓢKalyāṇamitra, ↔ 악지식(惡知識). 지식(知識)·선우(善友)·친우(親友)·선친우(善親友)·승우(勝友)라고도 함. ①부처님이 말씀한 교법(敎法)을 말하여 다른 이로 하여금 고통 세계를 벗어나 이상경(理想境)에 이르게 하는 이. ②노·소, 남·녀, 귀·천을 가리지 않고, 모두 불연(佛緣)을 맺게 하는 이.

회향을 태양에 비유함

"불자들이여, 보살마하살은 모든 선근으로 바르게 회향한 후에 '*사천하의 중생이 많다고 해서 많은 해가 뜨는 것이 아니고, 단 하나의 해가 떠서 일체 중생을 모두 비출 수 있는 것이다. 또 중생들은 자신의 광명으로 인하여 낮과 밤을 알고 다니면서 관찰하고 온갖 업을 짓는 것이 아니라 태양이 뜨는 것으로 인해 이런 일을 할 수 있는 것이다'라고 생각합니다."

佛子 菩薩摩訶薩 以諸善根 正迴向已 作如是念, 不以四天下衆生多故 多日出現, 但一日出 悉能普照一切衆生. 又諸衆生 不以自身光明故 知有晝夜 遊行觀察 興造諸業, 皆由日天子出 成辦斯事.

"When great enlightening beings have properly dedicated their roots of goodness, they form this thought: 'Many suns do not appear because of the multitude of sentient beings in the four continents—only one sun appears, yet it can shine on all sentient beings. Also, sentient beings do not know the day and night or travel, or see, or carry out their work by the light of their own bodies—the accomplishment of these things all depends on the emergence of the sun"

[주]

*사천하: 四天下, 4대주(大洲). 수미산의 사방에 있다고 하는 네개의 대륙. 금륜성왕이 거느리는 대주(大洲). 사주(四洲)-남을 섬부주, 동을 승신주, 서를 우화주, 북을 구로주-라 한다.

어떤 보상도 바라지 않는 회향

"불자들이여, 보살마하살은 또 '나는 태양이 온갖 것에 널리 비추면서도 보상을 바라지 않는 것 같이, 중생들이 비록 나쁘더라도 모두 받아들이고 결코 이것으로 인해 서원을 버리지 않을 것이며, 한 중생이 악하다고 해서 일체 중생을 버리지는 않을 것이며, 오로지 부지런히 선근을 닦고 익혀 회향하여 널리 중생들로 하여금 모두 안락을 얻게 하리라'고 생각합니다. 선근이 비록 적지만 널리 중생들을 받아들여 환희심으로 넓고 크게 회향해야 합니다. 만일 선근이 있다 하더라도 일체 중생을 이롭게 하려고 하지 않으면 회향이라 말할 수 없습니다. 한 선근이라도 널리 중생으로 인연을 삼는다면 그것을 회향이라고 부를 것입니다."

佛子 菩薩摩訶薩 復作是念, 我應如日 普照一切 不求恩報, 衆生 有惡 悉能容受 終不以此 而捨誓願, 不以一衆生惡故 捨一切衆生, 但勤修習善根廻向 普令衆生 皆得安樂. 善根雖少 普攝衆生 以歡喜心 廣大廻向, 若有善根 不欲饒益一切衆生 不名廻向. 隨一善根 普以衆生 而爲所緣 乃名廻向.

"Great enlightening beings also think, 'I should be like the sun, shining universally on all without seeking thanks or reward, able to take care of all sentient beings even if they are bad, never giving up my vows on this account, not abandoning all sentient beings because one sentient being is evil, just diligently practicing the dedication of roots of goodness to cause all sentient beings to attain peace and ease.' Even if my roots of goodness be few, I embrace all sentient beings and make a great dedication with a joyful heart. If one has roots of goodness but does not desire to benefit all sentient beings, that's not called dedication. When every single root of goodness is directed toward all sentient beings, that is called dedication."

회향의 방편

"보살이 이와 같이 회향할 때에 중생을 *제도함에 있어 쉼이 없고, 법이란 생각에 머물지 않으며, 비록 모든 것이 *업도 없고 *과보도 없는 줄을 알고 있으면서도 온갖 *업보를 잘 내어서 어김과 다툼이 없으니, 보살은 이러한 방편으로 회향을 닦습니다. 보살마하살이 이와 같이 회향할 때에 모든 허물을 떠났으며 부처님들께서 찬탄하십니다. 불자들이여, 이것이 보살마하살의 첫째회향인 '구호일체중생이중생상회향(일체 중생을 구호하면서도 중생이라는 생각에 매이지 않는 회향)'이라고 합니다."

菩薩 如是迴向之時 度脫衆生 常無休息, 不住法相, 雖知諸法 無業無報 善能出生一切業報 而無違諍, 如是方便 善修迴向. 菩薩摩訶薩 如是迴向時 離一切過 諸佛所讚. 佛子 是爲菩薩摩訶薩 第一救護一切衆生 離衆生相迴向.

"When enlightening beings practice dedication in this way, liberating sentient beings ceaselessly, they do not dwell on appearances; but though they know that in all things there is no action and no consequence, yet they can skillfully produce all deeds and consequences, without opposition or contention. In this way they expediently practice dedication. When enlightening beings practice dedication in this way, they are free from all faults and are praised by all Buddhas. This is called the great enlightening beings' first dedication, saving all sentient beings without any image or concept of sentient beings."

[주]

*제도: 濟度, 부처님과 보살이 미혹의 세계에서 생사(生死)만을 되풀이하는 중생들을 건져내어 생사 없는 지혜의 세계 즉 열반의 저 언덕에 이르게 함을 말한다. 생사의 고해(苦海)에서 해탈의 세계로 건네줌.

*업: 業, ⓈKarma, ⓅKamma, 몸 · 입 · 뜻으로 짓는 말과 동작과 생각하는 것과 그 세력을 말한다. 업은 짓는다는 의미로서 정신으로 생각하는 작용 곧 의념(意念)이며, 이것이 뜻을 결정하고 선악을 짓게 하여 업이 생긴다. 업은 또 사업(思業)과 사이업(思已業)으로 나눈다. 사업은 뜻으로 활동하는 정신내부의 의업(意業). 사이업은 한번 뜻을 결정한 후에 외부에 표현되는 표업(表業)에 의하여 그 표업이 끝난 후에도 밖으로는 표현되지 않아도, 그 선업이나 악업을 상속하는 것은 무표업(無表業)이다. 또 업은 선업(善業)과 악업(惡業)으로 나눈다. 선업 중 주요한 것은 10선업, 그 반대는 10악업. 이 밖에도 업의 분류에는 여러 가지가 있지만, 악업만을 단순히 업이라 하기도 한다.

*과보: 果報, Ⓢvipāka-phala, 인과응보(因果應報)의 줄임말. 과거의 업으로 말미암아 초래된 결과. 무르익었다는 뜻으로 이숙(異熟) · 과숙(果熟) · 응보(應報) · 이숙과(異熟果) 등이라고 하며, 업의 인에 보응(報應)되는 결과이니 줄여서 보(報)라고도 한다. 이전에 행동한 선업(善業)에 의해서는 행복한 낙과(樂果)를 받고, 악업에 따라서는 불행한 고과(苦果)를 받게 된다.

*업보: 業報, Ⓢkarma-vipāka, 23품 참고.

게송으로 1회향을 노래함

불가사의한 겁 동안 도를 닦아서	不思議劫修行道
정진하는 굳은 마음 걸림 없으며	精進堅固心無碍
온갖 중생들에게 이로움 주려고	爲欲饒益群生類
언제나 부처님 공덕을 구하시네	常求諸佛功德法

Cultivating the Way over inconceivable eons,
Vigor firm, mind unobstructed,
Always seeking the virtuous qualities of Buddhas

To benefit living beings,

자신을 위해 쾌락을 구하지 않고 不爲自身求快樂
오로지 중생들을 구호하기 위해 但欲救護諸衆生
이와 같이 대비심을 일으키므로 如是發起大悲心
걸림 없는 경지에 빨리 드시네 疾得入於無碍地
They do not seek pleasure for themselves:
They only want to rescue sentient beings;
Thus developing a heart of great compassion,
They quickly gain entry to the unhindered state.

보시를 닦고 행하여 크게 기쁘고 修行布施大欣悅
청정계율을 잘 지니어 범하지 않고 護持淨戒無所犯
용맹하게 정진하여 마음 흔들림 없이 勇猛精進心不動
여래의 일체지에 회향합니다 廻向如來一切智
They practice generosity most gladly
And preserve pure conduct, without transgression;
Their intrepid, vigorous mind unstirred,
They dedicate this to enlightened omniscience.
[한자풀이]
欣:기뻐할 흔 悅:기쁠 열

마음이 넓고 커서 끝닿은데 없고 其心廣大無邊際
참는 힘이 안정되어 동요가 없고 忍力安住不傾動
깊고 깊은 선정으로 늘 밝게 비치며 禪定甚深恒照了

지혜가 오묘하여 불가사의합니다　　　智慧微妙難思議

Their mind is boundlessly broad,
Their forbearance is stable, unshakable;
Their meditation is most profound, always illumining,
Their wisdom's inconceivably subtle.

[한자풀이]
傾:기울 경, 뒤집히다 甚:심할 심 深:깊을 심 恒:항상 항, 언제나 照:비출 조 了:깨달을 료, 밝다

널리 모든 중생을 위하기 때문에　　　普爲一切衆生故
한량없는 겁 동안 지옥에 있어도　　　不思議劫處地獄
싫거나 물러서려는 맘 조금도 없이　　　如是曾無厭退心
용맹하고 단호하게 늘 회향합니다　　　勇猛決定常迴向

To act for the benefit of all sentient beings
They spend inconceivably many eons in hells;
This they do without wearying or shrinking back,
Always practicing dedication with courage and decision.

[한자풀이]
劫:겁 겁 處:살 처 獄:옥 옥 曾:일찍 증 厭:싫을 염 退:물러날 퇴 決:결정할 결 常:항상 상

마음이 늘 청정하고 허물없으므로　　　心常淸淨離諸失
세간에 널리 들어가도 두려움 없고　　　普入世間無所畏
이미 여래의 위없는 도에 머무르고도　　　已住如來無上道
다시 *삼유의 큰 진리의 못이 됩니다　　　復爲三有大法池

Their minds are always pure and faultless,
Entering all worlds without fear;
Already in the Enlightened Ones'unexcelled Path,
They act as great reservoirs of truth for all beings.

[주]

*삼유: 三有. Ⓢ Tri-bhava, ①유(有)는 존재한다는 뜻으로 욕유(欲有) · 색유(色有) · 무색유(無色有) = 삼계(三界) ②1. 생유(生有) 처음 나는 일찰나 2. 본유(本有) 나서부터 죽을 때까지의 존재 3. 사유(死有) 죽는 일찰나 ③유루(有漏)의 다른 이름.

이와 같이 회향하여 저 언덕 이르러	如是廻向到彼岸
중생들이 온갖 때를 다 벗도록 하여	普使群生離衆垢
일체의 의지할 데를 영원히 여의고	永離一切諸所依
마침내 의지함 없는 경지에 들게 합니다	得入究竟無依處

Thus they are dedicated to reaching the other shore,
Enabling all beings to be free from defilements;
Forever rid of all dependency,
They enter the realm of ultimate independence.

진실한 회향은
입으로만 말하는 것이 아닙니다.

Sincere dedication is not just only in words.

이품의 이름이 십회향품이고 불교에서 회향이라는 말을 많이 쓰는데 어떤 뜻인지 알고 싶습니다.

대승불교에서 회향(廻向, Ⓢpariṅāma, pariṅāmana)의 의미는 자기가 닦은 공덕을 남에게 돌려주어 자신과 타인이 다함께 불과를 성취하기를 바라는 것을 말합니다. 즉 선행을 돌려 중생의 극락왕생을 바라는 일입니다.

회향이라는 말의 뜻은 '돌려서 향한다'는 의미입니다. 그 향하는 방향이 어디인가 하는 것이지요. 중생을 이롭게 하기 위한 것인가, 깨달음을 얻기 위한 것인가, 열반을 추구하는 것인가에 따라 구분하여 이름을 붙이고 있습니다.

『대승의장(大乘義章)』에는 3가지 종류의 회향을 말하고 있습니다. 한 가지는 자기가 지은 온갖 선근 공덕을 다른 중생에게 회향하여 공덕 이익을 주려는 것을 중생회향(衆生廻向)이라 하는데, 불・보살의 회향과 세속에서 영가(靈駕)를 천도하기 위하여 독경하는 등의 것이 여기에 해당합니다. 둘은 자기가 지은 온갖 선근을 회향하여 보리(菩提, 깨달음)의 과덕(果德)을 얻으려고 추구하는 것을 보리회향(菩提廻向)이라고 합니다. 셋은 자기가 닦은 선근 공덕으로 무위적정(無爲寂靜)한 열반을 추구하는 것을 실제회향(實際廻向)이라고 합니다.

40화엄의 「보현행원품」(「대방광불화엄경입부사의해탈경계보현행원품」의 약칭)의 10가지 행원의 내용 중에 마지막 내용이 바로 '모든 공덕을 중생들에게 돌려드리는 것(普皆廻向)'입니다. 즉 보살이 가진 모든 공덕을 중생들에게 다 돌리겠다는 것이지요. 아무리 작은 것이라도 내가 가진 것이 있다면 중생에게 모두 돌려드리고, 중생의 고통과 번뇌는 내가 다 받아 중생을 구하겠노라는 서원입니다.

흔히 절에서도 기도의 마지막 날을 회향하는 날이라 부르기도 하고, 회향법회가 있는 날에 방생을 하기도 하는 것은 기도의 선근공덕을 모든 생명을 이롭게 하는데 돌리기 위함입니다.

우리 각자의 발걸음은 어디로 향하고 있습니까? 내가 바라보는 곳은 어디이며, 내 손길이 주로 미치는 곳은 어디입니까? 결국 바라보면서 발걸음을 한 걸음이라도 옮기는 그곳으로 나아가게 되겠지요. 내 마음은 무엇을 향하고 있는가를 생각해보아야 하겠습니다.

회향이라는 용어가 평소에 잘 쓰지 않는 용어라 그런지 생소하고 어렵게 들립니다. 위의 설명을 듣고도 굉장한 경지에 이른 보살이나 행하는 것인가 하는 거리감을 느끼게 됩니다.

어려운 한자어로 된 설명이라 거리감을 느끼는 것 같습니다. 이 우주는 서로 끝없는 회향의 세계입니다. 모든 존재의 관계를 생각해보십시오. 서로 닫혀있지 않습니다. 공기는 모든 생명을 호흡하게 하고, 태양은 빛과 열로써 모든 생명을 자라게 합니다. 물은 모든 물체를 구성하면서 생명을 흐르게 합니다. 그 모두가 회향입니다. 예를 들면 한 그루의 작은 나무도 자라면서 꽃을 피워 아름다움으로 회향하고, 잎을 무성하게 하여 그늘을 드리워 회향하고, 열매를 맺어 식량이 되어 회향하니 모든 물체와 영혼은 회향의 연속이라 볼 수 있습니다.

만약 어떤 존재가 자신을 회향하지 않고 자기 안에 가두어둔다면 아마 숨이 막혀 죽어버리겠지요. 숨을 들이쉬기만 하고 내쉬지 않는다면 어떻게 될까요? 음식을 먹기만 하고 배설하지 않는다면 어떻게 될까요? 우리가 의식하든 의식하지 못하든 모든 존재는 상호 회통할 수밖에 없습니다. 회향하지 못하는 존재는 사실상 죽은 존재나 마찬가지이지요.

아들러는 고매한 인격자는 성장한 다음에는 자기가 받은 사랑을 다시 대가 없이 환원하는 사람이라고 했습니다. 인간은 에로스 (eros, 이성간의 사랑)에 의하여 태어나고, 스톨게(stolge, 부모의 사랑)에 의하여 양육되고, 필레모(philemo, 친구간의 사랑)에 의하여 성숙하고, 아가페(agape, 신적인 사랑)에 의하여 완성된다고 했지요. 보살의 사랑은 아가페적인 사랑이라 말할 수 있을 것입니다.

최근 들어 자신이 평생 모은 재산을 자식에게 물려주기보다 사회에 환원하는 사례가 늘어나고 있습니다. 또 우리는 예부터 어려움에 처한 이웃을 돕는 문화가 잘 발달되어 있습니다. 십시일반으로 물심양면의 도움을 아끼지 않는 아름다운 풍습이지요. 요즘도 특정 지역에 재해가 있을 때면 전국적으로 봉사인파가 몰려와 내 일처럼 아파하고 도와주는 것을 볼 수 있습니다. 이미 우리는 회향의 마음을 실천하고 있음을 발견할 수 있습니다. 내가 무슨 대단한 성취를 하고난 후에야 회향할 수 있다고 생각해서는 안 됩니다. 진정한 회향은 생활 속에서, 마치 숨을 쉬듯이 자연스럽고 편안하게 실천해야할 것입니다. 가족에게는 미소로써 회향할 수 있고, 기분 좋은 인사로써 회향할 수 있지요. 가난한 이웃에게는 따뜻한 손길과 작은 보시의 마음으로 회향할 수 있을 것입니다.

십행에서 설주보살의 이름은 공덕림 보살이었는데, 십회향에서 금강당 보살이 설주보살입니다. 이러한 보살의 이름도 품이 나아감에 따른 의미가 있으리라 생각합니다.

『화엄경』에 등장하는 이름들은 보살의 이름뿐 아니라 장엄거리의 이름조차도 다 의미를 가지고 있습니다. 특히 설주보살의 이름이 가진 의미는 해당 지위와 매우 연관이 있다고 볼 수 있지요. 10행의 지위에서 보살들이 임(林)으로 끝나는 이름을 가진 것은 행의 숲이 넓고 큰 그늘을 드리움을 의미하는 것이고, 10회향 보살들이 당(幢)으로 끝나는 이름을 가진 것은 대자비의 행이 생사의 큰 바다에 처해서 일체 중생의 번뇌를 없애면서도 스스로의 지혜는 기울지 않는다는 것을 밝힌 것입니다. 설주보살의 이름인 금강당은 금강과 같이 견고하여 흔들림이 없다는 뜻을 지니고 있어, 큰 지혜가 강하고 견고하여 자비에 따라 번뇌를 없애고 자유자재하게 된다는 것을 의미하고 있다고 볼 수 있습니다.

제1회향은 보살마하살이 일체중생을 구호하면서도 중생이라는 생각을 하지 않는 회향입니다. 흔히 좋은 일을 하고서는'내'가 어떤 일을 했다는 생각에 사로잡히거나, 나보다 못한 '그들'을 위해 어떤 일을 했다는 교만에 빠질 때가 있습니다. 보살마하살은 결코 중생이라는 생각에 걸리는 일이 없다고 하는데, 특히 아상(我相)을 가진 사람들이 배워야할 자세라고 생각합니다.

앞에서도 말한 적이 있지만, 중생심이 바로 불성이라 했지요. 비록 중생이 무명에 덮여 스스로가 자신은 무지하고 오온이 화합하여 생겨난 몸이라고 고집하며 보잘것없이 여기더라도, 보살은 중생제도에 있어서 나는 잘나고 너는 못났다하여 분별하는 마음을 갖지 않습니다. 그래서 '내가 너에게' 베푼다는 생각을 하지 않는 것이지요.

자폐아동과 중증 장애아들을 돌보는 절에 여러 번 봉사활동을 간적이 있는데, 가기 전에는 부모에게서 버림받고 누군가의 손길이 없이는 생활을 할 수가 없는 불쌍한 아이들이라는 생각을 하고 있었습니다. 실제로 언어소통이 안되고, 하루 종일 누워있기만 하는 아이도 있었고, 앉으면 서지 못하고 서면 앉지 못하여 앉고 서는 것을 도와주어야만 했던 아이도 있었지요. 사람들의 애정이 그리워 한 사람의 무릎을 차지하고 앉아 있으면서도 다리와 팔은 양쪽 옆 사람에게 걸치고 있는 모습이 가슴을 아리게 하였습니다. 그러나 함께 하면서 그들의 순수한 마음이 보석같이 빛나고 있음을 보았습니다. 세속에 찌들려 탐욕과 어리석음으로 고뇌하는 어떤 정상인이 이들보다 더 나은 심성을 가지고 있다고 말할 수 있겠습니까? 세속적인 성취는 정상인들 쪽이 더 많은 것이 틀림없겠지만, 생명의 가치와 영혼의 아름다움은 비교할 수가 있는 것이 아닙니다. 누구나 불성을 가진 소중한 존재이기 때문입니다. 티 없이 맑고 순수한 그들의 웃음과 눈동자를 뒤로하고 그곳에서 돌아올 때면 아상에 빠진 자신을 부끄러워하며, 자신의 잣대로 좋고 나쁨을 분별했던 어리석음을 반성하며, 내가 누구에게 도움을 주었다는 교만심을 버리게 됩니다. 존재 고유의 불성으로 오히려 그들이 저를 가르치고 있음을 발견하게 되었지요. 그러니까 그들이 저에게 베푼 셈입니다.

중생제도를 서원한 사람이 중생이라는 생각을 가지고 있는 한, 진정한 중생제도는 요원한 일이겠지요. 따라서 보살이 모든 중생을 다 구호하려고 하면서도 중생이라는 생각을 가지지 않는 마음은 회향에 있어서 제일 먼저 갖추어야할 자세인 것입니다.

보살마하살의 '마땅히 일체중생의 집이 되어 모든 괴로운 일을 면하게 하겠다'는 서원은 저로서는 너무 크게 느껴집니다. 제 가족에게도 든든

한 집이 되어주지 못하고 오히려 가끔은 제가 그 집을 뛰쳐나오고 싶은 충동마저 느끼는데, 일체중생의 집이 되겠다는 것은 상상하기 힘든 서원입니다.

원이 너무 크고 무거워 그것에 짓눌리게 된다면 그것은 참된 원이라 할 수 없습니다. 어쩌면 강박관념이라 해야겠지요. 서원이란 크고 원대할 수밖에 없는 것이겠지만, 나를 억누르고 숨 막히게 하는 것이라면 서원이라기보다 집착일 뿐이겠지요. 수행자라 하더라도 감당하지 못할 큰 서원을 세워 절절 매기보다는 자신의 근기에 알맞은 서원으로 조금씩 깨달음의 경지에 다가서도록 해야겠습니다.

집이란 안식처입니다. 밖에서 힘든 일이 있고 지쳐 피곤할 때에도 집에 가서 씻고 편안히 몸을 누이면 모든 피로가 사라지고 새로운 힘이 솟아나는 것을 느낄 수 있습니다. 그렇지만 사람에 따라서는 작고 초라한 집이라도 천국과 같은 곳인가 하면 고래등 같은 집이라도 숨 막힐 것 같이 답답한 곳이 될 수도 있습니다. 어떤 집이 좋은 집일까요? 구조가 튼튼하고 안전하면서도 편리한 기능을 갖추고 미적으로도 아름다운 집이 좋은 집이겠지요. 볕이 따사롭게 들어 채광이 좋고 바람이 잘 통하여 통풍이 잘 되며 방해받지 않고 몸과 마음을 쉴 수 있는 아늑한 곳이 좋은 집일 것입니다.

길거리를 떠도는 사람들 중에는 집이 없어 거리를 헤매는 사람보다도 집을 두고도 집에 들어가지 않고 남의 집 신세를 지거나 노숙을 하는 사람들도 있습니다. 집이 집으로서의 역할을 못하기 때문이지요. 집이란 단순히 건물만을 의미하는 것이 아닙니다. 가출한 청소년을 찾아서 어디에서 밤을 보냈는지 물었더니 놀이터의 미끄럼틀 안에서 잠을 잤다는 아이도 있고, 기차역의 대합실 벤치에서 새우잠을 잤다는 아이도 있었습니다. 분명 잠자리는 불편했지만 어떤 측면에서는 그곳이 오히려 집보다 편안함을 주었는지도 모를 일이지요. 또 질문에서처럼 가족에게 든든한 집의 역할을 해야 할 부모가 집을 뛰쳐나가버리는 경우도 있습니다. 그런 집에서는 자기가 쉴 수 없었듯이 자녀에게도 쉴 곳이 못 되었을 것입니다.

그렇다면 내가 일체 중생의 집이 되겠다고 하는 것은, 사람들이 몸을 기대어 누울 때 무거워하지 않고 기뻐야겠지요. 식구들에게 추위를 피하도록 따뜻한 아랫목을 제공하면서 행복해야겠지요. 몸과 마음이 지친 사람들이 위로받고 새로운 활력을 얻을 때, 보람을 느낄 수 있어야겠지요. 만약 그것이 억울하고, 손해 보는 기분이 들고, 사람들이 기대는 것이 감당하기 힘들다면, 모든 중생의 집이 되고자 하는 서원은 너무 벅찬 서원일 수 있겠지요. 그럴 땐 먼저 쉬어야 합니다. 자기가 쉴 수 없는 곳에 다른 사람이 쉴 수 있다고 생각해서는 안 됩니다. 그리고 섣불리 모든 사람의 집이 되겠다고 하기보다 먼저 나 혼자만이라도 쉴 수 있는 집이 되기를 서원하고 그 다음에 우리 가족의 안식처가 되기를 서원해야할 것입니다. 그렇게 하다보면 자연스럽게 모든 중생을 위한 안식처가 될 것을 서원할 수 있게 될 것입니다.

'온갖 나쁜 중생들이 못 견디게 굴어도 보살은 끄떡도 하지 않고 동요함이 없다'고 하는데, 어떤 신념을 가지고 일을 하다가도 환경의 영향을 쉽게 받고 주변의 평가에 쉽게 동요되는 제 모습과 비교하게 됩니다.

정말 신념대로 살아간다는 것은 어려운 일이지요. 주변에서 인정해주고 칭찬을 하는 일이면 신이 나서 더 열심히 하려고 하다가도, 주위의 반응이 좋지 않고 노력한 만큼 알아주지 않으면 굳은 결심으로 시작해 놓고서도 어느새 자포자기가 되는 자신을 발견할 때가 있습니다. 가끔 인기에 영합하거나 시류에 편승해서 마음이 흔들리고 나서는 쉽게 뜻을 굽힌 자신을 후회하고 한탄하기도 하지요.

여래의 덕목 중에 삼념처(三念處)라는 것이 있습니다. 남이 비웃거나 칭찬하거나 관계없이 조금도 마음이 동요하지 않음을 세 가지로 구분한 것이지요. 초념처는 중생이 기뻐하여 설법을 들어도 환희심을 내지 아니하고 마음이 평정한 것이며, 제2념처는 중생이 한결같이 귀 기울여 듣지 않아도 걱정하지 않고 마음이 태연한 것이며, 제3념처는 한 곳에서 하나는 기뻐하여 열심히 듣고, 하나는 전혀 듣지 아니함을 보고도 근심하거나 기뻐하는 마음을 일으키지 않고 마음이 항상 평정한 것을 말합니다.

보통의 경우 말할 때 귀 기울여 듣지 않으면 나를 업신여기는 것 같고 무시한다는 기분이 들어 위축되거나 화가 날 때가 많지요. 또 박수갈채를 보내며 호응이 좋으면 으쓱하며 우쭐대고 교만에 빠지기가 쉽지요. 그러나 다른 사람의 태도에 따라 나의 가치가 올라가고 내려가는 것이 아니며, 남의 평가에 따라 자존감의 상처를 받는 사람은 자기 불성에 대한 믿음이 부족한 사람입니다. 나 자신의 불성을 믿는다면 나쁜 중생이 있어 나를 못살게 구는 일이 있어도 그것 때문에 상처받는 일이 없을 것입니다. 또한 그들의 평가에 마음이 흔들리는 일이 없을테지요.

'중생들이 은혜 갚을 줄 모른다하여 보살행에서 물러나는 일이 없다'는 보살의 정신을 보니, 작은 일에도 인정받으려 하고 몰라준다고 서운해 했던 자신을 돌아보게 됩니다.

생각해보면 은혜를 갚으며 사는 사람이 얼마나 될까요? 더러 남이 내 정성을 몰라준다 싶어 서운해 하다가도 나는 얼마나 다른 사람을 인정하고 감사하며 살았나를 반성하게 됩니다. 어쩌면 보살행이 아니고는 어떤 행위를 할 때 보상을 바라는 경우가 대부분일지도 모릅니다.

직장에서 일한만큼의 보수를 바라는 것은 당연한 일이겠지만, 선행일 때는 보답을 바라면 이미 선행이 아닙니다. 물론 선한 업을 지으면 자연히 그 공덕으로 인하여 선한 열매를 맺게 되는 것이겠지만, 그 일로 인해 명성을 얻고 인정을 받고 어떤 혜택을 입기를 바란다면 선행이라 말할 수 없을 것입니다. 그런데 요즘은 선행조차도 이름을 내고 남이 알아주기를 바라는 것을 당연한 일로 생각하고 있습니다. 물론 평생을 모은 재산을 남모르게 희사하는 독지가도 없지 않지만, 불우이웃성금을 모금할 때도 카메라를 동원해서 방송을 하거나 이름을 공개할 때 참여도가 더 많다고 합니다.

얼마 전 사할린 동포가 귀국하여 지내는 양로원을 방문한 적이 있었는데, 여름이라 선풍기 몇 대와 먹을 것을 사서 갔습니다. 변변찮은 선물이었지만, 빨리 뜯어 노인들이 시원한 바람을 즐기기를 바라는 마음이었는데, 원장실에서 이야기를 듣고 나오는 동안까지 우리가 내려놓은 복도 끝에 그대로 놓아둔 것을 보고 의아했습니다. 왜 아직까지 그대로 두었느냐는 물음에, 양로원 관계자들이 하는 말이 아직 사진을 찍지 않아 그대로 두었다고 하였습니다. 사람들이 방문하면 사진 찍는 것을 제일 중요하게 생각하고, 라면 몇 박스를 가지고 와도 사진부터 찍고, 형식적으로 인사만 하고 가는 경우가 대부분이라는 것이었습니다. 여기까지 와서 사진 안 찍는 사람들 처음 봤다고 하면서 오히려 신기한 눈빛으로 보는 것을 경험하고 참으로 놀라웠습니다. 만약 선행을 내세워 무엇인가 얻으려 한다면 그것은 선행이라고 말할 수 없는 것이지요.

조그마한 희생과 봉사에도 인정받기를 바라고 다른 사람이 은혜 갚을 줄 모른다하여 화를 내는 사람은, 정작 자신은 남이 베푼 은혜에 얼마나 감사하고 갚으며 살았나를 생각해보아야합니다. 남에게 은혜를 입었을 때는 순간 감사하고 두고두고 은혜를 갚으리라 생각하지만 그리 오래 가지 못하고 잊어버리면서, 내가 베푼 은혜를 기억해주지 못할 때는 너무나 섭섭해 하며 더러는 원수처럼 미워하게 되는 일도 있는 것을 볼 수 있습니다. 보살은 설사 중생이 은혜 갚을 줄을 모른다하여도 결코 보살행에서 물러나는 일이 없습니다. 구도의 길에 들어선 우리 모두가 배워야할 자세입니다.

부모가 자녀에게 은혜에 보답을 받고자 해서가 아니라, 은혜를 아는 자녀로 교육하는 것은 중요하다고 생각합니다.

물론입니다. 경전에도 은혜를 아는 사람이 되라고 하였지요. 자녀가 은혜를 알고 또 은혜에 보답하며 사는 사람이 되도록 교육하는 것은 중요한 일일 것입니다. 또 부모의 사랑을 충분히 느끼고 자란 자녀라면 부모의 은혜에 감사하지 않는 자녀는 없을 것입니다. 단지 '내가 이만큼 고생했으니, 너는 당연히 이렇게 갚아야한다'고 생각한다면 거기서 불화가 생기고 불행을 느끼게 되는 것이지요.

많은 부모들은 철없는 자녀가 자신의 공덕을 몰라주고 더러는 오해까지 하는 일이 있어도 참고 견디는 경우가 많습니다. 훗날 자식이 철이 들어 부모의 은혜에 감사하면 다행이지만, 그렇지 않은 경우 허무하고 쓸쓸한 노후를 보내는 노인들도 흔히 볼 수 있지요. 어쩌면 그 자식들은 부모가 돌아가신 후에야 은혜를 절감할 수도 있고, 자신의 죽음에 이르러서야 후회를 하고 뉘우칠 수도 있겠지요. 그러므로 자식이 부모의 은혜에 감사하여 스스로 은혜를 갚고자 하는 마음이 우러나오도록 하는 것은 꼭 필요한 교육적인 배려일 수 있습니다.

그러나 자녀가 은혜에 감사할 줄 아는 훌륭한 사람이 되기를 바라는 교육적인 목적에서가 아니라, 자식을 위해 베푼 사소한 일에도 그 보상을 금전적으로 환산하여 돌려받기를 바라는 부모를 본 적이 있습니다. 내가 베푼 만큼 즉각적으로 돌려받으려하고, 때에 따라선 베푼 것 이상으로 요구를 해서 부모 자녀 사이에 큰 갈등을 야기하는 가정이었습니다. 자녀가 자신의 능력에 맞게 부모를 섬기도록 기다려주지 못하고, 채권자가 채무자에게 빚 독촉을 하듯이 자녀에게 압박감을 가하는 것이었지요. 이처럼 은혜 갚기를 강요하는 행위라면 투자를 하고 배당금을 바라는 사업가와 무엇이 다르겠습니까? 이는 사랑이라기보다는 일종의 거래이며 이기심이라고 해야 할 것입니다.

부모가 자식에게 은혜 갚기를 바라지 않는다고 해서 은혜도 모르는 자녀가 되어도 좋다는 의미는 아닙니다. 어쩌면 보답을 바라지 않는 무조건적인 사랑이야말로 부모의 은혜를 가르치는 가장 훌륭한 방법일지도 모르는 일이지요.

경문에 '태양이 온갖 것에 널리 비추면서도 보답을 바라지 않는 것 같이 보살은 중생들이 비록 나쁘더라도 모두 받아들이고 결코 이것으로 인해 서원을 버리지 않을 것'이라고 하였습니다. 정말 수행자로서 기억해야할 교훈이라고 생각합니다.

오래 전 일입니다만, 은혜를 갚기는커녕 위기에 처할 때마다 구해주고 도와준 저를 7번 8번 배신한 직장 동료가 있었습니다. 얼굴을 마주할 때는 웃고 어이없게도 돌아서서 헐뜯는 사람이었지요. 그래도 변함없이 그를 대해주었더니, 꽤 오랜 세월이 흐른 후에 눈물을 흘리며 뉘우치고 사죄를 해온 적이 있었습니다. 만약 은혜를 모른다하여 원망하고, 나를 배신했다고 앙갚음을 하려했다면 그가 자신의 잘못을 반성하며 회개할 기회가 있었을까요?

태양은 온 우주를 향하여 빛과 따스함을 주면서도 알아주지 않는다고 불평하지도 않고, 보상을 바라지도 않습니다. 살아가면서 상대가 나에게 은혜를 갚지 않는다 하여 서운한 마음이 생길 때에는 태양이 아무 보상 없이 광명을 비추는 것을 떠올려보길 바랍니다. 누군가 인정해야만 의미 있는 일이고, 그렇지 않으면 의미가 없어지는 것이 아닙니다. 외부의 평가에 매달려 행동을 결정하는 사람은 묵묵히 서원을 실천해나가는 보살의 마음을 배워야 할 것입니다.

한 중생이 악하다고 해서 일체중생을 버리지는 않을 것이며 오로지 부지런히 선근을 닦고 익혀 회향하리라는 보살의 다짐이, 어떤 한 면만을 보고서 전체를 평가해버리는 저의 오류를 반성하게 합니다.

종종 어느 한 부분을 보고 그것이 전부라고 판단해버리는 오류를 범할 우려가 있습니다. 겉으로 드러나는 일면을 보고 맹신하거나 불신해버리는 경우도 마찬가지입니다.

절이나 교회에 열심히 다니던 신자가 종교지도자의 부도덕한 행위를 목격하고는 종교에 대한 불신과 혐오감으로 수십 년간 믿었던 자신의 종교를 저버리는 경우를 본 적이 있습니다. 대인관계에서도 마찬가지입니다. 한사람에 대한 실망으로 집단 전체를 부정하기도 하고, 성격의 일면을 보고 그 사람 전체를 판단해버리기도 하지요.

학생들을 지도하다 보면 가끔은 특별한 아이들을 만나게 됩니다. 말을 안 듣는 정도가 아니라, 친구를 괴롭히거나 계획적으로 나쁜 일을 저질러 범죄에 가까운 일을 벌이는 아이도 있습니다. 그럴 때는 교육에 대한 회의가 들면서 교육철학에 따른 소신과 노력이 그들에게 무슨 소용이 될까 싶은 마음에 좌절을 겪곤 하지요. 대부분의 선량한 학생들이 눈을 초롱거리며 가르침을 기다리고 있어도, 몇 명의 힘들게 하는 학생들로 인해 모든 의욕을 상실해버릴 위기를 겪곤 합니다.

몇몇 학생을 지도하는 일에도 절망하고 좌절하는 일이 생기는데, 하물며 모든 중생을 제도하리라는 서원을 세운 보살이 겪는 고통이야 말할 것이 있겠습니까? 그러나 보살은 한 중생이 악하다고 해서 일체중생을 버리는 일이 없으며, 오히려 더 부지런히 수행하여 회향하리라는 서원을 세운다고 합니다. 수행자로서는 물론 교육에 종사하는 사람들이 명심해야할 교훈이라 생각합니다.

중생을 위한 진실한 회향은 입으로만 말하는 것이 아니라고 한 경전 구절이 마음에 와 닿습니다.

경전에는 말만 앞세우는 것을 경계하고 있습니다. 실천 없이 말만 한다면 자기를 기만하는 일이 되는 것은 물론 다른 사람을 속이고 신뢰를 저버리는 일이 됩니다. 오히려 말을 하지 않는 쪽보다 못한 것이지요.

사람들 중에는 회향하리라 생각만 하는 사람이 있고, 말로 번드르르하게 떠들면서 회향하는 척하는 사람도 있습니다. 자신을 속이고 자신에게 솔직하지 못한 사람은 결국 남에게도 솔직할 수 없습니다.

말로 짓는 업 중에는 망어(妄語), 양설(兩舌), 악구(惡口), 기어(綺語)를 들고 있습니다. 망어란 거짓말을 하는 것으로 진실하지 못한 허망한 말을 하는 것입니다. 양설이란 한 입으로 두 말을 하는 것입니다. 즉 양쪽 사람에게 서로 다른 말을 하여 사이를 이간질하는 것을 말합니다. 악구란 추악한 말로써 남을 성내게 하는 나쁜 말입니다. 기어란 도리에 어긋나게 교묘히 꾸미는 말입니다.

진실한 말이 아닐 때는 이와 같은 구업(口業)을 짓게 되는 것이지요. 그러나 대부분의 사람들은 스스로 만족할만한 정도가 아니었다는 생각으로 괴로워할 뿐이지 이미 나름대로의 방식으로 회향을 하고 있는 경우가 대부분입니다. 혹시 내가 말만 앞세우지는 않았나 하는 자기반성을 하고 있는 사람은 이미 정진하고 있는 사람이라 해야 할 것입니다. 진실로 회향하지 않는 사람은 자기가 입으로만 떠들면서 구업을 짓고 있는 것에 대해 뉘우침조차 없을 테니까요.

조금씩 힘겹지 않은 만큼 발을 내 디디도록 합시다. 걸음마를 배우는 어린아이가 발걸음을 무리하게 크게 내디디면 금방 넘어지고 말듯이, 내 형편에 맞게 우선 작은 발걸음부터 시작하는 것이 좋겠습니다.

보살을 큰 바다에 비유하면서 어떤 독으로도 변하게 하거나 파괴할 수 없는 것과 같이, 어떤 나쁜 중생도 보살을 해치지 못한다고 합니다. 평소 두려움이 많고 걱정이 많은 저에게 이 구절은 큰 힘이 됩니다.

두려움이 많은 사람은 사소한 일에도 걱정이 앞서서 어떤 일을 해보지도 못하고 미리 단념해버리게 됩니다. 불교에서도 진리를 체득하지 못한 자가 품는 두려움을 다섯 가지로 설명하고 있습니다. 첫째가 불활외(不活畏)입니다. 초학보살이 보시할 때, 이후 내가 생활할 수 있을까 두려워하여 자기가 가진 재물을 모두 보시하지 못하는 것입니다. 둘째가 오명외(惡名畏)입니다. 항상 나쁜 일을 하고 숨기면서 발각되어 나쁜 소문이 세상에 퍼지는 것을 두려워하는 것이지요. 셋째가 사외(死畏)입니다. 목숨에 대한 애착으로 지나치게 아껴 죽는 것을 두려워하는 것입니다. 넷째가 악도외(惡道畏)입니다. 나쁜 짓을 하고 삼악도에 떨어질 것을 두려워하는 것이지요. 다섯째가 대중위덕외(大衆威德畏)입니다. 여러 사람 앞에서 두려워하는 것입니다. 즉 보살이 지식인 앞에서 종지를 말할 적에 잘못이 있을까 두려워하여 마음이 침착하지 못함을 말하는 것이지요.

이러한 것들은 우리 모두가 겪는 두려움이 아닌가 생각합니다. 가지지 못한 것에 대한 두려움, 가진 것을 잃을까하는 두려움, 사랑받지 못할까 하는 두려움, 사랑을 잃으면 어쩌나 하는 두려움, 이별에 대한 두려움, 버려질까하는 두려움, 미움받을까하는 두려움, 실패나 실수에 대한 두려움, 좋지 못한 관계에 대한 두려움, 비난받을 것에 대한 두려움, 죽음에 대한 두려움, 죽어서 지옥가면 어쩌나 하는 두려움 등 우리는 수많은 걱정과 두려움 속에서 살아가고 있습니다. 그러나 이러한 두려움의 원인은 내 밖에 있다기보다 내 안에 있는 경우가 더 많습니다. 불안장애를 가진 사람들은 안전한 환경에 있으면서도 보통사람들보다 훨씬 심한 불안에 시달리는 것을 볼 수 있습니다. 사람들은 불안의 해소를 위해 보다 안전한 환경을 만들려고 노력하지만, 자기 내면의 성찰과 깨침 없이 외부 환경의 변화에만 의존하는 것은 그다지 도움이 되지 않습니다. 어떤 사람이 살아가는 현실이 너무 위태롭다고 느껴 보험을 수십 가지 들어두었는데도 여전히 그 불안감을 없앨 수는 없었다고 합니다. 또 어떤 사람은 병들거나 죽으면 어쩌나 하는 걱정으로 열 가지도 넘는 약을 하루에 세 번씩 먹었다고 합니다. 밥보다 더 많은 양의 약을 먹으면서도 불안감에서 해방될 수는 없었다고 합니다.

하지 압둘 게디는 '만일 무엇인가가 두렵거든 그 두려움의 원인이 네 밖에 있는 것이 아니라 네 속에 있음을 알아야 한다'고 했습니다. 보살은 수행으로써 마음의 힘을 길러 두려움에서 벗어날 수 있게 된다고 합니다. 경문에서처럼 비록 어리석고, 지혜 없고, 은혜를 모르고, 심술궂고 완악하고, 교만하여 잘난 체하고, 마음이 캄캄하고, 선한 법을 알지 못하는 그런 나쁜 중생들이 갖가지로 못 견디게 굴더라도 조금도 흔들림이 없다고 합니다. 이처럼 중생들의 어떤 생각이나 행위에도 보살은 두려워하지 않으니 조금의 동요도 없는 것이지요. 우리가 경전 속에서 부처님의 가르침을 듣고 묵상하며 자신을 돌아보고 끊임없이 반성하는 과정은 깨달음을 얻게 하고 이전의 내가 아닌 새로운 나로 거듭나게 하는 훌륭한 계기가 됩니다. 진실한 자기성찰과 꾸준한 수행이야말로 작은 일에도 불안해하고 두려워했던 마음을 이겨낼 수 있게 할 것입니다.

불교에서는 보살의 네 가지 무소외(無所畏)를 말하고 있습니다. 구도자로서는 물론이고, 사람들을 가르쳐 인도하는 사람들은 보살의 두려움 없는 마음을 배우도록 노력해야하겠습니다. 첫째가 능지무외(能持無畏)입니다. 보살이 부처님의 교법을 듣고 능히 이것을 받아 지니며 잊지 않으므로, 남에게 가르치면서 두려워하지 않는 것입니다. 둘째는 지근무외(知根無畏)입니다. 보살은 중생들의 근기(根機)를 잘 알아 알맞은 법을 말하므로 조금도 두려운 마음이 없습니다. 셋째는 결의무외(決疑無畏)입니다. 보살이 여러 사람에게 설법을 할 때에 대중으로부터 어떠한 어려운 질문을 받더라도 자유로이 적당한 대답을 할 수 있으므로 마음속에 조금도 두려움이 없는 것이지요. 넷째는 답보무외(答報無畏)입니다. 보살이 대중 앞에서 설법할 때 중생들의 모든 물음에 대하여, 이치에 알맞게 해답하여 자유자재하게 응답하여 두려워하지 않는 것입니다.

먼저 내 자신이 두려움 없는 마음을 가질 수 있다면, 온갖 두려움을 겪는 다른 중생도 구제할 수 있을 것입니다. 이를 보시 중에서도 무외시(無畏施)라고 하지요. 고통을 겪는 중생들 중에는 신체적인 질병을 가진 경우도 있지만, 마음의 병을 앓는 중생들도 많이 있습니다. 이런 경우 마음 저변에 불안과 두려움이 깔려 있는 경우가 대부분이어서 이것을 넘어서지 않고서는 자기성장을 이루기가 어렵습니다. 자기 마음속의 두려움을 들여다보는 것에서부터 마음공부를 시작해도 좋을 것입니다.

제 2 회향

불괴회향이란?

"불자들이여, 무엇이 보살마하살의 '불괴회향(깨뜨릴 수 없는 회향)'입니까? 불자들이여, 이 보살마하살은 과거 · 현재 · 미래의 여러 부처님 계신 곳에서 깨뜨릴 수 없는 믿음을 얻는데, 이는 모든 부처님을 잘 받들어 섬기기 때문입니다. 모든 보살은 물론 오로지 일체지를 구하려는 마음을 처음 낸 이도 깨뜨릴 수 없는 믿음을 얻는데, 이는 모든 보살이 선근을 닦으려는 서원을 하여 피로해하거나 싫증내지 않기 때문입니다. 모든 부처님 법에 깨뜨릴 수 없는 믿음을 얻는데, 이는 깊은 뜻과 즐거움을 내기 때문입니다. 모든 부처님의 가르침에 깨뜨릴 수 없는 믿음을 얻는데, 이는 (가르침을) 수호하고 잘 지니기 때문입니다. 모든 중생에게 깨뜨릴 수 없는 믿음을 얻는데, 이는 인자한 눈으로 평등하게 관찰하고 선근을 회향하여 널리 이롭게 하기 때문입니다. 온갖 깨끗한 법에 깨뜨릴 수 없는 믿음을 얻는데, 이는 끝없는 선근을 널리 모으기 때문입니다. 일체 보살의 회향하는 도에 깨뜨릴 수 없는 믿음을 얻는데, 이는 고귀한 열망을 만족하기 때문입니다. 모든 보살법의 스승에게 깨뜨릴 수 없는 믿음을 얻는데, 이는 모든 보살에게 부처님이란 생각을 일으키기 때문입니다. 일체 부처님의 자유자재한 신통에 깨뜨릴 수 없는 믿음을 얻는데, 이는 모든 부처님의 불가사의함을 깊이 믿기 때문입니다. 모든 보살의 적절한 방편행에 깨뜨릴 수 없는 믿음을 얻는데, 이는 한량없고 수 없는 온갖 수행 경계를 받아들이기 때문입니다.

佛子 云何爲菩薩摩訶薩 不壞迴向. 佛子 此菩薩摩訶薩 於去來今諸如來所 得不壞信, 悉能承事一切佛故. 於諸菩薩 乃至初發一念之心求一切智 得不壞信, 誓修一切菩薩善根 無疲厭故. 於一切佛法 得不壞信, 發深志樂故. 於一切佛教 得不壞信, 守護住持故. 於一切衆生得不壞信, 慈眼等觀 善根迴向 普利益故. 於一切白淨法 得不壞信, 普集無邊諸善根故. 於一切菩薩迴向道 得不壞信, 滿足殊勝諸欲解故. 於一切菩薩法師 得不壞信, 於諸菩薩 起佛想故. 於一切佛自在神通得不壞信, 深信諸佛難思議故. 於一切菩薩善巧方便行 得不壞信, 攝取種種無量無數行境界故.

"What is the indestructible dedication of great enlightening beings? These great enlightening beings attain indestructible faith in the Enlightened Ones of past, future, and present, because they serve all Buddhas. They attain indestructible faith in enlightening beings, even those who have just resolved on the search for omniscience for the first time, because they vow to tirelessly cultivate all foundations of goodness of enlightening beings. They attain indestructible faith in all the Buddha qualities, because they conceive profound aspiration. They attain indestructible faith in all Buddha teaching, because they abide by them and maintain them. They attain indestructible faith in all sentient beings, because they look upon them impartially with the eye of compassion and dedicate roots of goodness to their universal benefit. They attain indestructible faith in all pure ways, because everywhere they amass boundless roots of goodness. They attain indestructible faith in the path of dedication of enlightening beings, because they fulfill their noble aspirations. They attain indestructible faith in all teachers of the ways of enlightening beings, because they think of the enlightening beings as Buddhas. They attain indestructible faith in the spiritual powers of all Buddhas, because they deeply believe in the inconceivability of the Buddhas. They attain indestructible faith in the practice of skill in expedient means exercised by all enlightening beings, because they include countless various realms of activity.

보살의 선근

"불자들이여, 보살마하살이 이와 같이 깨뜨릴 수 없는 믿음에 편안히 머무를 때에, 부처님 · *보살 · *성문 · *독각 · 부처님의 교법 · 중생들과 같은 여러 가지 경계에 한량없고 끝없는 *선근을 심으며, 보리심이 점점 더 자라게 하고, 자비심이 광대하여 평등하게 관찰하며, 부처님들께서 하신 일을 따라 배우며, 모든 청정한 선근을 받아들여 지니며, 진실한 이치에 들어가 복덕행을 모으며, 큰 보시를 행하고, 공덕을 닦으며, 삼세를 평등하게 관찰합니다."

佛子 菩薩摩訶薩 如是安住不壞信時, 於佛菩薩聲聞獨覺 若諸佛教 若諸衆生 如是等種種境界中 種諸善根 無量無邊, 令菩提心 轉更增長, 慈悲廣大 平等觀察, 隨順修學諸佛所作, 攝取一切清淨善根, 入眞實義 集福德行, 行大惠施, 修諸功德 等觀三世.

"When great enlightening beings abide in indestructible faith, they plant roots of goodness, innumerable and boundless, in various realms, such as those of Buddhas, enlightening beings, disciples of Buddhas, individual illuminates, of Buddhist doctrines, and of sentient beings, causing the determination for enlightenment to grow more and more. Their kindness and compassion broad and great, they observe impartially. They accord with and practice the deeds of the Buddhas, embracing all pure foundations of goodness. Entering the truth, they assemble virtuous practices, carry out great works of charity, and cultivate meritorious qualities, looking upon the past, present, and future as equal."

[주]

*보살: 菩薩, 보리살타(菩提薩埵)의 준말. Ⓢbodhisattva, 도중생(道衆生)·도심중생(道心衆生)·각유정(覺有情)이라 번역. 23품 참고.

*성문: 聲聞, ⓈŚrāvaka, 3승의 하나. 가장 원시적인 해석으로는 석존의 음성을 들은 불제자를 말함. 대승의 발달에 따라서 연각과 보살에 대할 때는 석존의 직접 제자에 국한한 것이 아니고, 부처님의 교법에 의하여 3생(生) 60겁(劫) 동안 4체(諦)의 이치를 관하고, 스스로 아라한 되기를 이상(理想)으로 하는 일종의 저열한 불도 수행자를 말함. 그러므로 대승교에서는 성문을 소승의 다른 이름처럼 보고, 성문으로 미치는 이와 대승으로 전향(轉向)하는 이를 구별하여 우법(愚法)·불우법(不愚法)의 2종으로 나눔. 또 3종성문·4종성문의 말도 있다.

*독각: 獨覺, ⓈPratyekabuddha, 연각(緣覺)이라고도 번역함. 항상 적정을 낙으로 삼아 혼자 스스로 수행하여 수행의 공을 이룬 것인데, 부처가 없는 세상에 나서 스스로 각오하여 생사를 떠난 자를 독각이라고 한다.

*선근: 善根, Ⓢkuśala-mūla, 23품 참고.

선근으로 회향함

"보살마하살이 이와 같은 선근 공덕으로써 일체지에 회향하면서, 부처님을 항상 뵙기를, 선지식을 친근하기를, 보살들과 더불어 함께 머물기를, 일체지를 마음에 지니어 잠시도 버리지 않기를, 부처님의 가르침을 받아 지니어 부지런히 수호하기를, 일체 중생을 교화하고 성숙하게 하되 마음은 항상 출세간 길에 회향하기를, 모든 법사를 공양하고 우러러 섬기기를, 모든 법을 분명히 깨달아 기억하고 잊지 않기를, 큰 서원을 수행하여 모두 만족하게 하기를 서원합니다. 보살은 이와 같이 선근을 쌓아 모으고, 선근을 성취하며, 선근을 발전시키고, 선근을 생각하며, 선근을 늘 마음 깊이 지니고, 선근을 분별하며, 선근을 좋아하고, 선근을 닦아 익히며, 선근에 편히 머무릅니다."

菩薩摩訶薩 以如是等善根功德 廻向一切智 願常見諸佛, 親近善友, 與諸菩薩 同共止住, 念一切智 心無暫捨, 受持佛教 勤加守護, 教化成熟一切衆生 心常廻向出世之道, 供養瞻侍一切法師, 解了諸法 憶持不忘, 修行大願 悉使滿足. 菩薩 如是積集善根, 成就善根, 增長善根, 思惟善根, 繫念善根, 分別善根, 愛樂善根, 修習善根, 安住善根.

"Great enlightening beings dedicate such virtues to omniscience, aspiring to always see the Buddhas. They associate with good companions and live among enlightening beings. Constantly keeping their minds on omniscience, they accept and hold the Buddhist teachings, conscientiously protecting them, and educate and develop all sentient beings, their minds always dedicated to the path of emancipation from the world. They provide for and serve all teachers of truth. Understanding the principles of the teachings, they retain them in memory; they cultivate and practice great vows, causing them all to be fulfilled.

"Thus do enlightening beings amass roots of goodness, accomplish roots of goodness, develop roots of goodness, contemplate roots of goodness, concentrate on roots of goodness, analyze roots of goodness, delight in roots of goodness, cultivate roots of goodness, and abide in roots of goodness."

선근으로 얻은 과보로 보살행을 닦고 부처님을 예경함

"보살마하살이 이렇게 온갖 선근을 모으고는 이 선근으로 얻은 *의보로써 보살의 행을 닦으면서, 한 순간 순간마다 한량없는 부처님을 뵈옵고 잘 받들어 섬기며 공양합니다. 즉 *아승기 보배 · 아승기 꽃 · 아승기 화만 · 아승기 의복 · 아승기 덮개 · 아승기 당기 · 아승기 깃발 · 아승기 장엄거리 … 아승기 깊은 믿음 · 아승기 사랑 · 아승기 깨끗한 마음 · 아승기 존중 · 아승기 찬탄 · 아승기 예경으로 공양합니다."

菩薩摩訶薩 如是積集諸善根已 以此善根所得依果 修菩薩行, 於念念中 見無量佛 如其所應承事供養. 以阿僧祇寶, 阿僧祇華, 阿僧祇鬘,

阿僧祇衣, 阿僧祇蓋, 阿僧祇幢, 阿僧祇幡, 阿僧祇莊嚴具 … 阿僧祇深信, 阿僧祇愛樂, 阿僧祇淨心, 阿僧祇尊重, 阿僧祇讚歎, 阿僧祇禮敬.

[한자풀이]

鬘:머리장식 만　蓋:덮을 개　幢:기 당　幡:기 번　讚:기릴 찬　歎:읊을 탄　禮:예도 예　敬:공경할 경

"Once enlightening beings have amassed various roots of goodness in this way, they cultivate the practices of enlightening beings by means of the results of these roots of goodness. In every successive moment they see innumerable Buddhas, and serve and provide for them in accordance with their needs. They provide innumerable jewels, flowers, garlands, garments, parasols, banners, pennants, adornments, … profound faith, aspiration, pure minds, respect, praise and honor."

[주]

*의보: 依報, 우리들의 심신에 따라 존재한 국토 · 가옥 · 의복 · 식물 등을 가리킨다. 의과(依果)라고도 하는데, 중생이 생긴 후 받는 과보(果報)에 정과정보(正果正報)와 의과의보(依果依報)의 둘이 있는데, 지금 우리가 의지하여 생활하는 것이 의보(依報)-국토 · 가옥 · 식물 등-이다.

*아승기: 阿僧祇, [S]Asamkhya, 23품 참고.

부처님을 공양함과 중생을 위함

"불자들이여, 보살마하살은 이러한 공양거리 등으로, 무량 무수 불가

설 불가설 겁 동안에 깨끗한 마음으로 모든 부처님을 존중하고 공경하며 공양하는데 있어서 언제라도 물러서지 않으며 쉬지도 않습니다. 한 분 한 분의 여래께서 *열반하신 뒤에는 *사리를 모시고 모두가 또 이와 같이 공경하였습니다. 이는 모든 중생들이 깨끗한 신심을 내게 하려는 때문이며, 모든 중생들이 선근을 잘 지니게 하려는 때문이며, 모든 중생들이 고통을 벗어나게 하려는 때문이며, 모든 중생들이 넓고 크게 이해하도록 하려는 때문이며, 모든 중생들이 큰 *장엄으로써 장엄하게 하려는 때문입니다. … 이렇게 현재의 여러 부처님들은 물론 열반하신 뒤의 사리에까지 공양을 하니, 그 모든 공양하는 일은 아승기 겁 동안에 말하여도 다 할 수 없습니다."

佛子 菩薩摩訶薩 以如是等諸供養具, 於無量無數不可說不可說劫 淨心尊重 恭敬供養一切諸佛 恒不退轉 無有休息. 一一如來滅度之後 所有舍利 悉亦如是恭敬供養. 爲令一切衆生 生淨信故, 一切衆生 攝善根故, 一切衆生 離諸苦故, 一切衆生 廣大解故, 一切衆生 以大莊嚴而莊嚴故. … 如是供養現在諸佛 及滅度後所有舍利, 其諸供養 於阿僧祇劫 說不可盡.

[한자풀이]

恭:공손할 공 恒:항상 항 休:쉴 휴 息:숨 쉴 식 悉:다 실 攝:당길 섭 解:풀 해

"Enlightening beings reverently present these offerings with pureminded respect to all Buddhas for countless, incalculable eons, never retreating, never ceasing; and after each Buddhas dies they also respectfully make similar offerings to all their relics, in order to induce all sentient beings to develop pure faith, to embody all foundations of goodness, to be freed from all suffering, to have broad understanding, to be arrayed with great adornments, … Their offerings to living Buddhas and to their relics after death could never be fully told of even in an incalculable period of time."

[주]

*열반: 涅槃, Ⓢ Nirvāṇa, Ⓟ Nibbāna, 불교의 최고 이상. 니왈(泥曰)・니원(泥洹)・니반(泥畔)・녈반나(涅槃那)라 음역, 멸(滅)・적멸(寂滅)・멸도(滅度)・원적(圓寂)이라 번역(아마 속어의 nibbān의 음사. 미혹의 불을 끈 상태. 니르바나). 또는 무위(無爲)・무작(無作)・무생(無生)・불생(不生)・안락(安樂)・해탈(解脫) 등으로 번역. 모든 번뇌의 속박에서 해탈하고, 진리를 궁구하여 미(迷)한 생사를 초월해서 불생불멸(不生不滅)의 법을 체득한 경지. 멸은 생사의 인과를 멸하여 생사의 거친 흐름에서 벗어난 것으로, 멸하면 곧 도(度)한 것이다. 적멸은 적(寂)은 무위(無爲), 공적(空寂), 안온(安穩)의 뜻이며, 멸은 생사의 대환이 소멸한 것. 불생은 생사의 괴로운 과보가 다시 일어나지 않는 것. 무위는 번뇌와 악업의 인연의 조작이 없는 것. 안락은 안온(安穩) 쾌락(快樂)한 것. 해탈은 모든 과보에서 벗어난 것. 소승에서는 몸과 마음이 죄다 없어지는 것을 이상으로 하므로, 심신이 있고 없음에 따라 유여의(有餘依)・무여의(無餘依)의 2종 열반을 세우고, 대승에서는 적극적으로 3덕(德)과 4덕을 갖춘 열반을 말하여, 실상(實相)・진여(眞如)와 같은 뜻으로 본체(本體) 혹은 실재(實在)의 의미로도 쓴다. 법상종(法相宗)에서는 4종 열반을 세운다.

*사리: 舍利, Ⓢ śarira, Ⓟ sarīra, 본래는 육체의 뜻이다. 또 죽은 시체, 신골(身骨)을 말한다. 특히 불골(佛骨)을 가리키고, 숭배의 대상이 되어, 사리탑 등이 만들어지기에 이르렀다.

*장엄: 莊嚴, Ⓢ vyūha, alaṃkṛta, 23품 참고.

중생의 성숙을 위해 공덕을 닦음

"이와 같이 (보살이) 한량없는 공덕을 닦는 것은 모두 일체 중생을 성숙시키기 위한 것입니다. 물러서지 않고, 쉬지 않으며, 피로해하거나 싫증내지 않고, 집착하지 않으며, 모든 생각을 떠났고, 의지하지 않으며, 의지할 곳을 영원히 끊었고, 나와 내 것을 멀리 떠나며, 실재와 같은 *법인으로 모든 업의 문을 확인하고, 모든 것은 생겨남이 없다는 것을 깨닫고, 부처님께서 머무시는 데 머물며, 생겨남이 없는 성품을 관찰하여 모든 경계를 확인하였습니다."

如是修集無量功德 皆爲成熟一切衆生, 無有退轉, 無有休息, 無有疲厭, 無有執着, 離諸心想, 無有依止, 永絶所依, 遠離於我 及以我所, 如實法印 印諸業門, 得法無生, 住佛所住, 觀無生性 *印諸境界.

[한자풀이]

絶:끊을 절 遠:멀 원 離:떼놓을 리 印:인 인(도장), 찍을 인

"Such cultivation and accumulation of immeasurable virtue is all to develop and mature sentient beings, without retreating, without ceasing, without wearying, without clinging, free from all mental images, without stopping anywhere, forever beyond all dependence, detached from self and anything pertaining to a self. They seal all aspects of their activities with the stamp of truth, realize the birthlessness of things, abide in the abode of buddhahood, and observe the nature of birthlessness definitively marking all objects."

[주]

*법인: 法忍, 인은 인허(忍許)의 뜻. 지금까지 믿기 어렵던 이치를 잘 받아들이고, 의혹이 생기지 않도록 사는 것. 사제(四諦)의 이치를 관하여 인가하는 것을 법인이라 한다. 이 인허에 의하여 점점 혹(惑)을 여의었을 때에 일어나는 사제의 진리를 비춰보는 지혜를 법지라고 하니, 법인은 법지를 얻기 전에 일어나는 인가 결정하는 마음.

*인: 印, ⓈMudrā. 불교의 명사. 표장이란 뜻. ①인계(印契)·인상(印相). 부처님의 자내증(自內証)의 덕을 표시하기 위하여, 열 손가락으로 가지가지 모양을 만드는 표상. 다섯 손가락을 소지(小指)로부터 차례로 지(地)·수(水)·화(火)·풍(風)·공(空)에 배당하고, 왼손을 정(定), 오른손을 혜(慧)라 한다. ②불보살이 가지는 여러 가지 기구. 삼매야형(三昧耶形)이라고도 한다. 도검(刀劍)·윤(輪)·색(索)·저(杵) 등. ③교의(敎義)의 규범, 또는 표장(標章).

회향의 행

“불자들이여, 보살마하살은 모든 선근으로 이렇게 회향할 때에, 비록 생사를 따르지만 변함이 없습니다. *일체지를 구함에 있어서 물러서지 않고, 모든 존재하는 것에 있으면서도 마음이 흔들리지 않으며, 일체 중생을 모두 제도하여 해탈케 하고, *유위법에 물들지 않으며, 걸림 없는 지혜를 잃지 않고, 보살행과 지위의 인연이 다하지 않으며, 세간법으로 (보살을) 변하게 할 수 없고, 온갖 청정한 바라밀다를 다 갖추며, 일체지의 힘을 모두 성취할 수 있습니다. 보살이 이와 같이 어리석은 어둠을 벗어버리고 *보리심을 이루며, 광명을 열어 보이고 깨끗한 법을 증장하며, 훌륭한 도에 회향하여 온갖 행을 잘 갖춥니다.”

佛子 菩薩摩訶薩 以諸善根 如是廻向時, 雖隨生死 而不改變. 求一切智 未曾退轉, 在於諸有 心無動亂, 悉能度脫一切衆生, 不染有爲法, 不失無碍智, 菩薩行位 因緣無盡, 世間諸法 無能變動, 具足清淨諸疲羅密, 悉能成就一切智力. 菩薩 如是離諸癡闇 成菩提心, 開示光明 增長淨法, 廻向勝道 具足衆行.

"When enlightening beings dedicate such roots of goodness, though they go along with birth and death they are not changed: they seek omniscience without ever retreating; while being in the various realms of existence, their minds are undisturbed; they are able to liberate all sentient beings; they are not stained by compounded things; they do not lose unimpeded knowledge; their fulfillment of causes and conditions of enlightening beings' practices and stages is inexhaustible; worldly things cannot change or move them; they fulfill the pure ways of transcendence, they are able to accomplish all knowledge and power. Thus do enlightening beings get rid of the darkness of ignorance and folly, develop the will for enlightenment and reveal its light, increase pure ways, dedicated to the supreme Way, fulfilling all its practices."

[주]

*일체지: 一切智, Ⓢsarvajñā, 23품 참고.

*유위법: 有爲法, ⓈSaṃskṛtadharma, ↔ 무위법(無爲法). 위는 위작(爲作)・조작의 뜻. 인연으로 말미암아 조작되는 모든 현상. 생멸하는 온갖 법의 총칭. 유위법은 인연에 의해 화합생성된 것이므로 이런 현상에는 반드시 생・주・이・멸(生住異滅)의 형태가 있다. 즉 인연(因緣)에 따라 생겨서 생멸변화하는

물(物)·심(心)의 현상을 말한다. 구사종(俱舍宗)에서는 일체제법(一切諸法)을 오위칠십오법(五位七十五法)으로 나누는데, 이 가운데 3무위(無爲)를 제외한 모든 것[72법(法)]은 유위법이다. 유식종(唯識宗)에서는 오위백법(五位百法) 가운데 6무위(無爲)를 제외한 94법이 유위법이다.

*보리심: 菩提心, 위로는 보리(菩提: 깨달음)를 구하고, 아래로는 중생을 교화하려는 마음. 이 마음의 내용은 4홍서원으로서 '①중생을 다 제도하기를 원합니다. ②번뇌를 다 끊기를 원합니다. ③법문은 모두 다 배우기를 원합니다. ④불도는 모두 다 증득하기를 원합니다.'라는 네 가지 큰 서원을 세우고 그것을 성취하려는 마음이다. 보살은 광대한 자리(自利)·이타(利他)의 서원을 세우고, 3아승기 100대겁 동안 6도(度) 등의 행을 닦아야만 불과(佛果)를 얻는다 함.

집착이 없는 행

"청정한 뜻으로 잘 분별하여 일체법이 다 마음을 따라 나타나는 줄을 깨닫습니다. *업은 요술과 같고, *업보는 영상과 같고, 모든 현상은 변화하는 것과 같고, 인연으로 생기는 법은 모두 메아리와 같고, 보살의 행은 모두 그림자와 같음을 압니다. 집착이 없는 청정한 법의 눈이 생겨나서 지음이 없는 광대한 경계를 보고, 적멸한 성품을 증득하여 법에 둘이 없음을 깨달아 법의 실상을 증득했으며, 보살행을 갖추어 어떤 형상에도 집착함이 없으며, 모든 업을 함께 하는 행을 잘 닦을 수 있고, 깨끗하고 청정한 법을 항상 버리지 않으며, 모든 집착에서 벗어나 집착이 없는 행에 머무릅니다."

以清淨意 善能分別 了一切法 悉隨心現. 知業如幻, 業報如像, *諸行如化, 因緣生法 悉皆如響, 菩薩諸行 一切如影. 出生無着清淨法眼見於無作廣大境界, 證寂滅性 了法無二 得法實相, 具菩薩行 於一切相 皆無所着, 善能修行 同事諸業, 於白淨法 恒無廢捨, 離一切着 住無着行.

"With clear, pure intellect they are able to skillfully analyze and comprehend all things as appearing according to the mind; they know deeds are like illusions, results of deeds are like paintings, all activities are like magic tricks, things born of causes and conditions are all like echoes, and the practices of enlightening beings are all like reflections. They produce the clear, pure eye of reality, seeing the vast realm of the uncreated; realizing their null essence, they understand the nonduality of things and discover the true aspect of things. They fulfill the practices of enlightening beings without attachment to any forms. They are able to carry out all commonplace acts without ever abandoning pure principles and practices. Free from all attachments, they remain unattached in action.

[주]

*업: 業, [S]Karma, [P]Kamma, 25품 제1회향 참고.

*업보: 業報, [S]karma-vipāka, 23품 참고.

*諸行: 제행, 생멸 변화하는 물(物)·심(心)의 모든 현상.

게송으로 2회향을 노래함

보살이 깨뜨릴 수 없는 뜻 얻었고　　菩薩已得不壞意
모든 선한 업을 닦아 행한 때문에　　修行一切諸善業
부처님 환희할 수 있게 되었으니　　是故能令佛歡喜
지혜로운 이들은 이로써 회향합니다　　智者以此而廻向
Enlightening beings, having attained indestructible will,
Carry out all good works;
Therefore they're able to make the Buddhas rejoice:
Those who are wise dedicate this.

헤아릴 수 없이 한량없는 겁동안　　不可思議無量劫
갖가지로 보시하되 싫증내지 않고　　種種布施心無厭
백천만억 수 없는 겁 동안에　　百千萬億衆劫中
선한 법 닦는 일 역시 그러합니다　　修諸善法悉如是
For inconceivably infinite eons
They give in all ways, their minds never weary:
For hundreds of millions of eons
They practice good principles in the same way.

온 마음으로 모두를 구호하여서　　專心救護於一切
온갖 나쁜 업을 멀리 떠나게 하며　　令其遠離衆惡業
이처럼 중생들에게 이로움 주려고　　如是饒益諸群生

마음깊이 생각하고 버리지 않습니다 繫念思惟未曾捨
Concentrating on saving all,
They cause them to abandon evil deeds;
Thus benefiting sentient beings,
They contemplate attentively without abandoning them.

중생들 말하는 것에 매이지 않으니 不取衆生所言說
인위적인 모든 것은 허망한 일이라 一切有爲虛妄事
말로 하는 것에도 의지하지 않지만 雖復不依言語道
말 없는 것에도 집착하지 않습니다 亦復不着無言說
They do not grasp the fabricated unrealities
Spoken of by sentient beings,
But though they do not rely on speech
Still they don't cling to wordlessness.

시방세계 계시는 여러 부처님 十方所有諸如來
남김없이 모든 것 다 통달하시어 了達諸法無有餘
모든 것이 공적한 줄 비록 알지만 雖知一切皆空寂
공하다는 마음도 내지 않습니다 而不於空起心念
All the enlightened ones in the ten directions
Comperhend all things without exception;
But though they know all things are empty, void,
They don't produce a motion of voidness.

한 장엄으로 모든 것을 장엄하지만 以一莊嚴嚴一切

어떤 것에도 분별심을 내지 않으니 亦不於法生分別
이와 같이 중생들을 깨닫게 하지만 如是開悟諸群生
일체는 성품 없고 관할 것도 없습니다 一切無性無所觀

With one adornment they adorn all
Yet don't discriminate phenomena-
They enlighten all living beings:
All is without inherent nature, without objectivity.

우리 모두는 인연에 따라 태어났지만,
인연에 매이지 않는 법을 배워야겠습니다.

We all are born of causes and conditions,
but we have to learn the way
not to be tied with it.

일체보살의 선근 닦기를 서원하여 피로해하거나 싫증내지 않는다는 말이 마음에 와 닿습니다. 저 자신을 위한 일임에도 불구하고 마치 다른 사람을 위해 하는 일 마냥 생색내기도 하고 싫증내기도 하는 자신을 보게 되어 부끄럽습니다.

좋아서 하는 일과 억지로 하는 일은 차이가 있습니다. 수석이 취미인 어떤 사람이 전국의 산천을 누비며 신기한 모양의 돌을 찾는데, 어떨 때는 자기 몸무게를 훨씬 넘는 돌을 지고도 무거운 줄 모르고 하루 종일 걸어 다녔다고 합니다. 그 분이 뒷날 그 때를 회상하면서 만약 돈을 벌려고 노동으로 그런 일을 했거나 누가 시켜서 억지로 그런 일을 했다면 그만큼 하지도 못했을 뿐더러 그 일을 행복하게 했겠는가 하는 이야기를 들은 적이 있습니다.

공부하는 학생들도 자기가 목표를 가지고 매진할 때는 알아주기를 바라거나 보상을 바라지 않는데, 부모의 성화에 못 이겨 억지로 공부하는 학생은 마치 부모를 위해 공부해주는 양 생색을 내고 끊임없이 대가가 주어지지 않으면 의욕을 상실해버리는 아이들을 볼 수 있습니다. 그렇지만 자기가 좋아하는 게임이나 놀이는 부모가 아무리 말려도 지치지도 않고 맹렬히 열중하는 것을 볼 수 있지요. 이런 것을 보면 사람들은 해야 하는 일을 할 때보다 하고 싶은 일을 할 때 더 신이 나고 잘 할 수 있게 되는 것은 당연한 일이라 생각됩니다.

보살이 지치지도 않고 싫증내는 일도 없이 선근 닦기를 서원한다는 것은 그것이 제일 중요하기도 하지만 제일 하고 싶은 일이기 때문일 것입니다. 비록 그 일이 참기 힘든 어려움이 수반된다 하더라도 간절히 원하는 일이기 때문에 능동적이고 적극적인 자세로 참고 견디며 이겨 나갈 수 있는 것입니다. 제2회향은 불괴회향입니다. 그 어떤 것도 깨뜨릴 수 없고 무너뜨릴 수 없는 견고한 회향의 마음을 말하는 것이지요. 여러분은 나태하다가도 그것만 생각하면 기운이 나고, 눈빛이 빛나는 그런 일이 있습니까? 보살이 선근을 닦는 일과 같이, 어떤 어려움에도 포기하지 않고 어떤 유혹에도 흔들리지 않는 일을 가지고 있는지 생각해봅시다.

보살이 선근의 공덕으로 일체지에 회향한다고 하는데, 선근을 닦는 일은 참으로 중요한 일임을 알았습니다.

선근(善根)은 좋은 과보(果報)를 받을만한 좋은 인(因)이라는 뜻입니다. 말 그대로 착할 선(善), 뿌리 근(根)이니까 착한 뿌리입니다. 착한 뿌리를 가진 나무에서는 결국 착한 열매가 열리겠지요? 즉 중생이나 보살이 착한 행위의 선업으로 선근을 심으면 그 공덕으로 반드시 선한 열매를 맺는다는 의미에서 온갖 선을 나타내는 근본이라는 뜻으로 선근이라 합니다.

보살은 자신의 선근공덕으로 일체지에 회향할 수 있습니다. 선근이 있어야 중생들에게 나누어줄 수도 있고, 선근이 있어야 깨달음을 성취할 수도 있는 것이지요. 그래서 경문에 '보살이 선근을 쌓아 모으고, 선근을 성취하며, 선근을 더욱 늘이고, 선근을 생각하며, 선근을 늘 마음에 지니고, 선근을 분별하며, 선근을 좋아하고, 선근을 닦아 익히며, 선근에 편히 머문다'고 하는 것입니다. 온몸과 온마음으로 오로지 선근만을 생각하고 행하는 것을 알 수 있지요.

그러나 아무리 선한 일이라 할지라도 그것에 매여 노예가 되어버리면 병이 됩니다. '착한 여자'는 아름답지만, 강박적으로 착하지 않으면 안 된다고 집착하는 경우에는 '착한여자 콤플렉스'라고 하여 진정한 의미의 착한 것과는 구별하고 있지요. 선근도 마찬가지입니다. 기꺼이 선근을 쌓는 일과는 달리, 좋은 일에 집착하여 강박적으로 매달린다면 이때는 '선근'이라 부르지 않고, '선근마(善根魔)'라고 합니다. 이런 경우엔 좋은 일이 자라지도 못하고 도리어 수행에 방해가 되므로 마(魔)라고 하는 것이지요. 그러니까 겉으로 볼 때 똑같은 착한 일로 보이더라도 기꺼이 하는 일인지, 아니면 하지 않으면 안 되기 때문에 억지로 하는 일인지에 따라 차이가 있는 것입니다.

보살은 모든 법을 분명히 깨달아 기억하고 잊지 않기를 서원한다고 했는데, 저는 그렇지는 못하더라도 경전의 한 구절이라도 깊이 마음에 새기고 실천해보아야겠다는 마음을 가져야겠습니다.

한 가지가 결국 전부일 수 있습니다. 경에 의하면 믿음을 성취하는 것이 곧 정각을 성취하는 것이 되고, 공(空)을 증득하는 것이 곧 진리를 깨닫는 것이라 하였습니다. 부처님께서는 팔만사천법문으로 모든 중생들에게 가르침을 펼치시지만, 그 한 구절 속에도 팔만사천법문이 다 들어있음을 알아야 합니다. 그래서 경문에서와 같이 모든 법을 분명히 깨달아 기억하고 잊지 않는 보살과 같이 되지 못함을 한탄하거나, 모든 법문을 다 기억해야 한다는 부담감을 갖기보다도 단 한 구절만이라도 깊이 새기고 실천하려는 노력은 매우 의미 있는 보살행이라 할 수 있을 것입니다. 그러니까 경전을 읽을 때 다음과 같이 해보면 어떨까요?

경전을 읽다보면 특별히 마음에 와 닿는 구절이 있을 것입니다. 더러는 너무 의미가 커서 내가 실천할 수 없을 것 같기도 하고, 더러는 2,500

여 년 전의 말씀이라 의미가 충분히 전달되지 않는 경우가 있을지도 모릅니다. 그러나 그 중에서도 내 마음에 감동을 주고 별안간 환하게 빛으로 다가와 작은 깨달음을 주는 구절이 있을 것입니다. 우선 그 구절에서부터 시작할 수 있습니다. 그런 구절을 만나면, 읽는 것을 멈추고 그 말씀에 머물러 보십시오. 말씀의 뜻 속으로 들어가 조용히 천천히 살펴보십시오. 이것이 묵상 단계이지요. 경 구절에 밑줄을 긋기도 하고, 다른 노트에 옮겨 적기도 하면서, 함께 이야기 나누는 것도 좋겠지요. 그러면서 이 경전의 구절이 나에게 무엇을 말하고 있는지, 왜 특히 이 구절이 마음에 와 닿는지, 나는 이 말씀에 어떻게 응답하고 있는지 가만히 마음을 살펴봅니다. 그리고는 고요히 쉬는 것이 좋습니다. 책장을 빨리 넘기려고 하지 말고 부처님의 가르침 안에서 고요히 쉬면서 명상을 하십시오. 그 다음에 기도와 서원의 시간을 가질 수 있겠지요.

이러한 명상의 힘은 매우 커서 생활 속에서의 두려움과 불안, 온갖 망상과 어리석음을 떨쳐버릴 수 있는 힘을 갖게 합니다. 만약 내게 어떤 영향도 미치지 못하는 구절이라면 그것은 살아있는 활구(活句)가 아니라 이미 죽은 사구(死句)라고 해야 할 것입니다. 이제 문자에 압도되기보다 그 의미를 새기는 마음으로 경전을 읽어 보기를 바랍니다.

한 순간 한 순간마다 한량없는 부처님을 뵙는다는 구절을 읽으니, 단 한 순간도 소홀히 하지 않는 보살의 마음을 읽을 수 있습니다.

순간순간이 곧 영원입니다. 지금 이 순간을 떠난 영원은 존재하지 않습니다. 많은 사람들이 아직 오지 않은 미래에 영원히 있을 것으로 생각합니다. 그러나 이 순간을 흘려버린다면 그 어느 곳에도 영원은 존재하지 않습니다. 참선수행을 할 때에도 한없이 고요하면서도 그 순간에 늘 깨어있도록 가르치지요. 순간순간마다 깨어있으면서 내 마음을 알아차리고 지금 이 순간에 최선을 다 하는 삶이야말로 영원을 사는 것입니다. 일본의 니시다 학파도 '영원한 지금'이라는 말로 표현하고 있지요.

그러나 많은 사람들이 지금을 살지 못하고 과거의 포로가 되어있는 경우를 볼 수 있습니다. 혹은 미래를 걱정하며 불안해하며 현재를 제대로 살지 못하는 경우를 볼 수 있습니다. 중국의 조사인 대주선사에게 어떤 수행자가 도를 어떻게 닦느냐는 질문을 했을 때, '배고프면 밥 먹고, 피곤하면 잠을 잔다'는 대답을 했다고 합니다. 누구나 그렇게 한다고 생각하겠지만, 밥 먹으면서도 과거와 미래를 넘나들며 온갖 감정에 빠져있고, 하루 밤에도 만리장성을 쌓으며 꿈속에까지 온갖 일에 시달리는 사람과는 달리 오롯이 그 순간에 깨어있음을 느낄 수 있습니다. 또한 도는 밥 먹고 잠자는 일상을 떠나 따로 존재하지 않는다는 뜻도 포함하는 말이기도 하겠지요. 속세의 인연을 끊고 산으로 들어간다고 해서 산에 도가 있는 것은 아닐 것입니다. 사람 속에 일상 속에 도가 있고, 그 속에서 도를 이루어야할 것입니다. 그래서 선가에서도 마조 도일이 설파한 '평상심이 바로 도(平常心是道)'라는 말을 조사선의 기본정신으로 삼고 있는 것이겠지요.

여러분도 자신의 마음이 어디에 있는지 성찰해보시기 바랍니다. 과거와 미래에 붙들려 노예가 되어있는지 현재의 이 순간을 살고 있는지를 들여다보십시오. 어떤 철학자는 오늘 하루를 나의 일생이라고 생각하면서 살라고 합니다. 아침에 눈을 뜨면서 새로운 삶을 시작하고 밤에 잠들면서 이 세상을 떠나는 것이라는 마음으로 순간에 충실하며 살라는 말이지요. 우리 모두가 지금 이 순간이 나의 전 생애인 것처럼 집중하고 최선을 다하며 살 수 있기를 바랍니다. 보살이 매 순간 불성을 깨닫고 일상 속에서 부처님의 숨결을 느끼며 부처님을 뵙는 것처럼.

보살마하살이 깨뜨릴 수 없는 믿음에 편안히 머무른다는 구절을 읽으니 저는 온전한 믿음을 가진 적이 있었던가 하는 의문이 듭니다. 더구나 참으로 믿고 의지하던 아버지의 갑작스러운 사망을 경험한 후로는 무엇을 믿어야할지, 또 그 믿음이 허망하게 무너져버릴 것 같은 불안이 자리잡게 된 것 같습니다.

뜻하지 않은 사고를 경험한 사람이 흔히 겪는 고통입니다. 어느 순간 내게서 소중한 것이 사라져버릴 것 같고, 나에게 불행이 닥쳐올 것 같고, 심하게는 내가 재수 없는 사람이어서 불행을 몰고 다니는 것 같은 망념에 빠지기도 하지요. 특히 가장에게 불의의 사고가 닥쳤을 때, 남겨진 가족원들이 준비 없이 맞아야 하는 미래에 대한 불안이나 무엇으로도 채울 수 없는 상실감은 말로 형언할 수가 없지요.

떠난 사람의 영향력이 크면 클수록 빈자리는 더욱 크게 느껴지고, 그가 없는 삶이 공허하고 무의미하게 느껴질 수 있습니다. 특히 그 사고를 '나 때문에 그렇게 되었다'든가, '내가 불운해서 그런 일을 겪는다'는 식으로 자신과 연관시켜서 부정적으로 판단하고 규정해버릴 때, 불안과 두려움에서 더욱 벗어나기 힘이 들고 죄책감마저 들 수도 있지요.

여기서 우리는 그릇된 믿음을 발견할 수 있어야 합니다. 사고로 인한 아버지의 돌연한 사망 소식은 참으로 받아들이기 힘든 일인 것은 틀림없지만, '내 잘못'이거나 '또 다시 액운이 닥칠 것 같은 생각'은 합리적이지 못한 믿음인 것이지요. 일어날 가능성이 거의 없는 그 생각에 사로잡혀 평생을 슬픔과 두려움으로 사는 것은 자신의 삶을 무력화시킬 뿐 아니라 고인을 위하는 길도 아닙니다. 사람에 따라서는 자기도 의식하지 못하는 가운데 남아 있는 사람이 행복해 하는 것은 돌아가신 분에 대한 도리가 아닌 것처럼 느끼는 경우도 있습니다. 그 분은 자기의 죽음을 준비할 시간이 없었을 뿐이지 최선을 다해 자기의 운명을 살아내신 것입니다. 비록 몸은 떠났지만 가족의 마음으로부터 떠나간 것은 아닙니다. 그를 기억하는 모든 사람의 가슴 속에 살아있는 것이지요. 석가도 열반한지 수 천 년이 지난 오늘날까지 수많은 사람들에게 살아있는 사람 이상의 영향력을 미치고 있지 않습니까? 죽어도 죽지 않은 것이지요.

육체를 가진 인간은 생물학적으로는 죽음을 맞이할 수밖에 없습니다. 그것이 인간이 가진 생노병사의 한계이지요. 그래서 수행자의 가장 큰 과제는 죽음을 넘어서는 것이라 할 수 있습니다. 인간으로서 사랑하는 사람이 떠나간 것에 대한 슬픔마저 외면하라는 의미는 아닙니다. 부모 자녀로 만나는 인연이 보통이 아닌데, 그것도 급작스러운 이별이라면 초연할 수는 없을 것입니다. 충분히 애도의 마음을 가지는 것은 지극히 당연하고 또 필요할 것입니다. 애써 아닌 척하며 마음을 숨기는 것이 성숙한 태도는 아닙니다.

그러나 슬픔에 젖어 아무 것도 못하고 자신을 한탄하며 불안과 두려움 속에 빠져버린다면 살아도 살아있는 것이 못되겠지요. 돌아가신 분의 삶을 기리고, 훌륭하신 뜻을 본받고 계승하면 바로 그분의 정신이 살아있는 것이 됩니다. 그분의 삶 자체가 교훈이 되고 가족에게 깨달음을 주기도 합니다. 아버지가 가족과 이웃에게 베푸셨던 사랑을 가족이 실천한다면 가족의 삶을 통하여 그 분의 뜻이 빛나게 되는 것이겠지요. 자녀도 아버지께 못다 갚은 은혜를 이웃을 통해 실현한다면 아버지께 공덕을 돌리는 일이 될 것입니다.

인간은 다른 동물에 비해 훨씬 더 의존적인 것 같습니다. 경문에 '보살이 의지할 곳을 영원히 끊었다'고 했는데, 저도 의존하지 않고 스스로 설 수 있는 힘을 길러야겠습니다.

인간이 태어날 때는 동물에 비해 훨씬 의존적이라 할 수 있습니다. 물론 다른 동물도 어미의 보호를 어느 정도 받기는 하지만, 인간처럼 전적으로 그리고 오래도록 부모에 의존하는 동물은 없지요.

하지만 인간은 동물과는 다르게 성장하면서 환경에 전적으로 의지하는 것이 아니라 환경을 바꿀 수도 있고 환경의 제약에서 벗어나기도 하지요. 동물에게도 인지능력이 있는데, 동물들은 그 능력을 자기의 본능을 충족하고 생존하기 위해서 사용합니다. 그러나 인간은 거기에서 자유로워지기 위해 인지를 사용할 수 있습니다.

의존하는 마음이 커서 인연에 얽히고 관계에 구속되어 마음이 번뇌로 가득한 사람에게 홀로서기란 중요한 과업일 것입니다. 누구에게도 기대지 않고 스스로의 힘으로 설 수 있는 것은 훌륭한 일일테니까요. 가끔은 의지할만한 곳도 못되는 곳에 기대고 있다가 자주 넘어지는 일이 있습니다. 더러는 너무 지나치게 의존하여 자기의 정체성마저 잃어버리고 나를 받치고 있던 것이 무너지면 나도 함께 무너져 버리기도 합니다. 또 자신이 다른 것에 의지하고 있는지조차 자각하지 못한 채 스스로 독립해서 걸을 수 있는 능력이 있는지 없는지도 모르는 경우도 있습니다. 그러나 걸음마를 배우는 아기를 보면서 배울 수 있습니다. 어설프게 한 발씩 내딛는 어린 아기가 발을 헛디뎌 수없이 넘어지면서도 결국 잡고 있던 의자를 놓고 부모의 손을 뿌리치고 혼자서 걸을 수 있게 됩니다. 마음의 걸음마도 마찬가지이겠지요. 스스로 독립된 인격으로 설 수 있을 때, 비로소 한 인격과 한 인격의 건강한 실존적인 만남이 이루어질 수 있습니다.

그러나 의지하지 않는다는 것이 관계의 단절을 의미하거나 고립을 의미하는 것은 아닙니다. 모든 것이 다 공(空)하고, 모든 것이 변하지 않는 것이 없지만, 이 모든 것은 상의상대(相依相待)하며 상호의존적으로 존재하고 있습니다. 화엄의 법계연기설은 바로 그 어떤 것도 고립적으로 존재하고 있지 않다는 것을 말해주고 있습니다. 사물은 하나이면서도 동시에 다수이며, 그 하나하나가 결코 독립적인 별개가 아니라 밀접한 인과관계를 맺고 조화를 이루는 공동체임을 가르치고 있습니다. 우리 모두는 인연에 따라 태어났지만, 인연에 매이지 않는 법을 배워야겠습니다.

'청정한 뜻으로 잘 분별하여 일체법이 다 마음을 따라 나타나는 줄을 깨닫는다'는 구절이 마음에 와 닿습니다. 저는 머리로는 안다 싶은데도 마음의 깨달음으로까지 선뜻 다가오지 않는 것 같습니다.

불교는 깨달음의 종교라고 하지요. 머리로 아는 것, 즉 개념이나 관념으로 아는 것은 자기를 근본적으로 전환시킬 수 없습니다. 깨달음이 없는 앎은 내 심성에 영향을 미치지 못하기 때문입니다. 머리로 알았다고 해도 그동안의 습관이나 버릇이 있기 때문에 태도의 변화까지 가져오지는 못하는 것이지요. 그러나 깨닫게 되면 자기의 전 존재에 엄청난 울림, 자기 존재의 깊은 내면에 큰 빛으로 다가오게 됩니다.

놀랍게도 깨달음을 방해하는 요소 중의 하나가 지식일 때가 많습니다. 내가 가지고 있는 지식에 내가 갇혀버리는 것이지요. 그 지식 때문에 선입견이 생기고, 고정관념이 되고, 편견으로 세상을 바라보고, 비합리적인 신념을 가지게 되지요. 우리는 지식을 쌓기 위해 많은 시간과 노력을 투자하고 지식에 힘입어 살아갑니다. 그러나 그것이 바로 감옥이 될 수도 있다는 것이지요. 어떤 학자는 평생을 공들여 체계화하고 쌓은 학문적 업적에 집착하여 결코 내어놓지도 그렇다고 받아들이지도 않는 것을 보았습니다. 흐르지 않는 물은 썩어버립니다. 스스로 벽을 쌓고 문을 닫아 걸어버린다면 그것이 감옥이겠지요. 자기 것을 버릴 줄도 알고, 남의 것을 수용할 줄도 알아야 하겠습니다. 그래서 우리는 늘 열어두어야 합니다.

우리 모두는 나를 내 안에 가두고 눈멀게 하는 것이 무엇인지 관찰해야겠습니다. 깨달음을 방해하고 알음알이로 그치게 하는 것이 알량한 지식인지, 오만함인지, 열등의식인지, 증오인지, 편견인지, 돈인지, 명예인지, 권력인지… 고요히 자신을 들여다보십시오.

게송 중에 보살은 중생들에게 이로움 주려고 온 마음으로 모두를 구호한다는 말이 있는데, 이 구절을 읽으면서 나의 행동들은 나 자신을 이롭게 하는데 초점을 맞추고 있지 않았나 하는 생각을 하게 됩니다.

자신에게 이롭게 행동하는 것은 본능적이고도 자연스러운 일입니다. 무의식 중에도 자기 생명을 보호하고 자기에게 유리한 쪽으로 몸과 마음이 움직이게 되는 것이니까, 그것을 나무랄 수는 없지요. 그렇지만 그것이 전부가 되어서는 곤란하겠지요. 중생을 향하는 마음 없이 모든 것을 자기 유리할대로만 해버린다면 보살행이라고 말할 수 없습니다. 그것은 집착이고 탐욕이라 말할 수 있을 테니까요.

경전은 그것을 넘어서도록 가르치고 있습니다. 자기를 이롭게 하려는 마음 그대로 다른 사람을 이롭게 하고, 남을 이롭게 한 것이 바로 자기를 이롭게 하는 일이 되도록 가르치고 있지요. 그것이 보살의 자리이타(自利利他) 정신입니다. 진정한 의미에서 자리와 이타는 별개가 아니니까요.

그러나 경쟁이 치열한 오늘날에는 남이 잘되는 일은 곧 내가 뒤처지는 일로 받아들여, 남을 돕는 일을 손해 보는 일로 생각하는 경우도 있습니다. 그렇지 않고 남을 도와야한다는 생각 정도는 가지고 있는 사람이라 할지라도, 의무감 혹은 강박관념에서이거나 이름을 내기 위해서이거나 자기가치를 인정받기 위해서인 경우도 많이 볼 수 있습니다. 자타불이의 정신으로 나를 돌보듯이 남을 돌보고, 남을 돕듯이 나를 돕는다면 그것이 진정한 보살의 마음이라 할 수 있을 것입니다.

제 3 회향

등일체불회향이란?

"불자들이여, 무엇이 보살마하살의 '등일체불회향(모든 부처님과 동등한 회향)'입니까?
불자들이여, 이 보살마하살은 과거·미래·현재의 여러 부처님 세존께서 회향하시는 도를 따라서 배웁니다. 이와 같이 회향하는 도를 배울 때에, *육경 즉 색·성·향·미·촉·법의 아름다움이나 추악함을 보더라도 사랑하는 마음이나 미워하는 마음을 내지 않고, 마음이 자유자재하여 허물없이 넓고 크고 청정하며, 기쁘고 즐거워서 근심이 사라지며, 마음이 부드러워지고 *육근(안·의·비·설·신·의)이 청량하여집니다."

佛子 云何爲菩薩摩訶薩 等一切佛廻向. 佛子 此菩薩摩訶薩 隨順修學去來現在諸佛世尊 廻向之道. 如是修學廻向道時, 見一切色 乃至觸法 若美若惡 不生愛憎, 心得自在 無諸過失 廣大淸淨, 歡喜悅樂 離諸憂惱, 心意柔軟 諸根淸凉.
[한자풀이]
觸:닿을 촉 憎:미워할 증 悅:기쁠 열 憂:근심할 우 惱:괴로워할 뇌 柔:부드러울 유 軟:연할 연 凉:서늘할 량, 맑다

"What is great enlightening beings' dedication equal to all Buddhas? Here the enlightening beings follow and cultivate the path of dedication of the Buddhas of the past, future, and present. When they practice and learn the path of dedication in this way, when they perceive and objects of sense, whether pleasant or unpleasant, they do not conceive like or dislike—their minds are free, without faults, broad, pure, joyful, blissful, free from all sorrows and troubles. Their minds are flexible, their senses are pure and cool."

[주]

*육경: 六境, 육진(六塵)・육망(六妄)・육쇠(六衰)・육적(六賊)이라고도 한다. 육식(六識)으로 인식하는 대경(對境) 즉 색경(色境)・성경(聲境)・향경(香境)・미경(味境)・촉경(觸境)・법경(法境)을 말한다. 인식에 대하여 대상이 해당되는 바의 분류로, 안식(眼識)은 능히 색(色)을 보고, 색(色)은 곧 안식(眼識)을 이루는 경계(境界)라는 것이며, 법(法)은 의식(意識)의 경계를 이루는 것으로 그 범위가 가장 광범위하여 사람의 일체 인식대상을 포괄하는 것이다.

*육근: 六根, Ⓢindriyāṇi, 육근이란 6식(識)의 소의(所依)가 되어 6식을 일으키어, 대경(對境)을 인식케하는 근원. 안근(眼根)・이근(耳根)・비근(鼻根)・설근(舌根)・신근(身根)・의근(意根) 곧 6관(官). 근은 낸다는 뜻. 안근은 안식(眼識)을 내어 색경(色境)을 인식. 내지 의근은 의식을 내어 법경(法境)을 인식하므로 근(根)이라 한다.

부처님께서 더욱 즐거워하시길 바람

"불자들이여, 보살마하살이 이렇게 안락함을 얻었을 때에, 다시금 발심하여 부처님께 회향하면서 '지금 내가 심은 선근으로 모든 부처님들께서 더욱 더 즐거워하시게 되기를 원합니다.'라고 생각합니다. 그 즐거움이란 불가사의한 부처님께서 머무시는 곳의 즐거움, 비할 데 없는 부처님 삼매의 즐거움, 한량없는 대자비의 즐거움, 모든 부처님 해탈의 즐거움, 끝이 없는 큰 신통의 즐거움, 최고로 소중한 큰 자재로움의 즐거움, 광대하고 끝까지 이르는 무량한 힘의 즐거움, 깨달아 아는 모든 것으로부터 떠난 고요한 즐거움, 걸림 없는 머무름에 머무르는 바른 선정의 즐거움, 둘이 없는 행을 행하여 변함이 없는 즐거움을 말합니다."

佛子 菩薩摩訶薩 獲得如是安樂之時, 復更發心 廻向諸佛 作如是念. 願以我今所種善根 令諸佛樂 轉更增勝. 所謂不可思議佛所住樂, 無有等比佛三昧樂, 不可限量大慈悲樂, 一切諸佛解脫之樂, 無有邊際大神通樂, 最極尊重大自在樂, 廣大究竟無量力樂, 離諸知覺寂靜之樂, 住無碍住恒正定樂, 行無二行不變異樂.

[한자풀이]
獲:얻을 획 更:다시 갱 轉:구를 전 邊:가 변, 한계 際:사이 제, 가장자리
崔:높을 최 極:다할 극 尊:높을 존 恒:항상 항, 언제나

"When great enlightening beings gain such peace and bliss, they become even more determined, dedicating their determination to the Buddhas, with these thoughts: 'With the roots of goodness I am now planting I vow to cause the bliss of the Buddhas to increase more and more—that is, the bliss of the inconceivable abode of Buddhas, the bliss of the peerless concentration of Buddhas, the bliss of unlimited compassion, the bliss of liberation of all Buddhas, the bliss of vast, ultimate, immeasurable power, the bliss of tranquility detached from all cognition, the bliss of abiding in the state of nonobstruction, always rightly concentrated, the bliss of carrying out the practice of nondualism without change."

부처님께 회향한 선근으로 다시 보살에게 회향함

"불자들이여, 보살마하살이 온갖 선근으로 부처님께 회향하고 또 이 선근으로 보살에게 회향합니다. 즉 원이 원만하지 못한 이는 원만하도록 하고, 마음이 청정하지 못한 이는 청정하도록 하고, 바라밀다가 부족한 이는 충족하도록 하고, 금강처럼 견고한 보리심에 편안히 머물며, 일체지에서 물러서지 않으며, 크게 정진함을 버리지 않고 보리문의 온갖 선근을 수호하며, 중생들이 '나'라고 하는 교만을 버리고 보리심을 내게 하며, 원하는 것을 성취하여 모든 보살이 머무는 곳에 편안히 머물게 하며, 보살의 밝고 영리한 근기를 얻게 하며, 선근을 닦아서 일체지를 증득하게 합니다."

佛子 菩薩摩訶薩 以諸善根 廻向佛已 復以此善根 廻向菩薩. 所謂 願未滿者 令得圓滿, 心未淨者 令得清淨, 諸波羅蜜未滿足者 令得滿足, 安住金剛菩提之心, 於一切智 得不退轉, 不捨大精進 守護菩提門 一切善根, 能令衆生 捨離我慢 發菩提心, 所願成滿 安住一切菩薩所住, 獲得菩薩明利諸根, 修習善根 證*薩婆若.

[한자풀이]

未:아닐 미 滿:찰 만 守:지킬 수 護:보호할 호 慢:게으를 만, 오만하다

獲:얻을 획 修:닦을 수 習:익힐 습 證:증거 증

"Once the great enlightening beings have dedicated their roots of goodness to the Buddhas, they also dedicate these virtues to the enlightening beings: that is, to cause those who have not fulfilled their vows to fulfill them, to cause those whose minds are not yet pure to attain purity, to cause those who have not fulfilled the ways of transcendence to fulfill them, to settle them in the indestructible will for enlightenment, that they not regress on the way to omniscience, not give up great effort, preserve all the foundations of goodness of the gates of enlightenment, and be able to cause sentient beings to give up conceit, set their minds on enlightenment, fulfill their aspirations, abide in the abode of all enlightening beings, attain the clear, sharp senses of enlightening beings, cultivate roots of goodness, and realize omniscience."

[주]

*薩婆若: 살바야, Ⓢsarvajña, 일체지(一切智)라 번역한다. 불과에서 일체법을 증득하는 지혜. 살바야해(薩婆若海)라고 하는 것은 이 지혜가 넓다는 것을 바다에 비유한 것이다.

보살에게 회향한 선근으로 다시 중생에게 회향함

"불자들이여, 보살마하살이 선근으로써 보살에게 이렇게 회향하고는, 또 다시 일체 중생에게 회향하기를 '일체 중생이 가진 선근이 지극히 적다하더라도 손가락 한번 튕기는 동안만이라도 부처님을 뵙고 법을 들으며 승가를 공경하여 그 모든 선근들이 어떤 장애도 벗어나서, 부처님의 원만함을 생각하고 법의 방편을 생각하고 승단의 존귀함을 생각하며, 부처님 뵈옴을 떠나지 아니하여 마음이 청정하여지고 부처님의 법을 얻어 한량없는 공덕을 모으며 모든 신통을 깨끗이 하여 법에 대한 의심을 버리고 교법을 의지하여 머물게 되기를 바랍니다'고 원합니다."

佛子 菩薩摩訶薩 以諸善根 如是迴向菩薩已, 復以迴向一切衆生 願一切衆生 所有善根 乃至極少 一彈指頃 見佛聞法 恭敬聖僧, 彼諸善根 皆離障碍 念佛圓滿 念法方便 念僧尊重, 不離見佛 心得淸淨 獲諸佛法 集無量德 淨諸神通 捨法疑念 依敎而住.

[한자풀이]

極:다할 극 彈:쏠 탄, 튀길 탄 指:손가락 지 頃:잠깐 경, 기울 경 捨:버릴 사 疑:의심할 의

"Having thus dedicated their roots of goodness to enlightening beings, the great enlightening beings then dedicate them to all sentient beings, wishing that the foots of goodness of all sentient beings, even the slightest—even seeing a Buddha, hearing teaching, or respecting holy mendicants, for but the time of a fingersnap—all be free from obstruction, that they reflect on the completeness of Buddhas, on the techniques of the teaching, and on the nobility and importance of the community, that they not be separated from vision of the Buddha, that their minds become pure, that they attain the qualities of buddhahood, build up immeasurable virtue, purify spiritual powers, give up doubts about the truth and live according to the teaching."

모든 중생들이 악도를 떠나 보리를 얻기를 바람

"중생을 위하여 이렇게 회향하듯이 성문과 *벽지불에게 회향하는 것도 역시 이와 같습니다. 또 '일체 중생이 지옥 · 아귀 · 축생 · 염라왕 등의 모든 나쁜 곳을 영원히 벗어나서 위없는 보리심을 더욱 늘이고, 전심전력으로 일체종지를 구하며, 부처님의 바른 법을 영원히 비방하지 않고, 부처님의 안락을 얻어 몸과 마음이 청정하여 일체지를 증득하기를 바랍니다'고 원합니다."

如爲衆生如是廻向 爲聲聞辟支佛廻向 亦復如是. 又願一切衆生 永離地獄餓鬼畜生 閻羅王等一切惡處 增長無上菩提之心, 專意勤求一切種智, 永不毁謗諸佛正法, 得佛安樂 身心淸淨 證一切智.

[한자풀이]

餓:주릴 아, 굶주림 鬼:귀신 귀 畜:쌓을 축 閻:이문 염, 마을(촌락) 毁:헐 훼, 상처를 입히다 謗:헐뜯을 방, 비방하다

"As they make such dedication to sentient beings, they also make such dedication for the Buddhist disciples and the individual illuminates. Also they pray that all sentient beings forever leave all miserable places like hells, ghosthood, and animality, the nether world, and so on, that they further develop the supreme will for enlightenment, concentrate their minds on the earnest search for knowledge of all means of liberation, never repudiate the true teaching of the Buddhas, attain the peace of the Buddhas, be pure in body and mind, and realize omniscience."

[주]

*벽지불: 辟支佛, Ⓢ Pratyeka-buddha, Ⓟ Pacceka-buddha, 벽지가불(辟支迦佛)이라고도 쓰며, 연각(緣覺) · 독각(獨覺)이라 번역. 꽃이 피고 잎이 지는 등의 외연(外緣)에 의하여 스승 없이 혼자 깨닫는 이.

처자와 함께 살아도 잠시도 보리심을 버리지 않음

"불자들이여, 보살마하살이 처자와 함께 살면서 가정생활을 하지만, 보리심을 잠시도 버린 적이 없고 일체지의 경계를 바른 마음으로 생각하여 자기도 제도하고 남도 제도하여 구경에 이르게 하며, 좋은 방편으로 자기의 *권속을 교화하여 보살의 지혜에 들어가게 하고 성숙하여 해탈케 하며, 비록 함께 있다 하더라도 집착하는 마음이 없고, 본래의 대비심으로 가정생활을 하며, 인자한 마음으로 처자를 따르기 때문에 보살의 청정한 도에는 아무런 장애가 없습니다."

佛子 菩薩摩訶薩 在家宅中 與妻子俱, 未曾暫捨菩提之心 正念思惟薩婆若境 自度度彼 令得究竟, 以善方便 化己眷屬 令入菩薩智 令成熟解脫, 雖與同止 心無所着, 以本大悲 處於居家, 以慈心故 隨順妻子

於菩薩淸淨道 無所障碍

[한자풀이]

與:더블 여 妻:아내 처 俱:함께 구 曾:일찍 증 暫:잠시 잠, 잠깐

"When great enlightening beings live at home with spouses and children, they never for a moment give up the determination for enlightenment; with correct mindfulness they meditate on the realm of all knowledge, liberating themselves and others, enabling them to reach the ultimate. Using appropriate means they transform the members of their own households, causing them to enter the knowledge of enlightening beings and causing them to develop to maturity and attain liberation, Though they live together, their minds have no attachments. By their basic great great compassion they remain in home life, and because of their kindness they harmonize with their spouses and children, with no hindrance to the pure Way of enlightening beings."

[주]

*권속: 眷屬, Sparivāra, parijana, Pparivāra, 친근하게 예속된 것. 곧 항상 곁을 떠나지 않고 친근하게 따르는 것을 가리키는 말로, 사람이나 사물 등 전반에 걸쳐 사용된다. 처자, 도제(徒弟), 노복(奴僕) 또는 불, 보살을 모시고 따르는 제존(諸尊) 등을 말한다. 예를 들어 약사불(藥師佛)의 십이신장(十二神將), 부동명왕(不動明王)의 팔대동자(八大童子), 천수관음(千手觀音)의 28부중(部衆)과 같은 유(類)를 말한다.

일체지의 마음을 잠시도 버리지 않음

"보살마하살이 비록 가정생활을 이루고 여러 가지 일을 하면서도 일체지의 마음을 잠시도 버린 적이 없으니, 말하자면 옷을 입거나, 맛있는 음식을 먹거나, 약을 복용하거나, 얼굴 씻고 양치하고 바르고 어루만지거나, 주위를 돌아보거나, 가고 서고 앉고 눕거나, 행동하고 말하고 생각하거나, 자고 있거나 깨어 있거나, 이와 같이 어떤 일을 할 때에도 마음은 항상 일체지의 길에 회향하는 뜻에 두어 잠시도 버리지 않습니다."

菩薩摩訶薩 雖在居家 作諸事業 未曾暫捨一切智心, 所謂若着衣裳, 若瞰滋味, 若服湯藥, 澡漱塗摩, 廻旋顧視, 行住坐臥, 身語意業, 若睡若寤, 如是一切諸有所作 心常廻向薩婆若道 繫念思惟 無時捨離.

[한자풀이]

瞰:볼 감 滋:불을 자, 더하다 澡:씻을 조 漱:양치질할 수, 씻다 塗:진흙 도, 바르다 摩:갈 마, 연마하다 旋:돌릴 선, 방향을 돌림

"Though great enlightening beings be in home life and work at various occupations, they never for a moment give up the will for omniscience; that is, whether they are dressing, eating, taking medicine, washing, looking around, walking, standing still, sitting, reclining, [moving], speaking, thinking, asleep or awake, whatever they are doing their minds always dedicate it to the path of omniscience. They concentrate and contemplate unremittingly."

축생에게도 해탈하기를 서원함

"불자들이여, 보살은 축생에게까지 한 움큼 혹은 한 톨의 먹이를 줄 때에도 모두 이렇게 서원합니다. '이들이 축생의 길을 버리고, 이롭고 안락하게 되어 마침내는 해탈하여, 고통의 바다를 영원히 건너고, 고통스러운 느낌을 영원히 멸하며, 고통을 주는 오온을 영원히 없애고, 고통의 감각을 영원히 끊으며, 고통의 덩어리 · 고통스러운 행 · 고통스러운 원인 · 고통의 뿌리 · 고통스러운 처지를 저 중생들이 모두 다 벗어버리기를 원합니다'고 합니다. 보살은 이와 같이 온 마음을 일체 중생에게 두고, 그러한 선근을 으뜸으로 삼아 일체종지에 회향합니다."

佛子 菩薩 爾時 乃至施與畜生之食 一摶一粒 咸作是願. 當令此等 捨畜生道 利益安樂 究竟解脫, 永度苦海, 永滅苦受, 永除苦蘊, 永斷苦覺, 苦聚苦行 苦因苦本 及諸苦處 願彼衆生 皆得捨離. 菩薩 如是專心繫念一切衆生 以彼善根 而爲上首 爲其廻向一切種智.

[한자풀이]

摶:잡을 박, 취하다　粒:알 립, 낟알

"At such a time, enlightening beings, even when they are feeding domestic animals, all make this vow: 'I should cause these creatures to leave the realm of animality, to be helped and comforted and ultimately be liberated, having forever crossed over the ocean of suffering, eternally annihilating painful sensations, forever removing suffering physical and mental elements, eternally cutting off painful feeling, accumulation of pain, painful actions, the causes of pain, the root of suffering, and painful situations. May these sentient beings all be able to leave these behind.' Thus do enlightening beings focus their thoughts on all sentient beings; with their roots of goodness in the forefront, they dedicate them to knowledge of ways of liberation for all beings."

보살의 모든 선근을 다 회향함

"보살은 처음 보리심을 내면서부터 널리 중생들을 거두어 닦은 선근을 모두 회향합니다. 중생들로 하여금 생사의 거친 벌판을 영원히 벗어나서 여래의 걸림 없는 기쁨을 얻게 하며, 번뇌의 바다에서 헤쳐 나와 불법의 도를 닦게 하며, 인자한 마음이 가득하고 가엾이 여기는 힘이 광대하여 모두가 청정한 즐거움을 얻게 하며, 선근을 수호하고 불법을 가까이 하게 하며, 마라의 경계에서 나와 부처님의 경계에 들어가게 하며, 세간의 씨를 끊고 여래의 씨를 심으며, 삼세의 평등한 법에 머물게 합니다. 보살마하살은 이처럼 이미 모았고 장차 모으고 지금 모은 선근을 모두 다 회향합니다."

菩薩 初發菩提之心 普攝衆生 修諸善根 悉以廻向. 欲令永離生死曠野 得諸如來無碍快樂, 出煩惱海 修佛法道, 慈心遍滿 悲力廣大 普使一切 得淸淨樂, 守護善根 親近佛法, 出魔境界 入佛境界, 斷世間種植如來種, 住於三世平等法中. 菩薩摩訶薩 如是所有已集當集現集善根 悉以廻向.

[한자풀이]

曠:밝을 광, 들판, 황야 野:들 야 煩:괴로워할 번 惱:괴로워할 뇌 慈:사랑할 자 遍:두루 편 魔:마귀 마 斷:끊을 단

"When enlightening beings first engender the determination for enlightenment, they include all sentient beings, cultivating the foundations of goodness and dedicating them to causing all sentient beings to leave the plain of birth and death forever, to attain the unhindered bliss of the enlightened, emerge from the ocean of afflictions, practice the path of the Buddha teachings, to fill everywhere with kindness, to have vast powers of compassion, cause all to attain pure bliss, preserve foundations of goodness, draw near to the qualities of Buddhahood, leave the realms of demons and enter the realm of Buddhas, to cut off the seeds of mundanity and plant the seeds of enlightenment, to abide in the truth which is equal in all times. Enlightening beings dedicate all the roots of goodness they have collected, will collect, and collecting in this way."

회향의 공덕

"보살이 이와 같은 선근으로써 올바르게 회향하고는, 청정한 *몸과 말과 뜻의 업을 성취하여 보살의 자리에 머뭅니다. 아무런 허물이 없이

선한 업을 닦으며, 몸과 말의 악을 벗어나 마음에 허물과 더러움이 없으며, 일체지를 닦아 광대한 마음에 머물며, 일체법이 지을 것 없음을 알고, 출세간법에 머물고 있어 세간 법에 물들지 않으며, 한량없는 업을 분별하여 잘 알아서 회향하는 좋은 방편을 성취하며, 온갖 집착하는 뿌리를 영원히 뽑아버립니다. 불자들이여, 이것을 보살마하살의 제3회향인 '등일체불회향(모든 부처님과 동등한 회향)'이라고 합니다."

菩薩 如是以諸善根 正廻向已, 成就清淨*身語意業 住菩薩住. 無諸過失 修習善業, 離身語惡 心無瑕穢, 修一切智 住廣大心, 知一切法無有所作, 住出世法 世法不染, 分別了知無量諸業 成就廻向善巧方便, 永拔一切取着根本. 佛子 是爲菩薩摩訶薩 第三等一切佛廻向.

[한자풀이]

瑕:티 하, 허물 穢:더러울 예, 거칠다

"Once enlightening beings have dedicated roots of goodness in this way, they accomplish pure action of body, speech, and mind, and abide in the abode of enlightening beings without any faults. Practicing good works, they get rid of evils of action and speech. Their minds are without flaw or defilement; they cultivate omniscience, abide in an immeasurably broad mind, and know all phenomena create nothing. They abide in transmundane states and are not influenced by things of the world. They analyze and comprehend innumerable actions and fully develop skill in means of dedication, extirpating the root of grasping and attachment forever. This is the great enlightening beings' third dedication, dedication equal to all Buddhas."

[주]
*몸과 말과 뜻의 업: 身語意業, 삼업(三業)을 가리킨다. 신체와 말과 마음의 세 가지 행위. 그 가운데 신업과 어업은 외재적(外在的)이며며, 의업은 내재적(內在的)이다.
※삼업: 三業, ⓈTrīṇi karmāṇi, ⓅTīṇi kammāni, 신업(身業)・구업(口業)・의업(意業). 곧 신체의 동작・언어・의지의 작용.

게송으로 3회향을 노래함

세간에 기쁠 일이 가지가진데 世間隨喜無量種
이제 중생 위해 이렇게 회향하니 今此廻向爲衆生
사람 중의 사자이신 분 가지신 낙을 人中師子所有樂
중생들에게 충만토록 서원합니다 願使群萌悉圓滿
[한자풀이]
隨:따를 수 喜:기쁠 희 萌:싹 맹, 백성
Their joys in the world are infinite:
These they dedicate to sentient beings,
Vowing to cause them all to be filled
With the bliss of the Human Lion.

온 누리에 계시는 여러 부처님 一切國土諸如來
알으시고 보시는 갖가지 낙을 凡所知見種種樂
원컨대 모든 중생이 골고루 얻어 願令衆生皆悉得
세상을 비추는 등불되게 하소서 而爲照世大明燈

The various raptures known and perceived
By the Buddhas of all lands
They vow to foster in sentient beings
And become great lamps lighting the world.

보살이 얻으신 깊고도 오묘한 낙 菩薩所得勝妙樂
모든 중생에게 다 회향하나니 悉以廻向諸群生
비록 중생을 위하여 회향하지만 雖爲群生故廻向
회향에는 아무런 집착 없습니다 而於廻向無所着
[한자풀이]
勝:이길 승 群:무리 군 雖:비록 수 着:붙을 착
The supremely refined pleasure of enlightening beings
They dedicate to all sentient beings:
Though they are dedicated to the benefit of the living,
Yet they have no attachment to dedication.

자신 위해 이익을 구하지 않고 不爲自身求利益
일체 중생 모두를 안락케 하고자 欲令一切悉安樂
잠시도 희롱하는 맘 낸 적 없이 未曾暫起戱論心
오직 모두 공하고 무아임을 봅니다 但觀諸法空無我
[한자풀이]
暫:잠시 잠 戱:戲의 속자. 탄식할 희, 희롱하다 但:다만 단
They do not seek benefit for themselves;
They want to cause all to be at ease.
They have never entertained arbitrary conceptions:

They only observe all things to be empty and selfless.

한량없고 끝없는 크나큰 서원들 無量無邊諸大願
위없는 도사께서 말하신 것이니 無上導師所演說
바라건대 모든 불자 다 청정하여 願諸佛子皆清淨
좋아하는 마음대로 모두 이루소서 隨其心樂悉成滿
The countless, boundless great vows
Expounded by the unexcelled Guides
Vow that all Buddha-children become pure
And fulfil all their aspirations.

저 보살들의 몸이 청정하여지면 彼諸菩薩身淨已
마음도 청정하여 더러움 없어지며 則意清淨無瑕穢
말이 청정하여 허물이 없어지면 語業已淨無諸過
뜻이 청정해 집착없어짐을 알아야합니다 當知意淨無所着
[한자풀이]
瑕:티 하 穢:더러울 예
The enlightening beings' bodies are purified,
So their minds are pure, [without] blemish:
Their speech being already pure and faultless,
Know that their minds are pure, without attachment.

과거 · 현재 · 미래의 여래들께서 三世一切諸如來
지혜가 통달하여 마음에 걸림 없고 智慧明達心無碍
중생을 이롭게 하려는 까닭으로 爲欲利益衆生故

보리에 회향코자 업을 모으시네　　　　　迴向菩提集衆業

All enlightened ones of past, present, and future
Have clear penetrating knowledge, their minds unobstructed;
Because they want to help sentient beings
They dedicate myriad works to enlightenment.

보살이 머물고 있는 그 자리가
바로 도량입니다.

The place where enlightening beings stay
is the very enlightening sites.

제3회향의 경지에 이른 보살은 아름다운 것을 보거나 추악한 것을 보더라도 사랑하는 마음이나 미워하는 마음을 내지 않고 마음이 자유자재하다는 구절을 읽으니, 쉽게 사랑하고 또 미워하는 제 마음을 들킨 것 같은 마음이 들면서 반성이 됩니다.

우리가 좋고 나쁜 것을 받아들일 때, 자기가 원하는 것에는 집착하게 되고 원하지 않는 것은 배척하여 물리치려고 합니다. 즉 애욕에 의해 일어난 욕구가 대상을 소유하려들고, 탐심은 만족을 모르므로 끝없이 욕망을 일으키게 됩니다. 또한 갈애가 지나치게 되면 제 것에 대한 집착을 넘어 훔치고 뺏고 죽이기까지 하여 악업을 짓게 되지요. 미움 역시 애욕의 다른 형태라고 할 수 있습니다. 싫은 것을 배척하려는 것은 결국 좋은 것을 취하려는 마음에서 오는 것이니까요. 이러한 애증은 고(苦)의 직접적인 그리고 적극적인 원인이 됩니다.

그렇다고 사물을 볼 때, 더러움도 아름다움도 구분하지 못하게 되는 것이 지혜라고 말하는 것이 아닙니다. 사물을 똑바로 볼 수 없다면 그것은 무기에 빠지는 것이지요. 아무 것도 느끼지 못하는 것이 아니라 있는 그대로 보면서도 애착하는 마음을 일으키거나 미워하는 마음을 일으키지 않는다는 의미이지요. 대상에 사로잡혀 망상을 일으킨다면 미혹에 빠져 결코 벗어날 수가 없는 것입니다.

미움도 사랑도 넘어선 경계, 그 마음에서 자유롭게 되는 것, 그것이 바로 보살이 이르고자 하는 목표이겠지요.

미움은 사람의 눈을 멀게 하는 것 같습니다. 미움에 휩싸여버리면 상대의 말이나 행동을 있는 그대로 보지 못하고 쉽게 오해하고 화를

내고 원망하는 마음을 갖게 되곤 합니다. 그러고 보면 상대의 잘못으로 화를 내게 되는 경우도 있지만, 내가 다스리지 못한 내 마음으로 인해 화가 나는 경우가 더 많다고 생각됩니다.

똑같은 현상도 사람에 따라 다르게 받아들이게 되지요. 동료들로부터 시기를 받고 있던 한 직장여성이 있었습니다. 그녀는 상사로부터는 성실하고 예의바르다는 좋은 평가를 받고 있는 한편, 동료들로부터는 잘난 척하고 아부를 한다고 미움을 받고 있었지요. 이는 그 사람을 있는 그대로 보기보다는 받아들이는 사람이 자기에게 유리한지 불리한지에 따른 기준으로 보기 때문입니다.

상사의 입장에서는 맡은 일을 똑 부러지게 빈틈없이 해내고 자신들에게 공손하게 대하는 것이 좋았던 것이지요. 그러나 동료들은 똑똑하고 신념을 가지고 일하는 태도를 똑똑한 척하고 인정받으려고 한다고 비난했는데, 상대적으로 자신들이 열등한 위치에 놓이는 것이 견디기 힘들었던 것입니다. 상사에게 웃으며 인사하는 것만 보아도 비위를 맞추는 것으로 보이고, 동료들에게 미소 지으며 먼저 인사는 것도 건방진 행동으로 보게 되는 것입니다.

결국 나의 무능력함을 들키고 형편없는 사람으로 취급받으면 어쩌나 하는 두려움이 상대를 바로 보고 인정하는 데에 걸림돌이 되는 것이지요. 내 마음 속에서 일어나는 미움이나 분노는 상대방에게 문제가 있다기보다 상대방의 행동을 받아들이는 내 마음 때문에 일어나는 것임을 알아야 합니다. 만약 어떤 사람의 태도에 미운 감정이 일어난다면, 그의 행동에 내가 어떤 의미를 부여하고 있는지를 먼저 살펴보는 것이 좋겠습니다.

보살은 가족과 이웃에게 인자한 마음으로 조화를 이룬다고 합니다. 물론 저도 이렇게 해야겠다고 생각하면서도 쉽게 화를 내는 자신을 바라보면 한심하기도 하고 얼마나 더 수행을 해야 할까 하는 반성을 하게도 됩니다.

화를 다스리는 것 자체가 바로 수행입니다. 화를 내는 것도 여러 형태가 있지요. 어떤 사람은 화를 버럭 내고는 무엇 때문에 화가 났는지조차 모르는 사람이 있습니다. 또 어떤 사람은 모든 화의 원인을 밖에서 찾으려 하고, 다른 사람이나 환경에 탓을 돌리면서 적개심을 끊임없이 뿜어내기도 합니다. 또 어떤 사람은 화를 불같이 내고는 돌아서서 내가 왜 그랬을까 후회하거나 반성하는 사람도 있지요. 또 어떤 사람은 화를 내면서 왜 화를 내는지를 인식하고는 있지만 화를 참지 못하고 말이나 행동으로 표출하는 경우도 있습니다.

화를 다스리는 것으로 수행을 삼던 한 수행자는 10년 정도 수행 끝에서야 화가 마음으로부터 일어나는 것을 깨닫고 그것이 얼굴에 표정으로까지 나오기 전에 소멸시킬 수 있게 되더라고 말한 적이 있었지요. 그러나 이보다 수행이 더욱 깊어지면 화가 날 일이 점점 없어지면서 모든 일을 자비심으로 대할 수 있게 되겠지요.

마음이 좁고 자기 안에 틀이 많은 사람은 사물을 볼 때 자기 기준에 맞추어 받아들이려고 하다 보니 화를 낼 일이 많아질 수밖에 없을 것입니다. 당연히 분하고, 억울하고, 어떻게 그럴 수 있나 하는 한탄이 쏟아져 나오겠지요. 그러나 수용의 폭이 넓은 사람은 상대의 잘못에 대해 너그럽고 비록 얼마간의 잘못이 있더라도 연민으로 받아들여 그를 비난하지 않습니다. 또 상대가 저지른 잘못일지라도 그 책임에 대해서는 함께 지려는 마음을 가지고 있으니까 남을 원망할 일이 없는 것이지요.

화가 나는 것과 화를 내는 것은 다릅니다. 살아가면서 화가 나는 일을 겪지 않은 사람이 있을까요? 그렇지만 화를 내는 양상은 다 다르다고 해야 할 것입니다. 바로 자신이 조절할 수 있기 때문이기도 하고, 수행의 정도에 따라 화를 다스리는 일이 성숙해지겠지요. 여러분은 위에서 열거한 화내는 여러 가지 형태 중에 어디에 속하는지 생각해 보십시오. 만약 화를 많이 내고 있다면 바로 그것을 수행의 도구로 삼고 정진해도 좋겠지요.

보살은 일상의 가정생활 가운데서도 잠시도 보리심을 버리지 않는다고 합니다. 저 자신이나 동료들을 보더라도 이웃과 직장에서는 그런대로 체면치레를 하고 무난하게 지내고 있다 싶으면서도 가족 내에서 오히려 아옹다옹하고 책임을 미루며 불화를 만드는 경우가 많은 것 같습니다.

사회적 관계에서는 어느 정도 인정을 받고 관계도 원만한 사람이 가정에서는 권위적이고 가족을 지배하려 하는 사람이 있습니다. 이런 사람은 겉으로는 원만한 것 같아도 지나친 인정욕구와 외부로부터의 평가에 신경 쓰느라고 진정한 자신의 모습을 억압하고 거짓된 모습으로 살아왔기 때문에 가정적인 자아와 사회적인 자아의 괴리가 생기는 것입니다. 그 괴리에서 오는 욕구불만이 상대적으로 불안과 위험이 적은 가정에 발산함으로써 가족들을 괴롭히게 되는 것이지요.

가족들은 원초적인 욕구를 함께 나누는 관계입니다. 가장 잘 아는 사이이기도 하지요. 잘 안다는 것은 긍정적인 부분도 그러하지만 부정적인 부분에 있어서도 남이 모르는 흉허물을 낱낱이 알고 있다는 의미가 되지요. 그렇기 때문에 서로에게 사랑과 용기를 주는 사람도 가족이지만, 어쩌면 가장 함부로 대하고 가장 상처를 주는 사람도 가족일 수 있습니다. 가까운 사이이다 보니 더 의존하게 되고 더 요구하게 되고 더 기대하게 되고 더 실망하게 되지요. 그러므로 사회적으로 인정받는 것보다 어쩌면 가족원들에게서 인정받는 것이 더 어려운 일일지도 모릅니다. 어떤 사회적 업적보다 더 어려운 일이 행복하고 원만한 가족관계일 수 있습니다.

더러 가정은 엉망이면서 밖에 나와서 그럴듯한 소리를 하는 사람을 볼 수 있습니다. 그럴 경우 그의 말이 아무리 훌륭한 교훈을 담고 있더라도 설득력을 잃어버리고 맙니다. 가정은 좋은 수행의 장입니다. 사람에 따라서는 부모와의 관계를 바로잡는 일이 가장 큰 과업인 사람도 있고, 남편과의 관계, 고부관계, 자녀와의 관계가 가장 힘든 사람도 있겠지요. 그 관계를 회복해나가는 과정이야말로 진정한 수행의 과정이 아니겠습니까?

수행자는 가정을 떠나야만 진정한 구도자로서의 길을 갈 수 있다는 막연한 생각을 해왔습니다. 경문에서 보살마하살은 비록 가정에서의 잡다한 일상생활 속에서 잠시도 일체지의 마음을 버린 적이 없다고 하니, 일상을 떠난 고요한 곳에서만 도를 닦을 수 있다는 그동안의 편견을 버려야할 것 같습니다.

그렇습니다. 보살은 경문에서처럼 밥을 먹거나 옷을 입거나 얼굴을 씻고 앉고 서고 눕고 … 그 모든 일에서 단 한 순간도 일체지의 마음을 떠난 적이 없다고 합니다. 보살이 있는 그 자리가 바로 도량입니다.

수행자가 가족을 떠나고 번거로운 일상의 제약에서 벗어나고자 하는 것은, 고요한 곳에 머물며 오로지 깨달음의 경지에 이르고자 전념하기 위함입니다. 일상과 인연이 구속이 되어 행여 수행에 방해가 될 것을 염려해서이지요. 그만큼 가족이라는 애착관계에서 오는 욕심을 버리기 힘들고, 나를 둘러싼 환경과 사람들과의 관계에서 생기는 갈등에서 자유롭기 힘들고, 잡다한 일상으로 인해 흐트러진 마음을 모으기 힘들다는 것을 말하는 것이겠지요.

그러나 세속을 떠나는 것만으로 저절로 수행이 되는 것은 아닙니다. 수행이 부족한 이에게 고요함은 공포와 두려움이 되고 가까운 사람들과의 헤어짐은 외로움이 되어 온갖 망상에 시달리게 될 테니까요. 구도자에게 있어서 일상은 도를 닦는 도구가 될 것이요, 사람과의 관계는 극복해야할 화두가 될 것입니다. 여러분도 여러분의 집을 수행처로 생각하십시오. 지금 내가 있는 곳이 나의 도량이고, 지금 내가 만나는 사람이 나를 이끌어줄 선지식임을 알아야 합니다.

보살의 서원은 자신만의 성불에 있지 않습니다. 고통 바다에서 떠도는 중생을 건지고자 하는 것이 보살의 첫째가는 서원이지요. 그러므로 세속을 떠난 보살은 생각할 수 없습니다. 행주좌와 어떤 순간에도 보리심을 잃지 않는 것이 보살이라 할 수 있을 것입니다. 일체중생을 다 제도하리라는 서원에 앞서서 우선 나와 가장 가까운 곳에서 인연 맺고 있는 단 한 사람부터 먼저 시작해야 합니다. 가족은 바로 내가 구제해야 할 대상이면서 나를 깨달음의 길로 이끄는 보살이요 부처입니다.

일체중생이 가진 선근이 지극히 적다하더라도 손가락 한번 튕기는 동안만이라도 부처님을 뵙고 법을 들으며 승가를 공경하기를 바라는 보살의 마음이 와 닿습니다. 비록 선근이 미미한 중생이라 하더라도

깨달음을 위한 마음으로 이끌어가려는 보살의 마음이 눈물겹고, 작은 선근이라도 씨앗이 되어 깨달음의 길로 접어드는 계기가 될 수 있다는 점에서 희망을 가지게 됩니다.

부처님과의 만남이 시각적인 것을 의미하는 것은 아닙니다. 유명한 절의 부처님을 찾아 나서는 불자들을 흔히 볼 수 있습니다. '하루에 세 사찰을 방문하면 좋다더라', '108 사찰의 부처님을 친견하면 복을 받는다더라' 하며 전국의 절을 순례하고, 그 징표로 절에서 찍어주는 도장을 받아 모으는 불자들도 있습니다. 그러나 종이에 찍힌 도장의 개수를 헤아리며 숫자를 채운다 해서 도력이 더 높다 할 수 있을까요? 불상 앞에서 사진을 찍었다 해서 부처님을 친견한 것이라 할 수 있을까요?

물론 절을 순례하는 일이 무의미하다는 것은 아닙니다. 절로 향하는 발걸음은 부처님을 만나고 싶은 염원이고, 부처님의 가르침을 따르려는 의지이며, 승가를 공경하는 믿음이겠지요. 바로 불법승에 귀의하는 일이라 할 수 있을 것입니다. 또 수많은 사람들이 기도하며 걸었던 그 길을 따라 걸으며 발걸음마다 염불을 하고 서원을 하는 일은 참으로 아름다운 마음일 것입니다. 특히 부처님 도량에서 청아하고 선한 기운을 느낄 수 있는 것도 이런 서원이 깃들어 있기 때문일 것입니다.

우리는 석가모니불이다 비로자나불이다 하며 열심히 불상 앞에서 절을 하지만, 겉으로 드러난 상에 미혹해서는 안 됩니다. 옛 선사는 살불살조(殺佛殺祖)라 하여 부처도 조사도 죽이라 했습니다. 우리가 그토록 공경하는 부처인데, 부처를 만나면 부처를 죽이고 조사를 만나면 조사를 죽이라니 무슨 말일까요. 그것은 자기 마음이 만든 또 하나의 집착과 편견 덩어리의 상(相)을 없애라는 말입니다. 그만큼 외상에 끄달리지 말고 철저히 자기의 본심을 관하라는 말씀이셨지요.

경전에도 자기의 마음을 바로 보고 견성하라 했습니다. 자기 마음이 부처라는 말이지요. 그러나 그것이 쉬운 일인가요? 중생은 무명으로 인해 불성이 가려지고, 탐 · 진 · 치에 마음이 뺏겨 그것이 오랜 세월 습이 되다 보니 온갖 장애가 생겨 자기 본래 면목을 볼 수 없게 되었지요. 선사들은 내 안의 불성을 깨달으면 그것이 곧 돈오(頓悟)라 설파하지만, 깨달음이 먼 중생에게는 불성을 덮고 있는 장애가 두껍고 두꺼워 볼 수가 없습니다. 그래서 사람들은 내 안의 부처를 만나는 것이 너무나 힘들기 때문에 오히려 밖에 있는 부처님을 만남으로써 비로소 잠재된 자기 불성을 깨우치도록 하려는 것이지요. 법당의 부처님께 절하면서, 부처님 가르침을 들으면서, 승단을 공경하면서 잠들고 있는 나의 불성을 깨어나도록 하는 계기가 될 수 있습니다. 즉 외재불(外在佛))을 통해 결국 내재적이면서 초월적인 내 안의 불성을 찾으려는 노력을 하는 것입니다.

보살은 중생의 선근이 아무리 적더라도 단 한 순간만이라도 부처님을 만날 수 있기를 서원하고 있습니다. 미혹한 중생이 불법승에 귀의하여 장애를 벗어나도록 서원하고 있습니다. 자기를 위해서가 아니라 중생을 위해서 비록 찰나 동안이라 하더라도 중생이 진정한 자기 불성과 만나기를 소망하는 보살의 마음이 너무나 아름답고 간절하게 느껴집니다.

부처님은 항상 몸과 말과 뜻의 업을 청정하게 할 것을 가르치고 있습니다. 이것을 실천하려고 노력하지만 쉽게 이룰 수 있는 일은 아닌 것 같습니다. 우리가 생활 속에서 몸과 말과 뜻으로 저지르는 잘못이 많겠

지만 그중에서도 말로써 저지르는 잘못이 가장 흔한 것 같습니다. 보살이 몸과 말의 악에서 벗어나 마음에 허물과 더러움이 없다는 경문을 읽으면서 저도 말을 할 때 바르게 하여 남에게 상처를 주는 일이 없도록 해야겠다는 마음을 갖게 됩니다.

우리의 마음은 행동과 말을 통해서 드러나게 됩니다. 그래서 사람의 말 한마디 걸음걸이 하나로도 그 사람의 인격을 가늠할 수 있게 되는 것입니다. 그 중에서도 말은 사람과의 관계에서 가장 직접적으로 영향을 미치는 수단이지요. 말을 통해 의사를 전달하고 정보를 주고받으며 의미를 부여하고 여러 가지 반응을 할 수가 있는 것입니다. 그렇기 때문에 말에는 그 사람의 정신이 담겨져 있고, 정서가 실려 있습니다. 또한 그 사람의 자아존중감이나 자기가치감이 드러나기도 합니다.

우리말에 '아' 다르고 '어' 다르다는 말이 있습니다. 욕설을 하거나 험담을 하는 적극적인 잘못이 아니더라도, 한 음절 아니 한 음소의 차이로도 상대에게 상처를 줄 수 있다는 점을 생각할 수 때 말의 중요성을 절감할 수 있습니다. 이렇게 섬세한 부분에까지 신경을 쓴다면 말을 잘 한다는 것이 얼마나 어려운 일인지 짐작이 될 것입니다. 물론 말을 잘 한다는 것은 말이 많다든지, 말을 번드르르하게 꾸며서 한다는 것을 의미하는 것은 아닙니다. 몸과 말과 뜻이 일치가 되어 조화를 이루며 상대의 근기에 꼭 알맞게 말할 수 있어야 하는 것이겠지요.

옛말에 '말한 입은 삼일이요, 들은 귀는 천년'이라 했습니다. 말하는 사람은 함부로 내뱉고 삼일이면 잊어버리지만, 그 말에 상처를 받은 사람의 아픔은 천년을 간다는 말입니다. 흔히 거침없이 말하는 사람을 대범하게 여기는 경향이 있지만, 무심코 지나치며 생각 없이 내뱉은 한마디 말이 마치 돌에 새기듯이 가슴에 새기게 할 수가 있습니다. 사람을 죽이는 그 어떤 폭탄보다 말로 상대를 비난하는 지탄이 더 치명적이라는 것이 바로 이 때문이지요.

물론 열등감에 사로잡히거나 피해의식이 있어 지나치게 예민하게 반응하는 사람도 있겠지요. 그러나 보살은 그들의 근기에 알맞은 말을 쓸 것입니다. 만약 누군가가 나의 말 한마디로 인해 며칠이나 몇 년 혹은 몇 십 년을 괴로워한다면 그 잘못을 어떻게 돌이킬 수 있겠습니까? 좋은 말을 쓴다는 것은 정말 중요하고도 어려운 일입니다. 그렇지만 가장 쉽게 접근할 수 있는 문제이기도 하지요. 말하지 않고 사는 사람은 없으니까요.

말과 행동이란 의사소통의 가장 중요한 수단일 것입니다. 그렇다면 건강한 의사소통의 방식은 어떤 것인지에 대해서 생각해보고 싶습니다.

의사소통이라고 하면 주로 소리를 통한 음성언어를 생각하겠지만, 몸짓이나 행동을 통한 비음성언어의 중요성도 간과해서는 안 됩니다. 우리가 대화를 할 때에는 그 사람의 말만 듣는 것이 아니라 그의 소리에서 느껴지는 뉘앙스와 눈빛과 손짓 발짓까지 듣게 되지요. 학자들 중에는 이런 비음성적인 부분이 대화에 있어서 90% 이상을 차지한다고 그 중요성을 강조하기도 합니다. 흔히 얼굴을 보지 못하는 전화를 통한 대화나 인터넷으로 문자만으로 주고받는 대화에서 오해가 더 심한 이유도 바로 이 때문입니다.

그런데 사람들 중에는 말하는 내용과 표정이나 행동이 일치되지 않은 경우가 있습니다. 말로는 좋다하면서도 속마음이 그렇지 않거나 표정과 행동이 말과 다른 때가 있습니다. '사촌이 논 사면 배가 아프다'는 말도 이에 해당되겠지요. 분명 말로는 축하한다고 하겠지만, 마음속으로 시기심이 있으면 표정이나 행동이 말과 같을 수가 없는 것이지요. 심지어 배가 아프기까지 하는 신체화 현상까지도 생기게 되는 것입니다.

좀 더 병리적인 경우는 음성적인 부분과 비음성적인 부분이 일치되지 않아 동시에 두 가지 의미를 전달하는 이중적인 메시지를 사용하는 사례입니다. '좋다'와 '나쁘다', '하라'와 '하지 마라'라는 상호 모순되는 두 가지의 메시지를 동시에 전달할 때 상대는 혼란에 빠지게 될 것입니다. 이런 메시지를 받을 경우 부정할 수도 도피할 수도 없고, 그 어떤 것을 선택해도 잘못이 되는 딜레마에 빠지게 되지요. 특히 가족관계에서 오래도록 이런 환경에 빠져 있는 사람은 정신분열증을 일으키기까지 합니다.

우리가 대화를 하면서 입으로 내는 소리, 표정과 행동, 속마음이 일치가 되어 겉과 속이 똑 같은 사람이 되는 것이 그렇게 어려운 일일까요? 의사소통에 대한 연구로 평생을 바친 한 학자는 일치적인 사람이 5%도 되지 않는다고 했습니다. 놀라운 일이 아닐 수 없습니다. 그만큼 자신이 한 말에 자신이 없고, 책임 질 것이 두렵고, 가식적이고, 외부의 평가에 신경 쓰고, 당당히 자기주장하기가 겁나고, 남의 비위를 맞추고, 남에게 얕잡히고 싶지 않은 마음이 있기 때문이겠지요. 마음과 다르게 말하는 이유는 사람마다 다를 것입니다. 스스로의 내면을 들여다보면서 말과 다른 행동을 하는 내 마음 속엔 무엇이 작용하고 있는지 살펴봅시다. 좀 더 솔직하게 자신을 바라볼 수 있고, 그것을 고쳐나가는 시도야말로 진정한 보살행의 시작이라고 해도 좋을 것입니다.

보살은 축생에게 먹이를 줄 때조차도 그들이 더 나은 세계에 태어나기를, 고통을 벗어나기를 서원하는 마음을 갖는 것을 볼 때, 축생이라 하여 함부로 대하는 우리들의 마음을 돌아보게 됩니다.

불교에서 중생을 제도한다고 할 때, '중생'이라는 의미는 '인간을 포함한 모든 생명을 지닌 존재'를 의미합니다. 즉 보살의 자비심은 인간에 국한하는 것이 아니라, 축생과 모든 미물에까지 이르는 것입니다. 그러니 당연히 축생이나 미물의 해탈까지도 서원하는 마음을 가지게 되지요.

불교에서는 지옥, 아귀, 축생의 세계를 삼악도라 하여 죄악을 많이 저지른 과보로 태어나서 온갖 고통을 받는 세계라고 말합니다. 축생은 성질이 어리석어 탐욕과 음욕만을 가지며, 부모나 형제의 구별도 없으며 비교적 즐거움보다 괴로움이 많은 존재이지요. 또한 서로 다른 동물을 자기생존을 위한 먹이로 삼으므로, 제 명대로 살지 못하고 항상 큰 동물들에게 잡아먹히고 죽임을 당할 불안과 공포를 안고 사는 운명을 가지게 되지요. 인간에게 길러지는 가축이라 할지라도 한낱 먹이감으로서의 대우일 뿐, 안전한 환경을 얻는 대가로 자유를 박탈당하고 언제라도 목숨을 내놓아야하는 운명에 처하게 됩니다.

그러나 인간이면서도 짐승만도 못한 생활을 하는 사람도 있습니다. 짐승은 자신의 생존을 위해서 다른 동물을 잡아먹지만, 인간은 생존이 아닌 유희를 위해서도 다른 생명을 유린할 때가 많습니다. 최근 들어 애완동물에 대한 관심이 높아지면서, 예쁜 옷을 입고 사람의 침대에서 잠을 자는 개들이 사람 이상의 호사를 누린다는 느낌이 들 때도 있습니다. 그러나 그 또한 사람을 위한 노리개로서의 치장인 것이지 동물 개개의 본성대로 살도록 존중하는 것이 아닌 경우가 더 많을 것입니다. 어제까지 애지중지하던 동물도 필요에 따라서는 한 순간에 먹이감이 될 수도 있고, 무참하게 버려지기도 하는 현실입니다. 이렇듯 생명을 내 마음대로 소유하고 처분할 수 있는 권리를 인간이 가진 것처럼 행동하는 것을 자주 볼 수 있습니다. 마치 인간 이외의 것은 무가치하거나 동물도 식물도 인간을 위해 존재하는 도구 정도로 생각하면서, 자연까지도 인간이 관리하고 지배해야할 대상으로 생각하는 것은 인간중심적 사고의 오만과 편견이지요.

오늘날 과학의 발달과 함께 새둥지의 과학적 구조라든지, 구조 역학적으로 가장 효율적인 벌집의 육각형이라든지, 인간이 잃어버린 가치를 그대로 지니고 있는 가시고기의 자식사랑이나 물새들의 지조 등이 과학적 탐구를 통해 밝혀지고 있습니다. 곤충도 나름대로의 정서적 반응이 있고, 식물이나 광물조차도 나름대로의 반응이 있다고 합니다. 동식물의 신비로운 세계가 밝혀지면서 인간중심주의적 사고도 조금씩 변화되고 있지만, 여전히 인간우월주의의 태도를 버리지 못하고 있다고 생각합니다. 이러한 인간중심적 사고는 인간이 그만큼 아상(我相)을 버리기 힘들다는 것을 단적으로 나타내고 있는 것일지도 모르는 일이지요.

비록 각 생명이 놓인 처지가 다르고, 성질이 어리석어 인간이 가진 수준에 미치지 못할지라도 언젠가는 축생의 몸을 버리고 깨달음의 길로 들어설 것을 보살은 서원합니다. 부처님의 가르침은 깨달음을 추구하는데 있어서 인간이나 축생을 구분하지 않습니다. 시간이 더 오래 걸리고 고통이 더 많을지는 몰라도 모든 존재는 불성을 가지고 있다는 것이 불교의 믿음이지요. 이제 우리도 보살심을 가지고 축생을 대하는 마음을 가져야하겠습니다. 내 자신의 성불을 바라듯이 내 가족과 이웃의 깨달음을 바라듯이 징그럽고 혐오스러운 몸을 가진 벌레의 해탈도 함께 바라는 마음을 가질 때 진정한 보살의 마음을 가졌다 말할 수 있겠지요.

제 4 회향

지일체처회향이란?

"불자들이여, 무엇을 보살마하살의 '지일체처회향(온갖 곳에 이르는 회향)'이라 합니까?

불자들이여, 이 보살마하살은 모든 선근을 닦을 때에 이와 같이 생각합니다. '원하오니 이 선근 공덕의 힘으로 온갖 곳에 이르기를 바랍니다. 비유하면 진실이 이르지 못하는 곳이 없는 것처럼 모든 물건에 이르고, 모든 세간에 이르고, 모든 중생에게 이르고, 모든 국토에 이르고, 모든 법에 이르고, 모든 허공에 이르고, 모든 삼세에 이르고, 모든 유위와 무위에 이르고, 모든 말과 음성에 이르니, 이 선근도 그와 같아서 모든 여래가 계신 곳에 널리 이르러 삼세의 모든 부처님께 공양하는데, 과거의 부처님들은 서원이 충만하고, 미래의 부처님들은 장엄을 잘 갖추며, 현재의 부처님과 그 국토와 도량에 모인 대중은 일체의 허공과 법계에 가득합니다. 원하오니 믿고 이해하는 큰 위덕의 힘으로 인하여, 광대한 지혜가 걸림 없음으로 인하여, 모든 선근을 다 회향함으로 인하여, 하늘의 공양거리와 같은 것으로 공양하여 한량없고 그지없는 세계에 가득하기를 바랍니다'고 합니다."

佛子 云何爲菩薩摩訶薩 至一切處迴向. 佛子 此菩薩摩訶薩 修習一切諸善根時 作是念言. 願此善根功德之力 至一切處. 譬如實際 無處不至 至一切物, 至一切世間, 至一切衆生, 至一切國土, 至一切法, 至一切虛空, 至一切三世, 至一切*有爲無爲, 至一切語言音聲, 願此善根

亦復如是 遍至一切諸如來所 供養三世一切諸佛, 過去諸佛 所願悉滿, 未來諸佛 具足莊嚴, 現在諸佛 及其國土 道場衆會 遍滿一切虛空法界. 願以信解大威力故, 廣大智慧無障碍故, 一切善根悉廻向故, 以如諸天諸供養具 而爲供養 充滿無量無邊世界.

"What is the great enlightening beings' dedication reaching all places? Here when the enlightening beings cultivate all roots of goodness, they think, 'May the power of virtue of these roots of good reach all places, just as reality extends everywhere without exception, reaching all things, all worlds, all living beings, all lands, all phenomena, all space, all time, all that is compounded and uncompounded, all speech and sound; may these roots of goodness in the same way reach the abodes of all enlightened ones, and be as offerings to all those Buddhas, the past Buddhas whose vows are all fulfilled, the future Buddhas, fully adorned, and the present Buddhas, their lands, sites of enlightenment, and congregations, filling all realms throughout the entirety of space. I aspire, by virtue of the power of faith, by virtue of great knowledge without obstruction, by virtue of dedication of all roots of goodness, to present offerings like those of the celestials, filling infinite worlds.'"

[주]

*유위무위: 有爲無爲, 유위법(有爲法)과 무위법(無爲法). 유위법은 인연에 의해 화합생성된 것이므로 생(生)도 있고 멸(滅)도 있다. 즉 인연(因緣)에 따라 생겨서 생멸변화하는 물(物)·심(心)의 현상을 말한다. 무위법은 생(生)도 없고 멸(滅)도 없는 영원한 이법(理法)이니 이것은 곧 진여(眞如)이다.

부처님께 공양한 선근을 회향함

"불자들이여, 보살마하살들은 그가 심은 모든 선근으로, 모든 부처님 계신 곳에 온갖 아름다운 꽃과 향, 화관, 덮개, 당기와 깃발, 의복과 등불, 그 외의 여러 가지 장엄구들로 부처님께 공양하기를 바라며, 부처님의 형상에나 부처님의 탑에도 역시 모두 그렇게 하기를 원합니다.

이 선근으로써 이와 같이 회향하는데, 그것은 산란하지 않은 회향, 일심으로 하는 회향, 제 뜻으로 하는 회향, 존경하는 회향, 흔들리지 않는 회향, 머물지 않는 회향, 의존함이 없는 회향, 중생심이 없는 회향, 조급한 마음이 없는 회향, 고요한 마음으로 하는 회향입니다."

佛子 菩薩摩訶薩 以其所種一切善根, 願於如是諸如來所 以衆妙華及衆妙香 鬘蓋幢幡 衣服燈燭 及餘一切諸莊嚴具 以爲供養, 若佛形像若佛塔廟 悉亦如是. 以此善根 如是迴向, 所謂不亂迴向, 一心迴向, 自意迴向, 尊敬迴向, 不動迴向, 無住迴向, 無依迴向, 無衆生心迴向, 無躁競心迴向, 寂靜心迴向.

[한자풀이]
鬘:머리장식 만, 꽃의 이름 廟:사당 묘 躁:성급할 조, 조급하다 競:겨룰 경

"Great enlightening beings, by all the roots of goodness that they plant, vow to make offerings to all such Buddhas, with myriad beautiful flowers, myriad wonderful incenses, garlands, parasols, banners, pennants, clothing, lamps, and all other articles of adornment, and to do the same to effigies, tombs, and shrines of Buddhas. Their roots of goodness they dedicate in this way, with unconfused dedication, singleminded dedication, autonomous dedication, respectful dedication, unshakable dedication, nonobsessive dedication, independent dedication, dedication without the mentality of worldly people, dedication without haste or struggle, dedication with a tranquil mind."

중생에게 회향함

"원하오니 일체 세간이 모두 청정하게 되고, 일체 중생이 모두 *해탈을 얻어 *십력의 지위에 머무르며 온갖 법 가운데에서 걸림 없는 법의 밝음을 얻기를 바랍니다. 일체 중생이 선근을 구족하여 *조복하도록 하고, 마음이 한량없어 허공계와 같으며, 모든 세계에 가면서도 이르는 바가 없고, 모든 국토에 들어가서 선한 법을 베풀며, 항상 부처님을 뵈옵고 선근을 심으며, *대승을 성취하여 어떤 것에도 집착하지 않고, 온갖 선을 갖추어 한량없는 행을 세우며, 끝도 없는 법계에 널리 들어가서 부처님들의 *신통력을 성취하고, 여래의 *일체지지를 얻기를 바랍니다."

願令一切世間 皆得清淨, 一切衆生 咸得出離 住十力地 於一切法中得無碍法明. 令一切衆生 具足善根 悉得調伏, 其心無量 等虛空界, 往

一切刹 而無所至, 入一切土 施諸善法, 常得見佛 植諸善根, 成就大乘 不着諸法, 具足衆善 立無量行, 普入無邊一切法界 成就諸佛神通之力, 得於如來一切智智.

"Aspiring to cause all worlds to become purified and all sentient beings to attain emancipation, abide in the stage of the ten powers and attain unhindered understanding of truth; to cause all sentient beings to be fully endowed with bases of goodness, to gain complete self-mastery, to have minds as infinite as space, going to all fields without going anywhere, entering all lands, passing on good ways, always able to see Buddhas, planting roots of goodness, accomplishing the great vehicle, not clinging to anything, replete with virtue, establishing innumerable practices, entering into all the boundless realms of reality, developing the spiritual faculties of the Buddhas, and attaining the omniscient knowledge of the enlightened ones."

[주]

*해탈: 解脫, ⓈMukti : Mokṣa : Vimukti, 24품 참고.

*십력: 十力, ⓈDaśa-balāni, 부처님만이 지니고 있는 열 가지 지혜의 힘. ①도리와 비도리를 여실히 아는 지혜[處非處智力] ②업과 과보의 인과관계를 아는 지혜[業異熟智力] ③모든 삼매의 순서와 깊고 얕음을 아는 지혜[靜慮解脫等持等至智力] ④중생의 능력과 성질을 아는 지혜[根上下智力] ⑤중생의 바른 신앙을 아는 지혜[種種勝解智力] ⑥중생의 본성과 행위를 모두 아는 지혜[種種界智力] ⑦여러 세계에 태어나는 업을 아는 지혜[遍趣行智力] ⑧과거세의 모든 업을 아는 지혜[宿住隨念智力] ⑨중생이 생사를 받는 때를 아는 지혜[死生智力] ⑩여러 가지 번뇌가 모두 소멸하여 다음 생을 받지 않음을 아는 지혜[漏

盡智力]

*조복: 調伏, Snigraha, Pniggaha, 25품 제1회향 참고.

*대승: 大乘, Smahāyāna, 소승(小乘)에 대립되는 말. 승(乘)은 타는 것을 의미하는데, 중생을 태우고 깨달음의 세계로 운반한다는 뜻이다. 즉 탈 것이란 불도(佛道) 내지 부처님의 교리를 의미하며, 대승은 자리이타(自利利他)의 가르침을 교리로 하고 있어 큰 탈 것에 비유하고, 소승은 자기 구제만 집착하고 타인의 제도는 돌보지 않는다 하여 대승교도 측에서 폄하하여 작은 수레에 비유하여 지칭한 용어이다.

*신통력: 神通力, Svikurvā, ṛddhi, 23품 참고.

*일체지지: 一切智智, 살바야나(薩婆若那)를 번역한 말. 25품 제1회향 참고.

분별없는 회향

"불자들이여, 보살마하살이 온갖 선근으로 이렇게 회향할 때에 얻을 것 없음으로써 방편을 삼아, 업 가운데서 과보를 분별하지 않고 과보 가운데서 업을 분별하지 않습니다. 비록 분별함이 없지만 법계에 두루 들어가고, 비록 짓는 일이 없더라도 항상 선근에 머물고, 비록 일으킴이 없으나 훌륭한 법을 부지런히 닦고, 모든 것을 믿지 않더라도 깊이 들어갈 수 있으며, 법을 있다고 하지 않지만 모두 알고 보며, 짓거나 짓지 않거나 하더라도 다 얻을 수 없으며, 법의 성품이 항상 홀로 존재하지 않는다는 것을 알고, 비록 모든 것을 보지만 보는 바가 없고, 온갖 것을 다 알지만 아는 것이 없습니다."

佛子 菩薩摩訶薩 以諸善根 如是廻向時 用無所得 而爲方便, 不於

業中 分別報 不於報中 分別業. 雖無分別 而普入法界, 雖無所作 而恒住善根, 雖無所起 而勤修勝法, 不信諸法 而能深入, 不有於法 而悉知見, 若作不作 皆不可得, 知諸法性 恒不自在, 雖悉見諸法 而無所見, 普知一切 而無所知.

"When great enlightening beings dedicate roots of goodness in this way, they use the absence of attainment as a means: they do not distinguish consequences in actions, they do not distinguish actions in consequences; though they have no discrimination, they enter all realms of phenomena and principles; though they have no striving, yet they always abide in roots of goodness; though they initiate nothing, yet they diligently practice excellent principles. They do not believe in things, yet can enter deeply into them; they do not consider things as existent, yet they know and see them all. Creation and noncreation are both ungraspable. They know that by nature all things are never independent. Though they see all things, yet they are not seeing anything; they know everything without knowing anything."

선근을 회향한 공덕

"불자들이여, 보살마하살이 온갖 선근으로 이렇게 회향하면 모든 부처님의 마음과 일치하며, 모든 부처님의 국토를 깨끗이 장엄하며, 모든 중생을 교화하여 성취하며, 모든 불법을 충분히 잘 받아 지니어 모든 중생의 으뜸가는 복밭이 되며, 모든 상인의 지혜로운 인도자가 되며, 일체 세간의 청정한 해가 되며, 하나하나의 선근이 법계에 가득하며, 일체 중생을 다 구호하여 모든 공덕을 청정하게 갖추도록 해줍니다."

佛子 菩薩摩訶薩 以諸善根 如是廻向 稱可一切諸佛之心, 嚴淨一切諸佛國土, 敎化成就一切衆生, 具足受持一切佛法 作一切衆生 最上福田, 爲一切商人 智慧導師, 作一切世間 淸淨日輪, 一一善根 充遍法界, 悉能救護一切衆生 皆令淸淨具足功德.

[한자풀이]

稱:일컬을 칭, 칭찬할 칭, 맞을 칭, 적합함, 일치함.

"Great enlightening beings, dedicating roots of goodness in this way, accord with the will of all the Buddhas, beautify and purify all buddha-lands, teach, edify, and mature all sentient beings, fully accept and maintain all principles of the Buddhas, become supreme fields of blessings for all sentient beings, become wise guides for all caravans, become pure suns for all worlds. Each of their roots of goodness fills the cosmos, able to rescue and safeguard all sentient beings and cause them to be filled with pure virtuous qualities."

제 4회향의 과위

"보살마하살이 이 회향에 머무를 때에 온갖 곳에 이르는 몸의 업을 얻음은 일체 세계에 널리 응답하여 나타날 수 있기 때문이며, 온갖 곳에 이르는 말의 업을 얻음은 모든 세계에서 법을 연설하기 때문이며,

온갖 곳에 이르는 뜻의 업을 얻음은 모든 부처님께서 말씀하신 법을 받아 지닌 때문이며, 온갖 곳에 이르는 *신족통을 얻음은 중생들의 마음을 따라 가서 응답하는 때문이며, 온갖 곳에 이르는 수증지(따라 증득하는 지혜)를 얻음은 모든 것을 두루 통달하는 때문이며, 온갖 곳에 이르는 *총지와 *변재를 얻음은 중생들의 마음을 따라 환희케 하는 때문이며, 온갖 곳에 이르는 입법계(법계에 들어감)를 얻음은 한 털구멍 안에 일체 세계가 두루 들어가기 때문이며, 온갖 곳에 이르는 변입신(두루 들어가는 몸)을 얻음은 한 중생의 몸에 모든 중생의 몸이 두루 들어가기 때문이며, 온갖 곳에 이르는 널리 보는 겁을 얻음은 하나하나의 겁 가운데에서 항상 모든 여래를 보는 때문이며, 온갖 곳에 이르는 널리 보는 생각을 얻음은 한 순간 순간마다 모든 부처님이 앞에 나타나기 때문입니다. 불자들이여, 보살마하살이 '지일체처 회향(온갖 곳에 이르는 회향)'을 얻으면 선근으로써 이와 같이 회향할 수 있습니다."

菩薩摩訶薩 住此廻向時 得至一切處身業 普能應現一切世界故, 得至一切處語業 於一切世界中 演說法故, 得至一切處意業 受持一切佛所說法故, 得至一切處神足通 隨衆生心 悉住應故, 得至一切處隨證智 普能了達一切法故, 得至一切處總持辯才 隨衆生心 令歡喜故, 得至一切處入法界 於一毛孔中 普入一切世界故, 得至一切處遍入身 於一衆生身 普入一切衆生身故, 得至一切處普見劫 一一劫中 常見一切諸如來故, 得至一切處普見念 一一念中 一切諸佛 悉現前故. 佛子 菩薩摩訶薩 得至一切處廻向 能以善根 如是廻向.

"When great enlightening beings abide in this dedication, they achieve physical action reaching all places, being able to appear responsively in all worlds; they achieve verbal action reaching all places, expounding the truth in all places; they achieve mental action reaching all places, accepting and holding the truth explained by all Buddhas; they attain the power of psychic travel reaching everywhere, going in response to beings' minds; they attain recollective and explanatory powers reaching all places, able to please beings according to their mentalities; they gain entry into the realm of reality reaching all places, able to enter all worlds in a single pore; they attain entry into bodies reaching all places, able to enter the bodies of all beings in the body of one beings; they attain universal perception of the ages reaching all places, in each age always seeing all the Buddhas; they attain instantaneous universal perception reaching all places, moment to moment seeing all the Buddhas appear before them. When great enlightening beings attain dedication reaching all places, they are able to dedicate roots of goodness in this way."

[주]

*신족통: 神足通, 또는 여의통(如意通). 육신통의 하나. 시기에 알맞게 크고 작은 몸을 나타내어 자기의 생각대로 날아다니는 신통력. 즉 불가사의하게 경계를 변하여 나타내기도 하고 마음대로 날아다니기도 하는 신통.

*총지: 摠持, ⓈDhāraṇī, 다라니(陀羅尼)라 음역. 한량없는 뜻을 포함하여 잃어지지 않게 하는 것. 또 선법을 가져 잃지 않고, 악법을 가져 일어나지 않게 하는 것.

※다라니: 陀羅尼, ⓈDhāraṇi, 총지(摠持)·능지(能持)·능차(能遮)라 번역. 무

량무변한 뜻을 지니고 있어, 모든 악한 법을 버리고 한량없이 좋은 법을 가지는 것. 보통으로 다라니라 하는 것에 두 가지가 있다. ①지혜 혹은 삼매를 말한다. 이것은 말을 잊지 않고 뜻을 분별하며, 우주의 실상에 계합하여 수많은 법문을 보존하여 가지기 때문이다. ②진언(眞言). 범문(梵文)을 번역하지 않고 음(音)을 그대로 적어서 외우는 것. 이를 번역하지 않는 이유는 원문의 전체 뜻이 한정되는 것을 피하기 위한 것과, 밀어(密語)라 하여 다른 이에게 비밀히 하는 뜻이 있다. 이것을 외우는 사람은 한량없는 말을 들어도 잊지 아니하며, 끝없는 이치를 알아 학문의 이해를 돕고, 모든 장애를 벗어나 한량없는 복덕을 얻는 등, 많은 공덕이 있으므로 다라니라 한다. 흔히 범문(梵文)의 짧은 구절을 진언(眞言) 또는 주(呪)라 하고, 긴 구절로 된 것을 다라니 또는 대주(大呪)라 한다.

*변재: 辯才, 교묘하게 법과 뜻을 말하는 재능, 변설(辯舌)의 재능. 변론에 교묘한 것

게송으로 4회향을 노래함

시방세계 많고 많은 모든 중생을　　普攝十方世界中
남김없이 모두 다 잘 거두어서　　一切衆生無所餘
그 체성 없는 것을 관찰하시어　　觀其體性無所有
온갖 곳에 이르도록 잘 회향하시네　　至一切處善廻向

They deal with all sentient beings
In all worlds in the ten directions;
Observing their essential nature has no existence,
They practice dedication reaching everywhere.

보살이 회향으로 저 언덕 가서　菩薩廻向到彼岸
여래를 따라 배워 모두 성취하고　隨如來學悉成就
늘 미묘한 지혜로써 잘 사유하여　恒以妙智善思惟
인간 중에 최상법을 갖추시었네　具足人中最勝法
Enlightening beings, by dedication, reach transcendence,
Accomplishing what they learn from the Buddhas;
They always think well based on subtle knowledge
And embody the best of human qualities.

청정한 선근으로 널리 회향하여　淸淨善根普廻向
중생을 이롭게 하려 버리지 않고　利益群迷恒不捨
모든 중생들로 하여금　悉令一切諸衆生
세상 비추는 위없는 등불되게 하시네　得成無上照世燈
Their pure roots of goodness they universally dedicate
To help the deluded, never abandoning them:
They enable all sentient beings to become
Unexcelled lamps that illumine the world.

분별하여 중생들을 취하지 않고　未曾分別取衆生
어떤 것도 망령되이 생각 않으며　亦不妄想念諸法
비록 세간에 물들지도 집착하지도 않지만　雖於世間無染着
그래도 중생들을 버리지 않습니다　亦復不捨諸*含識
They never conceptualize sentient beings
Nor think of things with false imagination;
Though in the world, they have no attachments,

Yet also do not abandon conscious creatures.

[주]

*함식: 含識, Ⓢbhūta, 함령(含靈), 함류(含類), 함정(含情), 함생(含生)이라고도 한다. 심식을 함유(含有)하고 있는 것. 유정(有情), 중생(衆生)을 가리킨다.

보살이 *적멸법을 항상 즐기며 菩薩常樂寂滅法
수순하여 열반경지에 이르면서도 隨順得至涅槃境
그래도 중생의 도 버리지 않고 亦不捨離衆生道
이처럼 뛰어난 지혜 얻게 됩니다 獲如是等微妙智

Enlightening beings always enjoy tranquil nullity
By following which they attain the realm of nirvana;
Yet they do not abandon the realm of sentient beings:
They have attained such subtle knowledge.

[주]

*적멸법: 寂滅法, Ⓢśānta-dharma, 적정의 법, 적멸의 가르침이라는 뜻. 미혹의 체계를 이탈한 경계. 특히 소승의 열반을 말함. 해탈.

보살은 어떤 업도 분별 않으며 菩薩未曾分別業
과보에 집착하는 일도 없지만 亦不取着諸果報
모든 세간이 인연에 따른 것이라 一切世間從緣生
인연을 떠나선 어떤 것도 못봅니다 不離因緣見諸法

Enlightening beings do not conceptualize actions
And do not grasp their results:
All worlds are born from conditions-
Things cannot be seen apart from causality.

이상은 바로 지향점입니다.
때로 방황하기도 하고
엉뚱한 길로 가다가 다시 돌아 나오기도 하지만
끊임없이 나를 그리로 향하도록
하는 것이 이상이지요.

An ideal is the reaching point.
Sometimes one is wondering
or goes another way and back from it.
However, it is the ideal
that makes one turn to constantly.

‘지일체처회향’이란 회향이 이르지 않는 곳이 없다는 의미겠지요. 지금까지는 ‘나’와 ‘내 가족’ 혹은 ‘내 직장’이라는 식의 협소한 시각으로 생활해왔는데, 보살은 자신의 선근공덕이 온갖 곳에 이르기를 바라는 서원을 하고 있는 것을 볼 때 좀 더 넓은 시각으로 세계를 바라볼 수 있어야겠다는 생각이 듭니다.

보살이 회향을 할 때, 그 대상은 특정인에게 한정되지 않습니다. 빛이 그 어느 곳에도 이르지 않는 곳이 없는 것처럼 보살은 선근을 닦아 선근공덕의 힘으로 온갖 곳에 이르기를 바라는 서원을 하고 있습니다.

평생을 교육과 구도적 삶에 관심을 가지고 있던 저로서는 한 사람의 고매한 인격이 얼마나 많은 사람에게 영향을 미칠 수 있는지 보아왔습니다. 달라이 라마의 삶이 그렇고, 마더 테레사 수녀의 삶이 그렇습니다. 먼 나라 사람의 예가 아니더라도 우리나라 사람으로서 현재 유엔 사무총장을 맡고 있는 반기문 총장이 있습니다. 그가 오늘날과 같이 큰 인물이 되기까지에는 어머니의 진실한 기도가 있었다고 합니다. 그 어머니는 그저 자식을 위한 기도였을 뿐이었다 하더라도, 훌륭한 자녀가 세상에 미치는 영향력은 지대한 것이지요. 그렇다면 그 어머니의 기도가 과연 작은 것이라 말할 수 있을까요? 반총장이 인류의 평화를 위해 헌신할 수 있도록 한 어머니의 기도는 개인적인 것이 아니라 세계적인 것이라 해도 과언이 아니겠지요.

그렇게 유명한 사람이 아니더라도 가까운 사람 중에서 삼사십 년 전 함께 구도적 대화를 나누며 수행을 해오던 지인의 예를 들 수 있습니다. 그 분은 미국에서 정신과 의사로서 수많은 사람들에게 건강을 찾아주는 일을 하고 있습니다. 단순히 약물처방에 의존하며 환자를 그저 돈으로 계산하는 의사가 아니라, 자신의 구도적 체험을 적용하여 환자를 새로운 삶으로 거듭나도록 이끌어주는 진정한 의사였지요. 수 십 년간 치료받고 회복된 사람의 숫자도 많겠지만, 그들의 가정을 살리고 그가 속한 사회를 건강하게 하는데 기여한 것을 생각하면 한 사람의 영향력이 얼마나 큰지를 절감할 수 있을 것입니다. 교육의 힘도 마찬가지입니다. 열 사람, 백 사람에게 감화를 주었다면 그들이 사회에 나가고 가정을 꾸리고 자녀를 낳고 하면서 미치게 될 영향력은 이루 말할 수 없이 큰 것이겠지요.

물론 반대의 경우도 있을 것입니다. 영향력이라는 것이 긍정적인 측면만 있는 것은 아니지요. 부정적으로 나쁜 영향을 미치게 될 우려도 매우 큽니다. 얼핏 생각하기에 나는 내 가족이나 직장에 영향을 미칠 뿐이라고 여길 수 있습니다. 잦은 부부싸움으로 폭력이 오가던 가정이 있었습니다. 자녀가 커가니까 부당하게 주먹을 휘두르는 아버지에게 반발을 하게 되고, 아버지에게 대든 잘못으로 더 심하게 맞게 되고, 아버지와 세상에 대한 분노로 방황하던 자녀는 나쁜 친구들과 어울리게 되고, 결국 가출을 하고 학교마저 중도에 포기하게 되고, 나중에는 별다른 직장도 없이 떠돌다가 도둑질까지 하게 되어 어린 나이에 소년원을 가게 된 경우를 보았습니다. 우리 모두가 기억하는 사건으로, 전국을 떠들썩하게 공포로 몰아넣었던 지존파 사건이라든지 막가파 사건 등이 가족관계에서 오는 개인의 불만과 갈등에서 비롯되었다는 점을 생각하면, 한 사람 한 가정의 일이라 할지라도 사소한 일로 치부하거나 남의 일이라고만 할 수는 없을 것입니다. 개인이 사회에 미치는 파장은 이토록 크기 때문입니다.

나아가 '나 한 사람쯤이야..'라는 생각은 우리 산천을 병들게 하고, 지구를 황폐하게 할 수도 있습니다. 지구 곳곳에서 버려지는 폐수가 바다를 오염시키고, 죄의식 없이 배출되는 유해가스가 공기를 더럽혀 오늘날 기상이변을 일으키고 지구전체가 심각한 위기에 직면해 있다는 것을 모르는 사람은 없을 것입니다. 학자들은 이러한 현상을 두고 인류가 부른 재앙이라고까지 합니다. 이런 현실 앞에서도 그 책임이 누구에게 있는가를 따져보면 결국 우리 모두라고 해야 할 것입니다. 생활의 편리함을 추구하며 개발된 신소재들의 대부분이 환경을 파괴하는 대가를 지불해야하는데, 그것을 사용하는 우리는 모두 공범이라 해야겠지요. 그 시작은 작고 비록 선의에서 비롯되었다 하더라도 땅과 하늘과 바다를 더럽힌 잘못은 그대로 인간에게 고스란히 되돌아오고 있는 셈이지요.

이와 같이 좋든 나쁘든 그 영향력은 우리 모두에게 미치게 되는 것이라 할 수 있습니다. 보살은 자기의 선근공덕으로 모든 곳에 이르고자 합니다. 우리 역시 작은 선근이라도 차곡차곡 쌓으면 보살처럼 큰 회향을 할 수 있으리라 믿으며, 내 손 닿은 곳부터 먼저 선근을 베푸는 일을 해야 할 것입니다.

보살은 믿고 이해하는 힘을 갖기를 원한다고 하였습니다. 저는 지금까지 상대가 나를 못 믿게 하니까 나도 못 믿는다고 생각해왔습니다. 경문을 읽고 나니 다른 사람을 탓하면서 합리화했지만, 사실은 제 자신을 못 믿으니까 남도 못 믿은 것이 아닌가 하는 생각이 듭니다.

스스로에 대한 믿음의 부족으로 결국 상대를 믿지 못하게 되었다는 통찰은 대단한 것입니다. 사람들은 자신의 결함을 인정하는 것을 두려워하지요. 자신에게 문제가 있다는 사실을 받아들이는 것은 너무나 끔찍하기까지 합니다. 그래서 자기도 모르게 자신을 합리화하면서 상대에게 탓을 돌리고 원망하고 미워하게 됩니다. 그러나 이러한 행동은 엄마로부터 이 세상에 태어나면서 스스로 자신의 몸을 지탱하면서 살아남지 않으면 안 되는 어린 아기 때부터 습득된 보호본능이라 할 수 있을 것입니다. 가끔씩 아기들이 노는 것을 볼 때, 누가 가르쳐주지 않아도 놀랍도록 자기보호의 기술을 가지고 있는 것을 보면서 웃음 짓게 됩니다.

우리가 성인이 되면서 이런 자기 합리화와 책임전가의 태도가 없어지기보다 좀 더 세련되고 교묘한 방법으로 발전한 것은 아닌가 하는 생각을 할 때가 많습니다. 어린아이들처럼 금방 탄로가 날 유치한 수준이 아니라 자기 합리화와 투사의 벽이 너무 견고해서 그것이 자기방어인지도 스스로 인식할 수 없을 지경이 되어버린 것이지요. 그것이 온전한 자신인 줄 알고 자기기만에 빠져 그런 시각으로 세상을 보니 자신만 옳고 남이 다 잘못되었다고 생각하게 되는 것입니다. 이런 사람은 평생 남을 탓하며 세상을 비관하며 살아가게 될 지도 모릅니다.

자녀문제로 상담을 원하는 중년여성을 만난 적이 있습니다. 두 자녀가 너무 애를 먹인다는 것이었습니다. 실제로 아이들은 야뇨증으로 매일같이 이불에 오줌을 쌌고, 위축되어 친구들과 어울리지 못했지요. 이런 아이들이 마음에 들지 않았고 엄마가 보기에는 늘 잘하는 것이 하나도 없었던 것이지요. 처음 면담을 하던 날 짧은 상담 시간 중에 그 여성이 수도 없이 아이들의 행동을 통제하는 것을 보고 깜짝 놀랐습니다. 그 여성이 시키는 대로라면 마치 물건처럼 가만히 앉아있어야 했을 것입니다. 아이들의 발달 특성 상 그것은 불가능할 뿐만 아니라 특별히 위험하거나 남에게 피해를 주는 일이 아니라면 아이들의 행동을 제한하기보다 오히려 활동을 장려하는 것이 좋은 태도일 것입니다. 그러나 아이들이 조금만 움직이려 해도 '가만히 있어!', '그러면 안 돼!'

하면서 아이들을 나무라는 것이었습니다. 다행히도 그 여성은 상담을 통하여 그것이 모두 자신의 불안 때문임을 깨닫게 되었습니다. 아이들이 어떤 잘못을 저지르지도 않았는데 잘못할까봐 두렵고 제대로 해내지 못할 것 같고, 그것이 아동양육에 책임이 있는 자기의 잘못으로 돌아올 것 같고 자기를 형편없이 볼 것 같은 두려움 때문에 지나치게 아이들을 통제함으로써 오히려 더 기죽고 아무 것도 할 수 없는 아이로 만들고 말았습니다. 자신의 불안이 전이되어 아이들까지 불안하게 만들어 야뇨증까지 생기게 한 것이지요. 결국 그 여성은 아이들을 못 믿기보다 자신에 대한 불신이 원인이었음을 알게 되었던 것이지요. 물론 자신에 대한 뿌리 깊은 불신은 어린 시절 사랑받지 못했던 개인사로 인한 것이기는 하지만, 인간의 사랑받고자 하는 욕망, 자기가 틀리지 않았다고 하는 합리화는 이토록 어리석은 행동을 하도록 우리를 몰고 가지요.

마음공부를 하면서 진정한 자신을 찾는다는 것, 자기발견을 위해 애쓴다는 것은 어쩌면 겹겹이 덮여있고 자신을 싸고 있는 이런 가짜 자신의 포장을 벗겨내는 일이라고도 할 수 있을 것입니다. 비록 아프지만 자신의 부족을 직면하고 이를 겸손하게 받아들이며 참회하고 용서를 구하는 일을 통하여, 거짓으로 위장된 자신에게서 놓여나는 해방감과 있는 그대로의 참자기를 만나는 환희심을 얻을 수 있을 것입니다.

보살이 회향할 때 조급함이 없다고 합니다. 저를 돌아볼 때 매사에 조급하게 무엇을 이루려고 했던 것 같습니다. 거문고 줄을 맬 때 너무 느슨해도 안 되고 너무 팽팽해도 안 된다고 하는데, 저는 지금까지 너무 팽팽한 긴장 속에서 살아온 것 같습니다.

보살은 회향하면서도 조급함이 없는 회향을 한다고 합니다. 아무리 좋은 일도 조급하면 강박이 되어버립니다. 조급함의 이면에는 불안이 자리 잡고 있으니까요.

부처님은 방일을 경계하라고 하셨지만, 한편으로 조급해서는 안 된다고 하셨지요. 『잡아함경』에 보면 부처님께서 잠도 자지 않고 열심히 정진하는데도 깨치지 못해 비관하고 있는 소나라는 제자에게 말씀하시기를 '공부는 거문고 줄을 고르듯이 하라(工夫如調絃之法)'고 하셨지요. 너무 애쓰면 집착하기 쉽고 잊어버리면 무명에 떨어지게 된다고 하면서 차근차근 꾸준하게 해야 한다고 가르치고 있습니다. 거문고 줄을 너무 죄면 소리가 끊어지고, 너무 느슨하면 소리가 나지 않으므로 줄을 알맞게 당겨야 아름다운 소리가 난다는 이치를 정진하는 일에 견주어 말씀해주신 것이지요.

현대인들에게 있어서 조급함이란 어쩌면 추진력이고 성취를 향한 동기일 수 있습니다. 그래서 어느 정도의 긴장과 스트레스는 생활의 활력소가 된다고 말할 수도 있지요. 특히 한국인들의 '빨리 빨리' 습관은 많은 외국인들에게 알려져 있을 정도입니다. 그 추진력이 경제발전을 이룩하고 세계 속의 한국으로 발돋움할 수 있도록 한 원동력임은 누구도 부인하지 않을 것입니다. 그러나 에너지를 폭발적으로 사용하면 빨리 목표를 달성하는 한편 그만큼 빨리 에너지가 소진되어버립니다. 흔히 '냄비근성'으로 불리는 한국인의 특성이 그것이지요. 끓을 때는 뚜껑을 들썩거리며 요란한 소리를 내다가 불기운이 없으면 금세 식어버리는 것이 냄비의 특성입니다. 그렇지만 서둘러 소유하고 서둘러 달성하려고 하는 마음의 바탕에는 초조함이나 불안이 깔려있고 경우에 따라서는 낮은 자존감이 작용하고 있을지도 모릅니다.

쉽게 동요되는 사람은 싫증도 쉽게 냅니다. 소신 없이 남의 생각에 떠밀려 흔들리는 사람은 일을 하면서 자부심도 못 느끼고 보람을 느낄 여유도 없습니다. 일을 즐기면서 기쁘게 하지 못하고 강박적으로 하니까 행복감도 느낄 수 없습니다. 당연히 불안하고 초조할 수밖에 없지요. 내가 하는 일이 맞는지, 내가 잘하고 있는지에 대한 불확실함과 혹은 내가 왜 이렇게 해야 하는지에 대한 의구심까지 들면서 더욱 혼란에 빠지기 쉽지요. 자기 내적 신념이 부족한 사람은 자꾸 자기 밖의 것에 매달릴 수밖에 없을 것입니다. 또 '빨리' 무엇을 하겠다는 것에 에너지를 다 뺏기고 나면 여유를 잃어버리고 과정에 충실하지 못하는 오류를 범할 수 있습니다. 그러니 목적지에 먼저 도달했다고 해서 결코 온전히 성취했다고 말할 수 있는 것은 아닐 것입니다.

보살은 깨달음을 추구하는 한편 중생을 제도하겠다는 서원을 하고 오로지 그 길을 꾸준히 걸어갑니다. 더러 혹독한 시련이 있어도 굳건한 신념이 있기 때문에 조금의 동요도 없이 견디고 이겨낼 수 있는 것입니다. 보살이 회향을 함에 있어서도 조급함이 없다는 경 구절을 통하여 공부에 대한 올바른 마음을 되새기는 기회가 될 수 있을 것 같습니다.

보살은 모든 선근을 다 회향함으로써 한량없고 그지없는 세계에 가득하기를 서원하고 있습니다. 이 경 구절을 읽으니 저 자신이 부끄러워지면서 제가 보고 사고하는 세계는 얼마나 좁은가를 돌아보게 됩니다. 스스로의 세계에 갇혀 그것이 전부인양 여겼고, 보살님들처럼 한량없는 세계를 가득 채울 만큼은커녕 제 주변에게 미칠 만큼의 선근이라도 닦았던가하는 반성을 하게 됩니다.

사람마다 자기가 서 있는 입각점에서 보이는 세계는 상대적일 수밖에 없습니다. 더구나 사회가 보다 세분화되고 전문화되면서 내가 담당하는 일의 영역이 더욱 좁아지는 경향이 있습니다. 과거보다 더 넓은 세상에 살아가고 있으면서도 각 개인을 볼 때는 벽을 더 높이 쌓아 올리고 자기 울타리 안에 스스로 갇히는 사람도 많아지고 있지요. 그러다보니 자신이 넓고 넓은 세계 속에 서있다는 사실을 망각하는 때가 많습니다.

사고의 세계든, 생활의 영역이든, 선근의 회향이 미치는 영역이든 좀 더 넓혀나가려는 태도는 매우 적극적이고 긍정적인 의지일 것입니다. 그러나 넓은 세계에 비해 너무도 작고 초라한 자신을 비교하면서 내 존재가 작고 보잘 것 없는 것이라고 비하하지는 마십시오. 보살의 서원과 같은 회향에 비교될 수는 없을지라도, 우리 역시 일상의 삶 속에서 이미 회향하고 있다고 해야겠지요. 내 손길 하나에 전 생명을 의지하고 있는 어린 자녀에게 그렇고, 미소 하나에 기쁨을 얻는 가족에게 그렇고, 성실한 노동으로 지탱하고 발전하는 기업에게 그렇고, 소박한 정성으로도 따뜻함을 나눌 수 있는 이웃에게 그렇습니다.

내 삶의 영역이 비록 좁더라도 전 우주와 소통을 하고 있는 존재이므로, 지금의 작은 선근도 장차 온 우주에 가득하기를 서원할 수 있는 것이겠지요.

보살의 회향에 대한 태도는 참으로 많은 교훈을 줍니다. 저는 일 년 전부터 사경(寫經)을 해오고 있는데, 채 일 년도 채우지 못하고 최근 들어 보름 정도 못하고 있습니다. 자신과의 약속을 지키지 못한 것이 부끄럽고, 꾸준히 한다는 것이 보통 어려운 일이 아닌 것 같습니다.

조금씩이라도 매일 한다는 것은 매우 중요합니다. 일 년은 못 채웠더라도 10개월 이상이나 지속해왔다는 것은 정말 대단한 일입니다. 저는 매일 하루도 빠지지 않고 경전을 읽고 참선을 해오고 있습니다만, 습관처럼 몸에 익숙하지 않은 사람들에게는 쉬운 일이 아니지요. 더구나 바쁜 직장생활과 가정생활 속에서도 사경을 매일 해왔다는 것은 칭찬할만한 일입니다.

선사들 중에는 참선을 가장 훌륭한 수행법이라 하고 사경이나 염불은 그보다 못하다고 말씀하시는 분도 있지만, 수행법에 선후가 있는 것이 아니라 수행을 하는 사람의 마음가짐이 더 중요한 것이라 생각합니다.

사경이란 법보(法寶)인 경전의 말씀을 쓰는 것인데, 한 자 한 자에 온 정성을 기울여 지극한 공경심과 믿음으로 기록해야 합니다. 옛날에는 '일자삼례경(一字三禮經)'이라 하여 한 자를 쓰고는 세 번 절하면서 전체 경전을 쓰기도 했다고 합니다. 오늘날에는 인쇄기술이 발달하였지만, 과거에는 사경을 통해 부처님의 가르침을 넓힐 수 있었기 때문에 사경공덕이 매우 강조되었습니다. 사경의 공덕에 대해서 생각해보면 그 공덕이 참으로 크다는 것을 느낄 수 있습니다.

첫째, 어리석고 어둡던 마음이 밝아지고 총명해집니다. 둘째, 심한 번민과 갈등이 가라앉고 편안한 마음을 회복할 수 있습니다. 셋째, 오랜 병고가 무너지고 심신이 건강해집니다. 넷째, 속세의 업장이 소멸되고 그 마음은 무한한 기쁨과 환희심으로 충만하게 됩니다. 다섯째, 원하는 것이 이루어지고 한량없는 부처님의 가피력을 얻게 됩니다. 여섯째, 인내력과 정진력이 뛰어나 어려운 일 없이 모든 일이 원만히 성취됩니다.

내가 호흡할 때 우주를 호흡하는 것처럼, 경의 한 구절을 쓸 때 팔만사천의 법문에 내가 참여하고 있다고 볼 수 있는 것입니다. 몇 번 써야 한다든가 언제까지 써야 한다든가의 규칙은 자신과의 약속이라는 점에서 중요하지만, 양에 매여서 기계적으로 쓰게 된다면 오히려 집착이 되고 강박관념이 되고 맙니다. 온 마음으로 경을 받아들이고 깊이 계합이 될 때 사경삼매에 들 수 있고 진정한 자기를 만날 수 있게 될 것입니다. 이런 점에서 볼 때 일 년 가까이나 매일 사경을 했다는 것은 그 공덕이 적지 않을 것이므로 비록 계속하지 못하였다 해서 부끄러워할 일이 아니지요. 단지 공덕의 힘을 바탕으로 물러서지 않고 더욱 정진할 수 있도록 뜻을 펼치는 일이 더 중요하다 하겠습니다.

보살은 회향할 때 아무 것도 얻을 것 없음을 방편으로 삼는다고 하였습니다. 최근 병든 시어머니를 모시고 있으면서 하루에도 수 천 번씩 마음이 곤두박질치고 있는 저를 봅니다. 자식으로서의 당연한 도리다 생각하면서도 다른 형제들과 비교하면 억울하기도 하고 속상하고 갈등하며 흔들리는 제 마음을 보면서 체념과 분노와 죄책감을 번갈아 느끼는 저 자신이 밉기도 하고 한심합니다. 보살은 자신의 선근을 모두 되돌려 중생에게 향하면서도 무소득을 방편 삼는다는 구절에 고개를 숙이게 됩니다.

자기 마음속의 중생심을 발견하고 산란한 마음을 관조하는 것만으로도 대단한 일입니다. 경전을 읽으며 마음을 다스려나가는 노력이 없었다면 이만큼 솔직하게 자신을 들여다볼 수도 없을뿐더러 감정이 이끄는 대로 이리저리 끌려 다녔겠지요. 예부터 부모는 장남이 모신다는 관습이 있어 막내이면서 병든 부모를 모시게 되면 손해 보는 것 같고 억울하기도 하고 상대적으로 무관심한 다른 형제들에게 분노 감정을 느끼게 되기도 합니다.

이 또한 수행의 기회입니다. 수행이란 추상적으로 머릿속에서 이루어지는 것이 아닙니다. 이렇게 구체적인 갈등 상황에 직면했을 때, 외면하지 말고 끊임없이 요동치는 중생심의 움직임을 관조하면서 명상할 수 있을 것입니다. 어쩌면 형제간의 문제라기보다 자신과의 싸움이라 해야겠지요. 지금이야말로 고통을 고행으로 돌리는 지혜를 발휘하여 수행할 수 있는 기회로 삼아야할 것입니다. 현실에 맞닥뜨리지 않고 말로만 수행을 부르짖는 것보다 고통에 직면한 사람이 자신의 한계를 넘어서는 수행을 이루어내는 것이 훨씬 값진 일일 것입니다.

일부러도 불우이웃을 찾아가 봉사하는데, 내 집에서 내 부모를 모시는 것이 힘들까 하는 사람도 있을 것입니다. 그러나 불쑥 한 번씩 찾아가 일방적으로 도움을 베풀고 오는 것과 부모의 남은 생애를 책임져야 하는 부담은 비교할 수 없을 것입니다. 거꾸로 생각해보면 내 부모 모시는 것도 이렇게 힘든데, 남에게 진심으로 보시한다는 것이 얼마나 힘든 일인지도 생각해볼 수 있지요. 봉사활동으로 느끼게 되는 자부심이나 인정욕구는 나무랄 수 없는 일이겠지요. 오히려 그만한 대가는 당연히 누려야한다고 생각할 것입니다. 심지어 부모를 봉양하면서 부모형제가 혹은 남들이 알아주기를 바라고 더러는 유산이라도 더 돌아오기를 기대하는 마음도 충분히 이해할만한 중생심입니다.

그러나 보살은 아무 것도 얻고자 하는 마음이 없습니다. 순수하고 청정한 회향이지요. 내가 누구에게 베풀었다는 생각조차 없습니다. 그러니 당연히 바라는 것이 있을 수가 없지요. 보상에 집착하지 않으니 완전한 자유로움을 누릴 수 있지 않겠습니까? 우리는 집착하는 만큼 노예가 됩니다. 비록 선행이라 할지라도 그것에 집착하는 한 진정한 선행이 될 수는 없을테니까요.

보살은 일체 세간의 청정한 해가 되기를 서원하면서 일체중생을 모두 구호하기를 바라고 있습니다. 참으로 이상적인 서원이지만, 중생으로서는 도달할 수 없는 경지라는 생각이 들면서 괴리감을 느낍니다.

이상과 현실에서 괴리감을 느끼지 않는 사람은 없을 것입니다. 이상(理想)은 우리가 영원히 도달할 수 없다는 의미도 함축되어 있습니다. 그렇지만 이상은 끊임없이 나를 그곳으로 오도록 손짓하고 있지요. 이미 현실적으로 성취되었거나 실현된 일은 더 이상 이상이라고 말하지 않지요.

어떤 사람은 이상이 너무 멀고 높기만 하여 좌절감만 안겨준다고 느낄지도 모르겠습니다. 그렇지만 이상이 없다면 헤매게 되지요. 방향을 잃게 되면 어디로 가야할지 모르게 되니까요. 완전한 어둠 속에 있어본 적이 있습니까? 앞을 가늠할 수 없다는 것이 얼마나 큰 불안과 두려움을 주는지 어둠을 경험한 사람은 짐작할 수 있을 것입니다. 휘청거리는 발걸음은 쉽게 걸려 넘어지게 되고 더러는 길이 아닌 곳으로 들어서서 낭떠러지에서 떨어지기도 하겠지요. 깜깜한 어둠이 아니더라도 가끔은 모르는 길을 가면서 당황했던 적이 있을 것입니다. 이리저리 방향을 잃고 헤매는 동안은 그 길이 어찌 그리도 멀게 느껴지는지, 나중에 길을 찾고 보면 목적지를 바로 옆에 두고도 온종일을 헤매고 다녔다는 것을 알게 됩니다.

이상은 바로 지향점입니다. 때로 방황하기도 하고 엉뚱한 길로 가다가 다시 돌아 나오기도 하지만 끊임없이 나를 그리로 향하도록 하는 것이 이상이지요. 마치 그 옛날에 별을 보며 길을 찾았듯이 이상은 별처럼 끝내 잡을 수 없을지라도 나를 인도해주는 빛이 되는 것입니다.

보살이 적멸법을 항상 즐기면서도 중생의 도를 버리지 않는다는 게송을 보니 참된 보살도가 무엇인지를 생각하게 됩니다. 이웃을 돌본다는 생각 없이 자기중심적 사고를 가진 사람들로는 도달하기 힘든 경지이지만, 구도자로서 마음에 새겨야할 구절인 것 같습니다.

그렇습니다. 이것이 바로 보살정신입니다. 최고의 깨달음을 추구하고 이미 지고의 열반경지에 이르렀으면서도 한없이 낮은 곳에서 중생과 함께 하는 마음을 가지는 것이 보살의 마음이지요.

흔히 '상구보리(上求菩提), 하화중생(下化衆生)'으로 알려진 보리심이 그것입니다. 상구보리는 자리행(自利行)이며, 하화중생은 이타행(利他行)입니다. 성문이나 연각이 자기의 구제를 목적으로 하는 것과는 다르게 대승보살은 이타행을 통해서 자리행을 동시에 이루려고 하는 마음이지요.

이통현 장자는 그의 『신화엄경론』에서 '처음 발심하는 것과 궁극의 구경이 다르지 않으나, 이 두 마음 중에 발심이 어렵기 때문에 스스로를 제도하지 못하고 먼저 남을 제도한다'고 하였습니다. 즉 이타행을 통해서 구경에 이를 수 있다고 말하고 있지요.

사람들 중에는 내가 돈이 많고 훌륭한 지위에 이르러야 누군가를 도울 수 있을 것이라고 생각하는 사람들이 많습니다. 제가 상담을 처음 시작했을 때에도 충분히 잘 알지 못하고 제대로 갖추지 못한 상태에서 누군가를 돕는다는 것이 두렵고 미안한 마음까지 들었습니다. 그 때 저를 지도해주신 선생님이 자기가 아는 만큼 또 자기가 할 수 있는 만큼이라도 괜찮다는 말씀을 해주셨습니다. 내가 가진 것이 적으면 적은대로 그만큼의 도움도 필요한 곳이 있을 테니까요. 남을 돕거나 가르쳐본 사람들은 누구나 느꼈으리라 생각하지만, 처음엔 돕는다는 생각이었지만 결국 더 크게 도움 받고, 가르치면서 더 많이 배운 경험이 있었을 것입니다.

깨달음의 추구와 중생의 제도는 별개의 것이 아닙니다. 보살이 중생과 함께 하고 중생을 제도하려는 지혜와 자비의 행이 바로 깨달음에 이르는 길이기 때문이지요.

모든 세간이 인연에 따른 것임은 경에서 누누이 강조해오고 있습니다. 그러나 저는 그렇기 때문에 인연을 떠나야 해탈을 할 수 있을 것이라 생각했는데, 게송에서 인연을 떠나서는 어떤 것도 보지 못한다고 하는 것이 이해하기 어렵습니다.

인연을 있는 그대로 볼 수 있을 때 그 속박에서 벗어날 수 있다는 의미이겠지요. 인연은 피하고 도망간다고 벗어날 수 있는 것이 아닙니다. 우주의 모든 것은 상호의존적인 관계에 놓여있습니다. 타자와 단절되어 있는 것은 그 어떤 것도 없으니까요.

화엄의 세계는 바로 법계연기의 세계라 해도 과언이 아닙니다. 연기란 인연소기(因緣所起)의 줄인 말로 인연에 의해 이루어진 것이라는 말입니다. 다시 말해 이 세상을 이루는 모든 것은 서로서로 인과관계를 가지고 있으며, 천차만별인 하나하나의 사물이 단독으로 존재하는 것은 아무 것도 없으며 상호의존적인 관계 속에서 조화를 이루는 것이라는 의미입니다. 바로 이러한 인연법을 통달하지 않고서는 어떤 것도 바로 볼 수 없다는 것입니다.

매우 역설적이지만, 연기를 깨달아야만 인연을 넘어선다고 볼 수 있지요. 즉 인연을 이해해야만 인연으로 생성되는 우주를 이해할 수 있다는 것이겠지요. 인연을 끊겠다고 인연을 외면하고 회피하는 것으로 인연의 속박을 넘어설 수는 없는 것입니다. 그러므로 경에서도 세간이 모두 인연에 따른 것이라 인연을 떠나서는 어떤 것도 볼 수 없다고 한 것입니다.

경전에 업에 대한 내용이 많이 나오는데, 지금 각자가 처한 환경이 과거에 지은 업에 대한 결과라면 지금 이 순간에 잘해보고자 하는 노력이 허망한 것은 아닌가 하는 생각이 듭니다.

각자의 상황을 모두 업의 탓으로 돌릴 수는 없습니다. 물론 과거에 자기가 한 행위는 지금 현재 나에게 영향을 미치는 것이 틀림없습니다. 그러나 모든 사람이 잘못을 저지르고도 내 업이니까 어쩔 수 없다고 한다면 이 사회의 정의는 어떻게 이룰 수 있겠습니까? 또 소외되고 착취당하고 짓눌린 사람들이 모두 그들의 업 때문이라고 한다면 어떻게 정의를 바탕으로 한 평화를 이룩할 수 있겠습니까?

흔히 고통을 겪는 사람이 '전생에 내가 무슨 업이 많아서 …' 하며 한숨 섞인 푸념을 하는 경우가 있습니다. 그렇지만 업(業)에는 개인의 업이 있고, 공업(共業)이라 하여 공동으로 선이나 악의 업을 짓는 경우가 있습니다. 따라서 공업의 경우에는 공동으로 고락(苦樂)의 과보를 받게 되겠지요. 우리들의 몸과 마음에 따라 존재하는 국토나 가옥이나 의복 등과 같은 의보(依報)가 바로 이것이지요.

생각해보면 내가 선업을 쌓았다 해도 즉각적으로 그 보상이 주어지지 않을 때가 많습니다. 경우에 따라서는 선한 일을 하고서도 그 당시에는 절망과 고통을 겪다가 오랜 시간이 지나서 혹은 심지어는 몇 세대가 지나고 나서야 보상이 주어지는 경우도 있지요. 또 어떤 잘못을 저질렀을 때도 그 당시에는 들키지 않고 별 탈 없이 지나갈 때도 있습니다. 그렇지만 그 잘못에 대한 대가를 뜻하지 않은 곳에서 치르게 되는 일이 종종 있습니다. 우리가 부모에게 온갖 사랑을 받고서도 그 부모에게 은혜를 다 갚지 못하고, 내가 어떤 사람에게 잘못을 저질렀다 해서 반드시 그 사람에게 죄 갚음을 다하는 것이 아닌 것을 생각해볼 수 있을 것입니다. 그러나 언젠가는 잘한 일에 대한 상이 주어지고, 잘못한 일에 대한 벌이 돌아오는 것을 경험했을 것입니다. 이것은 굳이 불교의 업이라는 용어를 빌지 않더라도 당연한 일이 아니겠습니까.

사람에 따라서는 이미 돌이킬 수 없는 과거의 탓을 하면서 현재를 한탄하고 자포자기해버리기도 합니다. 그러나 지금 이 순간도 시시각각 과거가 되고, 그런 사람은 언젠가 오늘을 후회하는 날이 오게 되겠지요. 지나간 과거의 행위를 바꿀 수는 없을 것입니다. 그러나 과거의 삶을 어떻게 받아들이고 미래의 삶을 어떻게 준비할 것인가 하는 것은 지금 나의 결단에 달려있는 것입니다. 운명론적으로 남의 탓만 하면서 주저앉아 있을 것인지 아니면 비록 자기에게 닥친 고난과 고통이 있더라도 수행과 해탈의 길로 다가가는 기회로 삼고 업력을 원력으로 바꿀 수 있을 것인지에 대한 선택은 현재의 나에게 있는 것입니다. 여러분은 지금 어떤 선택을 하시겠습니까?

제 5 회향

무진공덕장회향이란?

"불자들이여, 무엇을 보살마하살의 '무진공덕장회향(다함이 없는 공덕장 회향)'이라 합니까.

불자들이여, 이 보살마하살은 온갖 무거운 *업장을 *참회하여 없앰으로써 일으킨 선근과, *삼세의 일체 부처님께 예경하면서 일으킨 선근과, 모든 부처님께 설법해주실 것을 간절히 청하면서 일으킨 선근과, 부처님 설법을 듣고 부지런히 수행하여 불가사의한 넓고 큰 경계를 깨달으면서 일으킨 선근과, 과거 · 미래 · 현재의 모든 부처님과 모든 중생이 가지고 있는 선근과, 모두 기쁘게 따라 일으킨 선근과, 과거 · 미래 · 현재의 모든 부처님의 다함없는 선근을 여러 보살들이 부지런히 닦아서 얻은 선근과, 삼세 부처님들이 정각을 이루어 *법륜(법 바퀴)를 굴려 중생을 조복하는 것을 보살이 모두 알고 기쁘게 따라하는 마음을 내어서 생긴 선근과, 삼세 부처님들이 처음 *발심하여 보살의 행을 닦고 *정각을 이루며 마침내 *반열반에 드심을 보이고 반열반에 드신 뒤에는 정법이 세상이 다하도록 머물러 있으며, 이런 것에 기쁘게 따라 하는 마음을 내는 선근들을 가지고 있습니다.

보살은 이와 같이 말할 수 없는 부처님의 경계와 자기의 경계와 *보리의 장애 없는 경계를 생각합니다. 이렇게 광대하고 한량없이 서로 다른 일체 선근에서 쌓아 모은 것이나, 믿고 이해한 것이나, 기쁘게 따라한 것이나, 원만한 것이나, 성취한 것이나, 닦아 행한 것이나, 얻어진 것이나, 알고 깨달은 것이나, 거두어 지닌 것이나, 증장한 것 모두를 회향하여 모든 부처님의 국토를 장엄합니다."

佛子 云何爲菩薩摩訶薩 無盡功德藏廻向. 佛子 此菩薩摩訶薩 以懺除一切諸業重障 所起善根, 禮敬三世一切諸佛 所起善根, 勸請一切諸佛說法 所起善根, 聞佛說法 精勤修習 悟不思議廣大境界 所起善根, 於去來今一切諸佛一切衆生 所有善根 皆生隨喜 所起善根, 去來今世一切諸佛 善根無盡 諸菩薩衆 精勤修習 所得善根, 三世諸佛 成等正覺 轉正法輪 調伏衆生 菩薩 悉知 發隨喜心 所生善根, 三世諸佛 從初發心 修菩薩行 成最正覺 乃至示現入般涅槃 般涅槃已 正法住世 乃至滅盡, 於如是等 皆生隨喜 所有善根.

菩薩 如是念不可說諸佛境界 及自境界 乃至菩提無障碍境 如是廣大無量差別 一切善根 凡所積集, 凡所信解, 凡所隨喜, 凡所圓滿, 凡所成就, 凡所修行, 凡所獲得, 凡所知覺, 凡所攝持, 凡所增長 悉以廻向 莊嚴一切諸佛國土.

[한자풀이]

懺:뉘우칠 참 勤:부지런할 근 請:청할 청 悟:깨달을 오

"What is great enlightening beings' dedication of inexhaustible treasuries of virtue? Here they dedicate the roots of goodness produced by repentance and removal of hindrances caused by past actions, the roots of goodness produced by paying respect to all Buddhas, the roots of goodness produced by requesting all Buddhas to teach, the roots of goodness produced by listening to Buddhas' teaching, diligently practicing it, and realizing the vast realm of the inconceivable, the roots of goodness produced by rejoicing at the virtues of all Buddhas and all sentient beings of the past, future, and present, the roots of goodness of all Buddhas, the roots of goodness achieved by the dilligent practice of infinite enlightening beings, the roots of goodness produced by enlightening beings knowing of and rejoicing in the Buddhas of all times attaining true enlightenment, teaching the truth, and taming sentient beings, the roots of goodness in rejoicing at the Buddhas of all times cultivating enlightening practice from their first inspiration, attaining supreme true awakening, finally appearing to enter ultimate extinction, and, after their extinction, the true teaching remaining in the world until passing away; thus enlightening beings think of the inexplicable realm of the Buddhas as well as their own realm and the unhindered realm of enlightenment—such tremendous, innumerable different roots of goodness, all they accumulate, all they believe in, all they rejoice in, all they fulfill, all they accomplish, all they practice, all they attain, all they are aware of, all they embody, all they develop, they dedicate to adorn all the buddha-lands."

[주]

*업장: 業障, Ⓢkarma-āvaraṇa, 악업의 장애. 말・행동・마음으로 악업을 지어 정도(正道)를 방해하는 장애.

*참회: 懺悔, Ⓢkṣama, 죄를 범한 경우 그것을 반성하고 부처나 다른 사람 앞에서 고백하고 허락을 구하며, 후회하여 고치는 것. 참(懺)은 범어인 'kṣama'를 음사한 참마의 준말이고, 회(悔)는 그 의역어로 참고 견딘다는 의미이다.

*삼세: 三世, ⓈTrayo-dhvanaḥ, loka-traya, 과거・현재・미래를 말함. 또는 전세(前世)・현세(現世)・내세(來世). 유위(有爲)의 사물(事物)이 한 찰라 사이에 그치지 않고 생겼다가는 사라지므로 내생을 미래세라 하며, 생기는 것을

현재세라 하고, 멸하는 것을 과거세라 한다. 세(世)는 격별(隔別)·천류(遷流)의 뜻으로, 현상계의 사물은 잠깐도 정지하지 않고, 생기면 반드시 멸한다. 이 사물이 천류하는 위에 3세를 임시로 세운 것. 불교에서는 시간의 실체를 인정하지 않고, 법(法) 위에 세운 것. ①현재-어떤 법이 생겨서 지금 작용하고 있는 동안 ②과거-법이 멸했거나 또 그 작용이 그친 것 ③미래-법이 아직 나지 않고, 작용을 하지 않는 것.

*법륜: 法輪, S Dharmacakra, 교법을 말함. 부처님의 교법이 중생의 번뇌·망상을 없애는 것이, 마치 전륜성왕의 윤보(輪寶)가 산과 바위를 부수는 것 같으므로 법륜이라 한다. 또 교법은 한 사람 한 곳에 머물러 있지 않고, 늘 굴러서 여러 사람에게 이르는 것이 마치 수레바퀴와 같으므로 이렇게 일컬음.

*발심: 發心, S citta-utpāda, 구도(求道)의 생각을 일으키는 것. 불도(佛道)에 들어가 깨달음의 지혜를 얻으려고 하는 의지를 일으키는 것. 보리심을 일으키는 것.

*정각: 正覺, S Saṁbodhi, 등정각(等正覺)의 준말. 부처님의 지(智)를 이름하여 정각이라 함. 부처님이 무루정지(無漏正智)를 얻어 만유의 실상(實相)을 깨달았기 때문에 성불(成佛)을 성정각(成正覺)이라고 함.

*반열반: 般涅槃, S parinirvāṇa, 진정한 열반, 부처님이 깨달은 열반이라는 말. 무명번뇌의 속박에서 완전한 자유 해탈을 얻고, 진리를 궁구하여 적멸무위한 법의 성품을 깨달아 불생불멸하는 법신의 진실한 자리로 돌아가는 것. 입멸(入滅)·멸도(滅度)·원적(圓寂)이라고도 한다.

*보리: 菩提, S Bodhi, 보리는 음사이며 '깨닫다'의 의미이다. 도(道)·지(智)·각(覺)이라 번역. ①불교 최고의 이상(理想)인 불타 정각의 지혜. 곧 불과(佛果) ②불타 정각의 지혜를 얻기 위하여 닦는 도(道). 불과에 이르는 길을 말함. 우리나라 속음에 '보리'라고 한다.

보살이 다시 선근으로 회향함

"불자들이여, 보살마하살은 다시 선근으로 이렇게 회향합니다. '내가 닦은 모든 부처님 국토에 큰 보살들이 가득하되, 그 보살들은 *체성이 진실하고 지혜가 통달하며, 온갖 세계와 중생계를 잘 분별하고, 법계와 허공계에 깊이 들어가서 어리석음을 버리며, *염불을 성취하며, 법이 진실하여 불가사의함을 생각하고, 승단이 한량없이 널리 가득함을 생각하고, 또한 버리는 것을 생각하며, 법의 해가 원만하고 지혜 빛이 널리 비치어 보는데 장애가 없으며, 낼 수 없는 데에서부터 불법을 내고, 여러 훌륭한 선근의 주인이 되며, 위없는 보리심을 내고 여래의 힘에 머물러 일체지에 나아가며, 마군들의 업을 깨뜨리고 중생의 세계를 청정케 하며, 모든 것의 본성에 깊이 들어가 미혹함을 벗어버리고, 선근과 큰 소원이 모두 헛되지 아니한데, 이러한 보살들이 그 세계에 가득하고 이러한 곳에 태어나서, 이러한 덕을 가지게 되기를 바랍니다.' 고 원합니다."

佛子 菩薩摩訶薩 復以善根 如是廻向. 願我所修一切佛刹 諸大菩薩 皆悉充滿, 其諸菩薩 體性眞實, 智慧通達, 善能分別一切世界 及衆生界, 深入法界 及虛空界 捨離愚癡, 成就念佛, 念法眞實 不可思議, 念僧無量 普皆周遍, 亦念於捨, 法日圓滿 智光普照 見無所碍, 從無得生 生諸佛法, 爲衆勝上善根之主, 發生無上菩提之心 住如來力 趣薩婆若, 破諸魔業 淨衆生界, 深入法性 永離顚倒, 善根大願 皆悉不空, 如是菩薩 充滿其土, 生如是處, 有如是德.

"Great enlightening beings also dedicate roots of goodness in this way: 'May all the buddha-lands I cultivate be filled with great enlightening beings who are truly genuine, with comprehensive knowledge, able to distinguish all worlds and sentient beings, to enter deeply into the realm of reality as well as the realm of space, who cast off folly and perfect the recollection of the Buddhas, recollection of the truth of the teaching, recollection of the infinity of the community, omnipresent everywhere, and who also remember equanimity, their sun of truth full and round, their light of knowledge illumining everywhere, seeing without obstruction, born from nonacquisition, producing all aspects of Buddhahood, possessed of myriad supreme roots of goodness, engendering the determination of unexcelled enlightenment, abiding in the powers of Buddhas, heading for omniscience, destroying the works of demons, purifying the realm of sentient beings, entering deeply into the essential nature of things, forever getting rid of delusion, bringing all root of goodness and great vows to fruition-may such enlightening being fill those lands, born in such places, having such virtues."

[주]

*체성: 體性, Ⓢsvabhāva, atmakatva, 체(體)와 성(性). 물건의 본질을 체(體)라 하고, 체가 변하여 고쳐지지 않는 불변의 것을 성(性)이라 하니, 체(體)가 곧 성(性)이다.

*염불: 念佛, Ⓢbuddha-anusmṛti, 불도 수행자가 닦는 행의 하나. 불(佛)을 억념(憶念)하는 것. 부처님의 명호를 입으로 칭(稱)하는 것. 대승불교에서 염불은 보다 다양한 내용을 받아들이면서 전개되고 있다. 염불의 내용으로서는 부처

님의 열 가지 명호에 국한하지 않고 32상이나 신통력 등, 부처님이 갖추신 뛰어난 여러 가지 특성이나 형상을 초월한 법신으로서의 부처님을 염하는 것 등을 들 수 있다. 또 대승불교에서는 석가모니불만 염하는 것이 아니라 여러 부처님을 염하고, 특히 정토경전에서는 아미타불(阿彌陀佛)을 염함으로써 불국토에 왕생할 수 있다고 한다.

방편으로 회향함

"불자들이여, 보살마하살은 모든 *선근으로써 일체 부처님 세계에 방편으로 회향하며, 모든 보살에게 방편으로 회향하며, 모든 여래에게 방편으로 회향하며, 모든 부처님의 깨달음에 방편으로 회향하며, 모든 넓고 큰 서원에 방편으로 회향하며, 모든 해탈의 길에 방편으로 회향하며, 방편으로 회향하여 일체중생계를 깨끗이 하며, 모든 세계에서 방편으로 회향하여 부처님들께서 세상에 출현하심을 항상 보며, 방편으로 회향하여 여래의 수명이 한량없음을 항상 보며, 방편으로 회향하여 법계에 가득하신 부처님들께서 걸림 없고 물러서지 않는 법 바퀴 굴리심을 항상 봅니다."

佛子 菩薩摩訶薩 以諸善根 方便廻向一切佛刹, 方便廻向一切菩薩, 方便廻向一切如來, 方便廻向一切佛菩提, 方便廻向一切廣大願, 方便廻向一切*出要道, 方便廻向淨一切衆生界, 方便廻向於一切世界常見諸佛出興於世, 方便廻向常見如來壽命無量, 方便廻向常見諸佛遍周法界 轉無障碍不退法輪.

"Great enlightening being expediently dedicate all roots of goodness to all buddha-lands, to all enlightening beings, to all Buddhas, to the enlightenment of all Buddhas, to all great vows, to all essential ways of emancipation, to purifying all realms of sentient beings, to always seeing the Buddhas appear in all worlds, to always seeing the life of the enlightened ones as infinite, and to always seeing the Buddhas pervading the cosmos turning the unimpeded, nonregressing wheel of teaching."

[주]

*선근: 善根, Ⓢkuśala-mūla, 23품 참고.

*出要: 출요, 생사윤회를 벗어나는 것. 고통으로부터 벗어나는 것. 출리의 중요한 길. 출리(出離). 깨달음에의 길.

분별심을 떠남

"불자들이여, 보살마하살이 이렇게 회향할 때에 '나' 혹은 '내 것'을 분별하지 않고, 부처님이나 부처님의 가르침을 분별하지 않으며, 세계나 세계의 장엄을 분별하지 않고, 중생이나 중생 *조복함을 분별하지 않으며, 업이나 업의 과보를 분별하지 않고, 생각이나 생각으로 일으키는 것에 집착하지 않습니다. 원인을 부정하지 않고 결과도 부정하지 않으며, 일에 집착하지 않고 법에도 집착하지 않으며, 생사의 분별이 있다고 말하지 않고, 열반이 항상 고요하다고 말하지 않으며, 여래가 부처님 경계를 *증득했다고 말하지 않으니, 사소한 것은 진실과 함께 머무는 것이 아니기 때문입니다.

불자들이여, 보살마하살이 이렇게 회향할 때에 이 모든 선근으로 중생에게 널리 베풀되, 반드시 (중생을)성숙시키고 평등하게 교화하며, 형상이나 인연에 매이지 않고 헤아림이나 허망함이 없어 온갖 분별과 집착을 멀리 떠나 있습니다."

佛子 菩薩摩訶薩 如是廻向時 不分別我 及以*我所, 不分別佛 及以佛法, 不分別刹 及以嚴淨, 不分別衆生 及以調伏, 不分別業 及業果報, 不着於思 及思所起. 不壞因 不壞果, 不取事 不取法, 不謂生死有分別, 不謂涅槃恒寂靜, 不謂如來 證佛境界, 無有少法與法同止.
佛子 菩薩摩訶薩 如是廻向時 以諸善根 普施衆生, 決定成熟 平等教化, 無相無緣 無稱無量虛妄 遠離一切分別取着.

"When great enlightening beings practice dedication in this way, they do not conceive of self or possessions, do not conceive of Buddha or Buddha teaching, do not conceive of lands or adornment, do not conceive of sentient beings or civilization, do not conceive of action or results of action; they do not cling to thought or what is produced by thought, they do not deny cause and effect, they do not grasp things, they do not grasp principles, they do not say birth and death has mentation, they do not say nirvana is eternal tranquility, they do not say the enlightened realize buddhahood-there is not the slightest thing that coexists with reality.

When great enlightening beings practice dedication in this way, they give all roots of goodness over to sentient beings, to assure their development of maturation, teaching and edifying them impartially, without mental images, without objectification, without assessment, without falsehood, avoiding all vain discrimination and conceptual clinging."

[주]

*我所: 아소, 내 것, 아지소유(我之所有)의 약어. 아소사(我所事)라고도 함. 나의 것. 자아에 소속한다고 집착하는 것. 나의 소유하는 것.

*조복: 調伏, Ⓢnigraha, 25품 제1회향 참고.

*증득: 證得, Ⓢadhigama, 올바른 지혜로써 진리를 확실히 깨달아 얻는 것. 오득 · 증오라고도 한다. 진리의 당체를 확연히 깨달아 얻는 것. 진리의 당체는 보통 사람의 생각으로써는 깨달을 수가 없고, 지극한 원력과 오랜 수양과 성리연마로써 증득할 수 있다.

다함없는 선근을 얻음

"보살마하살이 이렇게 회향하고는 다함이 없는 선근을 얻게 되는데, 이를테면 삼세의 모든 부처님을 생각하므로 다함이 없는 선근을 얻고, 모든 보살을 생각하므로 다함이 없는 선근을 얻고, 부처님의 세계를 깨끗이 하므로 다함이 없는 선근을 얻고, 모든 중생계를 깨끗이 하므로 다함이 없는 선근을 얻고, 법계에 깊이 들어가므로 다함이 없는 선근을 얻고, 무량한 마음을 닦아 허공계와 평등하므로 다함이 없는 선근을 얻고, 모든 부처님의 경계를 깊이 이해하므로 다함이 없는 선근을 얻고, 보살의 업을 부지런히 닦으므로 다함이 없는 선근을 얻고, 삼세를 분명하게 통달하므로 다함이 없는 선근을 얻습니다."

菩薩摩訶薩 如是廻向已 得無盡善根, 所謂念三世一切諸佛故 得無盡善根, 念一切菩薩故 得無盡善根, 淨諸佛刹故 得無盡善根, 淨一切衆生界故 得無盡善根, 深入法界故 得無盡善根, 修無量心等虛空界故 得無盡善根, 深解一切佛境界故 得無盡善根, 於菩薩業 勤修習故 得無盡善根, 了達三世故 得無盡善根.

"Once great enlightening beings have made this dedication, they attain inexhaustible roots of goodness: that is, they attain inexhaustible roots of goodness because they keep all enlightening beings in mind; they attain inexhaustible roots of goodness because they purify the buddha-lands; they attain inexhaustible roots goodness because they purify all realms of sentient beings; they attain inexhaustible roots of goodness because they delve deeply into the realm of reality; they attain inexhaustible roots of goodness because they cultivate immeasurable mind equal to the realm of space; they attain inexhaustible roots of goodness because they profoundly understand the realm of all Buddhas; they attain inexhaustible roots of goodness because they diligently cultivate the work of enlightening beings; they attain inexhaustible roots of goodness because they comprehend the past, present, and future."

모든 보살의 행을 닦음

"불자들이여, 보살마하살이 이렇게 회향할 때에 모든 보살의 행을 닦아서, 복덕이 뛰어나고 형상이 비할 데 없으며, 위력과 광명이 세간을 초월하며, *마라와 마라의 무리들이 감히 마주 대할 수 없으며, 선근을 잘 갖추고 대원을 성취하였으며, 그 마음이 매우 넓어 일체지와 동등하며, 한 생각 속에 한량없는 부처님 세계가 널리 가득할 수 있고, 지혜의 힘이 한량없어 모든 부처님의 경계를 통달하며, 모든 부처님께 깊은 믿음을 얻고 그지없는 지혜에 머물렀으며, 보리심의 힘은 법계와 같이 광대하여 마침내 허공과 같습니다. 불자들이여, 이것을 보살마하살의 제 5회향인 '무진공덕장회향(다함이 없는 공덕장)'이라고 합니다."

佛子 菩薩摩訶薩 如是廻向時 修一切菩薩行, 福德殊勝 色相無比, 威力光明 超諸世間, 魔及魔民 莫能瞻對, 善根具足 大願成就, 其心彌廣 等一切智, 於一念中 悉能周遍無量佛刹, 智力無量 了達一切諸佛境界, 於一切佛 得深信解 住無邊智, 菩提心力 廣大如法界 究竟如虛空. 佛子 是名菩薩摩訶薩 第五無盡功德藏廻向.

[한자풀이]

比:견줄 비 瞻:볼 첨, 우러러보다 彌:두루 미, 널리

"When great enlightening beings practice dedication in this way, they cultivate the practices of all enlightening beings, their virtues are extraordinary, their appearance is incomparable, their spiritual force and radiance surpass all worldlings, so that demons and demonic people cannot look upon them. Their roots of goodness are complete, their great vows are accomplished, their minds ever broadening, equal to the omniscient. In a single moment of attention they can pervade innumerable buddha-lands. The power of their knowledge is immeasurable, and they have arrived at the sphere of all Buddhas. They have profound faith in all Buddhas, and abide in boundless knowledge, the power of their will for enlightenment as vast as the cosmos, as ultimate as space. This is the great enlightening beings' fifth dedication, dedication of inexhaustible treasuries of virtue"

[주]

*마라: 魔羅, ⓈMāra, 마(魔), 악마(惡魔), 살자(殺者), 능탈명(能奪命), 장애(障碍), 요란(擾亂), 파괴 등으로 번역. 사람의 생명을 빼앗고, 좋은 일을 방해하고 고민하게 만드는 나쁜 귀신을 가리킨다. '죽이는 자'의 의미를 가지기 때문에, 인류 최초의 사자(死者)이며, 인간의 생명을 뺏고, 영계(靈界)의 왕이라 일컬어지는 야마와 상통하는 의미로 쓰이는 경우도 있다. 불교에서 마(魔)는 욕계의 제6천의 왕을 마왕이라 하고, 그 권속을 마민마인(魔民魔人)이라 하며, 구역의 경론에는 본래 마(磨)라 하였으나 양나라 무제(武帝) 때부터 마(魔)로 고쳐 쓰던 것이라 함.

회향으로 십무진장을 얻음

"보살마하살이 이 회향에 머무르면 열 가지 *무진장을 얻습니다. 열 가지란, 부처님을 뵈옵는 무진장을 얻게 되는데 한 털 구멍에서 아승기 부처님들이 세상에 출현하심을 보기 때문이며, 법에 들어가는 무진장을 얻게 되는데 부처님 지혜의 힘으로 모든 것이 하나의 진리에 들어감을 관찰하기 때문이며, 잘 기억하는 무진장을 얻게 되는데 모든 부처님께서 설법하신 것을 받아 지니어 잊지 않은 때문이며, 결정적인

(뛰어난) 지혜의 무진장을 얻게 되는데 모든 부처님께서 설법하신 가운데 비밀스러운 방편을 잘 알기 때문이며, 뜻과 취지를 아는 무진장을 얻게 되는데 가르침의 이치와 의향의 정도를 잘 알기 때문이며, 끝없이 깨닫는 무진장을 얻게 되는데 허공 같은 지혜로 삼세의 모든 법을 통달하기 때문이며, 복덕의 무진장을 얻게 되는데 일체 중생의 뜻을 만족하게 하여 다함이 없기 때문이며, 용맹한 지혜로 깨닫는 무진장을 얻게 되는데 일체 중생의 어리석음으로 가려진 것을 능히 없애 버리기 때문이며, 명확한 변재의 무진장을 얻게 되는데 모든 부처님의 평등한 법문을 연설하여 중생들이 모두 깨닫도록 한 때문이며, 열 가지 힘과 두려움 없는(*무외) 무진장을 얻게 되는데 모든 보살의 행을 잘 갖추어 깨끗한 비단을 정수리에 매고 장애가 없는 일체지에 이르는 때문인데 이것이 열 가지입니다. 불자들이여, 보살마하살이 모든 선근으로써 회향할 때에 이 열 가지 무진장을 얻게 됩니다."

菩薩摩訶薩 住此廻向 得十種無盡藏. 何等 爲十 所謂得見佛無盡藏 於一毛孔 見阿僧祇諸佛 出興世故, 得入法無盡藏 以佛智力 觀一切法 悉入一法故, 得憶持無盡藏 受持一切佛所說法 無忘失故, 得決定慧無盡藏 善知一切佛所說法秘密方便故, 得解*義趣無盡藏 善知諸法*理趣*分齊故, 得無邊悟解無盡藏 以如虛空智 通達三世一切法故, 得福德無盡藏 充滿一切諸衆生意 不可盡故, 得勇猛智覺無盡藏 悉能除滅一切衆生 愚癡翳故, 得決定辯才無盡藏 演說一切佛平等法 令諸衆生悉解了故, 得*十力*無畏無盡藏 具足一切菩薩所行 以離垢繒 而繫其頂 至無障碍一切智故 是爲十. 佛子 菩薩摩訶薩 以一切善根廻向時得此十種無盡藏.

[한자풀이]

翳:깃일산 예, 가릴 예, 가로막다, 방패, 그늘 繪:그림 회, 그림이 있는 비단

"When great enlightening beings abide in this dedication, they attain ten inexhaustible treasuries: they attain an inexhaustible treasury of seeing Buddhas, because in a single pore they see countless Buddhas appearing in the world; they attain an inexhaustible treasury of entry into truth, because by the power of Buddha-knowledge they see all things in one truth; they attain an inexhaustible treasury of memory, because they retain the teachings expounded by all Buddhas without forgetting any; they attain an inexhaustible treasury of certain wisdom, because they know the secret techniques in the teachings expounded by all Buddhas; they attain an inexhaustible treasury of understanding meaning and intent, because they know the distinctions of principles of the teachings; they attain an inexhaustible treasury of boundless realization, because they comprehend all things of all times by means of spacelike knowledge; they attain an inexhaustible treasury of felicitous virtues, because they satisfy the wishes of all sentient beings without end; they attain an inexhaustible treasury of intrepid knowledge and awareness, because they are able to remove and destroy all sentient beings' blinders of ignorance and folly; they attain an inexhaustible treasury of definitive powers of elucidation, because they expound the impartial teaching of all Buddhas so that all sentient beings understand; they attain an inexhaustible treasury of the ten powers and four fearlessnesses, because they fulfill all practices of enlightening beings, wrap their heads in the turban of nondefilement, and arrive at an unobstructed omniscience. When great enlightening beings dedicate all roots of goodness, they attain these ten inexhaustible treasuries."

[주]

*무진장: 無盡藏, ① 다함이 없는 재보를 가진 장(藏). 무진한 재물을 넣는 장(藏). ② 다함이 없는 덕(德)을 지니고 있는 것.

*意趣: 의취, 취지, 의견

*理趣: 이취. 도리지취(道理旨趣)의 뜻. 의취(義趣), 지취(旨趣)

*分齊: 분제, 분위차별(分位差別)로, 차별한 범위를 말함.

*무외: 無畏, ⓢAbhayapradāna, ①확신, 두려움을 갖지 않는 것. 진리에 대하여 바르게 알고, 확신으로 말하며, 어떠한 불안이나 의혹도 없는 것. ②공포하지 않는 것. 두려움이 없는 것. 안온하고 포외(怖畏)가 전혀 없는 상태. 무서워 않고 하겠다는 강한 마음. 부처와 보살의 네 가지 무외는 다음과 같다.

1)부처님의 4무소외: ①정등각무외(正等覺無畏): 일체 모든 법을 평등하게 깨달아 다른 이의 힐난을 두려워하지 않음. ②누영진무외(漏永盡無畏): 온갖 번뇌를 다 끊었으므로 외난(外難)을 두려워하지 않음. ③설장법무외(說障法無畏): 보리를 장애하는 것을 말하되 악법은 장애되는 것이라고 말했을 때 다른 이의 비난을 두려워하지 않음. ④설출도무외(說出道無畏): 고통 세계를 벗어나는 요긴한 길을 표시함에 있어서 다른 이의 비난을 두려워하지 않음.

2)보살의 4무외: ①능지무외(能持無畏): 보살이 부처님의 교법을 듣고 능히 이것을 받아 지니며 잊지 않으므로, 남에게 가르치면서 두려워하지 않는 것. ②지근무외(知根無畏): 보살은 중생들의 근기(根機)를 잘 알아 알맞은 법을 말하므로 조금도 두려운 마음이 없음. ③결의무외(決疑無畏): 보살이 여러 사람에게 설법을 할 때에 대중으로부터 어떠한 어려운 질문을 받더라도 자유로이 적당한 대답을 할 수 있으므로 마음속에 조금도 두려움이 없음. ④답보무외(答報無畏): 보살이 대중 앞에서 설법할 때 중생들의 모든 물음에 대하여, 이치에 알맞게 해답하여 자유자재하게 응답하여 두려워하지 않는 것.

게송으로 5회향을 노래함

보살이 깊은 마음의 힘을 성취하여　　菩薩成就深心力
모든 법에 자재함을 두루 얻고서　　普於諸法得自在
설법을 청하고 기쁘게 따른 복덕　　以其勸請隨喜福
걸림없는 방편으로 잘 회향하시네　　無碍方便善廻向
Enlightening beings perfect profound mental power,
Attaining mastery of all the reachings;
The blessings of their petitions and appreciation
They dedicate by unimpeded means.

저 모든 보살들이 잘 갖추신　　彼諸菩薩悉具足
무량한 *상호로 몸을 장엄하시고　　無量相好莊嚴身
온누리 가득히 설법하시는 변재　　辯才演說遍世間
바닷물이 다함없는 것과 같습니다　　譬如大海無窮盡
Those enlightening beings all are endowed
With bodies adorned with infinite signs of greatness;
With powers of clarification their teaching fills the world,
Inexhaustible as the ocean.

[주]

*상호: 相好, ⓈLakṣaṇa-vyañjana, 용모, 형상. 상(相)은 몸에 드러나게 잘 생긴 부분, 호(好)는 상(相) 중의 부분적인 자세한 모습에 대하여 말함. 이 상호가 모두 완전하여 하나도 모자람이 없는 것을 불신(佛身)이라 함. 불신에는 32상과 80종호가 있다고 함.

보살들 이와 같이 마음이 청정하여 菩薩如是心清淨
선근으로 중생들께 회향하면서 善根廻向諸群生
널리 바른 도를 이루게 하고 普欲令其成正道
불법을 온전히 알게 하려 하시네 具足了知諸佛法
Thus are enlightening beings pure of heart,
Dedicating virtues to all living beings,
Wanting to cause all to become truly enlightened
And fully know the Buddha's truths.

보살이 모든 행법 잘 관찰하여 菩薩善觀諸行法
성품이 홀로 존재 않음을 통달하여 了達其性不自在
모든 것의 성품이 이런 줄 알아 旣知諸法性如是
허망하게 업과 과보에 집착 않습니다 不妄取業及果報
Enlightening beings observe all conditioned things
And understand their nature is not independent;
Thus knowing the nature of things is like this
They don't wrongly grasp acts of results.

모든 법이 인연으로 생긴 것이라 一切諸法因緣生
체성은 있는 것도 없는 것도 아니니 體性非有亦非無
인연이나 인연으로 생긴 것들에 而於因緣及所起
마침내 그 가운데 집착 없습니다 畢竟於中無取着
All things are born of causes and conditions-
Their essential nature is neither existent or nonexistent;
And in causes and conditions, what they produce

They ultimately have no attachments at all.

갖가지 닦아 행한 여러 선한 업　　一切所行衆善業
모두 다 중생에게 회향하오며　　悉以廻向諸群生
그 참된 성품 모두 깨달아　　莫不了達其眞性
여러 가지 분별을 없애버립니다　　所有分別皆除遣

[한자풀이]
遣:보낼 견, 놓아주다

The good works which they do
They dedicate to all living beings,
Not failing to realize their true nature,
Abandoning discrimination.

삼세에 한량없는 모든 중생들이　　了知三世諸衆生
인과 연이 어울려 일어남을 알고　　悉從因緣和合起
마음의 좋아함과 *습기까지 알아　　亦知心樂及習氣
일체 법을 잠시도 버린 적 없습니다　　未曾滅壞一切法

[한자풀이]
從:좇을 종, 나아가다

They know all sentient beings of all times
Come from combinations of causes and conditions:
They also know their inclinations and habits
And never annihilate anything.

[주]

*습기: 習氣, Ⓢvāsanā, 번뇌의 주체를 정사(正使)라 하고, 번뇌의 여훈 즉 습관

의 기분으로 남은 것을 습기라고 한다.

진정한 참회는 모든 죄업에서 벗어나게 하므로
참 자기와의 만남을 이루게 합니다.

Real repentance makes sentient beings
get out of all hindrances caused by past actions
and fulfill the encounter with real self.

보살마하살은 온갖 무거운 업의 장애를 참회함으로써 선근을 일으킨다고 합니다. 저도 한 동안 참회일기를 써보았는데 쓰면 쓸수록 부끄러운 자신을 발견하게 되었습니다. 정의라는 이름으로 부르짖었던 것이 나의 분노인 경우도 있었고, 어떤 일을 하면서도 핑계를 대거나 자기 합리화를 일삼는 자신을 보았습니다.

참회일기를 썼다는 것은 적극적인 자기성찰의 방법으로서 매우 훌륭한 수행법이라 생각합니다. 부끄러운 자신을 마주할 수 있다는 것은 근기가 성숙되지 않고서는 불가능한 일이지요.

참회의 의미는 죄를 범한 경우 그것을 반성하고 부처나 다른 사람들 앞에서 고백하고 허락을 구하며 후회하여 고치는 일을 말합니다. 참회는 석가시대 때부터 매우 중시되었는데, 참회를 함으로써 수행자나 믿음을 가진 자의 저지른 죄가 소멸되고 정화된다고 합니다.

참회에 대한 내용으로는 『화엄경』의 「보현행원품」에 잘 요약이 되어있습니다. 한량없는 겁을 지나오면서 탐내는 마음과 성내는 마음과 어리석은 마음에서 몸과 말과 마음으로 한량없는 많은 악한 업을 지었는데, 그 악업에 형체가 있다면 허공계를 다 채우고도 남을 것이라 하면서, 몸과 말과 마음을 다하여 불찰극미진수 모든 부처님들과 보살님들께 지성으로 참회하며 다시는 악한 행동을 하지 않고 항상 청정 계율을 지키며 모든 공덕을 짓겠다(我昔所造諸惡業 皆有無始貪瞋癡 從身語意之所生 一切我今皆懺悔)고 서원하고 있습니다.

경 구절에서도 볼 수 있듯이 탐·진·치로 인해 저지르는 크고 작은 악업이 한량없는데, 그것을 뉘우치고 다시는 반복하지 않으리라는 결심을 하는 일은 철저한 자기 성찰을 통해서만 가능한 일일 것입니다. 그런 의미에서 참회란 진정한 자신과의 만남이라 할 수 있습니다. 업의 장애로 덮여 가려져 있고 오염되어 있는 것을 끊임없이 씻어내는 일은 자기 본래 성품을 만나고자 하는 것이라 할 수 있지요. 그러므로 참회가 부끄러운 것이 아니라 참회하지 않는 일이 진정 부끄러운 일이 될 것입니다.

그런데 어느 정도까지는 반성도 잘 되고 자신의 잘못을 직면할 수 있는데, 어느 선 이상은 차돌같이 단단하여 무엇인지 알 수가 없는 경우가 있었습니다. 어쩌면 끝까지 보는 것을 두려워하는 저의 방어본능인지도 모르겠다는 생각을 했습니다.

깊은 자기 성찰을 칭찬하고 싶습니다. 대개는 본성을 가리고 있는 못난 모습을 보아내지 못하기 때문에 그 속에 숨어있는 본성을 끝내 볼 수 없는 것입니다. 그래서 덮어서 없는 것처럼 해버리고, 자기를 기만해버리고, 직면하기 두려워 회피해버리는 것이지요. 정신분석가들은 그것을 핵심역동이라 부르며 평생토록 행동을 지배하는 감정이라 말하고도 있지요.

오죽하면 얼굴에 여드름 몇 개만 나도 거울을 보기 싫고, 다른 사람 다 잘 나와도 눈감은 내 사진은 앨범에 넣기도 싫을까요. 내가 못났다는 것을 보는 것, 인정하는 것이 얼마나 어려운지는 이토록 사소한 것에서도 나타납니다. 그러니 나의 몸과 말과 뜻이 진정한 자기와 일치하고 있는지를 끊임없이 확인하고 반성한다는 것은 참으로 중요한 일이지요. 우리가 절을 하고 참선을 하고 염불을 하고 사경을 하는 그 모든 것도 차돌처럼 다져지고 굳어져버린 나의 업장을 녹여내는 작업이라해도 과언이 아닐 것입니다.

『천수경』에도 열 가지 죄악을 참회하도록 가르치면서, 우리의 자성에는 원래에 아무런 죄악이 없고 다만 분별심으로부터 일어난 것이므로 분별심이 없어지면 죄도 또한 없어진다고 하면서 죄도 없어지고 분별심도 공적하게 되면 이를 진실한 참회라 한다(罪無自性從心起 心若滅時罪亦亡 罪亡心滅兩俱空 是則名爲眞懺悔)고 하였습니다. 개인도 그렇지만 종교계나 정당이나 어떤 집단에서도 참회는 필요합니다. 자신의 잘못을 잔뜩 짊어지고도 상대를 비난하고 책임을 돌리며 자기기만을 일삼는다면 죄업을 벗을 길은 묘연하겠지요. 참회야말로 죄업에서 벗어나는 길이니 우리 모두 진실한 참회를 할 수 있게 되길 바랍니다.

보살은 따라 기뻐하는 선근을 일으킨다고 합니다. 이 경문을 보면서 따라 기뻐하는 것도 선근이 되는구나 하는 생각이 들었습니다. 보통 결혼식에서 혼인서약을 할 때 기쁠 때나 슬플 때나 함께 할 것을 약속하지만 최근 이혼율이 급증하는 것을 보면 그 약속을 지켜내기가 참으로 힘들다는 것을 느끼고 저부터도 다른 사람의 기쁨을 얼마나 온전히 기뻐해주었나 생각해봅니다.

슬픔이든 기쁨이든 온전히 공감하기란 쉬운 일이 아닙니다. 평생을 함께 하겠노라 사랑으로 약속한 부부도 기쁨과 슬픔을 나누는 것이 쉽지 않은데 다른 사람과의 관계에서는 어떠하겠습니까?

상대의 감정을 그대로 받아들이기 위해서는 내 자신이 비어있어야 합니다. 그렇지 않으면 상대의 좋은 점을 보고도 내 마음 속에 적개심이 있으면 분노가 일어나고, 내 마음 속에 열등감이 있으면 질투가 일어나지요. 어떤 일을 만나도 내 마음의 필터를 거치면서 왜곡이 되어 받아들이게 됩니다.

어떤 여성이 심한 열등감으로 어떤 말도 그대로 들을 수가 없었다고 합니다. 남편이 칭찬을 해도 나를 놀린다고 듣고, 남편이 핀잔을 주면 한없이 자기 비하감에 빠져서 형편없는 자신을 탓하곤 했지요. 사소한 농담에도 우울해지고, 상대의 말에 어떤 저의가 있을까를 먼저 경계하곤 했지요. 그러다보니 자신과 타인에 대한 의심이 늘고 매사에 위축이 되어 기쁨이라곤 느낄 수가 없고, 삶의 의미조차 잃어버리게 되어 자살을 몇 번이나 시도했다고 합니다. 또 입만 벌리면 자기자랑을 하는 어떤 남성이 있었습니다. 세계적인 유명대학에서 학위를 받은 것을 내세우고 유명인의 이름을 들먹이며 유명인의 말만 인용하는 사람이었지요. 자신도 남들이 부러워할만한 사회적 지위를 누리고 있었고 실제로 상당한 능력의 소유자임에도 불구하고, 자신이 이룬 성취로는 만족이 되지 않을 뿐 아니라 자기를 우습게 볼까하는 두려움이 존재했던 것입니다. 두 사람은 마치 반대되는 것처럼 보이지만 모두 낮은 자존감 때문에 자신도 상대도 모두 왜곡되게 받아들이고 있었던 것입니다. 열등감으로 인해 자기 목소리는 없고 늘 남의 평가에 연연하다보니 남의 기쁨도 슬픔도 받아줄 힘이 없었을 뿐 아니라 자신의 기쁨도 슬픔도 느낄 여유가 없었던 것이지요.

기쁨을 기쁨으로 받아들이지 못하고, 슬픔을 슬픔으로 느끼지 못하게 하는 내 안의 감정은 무엇입니까? 그 감정의 찌꺼기를 찾아 정화시키고 비워나가는 일이야말로 구도적인 과정이라 할 수 있을 것입니다. 그 과정을 통해서 비로소 기쁨도 슬픔도 있는 그대로 온전히 받아들일 수 있을 테니까요. 또한 진정한 공감을 통한 행복도 누릴 수 있겠지요.

삼세 모든 부처님께 예경하는 선근이 크다는 말이 와 닿습니다. 부처님을 예경하듯이 모든 사람을 예경하는 마음을 가지고 싶습니다.

예경제불(禮敬諸佛)은 보현보살의 첫 번째 행원으로서 보살이 행해야할 덕목으로 잘 알려져 있지요. 즉 모든 부처님들께 지극한 마음으로 예배하고 공경하는 것을 말합니다. 삼세의 모든 부처님뿐 아니라 부처가 될 잠재력을 가지고 있는 중생까지도 예경할 수 있다면 진정한 부처님의 뜻을 따르는 일이라 생각합니다.

『여래장경』에 의하면 '모든 중생은 자신 속에 여래를 품고 있다(一切衆生有如來藏)'고 했습니다. 여래장(如來藏, Ⓢtathagata garbha)이란 여래의 태(胎)라는 의미로 불성(佛性, ⓈBuddhatva)과 동의어이지요. 또 『열반경』에는 '일체중생 실유불성(一切衆生 悉有佛性)'이라고 했습니다. 모든 사람이 다 불성을 가지고 있다는 뜻이지요. 그러므로 부처님을 공경하는 한편 모든 중생들을 공경하는 마음을 가질 수 있어야 하겠습니다. 지위가 높다하여 머리를 조아리고 나보다 못하다하여 업신여긴다면 절에 가서 부처님께 삼 천배를 한들 무슨 소용이 있겠습니까? 가족이 서로 존중하지 않고 이웃끼리 서로 헐뜯으면서 온갖 절을 순례하며 부처님을 공경한들 무슨 공덕이 있겠습니까? 가족과 이웃과 동료를 부처님 대하듯이 공경하는 마음으로 대한다면 진정한 예경제불이라 할 수 있겠지요.

보살은 생사를 분별하지 않는다는 말이 마음에 와 닿습니다. 조금만 아파도 두렵고, 작은 걱정거리에도 잠 못 이루며 마음이 흐트러지는데 생사에 초연할 수 있는 경지는 저에게는 아득하게 느껴집니다.

지금 내가 경전에서 말하고 있는 보살과 같은 삶을 살지 못하고 있다고 부끄러워하고 한탄할 필요는 없습니다. 보살은 우리에게 삶의 방향을 제시해주고 있지요. 이 경전의 구절을 만나면서 그렇게 살지 못한 자신을 돌아보고 새롭게 마음을 가다듬을 수 있다면 훌륭한 태도일 것입니다.

살아있는 동안에 미지의 세계인 죽음에 대한 두려움은 어쩌면 당연한 것이라 해도 좋을 것입니다. 그래서 죽음을 잘 알려고 하고, 값진 죽음이 되려고 하고, 죽어서도 후회하지 않을 삶을 살려고 하고, 조상께나 자손들에게 부끄럽지 않은 삶을 살려고 하는 과정에서 죽음에 대한 불안도 넘어서게 되는 것이지요.

열반이나 해탈이 죽음과 동의어로 쓰이는 경우가 있는데, 열반은 아주 고요하고 평화로운 적정의 상태를 의미하고, 해탈은 어떤 경계에도 매이지 않는 대 자유를 의미합니다. 내 마음이 고요하면 죽음도 내 마음을 흔들어 놓지 못 하고, 어떤 것에도 집착하지 않으면 생사에도 걸림이 없겠지요. 우리는 죽음 앞에서 불안해하고 있는 자신을 보면서 내 마음이 끄달리고 있는 것이 무엇인지를 살펴보아야 합니다.

내가 내려놓기 힘든 것이 자식에 대한 애정인지, 재산인지, 목숨에 대한 집착인지, 내가 이룬 명예와 권력인지 생각해볼 수 있겠지요. 먼 훗날 죽음에 다다랐을 때가 아니더라도 오늘 하루를 생각해봐도 좋을 것입니다. 나를 차지하고 내 삶을 이끌어 가는 것이 나의 불심인가, 아니면 내 행동과 내 사고를 지배하고 있는 것이 욕심과 분노와 어리석음인지 지금 바로 느껴볼 수도 있을 것입니다. 외부의 시선과 평가에 휘둘리고, 욕심과 질투로 애를 태우고, 미워하고 화내면서 잠을 설치며 한 순간도 근심 걱정을 떠나지 못하는 사람은 그것에 자신이 잡혀서 점령당해버리게 됩니다. 그러니 평생을 살아도 한 순간도 스스로의 삶을 살지 못하는 결과가 되는 것이지요. 당연히 미련이 많고 후회가 많고 억울하고 한이 되어 이대로 죽을 수 없다는 마음을 가지게 됩니다. 내가 내 삶의 주인공이 되었을 때 죽음에 대한 주인공도 내가 될 수 있을 것입니다. 내가 내 삶을 받아들이고 최선을 다해 살았듯이 죽음 역시 흔쾌히 받아들이고 기쁘게 맞이할 수 있을 것입니다.

야스퍼스에 의하면 우리는 죽음에의 이해, 곧 죽음에의 암호해독을 통해서 자기의 본래적 존재에의 이해에 이르고, 그 순간 초월자의 신성(神性)을 깨닫게 됩니다. 고대 철학자인 소크라테스도 죽음에 대한 철학적인 깊은 관상 즉 죽음에 대한 깊은 명상을 통하지 않고는 삶을 깨달을 수가 없다고 보았습니다. 죽음이라는 한계상황에서 출발해서 그 한계상황을 넘어서고 초월함으로써 진리에 대한 깨달음에 다가설 수 있는 것이겠지요. 죽음을 모르는 사람은 생을 알 수 없고, 또 그것을 알지 못하는 사람은 생사의 분별을 넘어설 수 없는 것이라 말할 수 있겠지요. 만약 지금 죽음에 대한 불안을 느꼈다면, 죽음을 묵상하고 불안의 원인을 성찰하는 기회로 삼아야 할 것입니다.

5회향의 지위에 이른 보살은 한 생각 속에 한량없는 부처님의 세계가 널리 가득하게 된다는 말이 인상적입니다. 어떨 때에는 제 마음자리에 바늘 하나 꽂을 여지가 없음을 느끼곤 하는데 그런 저의 마음으로 보살의 마음을 흉내라도 낼 수 있을지 의문입니다.

우리의 마음 그릇은 그 크기가 고정적으로 한정되어 있는 것이 아닙니다. 내 안에 나를 가두면 한없이 좁아졌다가도, 우주를 향해 마음을 열면 온 우주를 받아들일 만큼 한없이 넓어지기도 하지요.

욕심으로 눈이 멀거나 미운 마음 때문에 분노가 이글거리고 있을 때는 어떤 충고도 설득도 들리지 않을 때가 있습니다. 오히려 말을 하면 할수록 더 마음의 문을 단단히 닫아걸고 듣지 않으려고 하지요. 자기 편견에 갇혀있는 사람도 마찬가지입니다. 그런 사람에게 말을 걸면 마치 그 사람 앞에 보이지 않는 벽이 있어 공이 튕겨져 나오는듯한 느낌을 받기도 하지요. 철벽같은 울타리를 쳐놓고 자기도 벗어나지 못하고 남도 넘어오는 것을 허용하지 않게 됩니다.

그렇지만 자식과 아내를 살해한 사람을 용서하지 못해 분노와 원한으로 지옥과 같은 삶을 살았던 사람이, 용서할 수 없었던 그 살인자를 용서하면서 평화를 얻게 되었던 남자가 있었습니다. 그를 용서하지 못했던 동안에는 복수 외에는 그 어떤 것도 생각할 수 없었고, 어떤 사람의 위로나 조언도 들리지 않고 관심조차 없었다고 합니다. 그러나 그를 용서하게 되었을 때 다시 사람을 사랑할 수 있게 되었고 분노로 꽉 채웠던 마음이 비워지면서 그만큼 넓어지게 되어 다른 것을 받아들일 수 있게 되었습니다. 물론 그가 원수를 용서하기까지에는 참으로 큰 고통의 세월을 견뎌야만 했겠지만 그를 자유롭게 했던 것은 복수로 마음을 묶었을 때가 아니라 용서로 마음을 열었을 때였던 것이지요.

명예든 돈이든 권력이든 사람마다 끝까지 내어놓지 못하고 붙들고 있는 것이 있습니다. 그것이 자리를 차지하고 있는 한 다른 것이 비집고 들어갈 여지는 없어지지요. 집착을 버리는 만큼 마음은 넓어지게 됩니다. 부처님 전생담에 보면 굶주린 호랑이에게 자기 몸을 던졌다는 이야기가 있습니다. 자기 몸까지 버리면서 실천하고자 했던 자비심의 한량없음을 보여주는 내용이지요. 얼마 전 우리 곁을 떠났던 김수환 추기경님도 서로가 서로에게 밥이 되어주라고 평소에 늘 말씀하셨습니다. 서로가 서로를 살리는 상생의 정신이지요. 내 것은 움켜쥐고 남의 것만

빼으려 할 때 이 세상은 지옥으로 변하겠지만, 서로가 기쁘게 상대의 밥이 되어주는 양보와 희생 그리고 사랑이 이루어진다면 그곳이 바로 불국토가 아닐까 생각합니다. 우리도 내가 집착하고 있는 욕심을 조금씩 놓음으로써 자기한계를 넘어설 수 있을 것입니다. 좁은 자기를 무한히 확장시켜나갈 수 있게 됩니다.

무엇을 채우고 그 채운 것을 가두어 두는 것으로 내가 넓어지는 것이 아닙니다. 오히려 집착을 버림으로써, 가진 것을 베풂으로써 넓어지게 되는 것입니다. 또 마음이 넓어지고 난 다음에 무엇을 받아들이게 되는 것이 아닙니다. 용서하고 상대를 받아들임으로써 끊임없이 자기가 확대되는 것입니다.

경전을 읽는 것도 중요하지만 받아 지니어 잊지 않는 것이 더 중요하다는 것을 알았습니다. 보살도 부처님의 설법을 받아 지니어 잊지 않았기 때문에 잘 기억하는 무진장을 얻었다고 합니다.

경전을 읽고 머리로 이해하는 것도 무의미한 것은 아니지만, 마음으로 온전히 받아들여 내면화하면서 가르침 그대로 구현하는 것은 완전히 다릅니다. '수지(受持)한다'는 것은 입으로 외워 중얼거리거나 머릿속에 기억한다는 것과는 차원이 다르지요.

절에 열심히 다니는 사람들 중에는 스님 못지않게 어려운 한문경전도 줄줄 외며 예불할 때 큰 소리로 염불도 잘하는 사람을 볼 수 있습니다. 경구를 한자도 틀리지 않게 독송을 하는 사람이라 해서 부처님 말씀을 그대로 지닌다고 말할 수는 없을 것입니다. 물론 가르침대로 살려고 노력하더라도 마음 따로 진리 따로가 되는 경우가 한 두 번이 아닙니다.

수지독송의 중요성은 『금강경』에서 누누이 강조하고 있습니다. 어떤 사람이 경을 수지독송하고 남을 위하여 전해준다면 그 공덕은 한량없는 것이라고 말하고 있습니다. 수없는 재물로 보시한다하여도 경전을 진심으로 믿고 받아들이며 남에게 전하는 공덕에 비할 수 없다 하였지요. 『천수경』에도 경을 깊이 받아들이는 것의 중요성을 강조하는 구절을 볼 수 있습니다. 가르침을 깊이 받아들인 몸은 광명의 깃발이 되고, 가르침을 깊이 받아들인 마음은 신통장이 된다(受持身是光明幢 受持心是神通藏)고 하였지요.

물론 욕심세계에 사는 우리들이 단번에 부처님의 가르침을 체득할 수는 없을 것입니다. 반복하여 독송하고 묵상하는 과정에서 우리의 마음이 성숙되고, 말씀대로 살려는 결연한 원을 통해 가르침과 하나가 되어 진리와 나 사이에 터럭만한 간격도 없어지게 될 것입니다.

제5회향은 '무진공덕장회향'입니다. 무진장이라는 용어는 지금까지 양적인 의미로만 생각을 했는데, 정신적인 차원에서 지혜나 기억 혹은 용맹의 무진장을 얻는다는 것이 새롭게 다가왔습니다.

어쩌면 무진장이 아니고는 진리를 받아들이는 것이 불가능할지도 모르지요. 우리의 마음은 한 없이 좁아지기도 하고 넓어지기도 합니다. 마음이 경직되어버리면 비록 그 안에 씨가 있다하더라도 움이 틀 수가 없습니다. 마음의 땅이 유연해서 부드러워야 내리는 비나 외부의 영양을 흡수할 수 있고, 불어오는 바람을 맞이할 수 있지요. 만약 시멘트처럼 딱딱하다면 아무 것도 받아들일 수도 없고, 내 안의 것도 싹틔울 수 없을 것입니다.

흔히 한 인간을 일컬어 소우주라고 합니다. 인간을 구성하는 개개의 세포 수와 인간의 몸을 의지하여 기생하고 있는 모든 세균의 수를 생각한다면, 티끌보다 적은 생명에 있어서 인간이란, 인간이 느끼는 우주와도 같은 크기일지도 모릅니다. 우리의 몸과 마음은 그 많은 것들을 이미 받아내고 있습니다. 또 내가 들이마신 공기와 햇살은 내 속에 들어와 나를 이루는 요소가 되고 있습니다. 매일 먹는 밥만 보아도 온 우주의 요소들이 만든 합작품인 것을 알 수 있지요. 내가 숨을 쉬면서 온 우주를 호흡하는 것이 되어 전 우주가 나를 낳고 나 역시 우주의 한 요소임을 알 수 있습니다. 화엄의 법계관에서는 개체가 고립되고 단절되어 있다고 생각하지 않습니다. 모든 것이 서로 융섭하고 서로가 유기적인 상관관계를 가지고 있어 내가 곧 우주고 우주가 곧 나라고 말할 수 있지요. 먼지 하나가 곧 우주고 우주가 곧 먼지입니다.

이렇게 우리 마음의 창고가 우주를 다 담을 만큼 무진장한 것임을 생각하면 부처님의 지혜와 자비도 담아내지 못할 리가 없다고 여겨집니다.

보살은 모든 행법을 잘 관찰하여 성품이 홀로 존재하지 않음을 통달한다고 합니다. 저는 이 세상에 홀로라는 생각을 자주해왔고 이런 제 생각 속에 빠져있었다는 것을 알았습니다.

독백과 대화는 다릅니다. 자기 안에 갇혀 자기 생각만 되뇌이는 것이 독백이라면, 상대와 어울리고 소통하며 이해하는 것이 대화가 아니겠습니까? 우리는 주변에서 대화한다고 하면서 독백하는 사람을 많이 보아왔습니다. 상대방을 공감한다고 하면서도 자기 편견으로 해석하고, 상대방의 생각마저 자기 고정관념 안으로 끌어들이려 하는 때가 많습니다. 자기를 가두는 껍질이 너무 단단하여 밖의 소리가 껍질을 뚫고 들어오지 못하고 자기 목소리는 껍질에 부딪혀 메아리가 되어 다시 내 안을 울리니 결국 자기 소리밖에 들을 수가 없는 것입니다. 이런 경우 주변에 가족이나 친구가 아무리 많아도 혼자라는 생각으로 외로움에 빠지게 되고 말지요.

대화는 다른 사람과의 관계에서만 한정되지 않습니다. 자기 마음의 움직임과도 대화를 하고, 신체의 부분과도 대화할 수 있습니다. 또한 우리 주변의 사물과도 대화를 하고 허공과 우주와도 대화할 수 있습니다. 대화를 통하여 상대를 이해하고 받아들이고, 상대를 통하여 나를 보고 교만에서 벗어나 겸허해지게 하고, 이 세상 모든 것이 상호의존적 관계에 있음을 깨닫게 되는 것입니다.

선불교에 있어서 화두도 마찬가지입니다. 화두는 끊임없는 자기와의 대화를 통하여 철벽같이 닫혔던 자신을 여는 방편이라 할 수 있겠지요. 화두의 특징이 문답형식으로 이루어진 대화라는 것을 볼 때, 그것이 지적이거나 논리적인 것이 아니더라도 끊임없이 참구하는 마음속 대화의 과정을 통하여 언어도단의 경지를 체득하게 되는 것입니다. 대화야말로 나 자신은 물론 우주와 소통하는 중요한 방편임을 알게 되지요.

그렇다면 스스로 진정한 의미의 대화를 하고 있나 돌아보도록 합시다.

보살은 중생들이 마음으로 좋아하는 것과 습기까지도 알아서 꼭 알맞게 제도한다고 합니다. 그러면서도 일체법을 잠시도 버린 적이 없다고 합니다. 부끄럽지만 저는 부모로서 자식의 마음도 못 읽을 때가 있음을

고백합니다.

가정 내 교육이 대부분을 차지했던 과거에 비해, 하루 한 끼 식사도 같이 하지 않고 얼굴 대면하는 시간이 턱없이 짧거나 아예 없을 때도 있는 요즘은 자식 마음 읽기도 쉬운 일이 아닙니다. 어쩌다가 마주치기라도 하면 부모는 못마땅한 일부터 먼저 보니까 늘 꾸중하고 요구하는 사람이 되는 경우가 많습니다. 자녀는 부모의 질책이 듣기 싫고 요구가 부담스러워 회피함으로써 갈등을 피하려고 하니까 점점 관계는 멀어지게 됩니다. 그러다보니 서로의 마음을 이해한다는 것은 무척 어려운 일이 되어버린 것이지요.

부모가 자녀를 이해하지 못하니 올바른 교육을 할 수 없습니다. 자기 자녀가 어떤 것에 흥미를 가지고 있고, 무엇을 잘하는지 알지 못하는 부모가 많습니다. 어떤 부모는 자기 아이가 노래를 잘해서 상을 받아왔는데, 그동안 노래 잘 부르는 줄 전혀 알지 못했다는 것입니다. 그것은 관심이 부족해서이기도 하겠지만, 아이가 노래 부를 가족분위기가 아니었을 수도 있었겠지요.

또 자녀가 부모를 이해하지 못하니 부모에게 반발하고 괜한 오해로 방황을 하는 젊은이도 많습니다. 부모의 관심을 간섭과 강요로 받아들이고 부모의 기대가 부담이 되어 숨이 막힐 것 같다는 아이의 호소를 들은 적이 있습니다. 특히 어리석은 부모는 자식의 기를 꺾는 부모입니다. 작은 일이라도 자녀에게 잘할 기회를 주고 칭찬을 하여 더욱 소질을 개발하도록 하는 부모가 있는 반면, 부모의 기세에 눌려 늘 열등감에 시달리는 아이가 있습니다. 부모가 자녀를 얼마나 이해하고 기다려주고 믿어주면서 마음껏 성장할 수 있도록 정성을 기울이는가에 따라 결과는 달라질 것입니다. 독수리같이 힘 있게 창공을 활개 치며 날 수 있을 아이도, 병든 병아리마냥 어미닭 주변을 맴도는 아이가 될 수 있을 테니까요.

회향의 마음은 저 혼자 잘 살겠다고 하는 현대인의 이기주의적 사고로는 도달하기 힘든 경지인 것 같습니다.

사람들은 누구나 상승욕구를 가지고 있습니다. 그것은 생명의 속성이기도 합니다. 그러나 세속적인 물질적 가치로부터 자유롭지 못한 자기중심적인 현대인들은 정신적인 성숙을 추구하는데 관심을 두기보다는, 좀 더 돈을 많이 벌고 좀 더 잘 먹고 좀 더 높은 지위를 가지는데 더 관심을 많이 두는 것 같습니다. 이 또한 자기 가치를 높이는 일이고 높은 지위와 풍부한 재물은 더 크게 사회에 환원할 수 있는 수단이 되므로 탓할 일은 아닐 것입니다. 그러나 재화의 노예가 되어 그것에만 가치를 둔다면 문제이겠지요.

얼마 전 외국에 나가있는 자녀가 한국에 살고 있는 부모를 자기들과 함께 살자고 꾀어 전 재산을 팔아 고국을 떠나게 해놓고, 정작 그 자녀는 부모를 모시기는커녕 돈만 빼앗고 낯선 외국 땅에 부모를 내몰아 불법체류자를 만들어 갈 곳도 없이 만든 사례를 보았습니다. 아무 의심도 없이 달려온 부모에게 돌아온 것은 다른 사람도 아닌 자녀들의 쓰디쓴 배신이었고, 그 부모는 자식 잘 되기를 바라며 모진 역경도 견디며 살아온 한평생의 삶의 의미가 한순간에 무너져 내리는 참을 수 없는 아픔을 겪어야 했습니다.

저와 제 자식이 잘 먹겠다고 천륜마저 저버리는 극단적인 이기주의가 우리의 가슴을 서늘하게 합니다. 물론 흔한 일은 아니지만, 인간의 욕심이 얼마나 끝이 없는 것인지를 단적으로 보여주고 있습니다. 탐욕에 눈이 멀게 되면 인간이 금수보다 못한 짓을 저지를 수도 있는 것이지요.

잘 살고 싶다는 것, 더 잘 살고 싶다는 것, 이것은 모든 사람들의 소망입니다. 그러나 그 마음의 방향이 안으로 향하여 외부와 벽을 쌓고 이기적으로 나와 내 가족의 이익만 추구하고 있는지, 외부로 향하여 우주와 소통하며 다함께 더불어 잘 살기를 바라고 있는지 돌아보아야 할 것입니다. 이기적인 마음이 집착이라면, 대승적인 마음은 서원입니다. 집착은 속박이지요. 엄청난 번뇌의 씨앗입니다. 집착을 원으로 전환시킬 수 있다면 저절로 회향의 삶을 살 수 있게 될 것입니다.

제 6 회향

수순견고일체선근회향이란?

"불자들이여, 무엇을 보살마하살의 '수순견고일체선근회향(견고한 일체 선근을 따르는 회향)'이라 합니까? 불자들이여, 이 보살마하살이 제왕이 되어 큰 나라를 다스린다면, 위엄과 덕망이 널리 퍼지고 그 이름이 천하를 진동하여 모든 적들이 스스로 돌아서서 복종하고, 명령을 내려 시행함에 있어서는 바른 법에 의지하고, 하나의 덮개를 들어 만방에 그늘을 드리우며, 천하를 이끌어 두루 다녀도 걸림이 없고, 깨끗한 비단을 정수리에 매었으며, 법에 자재하여 보는 사람마다 모두 굴복하고, 형벌을 쓰지 않지만 덕에 감화되어 교화하는 것에 따르며, 네 가지 거두어 주는 법(*사섭법)으로 중생을 돌보고, *전륜왕이 되어 모든 사람에게 베풉니다."

佛子 云何爲菩薩摩訶薩 隨順堅固一切善根迴向. 佛子 此菩薩摩訶薩 或爲帝王 臨御大國, 威德廣被 名震天下 凡諸怨敵 靡不歸順, 發號施令 悉依正法, 執持一蓋 溥蔭萬方, 周行率土 所向無碍, 以離垢繒而繫其頂, 於法自在 見者 咸服, 不刑不罰 感德從化, 以四攝法 攝諸衆生, 爲轉輪王 一切周給.

[한자풀이]

堅:굳을 견 帝:임금 제 臨:임할 임, 다스리다 御:어거할 어, 다스리다 被:이불 피, 미치다, 달하다 怨:원망할 원 敵:원수 적 靡:쓰러질 미, 없을 미 歸:돌아갈 귀 號:부르짖을 호 蓋:덮을 개 溥:이슬 많을 단 蔭:그늘 음 率:거느릴

솔, 이끌다 繒:비단 회 繫:맬 계 頂:정수리 정, 머리 咸:다 함, 모두 罰:죄벌, 형벌 感:느낄 감 攝:걷을 섭, 도울 섭 給:넉넉할 급, 주다, 공급함.

"What is great enlightening beings' dedication causing all roots of goodness to endure? Here the enlightening beings may be rulers of great nations, their virtue extending to all, their fame shaking the world; their enemies all submit to them, and their commands are all based on correct principles. They hold a single canopy that gives shade to all quarters, and travel everywhere as leaders of the land, unobstructed wherever they turn, tying on the turban of nondefilement. They are sovereign masters of the law, and all who see them submit. They do not torture or punish people, yet all obey, moved by their virtue. They deal with sentient beings with liberality, kind words, beneficial actions, and cooperation; as universal rulers, they provide for everyone."

[주]

*사섭법: 四攝法, Ⓢcatuḥ-saṃgraha-vastu, 고통 세계의 중생을 구제하려는 보살이, 중생을 불도로 이끌기 위한 네 가지 방법. ①보시섭(布施攝): 만약 중생이 재물을 좋아하면 재물을 보시하고, 법을 구하면 법을 보시하여 친애하는 마음을 내게 하고, 그것으로 중생을 섭수하여 도(道)를 받게 함. ②애어섭(愛語攝): 중생의 근성에 따라 좋은 말로 위로하고 깨우쳐, 이로 인하여 친애하다는 마음이 생겨 도(道)를 받게 함. ③이행섭(利行攝): 보살이 몸과 말과 뜻으로 선행을 일으켜 중생을 이롭게 하며 진리에 이르도록 도(道)를 받게 함. ④동사섭(同事攝): 불・보살이 중생의 근기에 따라 몸을 나타내되, 그들과 사업・이익을 같이 하면서, 고락을 같이하고 화복을 함께 함으로써 진리의 길로

이끌어 들이는 것을 말한다.

*전륜성왕: 轉輪聖王, Ⓢcakravarti-rāja, 고대인도의 이상적인 제왕, 부처님과 같이 32가지의 외관상의 특징을 갖고 있으며 이 왕이 즉위하면 하늘로부터 윤보(輪寶)를 받아 그것을 굴리며 전 세계를 평화적으로 다스린다고 한다. 이 윤보를 굴리면서 사방을 위엄으로 굴복하게 하므로 전륜왕, 공중으로 날아 다니므로 비행황제라고 함.

보살의 자재한 공덕

"보살마하살은 이렇게 자재한 공덕 속에 머무르는데, 많은 권속이 있어 꺾어 무너뜨릴 수 없고, 어떤 허물도 없으며, 보는 이가 싫증 내지 않고, 복덕으로 장엄하여 상호가 원만하고, 형체와 팔다리가 잘 갖추어져 조화로우며, *나라연과 같이 견고한 몸을 얻고 큰 힘을 성취하여 (그 누구도 보살마하살을)굴복시킬 수 없으며, 청정한 업을 얻어 모든 업의 장애에서 벗어납니다."

菩薩摩訶薩 安住如是自在功德, 有大眷屬 不可沮壞, 離衆過失, 見者無厭, 福德莊嚴 相好圓滿, 形體支分 均調具足, 獲那羅延堅固之身 大力成就 無能屈伏, 得淸淨業 離諸業障.

[한자풀이]

眷:돌아볼 권, 돌보다 屬:엮을 속, 맺다 沮:막을 저, 방해하다 壞:무너질 괴 厭:싫을 염 均:고를 균, 조화를 이루다 獲:얻을 획, 빼앗다 屈:굽을 굴, 굽히다 伏:엎드릴 복, 굴복하다

"Enlightening beings, abiding in such sovereign virtues, have a great retinue; they cannot be undermined, they are rid of all faults. No one ever tires of seeing them; adorned with felicitous virtues, their marks of greatness and embellishments are fully developed. Their bodies and limbs are well proportioned, and they have robust, healthy, ideal human bodies. Their great strength is consummate and they cannot be constrained or overcome by anyone. They attain pure action and are free from all barriers caused by actions."

[주]

*나라연: 那羅延, ⓈNārāyaṇa, 인도의 옛 신. 천상의 역사로서, 불법의 수호신인데, 나라연천이라고도 한다. 집금강의 하나로 밀적금강(密跡金剛)과 함께 이천(二天)이라고 한다.

온갖 보시를 행함

"온갖 보시를 구족하게 행하는데, 음식과 온갖 맛 좋은 것을 보시하고, 수레를 보시하고, 의복을 보시하고, 꽃 장식을 보시하고, 온갖 향과 향수와 침상과 집과 머무는 처소와 좋은 등불과 병에 맞는 탕약과 보배 그릇과 보배 수레와 잘 길들여진 코끼리와 말을 모두 훌륭하게 장식하여 기쁘게 보시합니다. 혹은 어떤 이가 와서 왕이 앉은 자리 · 덮개 · *일산 · *당기 · 깃발 · 보물이나, 장엄구나 머리에 쓴 보배 왕관이나 상투에 꽂은 아름다운 구슬이나, 심지어는 왕의 자리(신분)까지를 요구하더라도 조금도 아까워하지 않습니다. 만일 감옥에 있는 중생을 보면 재물이나 보배나 처자나 권속이나 심지어는 몸을 던져버리면서까지 그들을 구하여 풀려나게 합니다. 만일 옥에 갇힌 죄수가 사형을 당하려는 것을 본다면 곧 바로 몸을 던져서 그의 목숨과 대신하며, 정수리의 피부나 머리카락을 달라고 하는 사람을 보더라도 기쁘게 주고 아까워하지 않습니다. 눈과 귀 · 코 · 혀 · 이 · 머리 · 손 · 발 · 피 · 살 · 뼈 · 골수 · 심장 · 신장 · 간 · 허파 · 대장 · 소장 · 두꺼운 피부 · 얇은 피부 · 손가락과 발가락 및 손발톱까지라도 기쁜 마음으로 모두 보시합니다."

具足修行一切布施, 或施飮食 及諸上味, 或施車乘, 或施衣服, 或施華鬘, 雜香塗香 牀座房舍 及所住處 上妙燈燭 病緣湯藥 寶器寶車 調良象馬 悉皆嚴飾 歡喜布施. 或有來乞王所處座 若蓋若傘 幢幡寶物, 諸莊嚴具 頂上寶冠 髻中明珠 乃至王位 皆無所悋. 若見衆生 在牢獄中 捨諸財寶 妻子眷屬 乃至以身 救彼令脫. 若見獄囚 將欲被戮 卽捨其身 以代彼命, 或見來乞連膚頂髮 歡喜施與 亦無所悋. 眼耳鼻舌 及以牙齒 頭頂手足 血肉骨髓 心腎肝肺 大腸小腸 厚皮薄皮 手足諸指 連肉爪甲 以歡喜心 盡皆施與.

[한자풀이]

鬘:머리장식 만 塗:진흙 도, 칠하다 牀:평상 상, 침상 房:방 방, 집 舍:집 사 燈:등잔 등, 등불 燭:촛불 촉, 등불 病:병 병 緣:가선 연 湯:탕 藥:약 약 寶:보배 보 良:좋을 양 象:코끼리 상 乞:빌 걸, 구하다 傘:우산 산 幢:기 당, 휘장 幡:기 번 髻:상투 계 悋:아낄 린, 인색하다 牢:우리 뢰, 옥 獄:옥 옥, 감옥 妻:아내 처 脫:벗을 탈, 벗기다 囚:가둘 수, 죄인 將:장차 장 戮:죽일 육(륙) 連:잇닿을 연, 이어지다 膚:살갗 부, 피부 髮:터럭 발, 머리털 牙:어금니 아, 이의 총칭 齒:이 치 髓:골수 수 腎:콩팥 신 肝:간

간 肺:허파 폐 厚:두터울 후 爪:손톱 조 甲:첫째 천간 갑

"They fully practice all giving; sometimes they give food and drink, sometimes they give delicacies, sometimes they give conveyances, or clothing, or flower garlands, or incenses and perfumes, beds, seats, houses, lamps, medicines, precious vessels, jeweled carriages, trained elephants and horses, all magnificently adorned—they give all these gladly. If any come and ask for their throne, or canopies or parasols, banners, pennants, treasures, or other adornments, or the jeweled crowns on their heads, or the radiant jewels in their topknots, or even the rank of ruler itself, they begrudge nothing. If they see sentient beings in prison, they give up their treasures, their spouses, children, retinue, and even their own bodies, to rescue them and free them. If they see prisoners about to be executed, they give up their bodies in exchange for those prisoners' lives. Then again, if they see anyone come begging from them, begging for even their flesh or hair, they gladly give them ungrudgingly; their eyes, ears, noses, tongues, teeth, heads, hands, feet, blood, flesh, bones, marrow, internal organs, skin, fingers, toes, and nails, all they give with a joyful heart."

[주]

*일산: 日傘, 햇볕을 가리기 위한 자루가 길고 큰 양산

*당: 幢, Ⓢ Dhvaja; Ketu, 간주(竿柱: 장대) 끝에 용두(龍頭)의 모양을 만들고 깃발을 달아 드리운 것. 사찰의 문 앞에 세우는 기(旗). 불보살의 위신과 공덕을 기리거나, 고승 석덕의 명예를 널리 알리기 위해서나, 중생을 제도하고 마군을 굴복시키기 위하여 불전이나 불당 앞에 세운다. 당(幢)은 대개 불화가 그려져

있고, 장대 끝에 용두 모양을 만들고 깃발을 단다. 항상 달아두지 않고 기도나 법회 등 의식이 있을 때만 사용한다.

불법을 위해 온 몸을 던짐

"(보살마하살은) 일찍이 없었던 법(불가사의 한 진리)을 구하기 위해서라면 깊고 큰 불구덩이에라도 몸을 던지며, 혹은 부처님의 정법을 보호하고 유지하기 위해서는 어떤 고통도 달게 받으며, 가르침을 청할 때 한 글자를 위하여서도 온 세상에 있는 모든 것을 다 버릴 수 있고, 항상 바른 법으로 중생들을 교화하여 선행을 닦고 악행을 버리게 하며, 중생이 다른 이의 신체를 해치는 일을 보면 자비로운 마음으로 구원하여 죄업을 버리도록 합니다."

或爲求請*未曾有法 投身而下深大火坑, 或爲護持如來正法 以身忍受一切苦毒, 或爲求法 乃至一字 悉能遍捨*四海之內一切所有, 恒以正法 化導群生 令修善行 捨離諸惡, 若見衆生 損敗他形 慈心救之 令捨罪業.

[한자풀이]

坑:구덩이 갱 毒:독 독 請:청할 청, 구하다 損:덜 손, 잃다 敗:깨뜨릴 패, 해치다

"In their quest for teaching they have never heard they would hurl themselves into pits of fire. In order to preserve the true teaching of the Buddhas they would endure all kinds of pain. In seeking the teaching, for even one word of it they can give up everything within the four seas. They continually civilize and guide sentient beings by means of right teaching, causing them to cultivate good practices and abandon evil. If they see sentient beings physically harming others, they kindly rescue them and cause them to give up wrongdoing."

[주]

*未曾有法: 미증유법, 십이부경(十二部經)의 하나인 미증유경(未曾有經)의 하나. 미증유경은 불·보살이 갖가지 신력으로 나타낸 부사의한 일을 기록한 경문으로, 미증유법은 경 가운데 불가사의한 일을 말한 부분임.

*四海: 사해, 불교에서 말하는 수미산을 둘러싸고 있는 사방(四方)의 외해를 가리킴. 여기서는 온 세상이라는 의미를 지니고 있음.

평등하게 보시함

"(보살마하살은) 온갖 살림살이에 필요한 물건들을 보시하여 널리 *'무차대회'를 베풉니다. 그 중에 갖가지 복밭인 중생들이 먼 곳에서 왔거나 가까운 곳에서 왔거나 어질거나 어리석거나 아름답거나 추하거나 남자거나 여자거나 사람이거나 사람 아닌 것이거나, 마음과 행동이 같지 않고 구하는 것이 제각기 다르더라도 평등하게 베풀어 주어 모두 만족하게 합니다.

불자들이여, 보살마하살이 이렇게 보시할 때에 잘 거두는 마음을 내어 회향합니다. 이른바 *색(물질)을 잘 거두어서 견고한 일체 선근에 잘 따르며, *수(감수작용)·상(표상작용)·행(의지작용)·식(식별작용)을 잘 거두어서 견고한 일체 선근에 잘 따르며, 국왕의 지위를 잘 거두어 견고한 일체 선근에 잘 따르며, 권속을 잘 거두어 견고한 일체 선근에 잘 따르며, 살림살이를 잘 거두어 견고한 일체 선근에 잘 따르며, 은혜 베푸는 일을 잘 거두어 견고한 일체 선근에 잘 따릅니다."

或捨一切資生之物 普設無遮大施之會. 其中衆生 種種福田 或從遠來 或從近來 或賢或愚 或好或醜 若男若女 人與非人, 心行 不同 所求各異 等皆施與 悉令滿足. 佛子 菩薩摩訶薩 如是施時 發善攝心 悉以廻向. 所謂善攝色 隨順堅固一切善根, 善攝*受想行識 隨順堅固一切善根, 善攝王位 隨順堅固一切善根, 善攝眷屬 隨順堅固一切善根, 善攝資具 隨順堅固一切善根, 善攝惠施 隨順堅固一切善根.

[한자풀이]

資:재물 자, 자본

"Sometimes they give away all necessities of life to establish great assemblies of giving, from which none are prohibited, and provide for the needs of all the sentient beings who come—all kinds of fields of blessings—whether they come from afar or nearby, whether they are intelligent or stupid, no matter what they look like, whether they are male or female, whether human or nonhuman, their mental patterns different, their requirements each different; the enlightening give to all to satisfy everyone.

When enlightening beings give in this way, they develop a mind of good control, with which they practice dedication: controlling the body well, controlling sensation, conception, action, and consciousness well, controlling sovereignty well, controlling followers well, controlling means of subsistence well, controlling generous giving well, they accordingly cause all roots of goodness to be firm and enduring."

[주]

*무차대회: 無遮大會, 불교에서 행하던 의식. 이것은 불교의 보시정신에 기초하여 베풀어진다. 성범(聖凡)·도속(道俗)·귀천(貴賤)·지우(智愚)·선악(善惡)·상하(上下)의 구별 없이 일체 평등으로 재시(財施)와 법시(法施)를 행하는 대회이다. 이 대회에는 수행자를 비롯하여 일반 세속인 모두가 참여하여 보시가 베풀어진다. 즉 무차대회가 열리면 모든 중생들에게 불법의 공덕을 나누어주기도 하며 불법을 가르치거나 불경에 대하여 서로의 의견을 나누는 자리가 마련되기도 한다. 우리나라에서 무차대회가 열려진 기록을 살펴보면 고려의 태조가 신흥사(新興寺)에서 개최한 바 있어 무차대회는 고려시대 때 주로 베풀어지던 불교의식으로 추정된다.

*수·상·행·식: 受·想·行·識, 오온(五蘊) 가운데 4가지로, 이 넷은 모두 정신방면의 요소로 물질적인 색온(色蘊)과 대비된다. 수(受)는 감수(感受), 상(想)은 상상(想像), 행(行)은 의념(意念), 식(識)은 인식(認識)이다.

※오온: 五蘊, S Pañca-skañdha P Panca-khandha 5취온(取蘊), 5음(陰), 5중(衆), 5취(聚)라고도 한다. 온(蘊)은 모아 쌓은 것. 곧 화합하여 모인 것. 무릇 생멸하고 변화하는 것을 종류대로 모아서 5종으로 구별. ①색온(色蘊, S Rūpa-skand ha): 스스로 변화하고 또 다른 것을 장애하는 물체 ②수온(受蘊): 고(苦)·락(樂)·불고(不苦)·불락(不樂)을 느끼는 마음의 작용 ③상온(想蘊): 외계(外界)의 사물을 마음 속에 받아들이고, 그것을 상상하여 보는 마음의 작용 ④행온(行蘊): 인연으로 생겨나서 시간적으로 변천함 ⑤식온(識蘊, S Vijñāna-skancha): 의식(意識)하고 분별함

마실 것을 보시함

"불자들이여, 보살마하살이 마실 것을 보시할 때, 이런 선근으로 회향합니다. 말하자면 일체 중생이 *법미수를 마시고 부지런히 수행하여 보살도를 잘 갖추고, 세간의 목마른 애욕을 끊고 늘 부처님의 지혜를 구하며, 욕심의 경계를 떠나 법에 대한 기쁨을 얻으며, 청정한 법에서부터 몸이 생기고, 항상 삼매로써 마음을 다스리며, 지혜바다에 들어가 큰 법 구름을 일으켜 법 비가 내리기를 원합니다. 이것이 보살마하살이 마실 것을 보시할 때에 선근으로 회향하는 것입니다."

佛子 菩薩摩訶薩 若施飮時 以此善根 如是廻向. 所謂願一切衆生 飮法味水 精勤修習 具菩薩道, 斷世渴愛 常求佛智, 離欲境界 得法喜樂, 從淸淨法 而生其身, 常以三昧 調攝其心, 入智慧海 興大法雲 霔大法雨. 是爲菩薩摩訶薩 布施飮時 善根廻向.

[한자풀이]
渴:목마를 갈 從:좇을 종 飮:마실 음 興:일 흥 霔:장마 주

"When great enlightening beings give something to drink, they dedicate these roots of goodness in this way : they pray that all sentient beings drink of the water of the flavor of truth, diligently cultivate the whole way of enlightening beings, cut off thirst for the world, always seek enlightened knowledge, leave the realm of desire, attain the joy and bliss of truth, produce their bodies from the pure teaching, always tune and control their minds by means of concentration, enter the ocean of knowledge, produce great clouds of teaching, shower great rain of teaching. This is great enlightening beings' dedication of roots of goodness when they give things to drink."

[주]
*법미수: 法味水, 부처님의 가르침을 맛있는 물에 비유한 말.

머물 곳을 보시함

"불자들이여, 보살마하살이 머물 곳을 보시할 때 모든 선근으로써 이렇게 회향합니다. 일체 중생이 항상 좋은 이익을 얻어 그 마음이 안락하기를 원하며, 또 원하기를 일체 중생이 여래를 의지하여 머물고, 큰 지혜를 의지하여 머물며, *선지식을 의지하여 머물고, 존귀하고 훌륭한 이를 의지하여 머물며, 선한 행을 의지하여 머물고, 대자를 의지하여 머물며, 대비를 의지하여 머물고, *육바라밀을 의지하여 머물며, 큰 보리심을 의지하여 머물고, 모든 보살의 도를 의지하여 머물기를 바랍니다.

이것은 보살마하살이 머물 곳을 보시할 때 선근으로 회향하는 것으로, 모든 이의 복덕을 청정하게 하기 위해서이고, 끝까지 청정하게 하기 위해서이며, 지혜를 청정하게 하기 위해서이고, 도를 청정하게 하기 위해서이며, 법을 청정하게 하기 위해서이고, 계행을 청정하게 하기 위해서이며, 뜻을 청정하게 하기 위해서이고, 믿고 이해함을 청정하게 하기 위해서이며, 서원을 청정하게 하기 위해서이고, 일체 신통과 공덕을 청정하게 하기 위해서입니다."

佛子 菩薩摩訶薩 施住處時 以諸善根 如是廻向. 所謂願一切衆生 常獲善利 其心安樂, 願一切衆生 依如來住, 依大智住, 依善知識住, 依尊勝住, 依善行住, 依大慈住, 依大悲住, 依六波羅蜜住, 依大菩提心住, 依一切菩薩道住. 是爲菩薩摩訶薩 施住處時 善根廻向, 爲令一切福德淸淨故, 究竟淸淨故, 智淸淨故, 道淸淨故, 法淸淨故, 戒淸淨故, 志樂淸淨故, 信解淸淨故, 願淸淨故, 一切神通功德淸淨故.

[한자풀이]

獲:얻을 획 尊:높을 존 慈:사랑할 자 悲:슬플 비

"When great enlightening beings give places to live, they dedicate the roots of goodness in this way: 'May all sentient beings obtain what is really good for them, that their minds be happy and at peace; may all sentient beings live according to the Buddha, according to great knowledge, according to good teachers, according to what is most worthy of respect, according to good actions, according to great kindness, according to great compassion, according to the six ways of transcendence, according to the great determination for enlightenment, and according to the path of all enlightening beings.' This is great enlightening beings' dedication of roots of goodness when giving place to live, because they want to cause everyone's virtue, ultimate state, knowledge, path, principle, morality, aspiration, faith, vows, and all qualities of spiritual faculties, to be pure."

[주]

*선지식: 善知識, ⓢKalyāṇamitra, ↔ 악지식(惡知識). 25품 제1회향 참고.

*육바라밀: 六波羅蜜, ⓢṢaḍ-pāramitā, 바라밀은 생사의 차안(此岸)에서 열반

의 피안으로 건너간다는 뜻의 도피안(度彼岸)이라고 함. 대승불교의 수행자, 즉 보살이 닦는 수행덕목이다. ①단바라밀(檀波羅蜜): 보시(布施), 공(空)의 도리를 체득하여 일체중생에게 헌신하는 수행 ②시라바라밀(尸羅波羅蜜): 지계(持戒), 불교윤리의 실천 ③찬제바라밀(羼提波羅蜜): 인욕(忍辱), 참고 용서하는 마음의 수행 ④비리야바라밀(毘梨耶波羅蜜): 정진(精進), 굳은 신념과 끊임없는 노력 ⑤선바라밀(禪波羅蜜): 선정(禪定), 진리를 사유하여 산란한 마음을 정지함 ⑥반야바라밀(般若波羅蜜): 지혜(智慧)의 완성. 이상의 6바라밀에 ⑦방편(方便) ⑧원(願) ⑨력(力) ⑩지(智)바라밀을 더하여 10바라밀이라고 한다.

보시의 이유

"(보살마하살이) 부처님들께 보시함은 부처님 복밭이 *불가사의함을 믿는 까닭이며, 보살께 보시함은 선지식 만나기가 어렵다는 것을 알기 때문이며, 거룩한 승단에 보시함은 부처님의 가르침이 세상에 영원히 머물게 하려는 때문이며, 성문과 벽지불에 보시함은 성인들께 청정한 신심을 내기 때문이며, 부모님께 보시함은 존중하기 때문이며, 스승께 보시함은 항상 인도하시어 성인의 가르침을 의지하여 공덕을 닦게 하기 때문이며, 열등하고 가난하며 외로운 이에게 보시함은 대자대비한 사랑의 눈으로 중생들을 평등하게 보기 때문입니다. 이는 과거 · 미래 · 현재 모든 보살의 보시바라밀다를 만족하게 하기 위한 때문이며, 온갖 물건으로 모든 사람에게 널리 베푸는데 결코 중생들을 싫어하여 버리지 않기 때문입니다. 이와 같이 보시할 때에 그 보시하는 물건과 받는 이에게는 조금도 집착함이 없습니다."

或施諸佛 信佛福田不思議故, 或施菩薩 知善知識難値遇故, 或施聖僧 爲令佛法 久住世故, 或施聲聞 及辟支佛 於諸聖人 生淨信故, 或施父母 爲尊重故, 或施師長 爲恒誘誨 令依聖教 修功德故, 或施下劣貧窮孤露 大慈大悲愛眼 等視諸衆生故, 專意滿足去來今世一切菩薩 檀波羅蜜故, 以一切物 普施一切 終不厭捨諸衆生故. 如是施時 於其施物 及以受者 皆無所着.

[한자풀이]

値:만날 치 遇:만날 우 僧:중 승 久:오랠 구 誘:꾈 유, 가르치다 誨:가르칠 회, 인도하다 劣:못할 열 貧:가난할 빈 窮:다할 궁 孤:외로울 고 露:이슬 로 愛:사랑 애 眼:눈 안 專:오로지 전 終:끝날 종 厭:싫을 염 捨:버릴 사

"They give them to Buddhas, because they believe the Buddhas' field of blessings is inconceivable; they give to enlightening beings, because they know that wise teachers are hard to find; they give to holy mendicants, to cause the Buddha teachings to remain in the world; they give to disciples of Buddhas and to individual illuminates, because they have pure faith in the sages; they give to their parents, out of respect; they give to their teachers and predecessors, that they may always teach, to induce the cultivation of virtues in accord with the injunctions of the sages; they give to the lowly, poor, and destitute, because they regard all sentient beings equally with the loving eye of great benevolence and compassion; they give out of devotion to fulfillment of the transcendent generosity of all enlightening beings of past, present, and future; they give everything to everyone, because they never reject sentient beings. When they give in this way, they have no attachment to the gift or the receiver."

[주]
*불가사의: 不可思議, 도(道)가 현묘(玄妙)하고, 이(理)가 미묘(微妙)하며, 사(事)가 신기(神奇)하여 마음으로 생각할 수 없고 말로 형용할 수 없는 것.

스님들께 보시함

"불자들이여, 보살마하살이 여러 보배 수레로 승단에 보시할 때 모든 보시를 배우려는 마음과, 지혜로 깨치려는 마음과, 공덕을 깨끗이 하려는 마음과, 버림을 잘 따르려는 마음과, *승보를 만나기 어렵다는 마음과, 승보를 깊이 믿는 마음과, 바른 가르침을 거두어 지니려는 마음을 일으킵니다. 이러한 훌륭한 뜻에 머물러 일찍이 없었던 법을 얻으며, 크게 보시하는 모임을 만들어 부처님의 가르침 속에서 깨뜨릴 수 없는 깊은 믿음으로 한량없이 넓고 큰 공덕을 냅니다.

佛子 菩薩摩訶薩 以衆寶車 布施僧時 起學一切施心, 智善了心, 淨功德心, 隨順捨心, 僧寶難遇心, 深信僧寶心, 攝持正敎心. 住勝志樂 得未曾有, 爲大施會 出生無量廣大功德 深信佛敎 不可沮壞.
[한자풀이]
寶:보배 보 沮:막을 저, 방해하다 壞:무너질 괴

"When great enlightening beings give precious chariots to mendicants, they engender the will to practice all giving, the will to comprehend thoroughly by knowledge, the will to purify virtuous qualities, the mind which accords with relinquishment, the thought that true Buddhist mendicants are hard to meet, a mind of deep faith in the religious community, and the will to uphold right teaching. They abide in supreme aspiration, to an unprecedented degree. They hold great assemblies of giving, producing immeasurably great merit, with profound faith in the Buddha's teaching which cannot be undermined."

[주]

*승보: 僧寶, ⓈSaṅgha, 삼보(三寶) 가운데 하나. 불법을 실천하고 수행하는 스님들. 귀중하고 존경할 바라 하여 보배에 비유하여 승보라 한다.

※삼보: 三寶, 불보·법보·승보(佛寶·法寶·僧寶), ①불보: 여러 부처님들, 깨달았다는 뜻 ②법보: 부처님이 말씀한 교법, 모범 된다는 뜻. ③승보: 교법대로 수행하는 이, 화합이라는 뜻. 보(寶)는 귀중하다는 뜻. 즉 삼보란 세 가지 보배라는 뜻으로 깨달음을 얻은 사람(佛)과 그 가르침(法)과 그것을 신봉하는 교단(僧)의 세 가지를 말한다. 이것은 불교를 구성하는 세 가지 중요한 요소이다. 삼보에 귀의하는 것은 불교도로서 기본적 조건이다. 이 셋은 다른 것으로서 보면 각각 별개의 것이지만 본질적으로는 하나라고도 생각할 수 있다.

모든 중생을 위하는 회향

"(보살마하살은) 모든 선근으로 이렇게 회향하나니, 일체 중생이 모두 부처님 가르침에 들어가 잘 기억하여 지니어 잊지 말기를 원합니다. 일체 중생이 범부의 자리에서 벗어나 성현의 지위에 들어가기를 원합니다. 일체 중생이 속히 성인의 지위에 들어가 불법을 차례차례 펼치어 인도하기를 원합니다. 일체 중생이 온 세상의 존중을 받고 말에는 반드시 신용이 있기를 원합니다. 일체 중생이 모든 법이 평등한 경지에 들어가 법계의 성품이 둘이 아님을 깨닫게 되기를 원합니다. 일체 중생이 여래의 지혜 경계에서 태어나 온화한 사람들에게 둘러싸이기를 원합니다. 일체 중생이 물들지 않는 법에 머물러 온갖 번뇌의 때를 없애기를 원합니다. 일체 중생이 위없는 승보를 모두 성취하여 범부의 자리에서 떠나 성현의 무리에 들어가기를 원합니다. 일체 중생이 선한 법을 부지런히 닦아 걸림 없는 지혜를 얻고 성스러운 공덕을 갖추기를 원합니다."

以諸善根 如是迴向, 所謂願一切衆生 普入佛法 憶持不忘. 願一切衆生 離凡愚法 入賢聖處. 願一切衆生 速入聖位 能以佛法 次第開誘. 願一切衆生 擧世宗重 言必信用. 願一切衆生 善入一切諸法平等 了知法界 自性無二. 願一切衆生 從於如來智境而生 諸調順人 所共圍遶. 願一切衆生 住離染法 滅除一切煩惱塵垢. 願一切衆生 皆得成就無上僧寶 離凡夫地 入賢聖衆. 願一切衆生 勤修善法 得無碍智 具聖功德.

[한자풀이]

誘:꾈 유, 인도하다, 가르치다 宗:마루 종, 가장 뛰어난 것 圍:둘레 위, 둘러싸다
遶:두를 요, 에워싸다

"They dedicate the roots of goodness in this way: 'May all sentient beings enter comprehensively into the Buddha-teachings and keep them in mind; may all sentient beings leave the state of ordinary ignorant people and enter the realm of sages; may all sentient beings quickly enter the ranks of the sages and be able to use the

Buddha-teachings to awaken and guide step-by-step; may all sentient beings be respected and trusted by all the world; may all sentient beings enter into the equality of all things and know that the inherent nature of things is nondual; may all sentient beings be born from the realm of enlightened knowledge and be surrounded by docile harmonious people; may all sentient beings abide by the methods for removing defilement, getting rid of the stains of all afflictions; may all sentient beings be able to form a supreme religious community, leave the state of ordinary people and enter the congregation of worthies and sages; may all sentient beings diligently practice good principles, attain unhindered knowledge, and be endowed with sagelike qualities."

중생을 위하는 보살의 마음

"일체 중생이 지혜의 마음을 얻어 삼세에 집착하지 않고 대중 가운데에서 왕과 같이 자재하게 되기를 원합니다. 일체 중생이 지혜의 수레를 타고 바른 *법바퀴(법륜)를 굴리기를 원합니다. 일체 중생이 *신통을 갖추어 일념으로 *불가설 불가설 세계에 갈 수 있게 되기를 원합니다. 일체 중생이 허공의 몸을 타고 모든 세간에서 지혜가 걸림이 없기를 원합니다. 일체 중생이 모든 허공과 법계에 널리 들어가 부처님들의 대중 가운데서 제일 바라밀다 행을 이루기를 원합니다. 일체 중생이 가볍게 날으는 몸과 뛰어난 지혜를 얻어 모든 부처님 세계에 널리 들어가기를 원합니다. 일체 중생이 그지없이 뛰어난 신족통을 얻어 모든 국토에 그 몸을 나타내기를 원합니다. 일체 중생이 의지함이 없는 몸을 얻고 신통력으로 그림자처럼 두루 나타나기를 원합니다. 일체 중생이 불가사의하게 자재한 신통력을 얻고 교화해야할 사람 앞에 나타나 교화하고 조복하기를 원합니다. 일체 중생이 법계에 들어가는 걸림 없는 방편을 얻어 한 생각에 시방 국토를 두루 다니기를 원합니다. 이것이 보살마하살이 승단에 보배 수레를 보시하면서 선근으로 회향하는 것이니, 중생들로 하여금 청정하고 위없는 지혜의 수레를 타고 온 세상에서 걸림 없는 법의 지혜 바퀴를 굴리게 하려는 때문입니다."

願一切衆生 得智慧心 不着三世 於諸衆中 自在如王. 願一切衆生 乘智慧乘 轉正*法輪. 願一切衆生 具足神通 一念能往不可說不可說世界. 願一切衆生 乘虛空身 於諸世間 智慧無碍. 願一切衆生 普入一切虛空法界諸佛衆會 成就第一波羅蜜行. 願一切衆生 得輕擧身 殊勝智慧 悉能遍入一切佛刹. 願一切衆生 獲無邊際善巧神足 於一切刹 普現其身. 願一切衆生 得於一切無所依身 以神通力 如影普現. 願一切衆生 得不思議自在神力 隨應可化 卽現其前 敎化調伏. 願一切衆生 得入法界無碍方便 一念遍遊十方國土. 是爲菩薩摩訶薩 施僧寶車 善根廻向, 爲令衆生 普乘淸淨無上智乘 於一切世間 轉無碍法智慧輪故.

"May all sentient beings attain wisdom, not be attached to the past, present, or future,, and be free as kings among the masses; may all sentient beings ride the vehicle of knowledge and wisdom and turn the wheel of right teaching; may all sentient beings be endowed with spiritual faculties and be able to go to innumerable worlds in a single thought; may all sentient beings ride the body of space, their knowledge unobstructed in any world; may all sentient beings enter all congregations of Buddhas throughout cosmic space, and accomplish the foremost practices of transcendence; may all sentient beings attain physical lighteness and comfort and extraordinary knowledge and wisdom, and be able to enter all buddha-fields; may all sentient beings attain unbounded skillful power of psychic travel, manifesting their bodies in all lands; may all sentient beings attain a body which relies on nothing at all, appearing everywhere like a reflection, by spiritual faculties; may all sentient beings attain inconceivable autonomous spiritual powers, whereby they appear before those who may be taught, to edify and civilize them; may all sentient beings attain unhindered means of entry into the reality realm, in a single thought traveling throughout all lands in the ten directions.' This is great enlightening beings' dedication of roots of goodness when giving precious chariots to mendicants; it is to cause sentient beings to all ride the vehicle of pure, unsurpassed knowledge, and in all worlds turn the unobstructed wheel of knowledge of truth."

[주]

*법륜: 法輪, Ⓢ Dharmacakra, 25품 제5회향 참고.

*신통력: 神通力, Ⓢ vikurvā, ṛddhi, 23품 참고.

*불가설: 不可說, Ⓢ nirabbilāpyaśūnyatā, 23품 참고.

기쁜 마음으로 보시함

"불자들이여, 보살마하살은 가난하고 외로운 이들의 모든 복밭들에게 보배 수레를 보시할 때에, 그들이 필요로 하는 대로 피로해하거나 싫증내지 않고 기쁜 마음으로 모든 것을 보시하면서, 그를 향해 스스로 뉘우치면서 '내가 당연히 가서 공양하고 이바지해야 할텐데, 당신을 이렇게 멀리 오시게 하여 힘들게 하였습니다' 하면서, 절하고 꿇어앉아 사는 것을 물어본 후에 필요한 것을 모두 보시합니다."

佛子 菩薩摩訶薩 以衆寶車 施諸福田 乃至貧窮孤獨者時, 隨其所求 一切悉捨 心生歡喜 無有厭倦, 仍向彼人 自悔責言 我應往就 供養供給 不應勞汝 遠來疲頓, 言已拜跪 問訊起居 凡有所須 一切施與.

[한자풀이]

倦:게으를 권, 피로하다 仍:인할 잉, 거듭 悔:뉘우칠 회 責:꾸짖을 책 疲:지칠 피 頓:조아릴 돈 跪:꿇어앉을 궤 訊:물을 신 須:모름지기 수

"When great enlightening beings give precious chariots to fields of blessings including the poor, the destitute, and the orphaned, they joyfully and tirelessly give whatever is needed, and even apologize to those people, 'I should have gone to offer you provisions, rather than trouble you to come so far and wear yourself out.' Then they bow and kneel before them, ask about their health, and give them whatever they need."

감옥 중생을 구하는 보시

"불자들이여, 보살마하살이 어떤 중생이 캄캄한 감옥에 갇혀있는 것을 보니, 쇠고랑 · 형틀 · 목에 씌우는 칼 · 쇠사슬 등으로 그 몸이 얽매여 앉고 서기도 힘들고 온갖 고통이 그지없으며, 친지도 없고 의지할 데도 없으며 구해줄 이도 없고, 헐벗고 굶주리며 견디기 힘든 고초를 겪고 있는데, 보살이 보고는 가지고 있던 모든 재물과 처자와 권속은 물론 자기의 몸까지 버리면서, 옥중에 들어가 그 중생을 구호하는데 마치 *대비보살과 묘안왕보살이 행한 것처럼 구제하고 나서도 그가 요구하는 대로 널리 베풀어 주어 고통과 환란을 없애고 편안함을 얻게 하며, 그런 후에는 위없는 법보를 보시하여 그들이 방일을 버리고 선근에 머무르며 불법 가운데서 물러서지 않게 합니다.

불자들이여, 보살마하살이 감옥에서 중생을 구출할 때에 모든 선근으로써 이렇게 회향합니다. 일체 중생이 탐욕과 애착의 속박에서 완전히 해탈하기를 원합니다. 일체중생이 생사의 흐름을 끊고 지혜의 언덕에 오르기를 원합니다. 일체 중생이 어리석음을 없애고 지혜를 늘여 모든 번뇌의 굴레에서 벗어나기를 원합니다. 일체 중생이 삼계의 속박을 없애고 일체지를 얻어 마침내는 해탈하기를 원합니다. 일체 중생이 모든 번뇌의 결박을 영원히 끊고 번뇌도 없고 장애도 없는 지혜의 저 언덕(*피안)에 이르기를 원합니다."

佛子 菩薩摩訶薩 見有衆生 處在牢獄黑闇之處, 杻械枷鎖 檢繫其身 起坐不安 衆苦競集, 無有親識 無歸無救, 裸露饑羸 酸劇難忍, 菩薩

見已 捨其所有一切財寶 妻子眷屬 及以自身, 於牢獄中 救彼衆生 如大悲菩薩 妙眼王菩薩 旣救度已 隨其所須 普皆給施 除其苦患 令得安隱然後 施以無上法寶 令捨放逸 安住善根 於佛教中 心無退轉.

佛子 菩薩摩訶薩 於牢獄中 救衆生時 以諸善根 如是廻向. 所謂願一切衆生 究竟解脫貪愛纏縛. 願一切衆生 斷生死流 昇智慧岸. 願一切衆生 除滅愚癡 生長智慧 解脫一切煩惱纏縛. 願一切衆生 滅三界縛 得一切智 究竟出離. 願一切衆生 永斷一切煩惱結縛 到無煩惱無障碍地智慧彼岸.

[한자풀이]
杻:수갑 추, 쇠고랑 械:형틀 계, 차꼬 枷:칼 가, 도리깨 鎖:무쇠 소, 녹이다 檢:봉함 검 繫:맬 계 饑:흉년들 기 羸:벌거벗을 라 酸:초 산, 시다 劇:심할 극, 힘들다 裸:벌거벗을 라 露:드러낼 로 牢:우리 뇌, 감옥 逸:달아날 일 昇:오를 승 岸:언덕 안 纏:얽힐 전 縛:묶을 박

"When great enlightening beings see sentient beings in prisons or dungeons, dark and dim, shackled and chained, unable to rise or sit in comfort, assailed by myriad pains, without relatives or friends, without refuge of salvation, naked, hungry, emaciated, suffering unbearable torture, the enlightening beings, having seem this, give what they have, all their wealth, their spouses, children, and households, and even their own bodies, to rescue those creatures in prison, like the enlightening being Great Compassion and the enlightening being King of Wondrous Eyes did ; and, having rescued them, they give them whatever they need, relieving their suffering, enabling them to gain peace and comfort after that, they give them the supreme treasure of the teaching, cause them to give up indulgence, firmly establish roots of goodness, and not shrink away or withdraw from the Buddhist teaching.

When great enlightening beings rescue sentient beings from prison, they dedicate the roots of goodness on this way: 'May all sentient beings be ultimately liberated from the bonds of covetousness and craving; may all sentient beings cut off the stream of birth and death and climb up onto the shore of wisdom; may all sentient beings do away with ignorance and folly, develop knowledge and wisdom, and shed the fetters of afflictions; may all sentient beings destroy the bonds of the worlds of desire, form, and formlessness, attain universal knowledge and be ultimately emancipated; may all sentient beings forever cut off all the bonds of afflictions and reach the other shore of knowledge and wisdom the ground of nonobstruction, where there are no afflictions.."

[주]

*대비보살: 大悲菩薩, 가엾게 여기는 마음이 깊어서 전심으로 고통받는 중생을 구제하는 보살들. 특히 관세음보살을 가리킨다.

*피안: 彼岸, Ⓢpāra, 현실의 생사 세계를 차안(此岸)이라 하는데 대하여, 이상의 열반 세계를 피안(彼岸)이라 한다. 도피안(到彼岸)은 모든 번뇌에 얽매인 고통의 세계인 생사고해(生死苦海)를 건너서 이상경인 열반의 저 언덕에 도달하는 것을 말한다.

눈을 보시함

"이런 선근으로 이렇게 회향하니, 이를테면 일체 중생이 가장 뛰어난 눈을 얻어 모든 이를 인도하기를 원합니다. 일체 중생이 걸림 없는 눈을 얻어 넓은 지혜의 창고를 열기를 원합니다. 일체 중생이 청정한 육안을 얻어 광명으로 비치는 것을 가릴 수가 없기를 원합니다. 일체 중생이 청정한 천안을 얻어 중생의 나고 죽는 업의 과보를 다 보기를 원합니다. 일체 중생이 청정한 법안을 얻어 여래의 경계에 잘 따라 들어가기를 원하며, 일체 중생이 지혜안을 얻어 모든 분별과 집착을 버리기 원하며, 일체 중생이 부처님의 눈을 갖추어 모든 법을 깨닫게 되기를 원합니다. 일체 중생이 널리 보는 눈을 성취하여 어떤 경계에 이르더라도 걸림이 없기를 원하며, 일체 중생이 청정하고 가림이 없는 눈을 성취하여 중생계가 공함을 깨닫기를 원합니다. 일체 중생이 청정하고 걸림이 없는 눈을 갖추어 궁극적으로 여래의 십력을 얻기를 원합니다. 이것이 보살마하살이 눈을 보시할 때에 선근으로써 회향하는 것이니, 중생들에게 일체지의 청정한 눈을 얻게 하기 위함입니다."

以此善根 如是廻向, 所謂願一切衆生 得最勝眼 示導一切. 願一切衆生 得無碍眼 開廣智藏. 願一切衆生 得淨肉眼 光明鑑徹 無能蔽者. 願一切衆生 得淨天眼 悉見衆生 生死業果. 願一切衆生 得淨法眼 能隨順入如來境界. 願一切衆生 得智慧眼 捨離一切分別取着. 願一切衆生 具足佛眼 悉能覺悟一切諸法. 願一切衆生 成就普眼 盡諸境界 無所障碍. 願一切衆生 成就清淨離癡翳眼 了衆生界 空無所有. 願一切衆生 具足清淨無障碍眼 皆得究竟如來十力. 是爲菩薩摩訶薩 布施眼時 善根廻向, 爲令衆生 得一切智清淨眼故.

[한자풀이]

鑑:거울 감, 성찰하다 徹:통할 철, 밝다 蔽:덮을 폐, 숨기다 翳:일산 예, 몸 가리개, 방패 了:마칠 료, 깨닫다

"These roots of goodness they dedicate thus: 'May all sentient beings attain the supreme eye and guide everyone; may all sentient beings attain the unobstructed eye and open up the treasury of universal knowledge; may all sentient beings attain the pure physical eye, its light perceptively penetrating, impossible to block; may all sentient beings attain the pure celestial eye, seeing the births and deaths and fruits of actions of all sentient beings; may all sentient beings attain the pure objective eye and be able to enter the realm of those who realize thusness; may all sentient beings attain the eye of wisdom and abandon all conceptual grasping and attachment; may all sentient beings be endowed with the Buddha-eye, capable of total awareness and understanding of all things; may all sentient beings perfect the universal eye, comprehending all realms without hindrance; may all sentient beings attain the pure, unclouded eye, realizing the realm of sentient beings is empty and has no existence; may all sentient beings be fully endowed with the pure unobstructed eye and all be able to consummate the ten powers of the enlightened.' This is great enlightening beings' dedication of roots of goodness when giving eyes, to cause all sentient beings to attain the pure eye of universal knowledge."

장기를 보시함

"불자들이여, 선시보살이나 항마자재왕보살과 다른 수많은 큰 보살들과 같이 보살마하살은 창자 · 콩팥 · 간 · 허파를 구걸하는 이에게 모두 보시합니다. 이 보시를 할 때 구걸하는 이가 오는 것을 보면 기쁜 마음으로 사랑의 눈으로 보며, 깨달음을 구하기 위해 달라는 것에 맞추어 모두 보시하면서도 속으로 후회하지 않으며, '이 몸은 견고하지 못한 것이니 이 몸을 마땅히 저들에게 보시하고 견고한 몸을 얻으리라' 하며, 또 생각하기를 '이 몸은 결국 없어질 것인데 보는 이가 싫증을 낼 것이고, 여우나 이리나 굶주린 개가 먹을 것이며, 이 몸은 무상한 것이라 필경에는 버려지게 될 것이므로 다른 것들에 먹혀도 깨닫지 못하리라'고 관찰합니다. 불자들이여, 보살마하살이 이렇게 관찰할 때에 몸은 무상한 것이라 더럽기가 그지없음을 알고, 법을 깨달아 크게 기뻐하며 공경하는 마음을 내어 구걸하는 이가 오는 것을 보고는, 선지식이 오시어 그들을 구호하려는 듯이 생각하고 구하는 대로 모두 베풀어, 견고하지 못한 몸을 가지고 견고한 몸으로 바꾸려고 합니다."

佛子 菩薩摩訶薩 若有乞求腸腎肝肺 悉皆施與, 如善施菩薩 降魔自在王菩薩 及餘無量諸大菩薩. 行此施時 見乞者來 其心歡喜 以愛眼觀, 爲求菩提 隨其所須 悉皆施與 心不中悔, 觀察此身 無有堅固 我應施彼 取堅固身, 復念此身 尋卽敗壞 見者生厭 狐狼餓狗之所噉食, 此身 無常 會當棄捨 爲他所食 無所覺知. 佛子 菩薩摩訶薩 作是觀時 知身無常 穢污之極, 於法解悟 生大歡喜 敬心諦視彼來乞者, 如善知識而來護想 隨所乞求 無不惠施 以不堅身 易堅固身.

[한자풀이]

腸:창자 장 腎:콩팥 신 肝:간 간 肺:허파 폐 尋:찾을 심, 생가하다 狐:여우 호 狼:이리 랑 餓:주릴 아 狗:개 구 噉:씹을 담, 啖(먹을 담)과 같은 글자 穢:더러울 예 汚:더러울 오 易:바꿀 역

"If anyone comes to great enlightening beings asking for their internal organs, they give all, like Good Giver, Demon-Conquering Sovereign, and countless other great enlightening beings. When practicing this giving, they are glad to see people come begging and look upon them lovingly; in the quest for enlightenment they give as they are asked, without any regret in their hearts. They observe that this body has no permanence or stability, and reflect that they should give this body away and get an indestructible body. They also are mindful that this body will eventually decay, disgusting to all who see, and will be eaten by animals, that this body is impermanent, eventually to be abandoned and eaten by others, without awareness or cognition. When enlightening beings make these observations, they know that the body is transient and the height of impurity; understanding the teaching, they become very joyful. With a respectful mind, they see those who come ask of them as good friends who have come to protect them, and generously give them whatever they ask, substituting the enduring body for the unstable one."

살과 뼈를 보시함

"보살마하살이 살과 뼈를 보시할 때 선근으로써 이렇게 회향합니다. 이를테면 일체 중생이 변화하는 몸을 얻어 다시는 뼈와 피로 된 몸을 받지 않기를 원합니다. 일체 중생이 금강 같은 몸을 얻어 (그 누구도) 파괴할 수도 이겨낼 수도 없게 되기를 원합니다. 일체 중생이 일체지가 원만한 법신을 얻어 속박도 집착도 얽매임도 없는 세계에 태어나기를 원합니다. 일체 중생이 지혜의 힘으로 된 몸을 얻어 여러 감각기관이 원만하여 끊어지지도 파괴되지도 않기를 원합니다. 일체 중생이 법력으로 된 몸을 얻어 지혜의 힘이 자유자재하여 (깨달음의) 저 언덕에 이르기를 원합니다. 일체 중생이 견고한 몸을 얻어 그 몸이 진실하여 언제까지나 부서져 흩어지지 않기를 원합니다. 일체 중생이 요구에 잘 따라 응하는 몸을 얻어 모든 중생을 교화하고 조복하기를 원합니다. 일체 중생이 지혜로 *훈습한 몸을 얻어 나라연의 팔다리와 같이 큰 힘을 갖추기를 원합니다."

菩薩摩訶薩 施身骨時 以諸善根 如是廻向. 所謂願一切衆生 得如化身 不復更受骨肉血身. 願一切衆生 得金剛身 不可破壞 無能勝者. 願一切衆生 得一切智圓滿法身 於無縛無着無繫界生. 願一切衆生 得智力身 諸根圓滿 不斷不壞. 願一切衆生 得法力身 智力自在 到於彼岸. 願一切衆生 得堅固身 其身眞實 常無散壞. 願一切衆生 得隨應身 敎化調伏一切衆生. 願一切衆生得智熏身 具那羅延肢節大力.

[한자풀이]

縛:묶을 박 繫:맬 계 散:흩을 산 壞:무너질 괴 熏:연기낄 훈, 스며들다
肢:사지 지, 팔다리 節:마디 절

"When the great enlightening beings give their limbs and bones, they dedicate the roots of goodness in this way; 'May all sentient beings attain phantomlike bodies, and receive bone, flesh, and blood bodies no more; may all sentient beings attain indestructible, invincible bodies; may all sentient beings attain the body of reality, replete with all knowledge, born in the realm where there are no bounds, no attachments, no fetters; may all sentient beings attain the body of powers of knowledge, all faculties complete, fully developed, uninterrupted and incorruptible; may all sentient beings attain the body of the power of truth, with independent power of knowledge reaching the other shore; may all sentient beings attain a healthy, enduring body, upright and true, never decaying; may all sentient beings attain a body able to respond to needs, to teach and civilize all beings; may all sentient beings attain a body perfumed by wisdom, with the great strength of limb of the mighty.'"

[주]
*훈습: 薰習, Ⓢvasana, 마치 향이 옷에 배어드는 것과 같이, 어느 것이 다른 것에 그 성질을 주는 것. 특히 어느 것이 심신에 영향, 인상(印象)을 주는 것을 말한다.

불구덩이에 몸을 던져 법을 구하려 함

"불자들이여, 보살마하살이 공경하고 존중하는 마음으로 부처님의 *법장을 구하려 하지만 참으로 만나기 어렵다는 생각을 할 때, 설법 잘 하는 어떤 이가 와서 '만일 일곱 길이나 되는 불구덩이에 몸을 던질 수 있다면 너에게 법을 베풀어 주리라'고 말한다면, 보살이 듣고는 기뻐 뛰어오르며 '내가 법을 위해서라면 *아비지옥과 같은 *악도라 해도 오래도록 머물면서 한량없는 고통이라 할지라도 마땅히 받아야 할 것인데,

하물며 인간 세계의 불구덩이에 잠깐 들어가는 것으로 바로 법을 들을 수 있단 말인가. 신기한 일이로다. 바른 법을 얻기란 참으로 어려운 일인데 지옥의 한량없는 고초를 받지도 않고, 단지 불구덩이에 들어가기만 하면 즉시 들을 수 있다니 나를 위해 법을 설한다면 나는 기꺼이 불구덩이에 들어가리라'고 생각하면서, 구선법왕보살과 금강사유보살과 같이 법을 구하기 위해 불구덩이에 들어갑니다."

佛子 菩薩摩訶薩 求佛法藏 恭敬尊重 生難得想, 有能說者 來語之言 若能投身七仞火坑 當施汝法, 菩薩 聞已 歡喜踊躍 作是思惟 我爲法故 尙應久住阿鼻獄等一切惡趣 受無量苦, 何況纔入人間火坑 卽得聞法. 奇哉正法 甚爲易得 不受地獄無量楚毒 但入火坑 卽便得聞 但爲我說 我入火坑, 如求善法王菩薩 金剛思惟菩薩 爲求法故 入火坑中.

[한자풀이]
恭:공손할 공, 섬기다 敬:공경할 경, 예의가 바르다 仞:근심할 도, 걱정하다 坑:구덩이 갱 踊:뛸 용, 도약하다 躍:뛸 약, 뛰어오르다 況:하물며 황, 더구나 纔:겨우 재, 비로소 奇:기이할 기 甚:심할 심 楚:가시나무 초 毒:독 독

"Great enlightening beings seek the treasury of Buddha teachings with reverence and respect, considering it difficult to find. If someone who can expound it comes to them and says, 'If you can throw yourself into a pit of fire seventy feet deep I will give you the teaching, ' the enlightening beings, hearing this, jump for joy and reflect, 'I would stay forever even in miserable places like uninterrupted hell and experience immeasurable suffering for the sake of the truth; how much the more readily would I jump into the fire of the human world to hear the teaching. How wonderful it is that the true teaching is so easy to obtain; without suffering the infinite tortures of hell one gets to hear it merely by entering a pit of fire. Just explain to me and I'll go into the pit of fire,' and like the enlightening beings King in Quest of the Good Teaching and Adamantine Meditation, they enter the pit of fire in quest of the teaching."

[주]

*법장: 法藏, ①부처님이 설하신 교법 또는 경전을 가리키는 말. 경전은 온갖 법의 진리를 갈무리하고 있으므로 법장(法藏)이라 한다. ②진여법성(眞如法性)인 여래장(如來藏). 진여법성은 오직 부처님만이 알기 때문에 불법(佛法)이라 하고, 일체공덕을 지녔으므로 장(藏)이라 한다.

*아비지옥: 阿鼻地獄, Ⓢavici, 팔열지옥(八熱地獄) 가운데 가장 밑에 있는 대지옥. 남섬부주 아래 2만 유순 되는 곳에 있는 몹시 괴롭다는 지옥. 괴로움을 받는 것이 끊임없으므로 아비지옥이라 한다. 오역죄(五逆罪)의 하나를 범하거나, 인과를 무시하고, 절이나 탑을 무너뜨리거나, 성중(聖衆)을 비방하고, 공연히 시주물건을 먹는 이는 이 지옥에 떨어진다고 한다.

※팔열지옥: 八熱地獄, 뜨거운 불길로 인하여 고통을 받게 되는 8종의 큰 지옥. ①등활지옥(等活地獄):고통을 받아 죽었다가 찬바람이 불어와서 살아나면 또 다시 뜨거운 고통을 받는 지옥. ②흑승지옥(黑繩地獄): 뜨거운 쇠사슬로 몸과 팔다리를 묶어 놓고 큰 톱으로 끊는 지옥. ③중합지옥(衆合地獄): 여러 가지 고통을 주는 기구가 한꺼번에 닥쳐와서 몸을 핍박하여 해치는 지옥. ④규환지옥(叫喚地獄): 온갖 고통이 못 견디게 굴어 원망하는 슬픈 고함소리를 지르게 하는 지옥. ⑤대규환지옥(大叫喚地獄): 지독한 고통에 못 견디어 통곡을 터뜨리게 되는 지옥. ⑥초열지옥(焦熱地獄):뜨거운 불길이 몸을 둘러싸서 그 뜨거움을 견디기 어려운 지옥. ⑦대초열지옥(大焦熱地獄): 뜨거운 고통이 더욱 심

한 지옥. ⑧무간지옥(無間地獄): 아비지옥(阿鼻地獄)이라고도 한다. 쉴 새 없이 고통 받는 지옥 등이다.

*악도: 惡道, 현세에서 악업(惡業)을 지은 결과로 장차 받게 될 고통의 세계. 육도 중에서 세 가지 나쁜 길을 삼악도라고 한다.

※삼악도: 三惡道, 또는 삼악취(三惡趣). 지은 악업에 의해서 왕래(往來)할 수 있는 곳으로, 지옥도(地獄道)·아귀도(餓鬼道)·축생도(畜生道)를 말한다. 죄악을 범한 결과로, 태어나서 고통을 받는 악한 곳. ①지옥: 地獄, ⓈNaraka; niraya, 즐거움은 없고 괴로움만 극심한 곳. 죄업을 지은 중생이 그 죄업의 성질에 따라 떨어져서 온갖 괴로움을 받는다고 한다. 지옥에는 여덟 종류의 뜨거운 큰 지옥(八大熱地獄)과 이 속에 16별처지옥(十六別處地獄)이 있으며 또한 여덟 종류의 추운 지옥(八寒地獄)과 그 안에 16별처지옥이 있다고 함. 죄업이 무거운 중생은 한 지옥에서 형벌이 끝나면 계속 다른 지옥으로 옮겨 다니면서 끝없는 고통을 겪어야 된다고 한다. ②아귀: 餓鬼, Ⓢpreta, 탐욕의 과보로서 중생이 윤회하는 여섯 세계(육도) 중의 한 세계. 아귀는 무엇을 먹더라도 곧 불덩이로 변해서 끊임없는 기갈에 시달리며 그 생김새는 북같이 큰 배에 바늘만한 목을 가졌다고 함. ③축생: 畜生, Ⓢtiryag-yoni, 남에게 길리우는 생류. 고통이 많고 낙이 적으며, 성질이 무지하여 식욕·음욕만이 강하고, 부자 형제의 차별이 없이 서로 잡아먹고 싸우는 새·짐승·벌레·고기 따위. 그 종류는 매우 많고 사는 곳은 물·하늘·뭍에 걸쳐 있다. 중생으로서 악업을 짓고 어리석음이 많은 이는 죽어서 축생도에 태어난다고 함.

몸으로써 보시함

"불자들이여, 보살마하살이 몸으로써 일체중생에게 보시하는 것은 그들이 선근을 성취하고 선근을 지니어 생각하도록 하기 위함입니다.

보살마하살은 그 몸이 크고 밝은 등불이 되어 일체 중생에게 널리 비출 수 있기를, 온갖 도구가 되어 일체 중생을 널리 수용할 수 있기를, 오묘한 법의 창고가 되어 일체중생을 맡아 지킬 수 있기를, 맑은 광명이 되어 일체중생을 널리 깨치게 할 수 있기를, 세간의 빛 그림자가 되어 중생들이 항상 볼 수 있게 되기를, 선근의 인연이 되어 중생들이 항상 만나게 되기를, 참된 선지식이 되어 중생들로 하여금 모두 가르쳐 인도할 수 있기를, 평탄한 길이 되어 중생들이 밟고 지나가게 되기를, 위없는 안락을 갖추어 중생들이 고통을 벗어나 청정하게 되기를, 밝은 해가 되어 세간에서 평등한 이로움을 지을 수 있기를 스스로 원합니다."

佛子 菩薩摩訶薩 以身布施一切衆生 爲欲普令成就善根 憶念善根. 菩薩摩訶薩 自願其身 爲大明燈 普能照耀一切衆生, 爲衆樂具 普能攝受一切衆生, 爲妙法藏 普能任持一切衆生, 爲淨光明 普能開曉一切衆生 爲世光影 普令衆生 常得覩見, 爲善根因緣 普令衆生 常得値遇, 爲眞善知識 令一切衆生 悉蒙敎誘, 爲平坦道 令一切衆生 皆得履踐, 爲無有上具足安樂 令一切衆生 離苦淸淨, 爲明淨日 普作世間平等利益.

[한자풀이]

憶:생각할 억 照:비출 조 耀:빛날 요 任:맡을 임 持:가질 지, 유지하다 曉:새벽 효, 깨닫다 影:그림자 영 覩:볼 도 値:만날 치 遇:만날 우 蒙:입을 몽, 받다 誘:꾈 유, 가르치다, 인도하다 坦:평탄할 탄 履:신 리 踐:밟을 천

"Great enlightening beings give their bodies to all sentient beings, because they want to cause them to develop roots of goodness, and to remember and think of roots of goodness. Great enlightening beings wish their bodies to be great bright lamps able to illumine all sentient beings, to be means of life supporting all beings, to be treasuries of wonderful teaching able to sustain all living beings, to be pure light to awaken all sentient beings, to be lights of the world causing all sentient being to always see, to be causes and conditions of roots of goodness causing sentient beings to always get the opportunity to meet them, to meet them, to be genuine teachers causing all sentient beings to receive instructions and guidance, to be even paths on which all sentient being may tread, to be unexcelled, complete comfort enabling all sentient beings to be freed from suffering and be purified, to be clear suns universally and impartially benefiting the world."

부처님을 받드는 보시

"불자들이여, 보살마하살이 자기의 몸으로 부처님을 받들면서 부처님 계신 곳에서 소중한 은혜 갚기를 부모 생각하는 것같이 하고, 여래를 깊이 믿고 좋아하는 마음을 내며, 청정한 마음으로 부처님의 깨달음을 수호하여 부처님 가르침에 머물며, 세간의 생각을 떠나 여래의 가문에 태어나며, 부처님을 잘 따르고 마군의 경계를 떠나며, 모든 부처님께서 행하시던 것을 깨달아 모든 부처님의 법그릇이 되려고 합니다."

佛子 菩薩摩訶薩 自以其身 給侍諸佛 於諸佛所 念報重恩 如父母想, 於諸如來 起深信樂, 以清淨心 護佛菩提 住諸佛法, 離世間想 生如來家, 隨順諸佛 離魔境界, 了達一切諸佛所行 成就一切諸佛法器.

[한자풀이]
給:넉넉할 급, 보태다 侍:모실 시 報:갚을 보

"Great enlightening beings personally attend the Buddhas, wanting to requite their great benevolence, thinking of them as like parents. They have deep faith in the Buddhas, and preserve enlightenment, abiding by the principles of the Buddhas, detaching from mundane conceptions. Born in the house of the enlightened, they follow the Buddhas, leaving the realm of delusion. They arrive at the sphere of action of all Buddhas and become vessels of the teachings of all Buddhas."

회향의 마음

"불자들이여, 보살마하살이 중생들이 원하는 것에 따라 아승기 물건으로 이와 같이 보시하여 주는 것은 불법이 계속되어 끊어지지 않게 하기 위함입니다. 대비심으로 모든 중생을 널리 구호하고, 크게 사랑에 머물며 보살의 행을 닦으며, 부처님의 가르침을 결코 어기지 않고, 오묘한 방편으로 여러 가지 선한 일을 수행하며, 부처님들의 종성을 끊어지지 않게 하며, 요구하는 대로 보시하되 싫어하는 마음이 없고, 모든 것을 버리면서도 중간에 후회하는 일이 없으며, 일체지의 길로 늘 부지런히 회향합니다."

佛子 菩薩摩訶薩 隨諸衆生 一切所須 以如是等阿僧祇物 而爲給施

爲令佛法 相續不斷. 大悲普救一切衆生, 安住大慈 修菩薩行, 於佛敎誨 終無違犯, 以巧方便 修行衆善, 不斷一切諸佛種性, 隨求悉與 而無患厭, 一切悉捨 未曾中悔, 常勤廻向一切智道.

[한자풀이]

須:바랄 수, 원하다 續:이을 속 斷:끊을 단 悲:슬플 비 慈:사랑할 자 誨:가르칠 회 終:끝날 종 違:어길 위, 틀리다 犯:범할 범, 해치다 巧:공교할 교 患:근심 환 厭:싫을 염 悔:뉘우칠 회 常:항상 상 勤:부지런할 근

"Great enlightening beings provide sentient beings with everything they need, in order to cause the Buddha-teaching to continue unbroken. With great compassion they save all sentient beings. Abiding stably in great benevolence, they cultivate the practices of enlightening beings. They never violate the teachings of the Buddha; with skill in means, they practice whatever is good, not letting the lineage of Buddhas die out. They give whatever is required, without being troubled; they give all with never a regret, being always earnestly dedicated to the path of universal knowledge."

중생을 위하여 모든 선근을 회향함

"불자들이여, 보살마하살은 이러한 선근으로써 일체중생을 이롭게 하기 위해 회향하며, 일체 중생을 안락하게 하기 위해 회향하며, 일체 중생으로 하여금 큰 이치의 이로움을 얻게 하기 위해 회향하며, 일체 중생으로 하여금 모두 청정함을 얻게 하기 위해 회향하며, 일체 중생으

로 하여금 깨달음을 구하게 하기 위해 회향하며, 일체 중생으로 하여금 평등을 얻게 하기 위해 회향하며, 일체 중생으로 하여금 현명하고 선한 마음을 얻게 하기 위해 회향하며, 일체 중생으로 하여금 *대승에 들게 하기 위해 회향하며, 일체 중생으로 하여금 슬기롭고 선한 지혜를 얻게 하기 위해 회향하며, 일체 중생으로 하여금 모두 *보현보살의 행원을 갖추고 *십력을 충족하여 정각을 이루게 하기 위해 회향합니다.

불자들이여, 보살마하살이 모든 선근으로 이렇게 회향할 때에 몸과 입과 뜻으로 짓는 업이 모두 해탈하여 집착도 없고 속박도 없으며, 중생이란 생각도 없고, 생명이라는 생각도 없고, 존재(*푸드갈라)라는 생각도 없고, 사람이라는 생각도 없고, 동자라는 생각도 없으며, 태어난 이란 생각도 없고, 짓는 이란 생각도 없고, 받는 이란 생각도 없습니다."

佛子 菩薩摩訶薩 以此善根 爲欲利益一切衆生故 廻向, 爲欲安樂一切衆生故 廻向, 爲令一切衆生 得大義利故 廻向, 爲令一切衆生 悉得清淨故 廻向, 爲令一切衆生 悉求菩提故 廻向, 爲令一切衆生 悉得平等故 廻向, 爲令一切衆生 悉得賢善心故 廻向, 爲令一切衆生 悉入*摩訶衍故 廻向, 爲令一切衆生 悉得賢善智慧故 廻向, 爲令一切衆生 悉具普賢菩薩行願 滿十力乘 現成正覺故 廻向.

佛子 菩薩摩訶薩 以諸善根 如是廻向時 身口意業 皆悉解脫 無着無繫, 無衆生想, 無命者想, 無補特伽羅想, 無人想, 無童子想, 無生者想, 無作者想, 無受者想.

"The great enlightening beings dedicate these roots of goodness to the welfare of all sentient beings, to the peace and happiness of all sentient beings, to the true benefit of all sentient beings, to the purification of all sentient beings, to induce all sentient beings to seek enlightenment, to cause all sentient beings to attain equality, to cause all sentient beings to attain intelligent, benevolent minds, to cause all sentient beings to enter the Great Vehicle, to cause all sentient beings to attain wisdom, and to cause all sentient beings to fulfill the practical undertakings of the Universally Good enlightening being, fulfil the vehicle of the ten powers, and actually realize true awakening.

When great enlightening beings dedicate roots of goodness this way, they are liberated in word, thought, and deed; they have no attachments or bonds, no concept of sentient beings, no concept of a life, no concept of a personality, no concept of a person, no concept of a youth, no concept of one born, no concept of an agent, no concept of a receiver."

[주]

*대승: 大乘, Ⓢmahāyāna, 25품 제4회향 참고.

*摩訶衍: 마하연, 대승(大乘)이라 번역한다. 성문, 연각의 교법을 소승이라 하고, 보살의 교법을 대승이라 한다.

*보현행원: 普賢行願, 보현보살의 행과 원. 보현보살이 서원한 10종의 큰 소원

※「이세간품」의 보현행원; ①미래의 모든 겁에 머물기를 원함 ②미래의 모든 부처님께 공양하고 공경하기를 원함 ③일체 중생을 보현보살의 행에 두기를 원함 ④온갖 선근을 모으기를 원함 ⑤모든 바라밀다에 들어가기를 원함 ⑥모든 보살의 행을 만족하기를 원함 ⑦일체 세계를 장엄하기를 원함 ⑧모든 부처님 세계에 나기를 원함 ⑨모든 법을 잘 관찰하기를 원함 ⑩모든 부처의 국토에서 위없는 보리를 이루기를 원함.

※40화엄의 보현행원; ①여러 부처님께 예배 공경하기를 원함(禮敬諸佛願) ②여래를 칭찬하기를 원함(稱讚如來願) ③널리 부처님께 공양하기를 원함(廣修供養願) ④업장을 참회하기를 원함(懺悔業障願) ⑤남의 공덕을 기뻐하며 따라

하기를 원함(隨喜功德願) ⑥법륜 굴리기를 청하기를 원함(請轉法輪願) ⑦부처님께서 세상에 항상 머무시기를 청함(請佛住世願) ⑧항상 부처님을 따라 배울 것(常隨佛學願) ⑨항상 중생을 수순할 것을 원함(恒順衆生願) ⑩모두 다 회향할 것을 원함(普皆廻向願)

*십력: 十力, ⓢDaśa-balāni, 25품 제4회향 참고.

*푸드갈라: 1.구역으로는 인(人)또는 중생(衆生), 신역으로는 삭취취(數取趣)라 한다. 삭은 자주, 여러 번의 뜻인데, 중생은 번뇌와 업의 인연으로 자주 육취에 왕래하므로 삭취취라 한다. 푸드갈라는 비즉비리온(非卽非離蘊)이며 동시에 윤회의 주체이다. 2. 부처님께서 설법할 때에 대한 4종의 의향(사의취) 가운데 하나로, 조금 이루고 거기에 만족하려는 마음을 없애기 위하여 상대편이 좋아하는 바를 따라 여러 가지로 말하는 것. 즉 아끼고 탐내는 이에게 보시의 이익을 말하고, 보시만 행할 때는 또 다시 이것을 꾸짖음과 같은 따위이다.

일체법을 바르게 관찰함

“(보살마하살은) 모든 업의 인연이 꿈 같고, 음성이 메아리 같고, 중생이 그림자 같고, 모든 것이 환영과 같음을 알지만, 인연도 업의 힘도 무너뜨릴 수 없으므로 업의 작용이 광대한 줄을 잘 알고 있습니다. 일체법은 그 어떤 것도 짓는 일이 없음을 알고, 지음 없는 도를 행하여 잠시도 포기한 적이 없습니다. 불자들이여, 보살마하살은 일체지에 머물러 옳거나 옳지 않은 곳에 있더라도 모두 일체지의 성품에 회향하며, 모든 곳에 두루 회향하여 물러섬이 없습니다.”

了智一切業緣如夢 音聲如響 衆生如影 諸法如幻, 而亦不壞因緣業

力 了知諸業 其用廣大. 解一切法 皆無所作, 行無作道 未曾暫廢. 佛子 此菩薩摩訶薩 住一切智 若處非處 普皆廻向一切智性, 於一切處 皆悉廻向 無有退轉.

"They know that all conditions of action are like dreams, that sounds and voices are like echoes, that sentient beings are like shadows, that all things are like phantoms-yet they do not deny the power of the action of causes and conditions; they know that the function of actions is far-reaching. They understand that all things do nothing, and traverse the path of nondoing without ever giving it up. These great enlightening beings abide in universal knowledge, dedicating all, whether positive or negative, to omniscience-they practice dedication in all places without ever retreating."

[주]
*일체지: 一切智, ⓢSarva-jñā, ⓟSabbañña, 23품 참고.

회향의 뜻

"무슨 뜻으로 회향이라고 합니까? 영원히 세간을 제도하여 (깨달음의) 저 언덕에 이르게 하므로 회향이라 합니다. *오온을 영원히 벗어나 (해탈의) 저 언덕에 이르게 하므로 회향이라 합니다. 언어의 차원을 넘어서 저 언덕에 이르게 하므로 회향이라 합니다. 가지가지 생각을 떠나서 저 언덕에 이르게 하므로 회향이라 합니다. *신견을 영원히 끊고 저 언덕에 이르게 하므로 회향이라 합니다. 의지한 곳을 영원히 떠나 저 언덕에 이르게 하므로 회향이라 합니다. 짓는 일을 영원히 끊고 저 언덕에 이르게 하므로 회향이라 합니다. 모든 있는 것에서 벗어나 저 언덕에 이르게 하므로 회향이라 합니다. 모든 집착을 버리고 저 언덕에 이르게 하므로 회향이라 합니다. 세상일을 영원히 떠나서 저 언덕에 이르게 하므로 회향이라 합니다."

以何義故 說名廻向. 永度世間 至於彼岸 故名廻向. 永出諸蘊 至於彼岸 故名廻向. 度言語道 至於彼岸 故名廻向. 離種種想 至於彼岸 故名廻向. 永斷身見 至於彼岸 故名廻向. 永離依處 至於彼岸 故名廻向. 永絕所作 至於彼岸 故名廻向. 永出諸有 至於彼岸 故名廻向. 永捨諸取 至於彼岸 故名廻向. 永出世法 至於彼岸 故名廻向.

"In what senses, by what meanings, is it called dedication? It is called dedication because of having crossed over the world forever and arrived at the other shore. It is called dedication because of crossing over the path of speech and arriving at the other shore. It is called dedication because of leaving behind all sorts of concepts and reaching the other shore. It is called dedication because of having forever ended the idea of corporeality and arrived at the other shore. It is called dedication because of having left dependency behind forever and reached the other shore. It is called dedication because of having ended contrivance forever and reached the other shore. It is called dedication because of having left all states of existence forever and arrived at the other shore. It is called dedication because of having abandoned all grasping forever and arrived at the other shore. It is called dedication because of having left all worldly things forever and arrived at the other shore."

[주]

*오온: 五蘊, 색・수・상・행・식온(色・受・想・行・識蘊), ⓈPañca-skandha, ⓅPañca-kkhandha, 5취온(取蘊), 5음(陰), 5중(衆), 5취(聚)라고도 한다. 온(蘊)은 모아 쌓은 것. 곧 화합하여 모인 것. 무릇 생멸하고 변화하는 것을 종류대로 모아서 5종으로 구별. ①색온(色蘊, ⓈRūpa-skand ha): 스스로 변화하고 또 다른 것을 장애하는 물체 ②수온(受蘊, Ⓢvedanā-skandha): 고(苦)・락(樂)・불고(不苦)・불락(不樂)을 느끼는 마음의 작용 ③상온(想蘊, Ⓢsaṃjñjñāna): 외계(外界)의 사물을 마음속에 받아들이고, 그것을 상상하여 보는 마음의 작용 ④행온(行蘊, Ⓢsaṃskāra-skandha): 인연으로 생겨나서 시간적으로 변천함 ⑤식온(識蘊, ⓈVijñāna-skancha): 의식(意識)하고 분별함

*신견: 身見, 오견(신견, 변견, 사견, 견취견, 계금취견)의 하나. 오온이 임시로 화합한 신체를 언제나 변함없는 나(我)라 망집하고 또 나에 속한 기구, 권속 등을 나의 소유라고 여기는 잘못된 견해를 말함.

회향하여 머무는 곳

"불자들이여, 보살마하살이 이렇게 회향할 때 곧 부처님을 따라서 머물게 되며, 진리를 따라서 머물게 되며, 지혜를 따라서 머물게 되며, 깨달음을 따라서 머물게 되며, 이치를 따라서 머물게 되며, 회향을 따라서 머물게 되며, 경계를 따라서 머물게 되며, 행을 따라서 머물게 되며, 진실을 따라서 머물게 되며, 청정을 따라서 머물게 됩니다."

佛子 菩薩摩訶薩 如是廻向時 則爲隨順佛住, 隨順法住, 隨順智住, 隨順菩提住, 隨順義住, 隨順廻向住, 隨順境界住, 隨順行住, 隨順眞實住, 隨順淸淨住.

"When great enlightening beings practice dedication in this way, then they are living in accord with the Buddha, in accord with the Truth, in accord with knowledge, in accord with enlightenment, in accord with its meaning, [in accord with its dedication] in accord with its sphere, in accord with its practice, in accord with reality, and in accord with purity."

회향하는 것이 곧 일체법을 통달하는 것

"불자들이여, 보살마하살이 이렇게 회향하는 것은 곧 일체법을 분명히 통달함이요, 모든 부처님을 섬기는 것입니다. 한 부처님도 섬기지 않음이 없고, 한 가지 법이라도 공양하지 않음이 없으며, 한 법도 파괴함이 없고, 한 법도 어김이 없으며, 한 물건도 탐하거나 집착함이 없고, 한 법도 싫어함이 없습니다. 안과 밖에 있는 모든 것이 조금도 파괴되거나 인연의 도리가 어긋남을 볼 수 없으며, 법력을 잘 갖추어 쉼이 없습니다. 불자들이여, 이것이 보살마하살의 제 6회향인 '수순견고일체선근회향(견고한 일체 선근을 따르는 회향)'입니다."

佛子 菩薩摩訶薩 如是廻向 則爲了達一切諸法, 則爲承事一切諸佛.

無有一佛 而不承事, 無有一法 而不供養, 無有一法 而可滅壞, 無有一法 而可乖違, 無有一物 而可貪着, 無有一法 而可厭離. 不見內外一切諸法 有少滅壞 違因緣道, 法力具足 無有休息. 佛子 是爲菩薩摩訶薩第六隨順堅固一切善根廻向.

[한자풀이]

乖:어그러질 괴, 어기다 違:어길 위, 틀리다

"When great enlightening beings practice dedication in this way, then they comprehend all things; then they serve all Buddhas; there is not a single Buddha they do not attend, not a single thing they do not offer; there is not a single thing that can be destroyed, not a single thing that can be turned away from, not a single thing that can be clung to, not a single thing that can be avoided. They do not see anything at all, internal or external, that has any disintegration or violates causality. They are replete with the power of the teaching, and never cease. This is the sixth of the great enlightening beings' dedications, following up and making permanent all roots of goodness, causing them to endure."

6회향의 과위

"보살마하살이 이 회향에 머무는 때에는 항상 부처님의 보호를 받고, 견고하고 물러섬이 없이 깊은 법의 성품에 들어가 일체지를 닦습니다. 법의 뜻을 따르고, 법의 성품을 따르며, 모든 견고한 선근을 따르며, 모든 원만한 큰 서원을 따르며, 견고한 법을 잘 따르며, 그 어떤 금강으로도 깨뜨릴 수 없으며, 모든 법 가운데서 자재함을 얻습니다."

菩薩摩訶薩 住此廻向時 常爲諸佛之所護念, 堅固不退 入深法性 修一切智. 隨順法義, 隨順法性, 隨順一切堅固善根, 隨順一切圓滿大願, 具足隨順堅固之法, 一切金剛 所不能壞, 於諸法中 而得自在.

"When great enlightening beings abide in this dedication, they are always in the care of the Buddhas; they firmly endure, unregressing, and enter the profound essence of things, cultivating universal knowledge. They accord with the meaning of the Teaching, accord with the nature of things, accord with all enduring roots of goodness, accord with all completely fulfilled great vows, and fully embody the truth which accords with perdurance, which cannot be broken by even the adamant. In the midst of all things they attain independence."

게송으로 회향을 노래함

그 마음이 청정하여 물들지 않고　　其心清淨無染着
세상에 자재하니 모두가 공경하며　　於世自在咸遵敬
스승으로서 널리 바른 법을 베푸시어　　弘宣正法以訓人
중생들이 모두다 안락 얻게 하시네　　普使衆生獲安隱

[한자풀이]
遵:좇을 준, 따라가다 弘:넓을 홍, 널리 宣:베풀 선, 펴다 訓:가르칠 훈

Their minds are pure, without attachment:

They are masters of the world, respected by all.
They promulgate true teaching to educate people,
And cause sentient beings everywhere to attain peace.

귀족으로 태어나 왕위에 오르시고　現生貴族昇王位
바른 가르침으로 법륜을 굴리시며　常依正教轉法輪
성품이 인자하여 가혹함이 없으니　稟性仁慈無毒虐
시방이 우러르며 교화를 따르네　十方敬仰皆從化

[한자풀이]
稟:바탕 품, 받다 虐:해롭게할 학, 잔인하다, 가혹하다 仰:우러를 앙

Manifesting birth among the noble, rising to monarchy,
They always carry on the teaching according to the truth.
Benevolent by nature, free from cruelty,
All in the ten directions look up to them and obey them.

청정계율 굳게 지켜 어긋남이 없으며　堅持淨戒無違犯
결연한 뜻으로 참고 견디어 흔들리지 않고　決志堪忍不動搖
성내는 마음을 길이 없애려는 서원으로　永願蠲除忿恚心
부처님 가르침을 항상 즐겨 수행하시네　常樂修行諸佛法

[한자풀이]
違:어길 위, 위반하다 犯:범할 범, 어긋나다 堪:견딜 감 搖:흔들릴 요 蠲:덜 견, 제거하다 忿:성낼 분 恚:성낼 에

They hold fast to pure morality, without transgression;
With firm determination they forbear, unshakably.
They vow to forever clear away anger from the mind

And always gladly practice the teachings of Buddha.

법문을 듣기 위해 그 몸을 보시하고 爲聞法故施其身
온갖 고행 닦으면서 깨달음을 구하며 修諸苦行求菩提
또 다시 중생 위해 모든 것 버리면서도 復爲衆生捨一切
위없는 지혜 구하려고 물러서지 않네 求無上智不退轉
They give their bodies to hear the teaching
And practice austerities seeking enlightenment;
And for the sake of the living they give up all,
Seeking unexcelled knowledge without turning back.

마음은 어떤 업도 분별하지 않고 心不分別一切業
업의 과보에도 물들지 않으며 亦不染着於業果
보리의 성품이 인연따라 일어남을 알아 知菩提性從緣起
법계에 깊이 들어가 어긋남이 없습니다 入深法界無違逆
Their minds do not conceptualize actions arbitrarily,
And they are not obsessed with results of action;
They know the nature of enlightenment comes from conditions,
And enter the profound realm of reality without opposition.

이처럼 모든 것 관찰할 수 있다면 若能如是觀諸法
부처님의 이해하심과 같을 것이니 則如諸佛之所解
그 성품 구하려다 얻지 못한다 해도 雖求其性不可得
보살이 행한 일은 헛되지 않습니다 菩薩所行亦不虛
If one can see things in this way,

One will accord with the understanding of the Buddha;
Though one seek their essence, it cannot be found,
Yet enlightening beings' practices are not in vain.

모든 법의 참 성품 분명히 통달하면 了達諸法眞實性
모든 법의 성품은 분별이 없고 而於法性無分別
법이 성품 없고 분별없음을 알면 知法無性無分別
이런 사람 부처님 지혜에 잘 들어갑니다 此人善入諸佛智
Comprehending the true nature of things,
Yet not conceptualizing the nature of things,
Knowing things have no essence and no discrimination-
Such people can enter the Buddha's Knowledge.

진정한 회향은 자비심에서만 가능합니다.

True dedication is possible
only from kindness and compassion.

제6회향의 보살은 네 가지 거두어주는 법(사섭법)으로 중생을 돌본다고 합니다. 네 가지 거두어주는 법이란 무엇입니까?

네 가지 거두어주는 법이란 흔히 사섭법이라 하여 중생을 제도하려는 보살이 중생을 불도로 이끌기 위한 네 가지 방법이라고 할 수 있습니다.

네 가지란 보시섭(布施攝), 애어섭(愛語攝), 이행섭(利行攝), 동사섭(同事攝)입니다. 보시섭이란 베풀어주는 것입니다. 상대방이 좋아하는 재물이나 법을 보시하여 좋아하는 마음을 내게 하여 진리에 이르게 하는 방법이지요. 애어섭이란 상냥한 말을 사용하는 것입니다. 중생의 근기에 따라 좋은 말로 위로하고 깨우쳐서 좋아하는 마음을 내게 하여 진리에 이르게 하는 방법입니다. 이행섭이란 선행을 도모하는 것입니다. 보살이 몸과 말과 뜻으로 선행을 일으켜 중생을 이롭게 하며 진리에 이르도록 하는 방법이지요. 동사섭이란 협동하는 것을 말합니다. 불보살이 중생의 근기에 따라 몸을 나타내어 그들과 어울리며 고락을 함께 하며 일하고 생활하는 과정에서 자연스럽게 중생을 제도하여 진리의 길로 이끄는 방법입니다.

오늘날 국민을 이끄는 정치인들이, 미래를 짊어질 젊은이를 교육하는 교육자들이, 마음의 평화를 바라는 사람들을 진리의 길로 안내하는 종교인들이 위와 같은 사섭법으로 사람들을 대한다면 참으로 아름다운 사회가 되지 않을까 생각해봅니다. 오늘날의 사회가 사리사욕을 추구하는 사회가 되면서 베푸는 일이 점점 인색해지고, 관계가 단절되고 고립되면서 사랑스런 말을 나눌 사람도 그런 기회도 줄어들었을 뿐 아니라, 경쟁사회에서 남을 위하기보다 내게 어떤 이득이 있는가에 따라 행동하게 되고, 함께 어울려 상생의 즐거움을 누리기보다 나만 잘되고 보자는 이기주의가 팽배해져 있다는 것을 부인하는 사람은 없을 것입니다.

경문을 보면 보살은 사섭법으로 중생을 돌보고, 형벌을 쓰지 않고 덕에 감화를 입도록 하여 교화한다고 하였습니다. 오늘날 우리 사회는 규칙이 점점 많아지고 법이 점점 엄격해지는 것을 볼 수 있습니다. 덕이 떨어지면서 벌로써 통제하려는 것이겠지요. 한쪽에서 힘을 사용하려 하면 상대도 역시 힘으로 응수하려 들 것입니다. 그러니 점점 덕은 멀어지고 힘과 제도만이 인간을 통제하는 수단이 되고 있습니다. 보살이 보시, 애어, 이행, 동사로써 중생을 진리의 길로 이끄는 것을 본받아 우리도 가정에서, 학교에서, 정치계와 종교계에서 실천해나가야 할 것입니다. 사섭법이란 비록 특정 종교 안에 있는 일부 사람들에게 해당되는 용어가 아니라 성장의지를 가진 우리 모두가 따라야할 덕목이기 때문입니다.

보살이 보시를 할 때에는 그 대상을 차별하지 않는다고 합니다. 요즘도 무차법회라는 것이 있던데, 이것이 경전에서 가르치고 있는 내용인 것을 처음 알았습니다.

경문에도 먼 곳에서 왔거나 가까운 곳에서 왔거나, 어질거나 어리석거나, 아름답거나 추하거나, 남자거나 여자거나, 사람이거나 사람 아닌 것이거나 모두에게 평등하게 베풀어주어 만족하게 한다고 하였습니다. 이것을 무차평등이라고 합니다. 불교에서는 보시 정신에 기초하여 베푸는 이러한 의식을 무차대회 혹은 무차법회라 하였지요. 이 대회에는 수행자뿐만이 아니라 세속의 일반인들도 모두 참여하여 보시가 이루어집니다. 모든 중생들에게 불법의 공덕을 나눈다는 의미에서 잔치를 벌이기도 하고, 재물을 나누어주기도 하며 불법을 가르치거나 불경에 대하여 서로의 의견을 나누는 자리를 마련하기도 합니다. 고려시대 때 주로 베풀어지던 의식이라고 하지만, 최근에도 일부 사찰에서 이 법회가 이루어지고 있음을 볼 수 있습니다.

단일민족이라 하여 다른 민족을 배타적으로 보고, 같은 학교 출신이니, 같은 지역 출신이니, 같은 종교이니 하여 인맥을 특히 따지는 우리나라 사람들은 내 편 네 편을 가르기를 좋아하고 내 것일 때는 끌어안고 내 것이 아닐 때는 배척하는 습성이 있지요. 물론 이것은 우리나라만의 일이 아니라 인류역사에서 끊임없이 이어져 온 종교전쟁과 인종간의 전쟁이 얼마나 살벌하고 잔인했는지를 보면 쉽게 알 수 있는 일이지요.

그렇지만 아무래도 내 가까운 사람에게 먼저 마음이 가게 마련이고, 추한 것보다는 아름다운 것을 선호하는 것이 중생심입니다. 사람을 대할 때도 이토록 평등하기가 힘든데, 하물며 사람이거나 사람이 아니거나 평등하게 베풀어줄 수 있다고 하니 보살의 마음이 얼마나 넓고 큰지 놀라운 일이지요. 부처님 가르침과 같이 어떤 대상도 전혀 차별 없이 대할 수 있는 마음을 배워야하겠습니다.

중생이 사람에 국한되는 용어가 아니라는 것을 알면서도 다른 생명체보다 더 중요한 존재라는 생각을 가지고 있는 것 같습니다. 보살이 사람이 아닌 것도 똑같이 평등하게 대한다는 구절을 보면서 저의 좁은 생각을 돌아보게 됩니다.

오늘날 인간중심주의에 대한 비판은 일반화되고 있습니다. 인간에 대한 존중이 자칫 인간만이 존귀하다는 사고로 흐르고 있기 때문이지요. 인간을 제외한 모든 동식물들은 마치 인간을 위해 존재하고 인간의 필요에 따라 어떻게 취급해도 좋은 것처럼 여기는 사고가 오늘날 생태 문제와 환경파괴를 불러온 원인이기도 합니다.

중생이라는 말은 '반드시 죽는 것'이라는 뜻으로 인간을 포함한 모든 생명을 지닌 존재를 의미합니다. 더러 인간만을 한정하여 지칭하는 경우도 없지 않지만, 'sattva(중생)'는 'sat(존재하고 있음)'에 어미 'tva'를 붙인 말로서 일반적으로 살아있는 것, 살아가는 생명체를 의미하지요. 그러니까 생명이 있는 존재는 똑같이 소중하다는 것을 생각할 수 있습니다.

불교에서 처음 안거가 시작된 것도 출가 수행승이 비가 많이 오는 여름 장마철에 대규모로 이동하게 되면 땅 속에 사는 지렁이를 비롯한 온갖 미물들이 밟혀죽을 것을 염려하여 이동하지 않고 한 곳에 함께 모여 일정기간동안 수행정진하게 되었다고 합니다. 무심코 옮기는 발걸음 때문에도 희생당할 것을 염려하는 자비심이지요.

이런 생각을 하면 비록 내 몸을 유지하기 위해 먹는 음식도 지나치게 낭비하거나 함부로 버려서는 안 되겠다는 마음을 갖게 됩니다. 그래서 절에서도 최소한의 음식을 먹고 남기거나 버리지 않는 것을 철저히 지키고 있지요. 동식물을 음식으로 섭취할 때 그 은혜를 생각하여 고마움을 잊지 않아야 하며 먹고 나서 악한 짓을 해서는 안 될 것입니다. 또 동물의 생명을 두고 희롱하거나 식물을 마구 꺾는 행위도 삼가야겠습니다. 위기에 처한 생명은 방생을 하고, 죽어가는 생명을 위해 기도할 수 있는 마음을 가져야겠습니다.

어린 시절 뜨거운 물을 아무렇게나 내버리지 않도록 당부하시던 어머니의 말씀이 생각납니다. 또 이름 모를 짐승이 죽어있어도 그냥 지나치지 않고 '나무아미타불'을 염송하며 극락왕생을 기원하던 어머니의 마음이 바로 부처님의 중생사랑에 근거한 수행이었음을 상기하게 됩니다.

보살이 삼매로써 마음을 다스린다고 합니다. 하루에도 열 두 번씩 마음이 곤두박질치는 저 자신을 바라보면서 삼매로써 마음을 다스린다면 참으로 고요하고 흔들림이 없을 것이라는 생각을 해봅니다.

삼매(三昧)란 원래는 'samādhi'의 음사로서, 마음을 한 곳에 모아 움직이지 않게 하며, 마음을 바르게 하여 망념에서 벗어나는 것을 말합니다. 『대지도론』에 모든 선정(禪定)은 정(定)이라 하고 또 삼매라 한다고 하였습니다. 그러니까 선정과 거의 같은 말로 쓰고 있지요. 선정도 'jhāna'의 음사로서, 선나로 읽은 것에 '나'가 생략되었고 선의 번역어인 정(定)이 결합된 용어입니다.

어원을 보면 선정은 '명상하다', '불태워버리다'의 의미이고, 삼매는 '마음이나 주의를 대상에 집중하는 것', '숙고하다', '마음의 통일 또는 집중'이라는 의미입니다. 둘 다 '명상하다', '마음을 한 대상에 집중하다'라는 뜻으로 내적 통찰력을 통한 수행방법이라는 것을 말해주고 있습니다. 즉 마음을 한 곳에 모아 움직이지 않게 하며, 어지러운 망념에서 벗어나게 하는 것이지요.

삼매는 나를 잊은 상태가 아닙니다. 보살은 삼매에 들었을 때 마음이 흐트러지지 않고 고요한 가운데에도 정신은 참으로 맑고 밝다고 합니다. 그러나 처음 수행자들이 삼매에 들기 위해 가부좌를 하고 앉으면 다리가 아프고 허리가 뒤틀리면서 머릿속으로는 온갖 생각이 일어났다스러지는 것을 경험할 수 있습니다. 아픈 다리와 허리에 마음이 뺏기는가 싶더니 자신도 모르게 이 생각 저 생각이 꼬리를 물고 일어나 몸은 여기 있지만 마음은 팔만사천 번뇌의 성을 쌓고 허물기를 반복하고 있습니다. 애써 정신을 가다듬어 집중하는가 싶으면 어느새 혼침에 빠지고 수마가 달겨들어 눈꺼풀을 잡아당기니 고요하면서도 맑은 정신을 유지하기란 얼마나 힘든 일인지 모릅니다. 심지어 도력이 높으신 분인데도 호흡과 호흡 사이의 찰라와 같은 틈을 비집고 잡념이 들어와서 좀처럼 삼매에 들기가 힘들다는 고백을 들은 적이 있습니다.

복잡한 세상살이에서 어느 정도 격리된 곳에서 수행을 하시는 분도 이토록 정신을 한 곳에 모으는 일이 쉽지 않은데, 자기 자신보다 가정일과 직장 일 등에 신경을 곤두세우며 살아가지 않으면 안 되는 속세를 사는 사람들이야 열두 번도 더 마음이 곤두박질치는 것은 어쩌면 당연한 일일지도 모르겠습니다. 무엇보다 돈 버는 일에 마음을 뺏기고 자식바라지와 가족부양에 시간과 노력을 투자하다보니 내 마음이 어떠한지 내가 누군지조차 잊어버리고 살아가는 사람이 적지 않습니다. 그래서 자식도 어느 정도 키우고 난 중년의 부부들 중에는 너무나 삶을 공허하게 느끼는 사람들이 많습니다. 지금까지 혼신의 힘을 다하여 죽기 살기로 달려왔는데 이제와 돌아보니 빈껍데기만 남은 것 같고 나 자신은 없는 것 같고 무엇을 위해 살았나 싶은 허무감을 느끼게 되는 것이지요. 아마 좀 더 내면의 소리에 귀 기울이며 자신의 욕구를 다독이고, 밖으로 향하는 관심과 노력을 자신의 성장을 위해서도 기울였더라면 남의 인생을 산 것 같고 세월을 도둑맞은 것 같은 허망한 마음은 없을 테지요.

그러기 위해서는 하루 중 얼마간의 시간을 내어 고요히 자신의 내면을 들여다보고 마음의 소리와 움직임을 들어야 합니다. 그리고 불쑥거리며 떠오르는 망념에 이리저리 끌려 다니는 마음을 고요히 붙들어두는 연습을 해야 합니다. 마음의 집에 주인이 떡 버티고 있는 사람과 주인이 어디로 가버리고 빈집만 남은 사람의 차이는 클 수밖에 없을 것입니다. 하루에 30분이든 1시간이든 고요히 마음을 한 곳에 모으고 집중하는 시간을 갖는다면 나 자신에 대한 진정한 의미의 주인이 되어 항상 여기 지금 이 순간을 사는 사람이 될 수 있을 것입니다.

참으로 마음을 다스리기란 어려운 일인 것 같습니다. 잠깐 동안 고요한 마음을 유지하기도 힘든 일이니까요. 겨우 마음을 다스렸다 싶어도 금세 외부의 상황에 휘둘리게 되는 일이 많습니다.

부처님께서도 활 만드는 사람은 화살을 다루며, 목수장이는 나무를 다루고 지혜 있는 사람은 자기를 다룬다고 했습니다. 자기 마음을 다루는 일이 얼마나 힘든 일이면, 전장에서 수천의 적과 혼자 싸워 이기는 것보다 자기를 이기는 것이 더 힘든 일이라 했겠습니까?

훌륭한 조련사는 말의 속성을 잘 알아서 사납게 날뛰는 야생의 말을 길들여 순종하게 하듯이 지혜로운 사람은 욕심을 따르는 감관을 통제하고 교만한 마음을 잘 길들인다고 합니다. 뛰어난 기수는 무조건 빨리 달리기만 하는 것이 아닙니다. 완급을 조정하여 힘을 아껴가며 천천히 가야할 때와 박차를 가해서 혼신의 힘을 다해야할 때를 아는 것이지요. 또한 달리는 것도 중요하지만 서야할 곳에 서는 것도 중요합니다. 가끔은 서야할 때 달리고 달려야 할 때 멈추어 있는 자신을 발견할 때가 많습니다. 멈출 때 멈추지 못하면 말에서 떨어지기도 하고, 어처구니없게도 말에 밟히는 경우도 생기게 됩니다. 내가 다스려야할 것에 오히려 내가 깔려버리는 셈이지요.

평생 돈 한 푼 벌어오지 않은 소크라테스에게 그 부인이 심한 말을 하고 그래도 반응이 없자 물통의 물을 들이부어도 웃고 있었다고 합니다. 그 제자가 어떻게 그럴 수 있나 싶어 물었더니 훌륭한 마부는 말이 사나워졌을 때 매질하거나 심하게 다루지 않는다고 대답했다는 일화는 잘 알려져 있습니다.

선가(禪家)에서는 참나를 찾아 자기 마음을 다스리는 일에 대해서 소를 찾고 소를 먹이는 일에 비유하여 가르치고 있습니다. 고려시대 때 정혜쌍수를 제창하신 지눌스님도 스스로 자신을 소 먹이는 아이라는 의미의 목우자(牧牛子)로 지칭하기도 했지요. 곽암선사의 십우도(十牛圖)를 보면 소를 찾아 나서서(심우) 그 발자국을 보고(견적) 발자국을 따라가서 소를 보게 되고(견우) 마침내 소를 붙들어(득우) 소를 길들이며(목우) 잘 길들여진 소를 타고 집으로 돌아오는(기우귀가) 장면을 볼 수 있습니다. 눈에 보이지 않는 마음을 형상화하여 마음 닦는 법을 가르치신 지혜이지요.

소와 말의 속성을 잘 알아야만 길들일 수 있듯이 내 마음을 잘 다스리기 위해서는 불쑥불쑥 올라오는 욕심과 바람에도 흔들리는 어리석은 마음을 잘 관찰할 수 있어야 하겠습니다.

보살마하살이 보시할 때 믿고 이해함을 청정하게 하기 위함이라는 구절이 마음에 와 닿습니다. 관계에서 믿음이 얼마나 중요하며, 결국 옳은 믿음이 올바른 이해를 가져온다는 생각을 해봅니다.

믿음이란 일상의 모든 관계에서나 깨달음의 길에서도 가장 기본적인 것이면서 가장 궁극적인 것입니다. 만약 부부가 서로 믿지 못하고, 자식이 부모를 부모가 자식을 믿지 못한다면 이미 그 관계는 깨어진 것이나 마찬가지이겠지요. 믿음이 무너지면 삶 또한 무너져버릴 것입니다.

아내를 못 믿는 의심병을 가진 남자가 있었습니다. 아내의 퇴근길이 의심스러워 미행을 하고, 식탁에 컵이 두개만 나와 있어도 누군가와 바람을 피웠을 것이라는 상상을 하며, 아내가 차려준 밥을 먹으면서도 독이 들어있을지도 모른다는 생각에 괴로웠지요. 아내에 대한 철저한 불신은 그보다 더 깊은 자기에 대한 불신에서 비롯되었을 것입니다. 그러나 그것이 망상인 줄 모르고 남을 믿지 못 하고 자신을 믿지 못 하는 동안에 저지르게 되는 잘못은 파괴적인 결과를 가져오기도 합니다.

의심하고 있는 한 절대 상대를 바르게 이해할 수가 없습니다. 바르게 이해하기 위해서는 믿어야 하고, 믿기 위해서는 바르게 이해해야 합니다. 그것은 서로 둘이 아니지요. 믿음이 청정하지 못할 때 맹신이나 광신 혹은 미신이라는 용어를 쓰는 것도 올바른 이해가 따르지 못 했기 때문이지요. 『화엄경』에서도 깨달음을 향한 단계의 출발점이 믿음이라고 가르치고 있습니다. 심지어 진정한 믿음이야말로 정각에 이르는 요인이라고 하였지요. 제16품인 「범행품」에 '처음 믿음을 낼 때 곧 바로 무상정등각을 얻게 될 것(初發心時 卽得阿耨多羅三藐三菩提)'이라고 하였습니다.

사람에 대한 신의, 일에 대한 신념, 세상에 대한 믿음, 불법에 대한 믿음, 그것이 바로 나와 내 삶을 지탱해주는 힘이지요.

보살이 중생에게 머물 곳을 보시한다는 구절이 매우 감동적입니다. 저 자신은 다른 사람들이 머물만한 곳이었는지 돌아보게 됩니다.

어떤 사람에게는 그와 함께 하기를 바라는 사람이 많아 늘 주위에 사람이 많은 경우가 있고, 또 어떤 사람은 돈도 많고 지위도 높은데도 외롭고 고독한 경우가 있습니다. 집도 마찬가지입니다. 작고 초라한 집이라도 편안하고 행복한 곳이 있고, 고래등 같은 집이라도 불편하여 잠시도 머물고 싶지 않은 곳이 있습니다. 잘 되는 식당에 가보면 음식 맛이 좋은 이유도 있겠지만, 고향의 정을 느낄 수 있는 시골스러운 소박함이 있거나 식당 주인의 푸근한 인심이 있어 편안한 마음이 들어서인 경우가 많습니다.

어느 해 집단상담을 시작하는데 집단구성원 중에 굉장히 산만한 사람이 있었습니다. 잠시도 가만있지 못하고 팔다리를 흔들고 머리카락을 만지며 의미 없는 소리를 큼큼 내면서 분위기를 흩트리는 것이었습니다. 다른 구성원들의 불편한 시선을 느끼면서도 불안정한 행동이 계속되어 모두에게 눈을 감고 외부의 평가에 마음을 뺏기지 말고 고요히 자기 내면에 집중하도록 하는 시간을 가졌습니다. 놀랍게도 불과 짧은 시간이 흘렀을 뿐인데도 눈에 띄게 침착해진 그녀는 들떠 있던 목소리조차도 차분해진 것을 발견할 수 있었습니다. 하루 중 언제가 가장 편안한가라는 리더의 질문에 이어지는 그녀의 고백은 참으로 가슴 아픈 말이었습니다. 단 한 순간도 편안한 때가 없었다는 것이었지요. 심지어 자기 방에 홀로 있을 때도 친구나 동료들이 자기를 따돌릴까 두렵고 자기가 없을 때 욕하고 흉을 볼까 겁난다는 것이었지요. 또 여러 사람이 어울려 있을 때는 그들이 자기를 어떻게 볼까 하는 염려로 끊임없이 괜찮은 사람으로 생각하도록 비위를 맞추고 농담을 하여 재미있고 멋진 사람이 되려고 안간힘을 써 왔다는 것입니다. 편히 쉴 곳이 단 한 곳도 없었다는 말을 하는 그녀의 꾸민 웃음 뒤에 너무나 외롭고 공허한 모습을 볼 수 있었습니다.

최근 들어 자살률이 점점 높아져가고, 특히 청소년 자살은 사망률이 교통사고 다음으로 많다는 충격적인 보도가 있었습니다. 그들은 이 세상 어느 곳에도 머물 곳이 없어 죽음을 선택한 것일까요? 집도 더 이상 몸과 마음을 편히 쉴 곳이 아니고, 부모나 친구에게도 마음의 짐을 내려놓을 수 없었던 것일까요?

우리가 답답한 일상을 떠나 여행을 할 때, 견문을 넓히기 위해서는 도시로 가거나 유적지를 찾아가지만, 몸과 마음을 쉬고자 할 때는 햇볕과 공기가 좋은 한적한 곳으로 가게 됩니다. 내가 지금 머물고 있는 곳은 어디이며, 내가 쉬고 싶은 곳은 어떤 곳인지 한번 생각해봅시다. 내가 편안한 곳이 다른 사람도 쉬고 싶어 하는 곳일 테지요. 내가 달려가 머물고 싶은 장소의 덕목을 가진다면, 충분히 다른 사람들의 쉼터가 되어줄 수 있을 것입니다.

보살이 열등하고 가난하고 외로운 이에게 보시할 때에 대자대비한 사랑의 눈으로 평등하게 본다고 합니다. 겉으로 드러난 그 사람의 조건이 그를 평가할 수 있는 기준이 아님을 알면서도 외상(外相)에 따라 차별을 하는 중생심이 부끄럽습니다.

어떤 여성이 자기는 미용실 갈 때와 백화점 갈 때는 화장을 하고 옷도 잘 차려입고 간다는 말을 하길래 웃은 적이 있습니다. 허수룩한 차림으로 미용실에 갔을 때 영 서비스가 시원찮더니 한번은 다른 볼일 때문에 멋있는 차림으로 갔더니 같은 미용실인데도 완전히 대접이 달랐다고 합니다. 백화점에도 편한 차림으로 가면 본 척도 않고 옷값을 물어도 대답도 안한다는 것이었습니다. 물론 돈이 있어 보이는 사람이 살 확률이 높을 것이고 그런 사람을 단골로 붙들어놓고 싶은 마음이 이해가 안 되는 것은 아니지만, 옷 잘 입은 고객이라 해서 돈을 더 내는 것도 아닌데 겉모습에 이리도 차별하는 것이 중생심인가 싶어 씁쓸한 마음이 들었습니다.

겉모습에 치중하는 것이 일부 장사하는 사람들만의 이야기는 아닙니다. 어느 해 학자들끼리의 연구발표에 참석했을 때 발표자가 국제적으로 뛰어난 학자와 만난 것을 내세우면서 그 이름에 힘입어 자신의 능력을 인정받으려 하는 것을 보았습니다. 한국에서 박사학위까지 취득하고서도 그 동안의 스승은 간 곳 없고, 겨우 몇 달간의 외국생활에서 한두 번 만난 사람의 이름을 들먹이며 자기의 명예를 드높이는 자부심으로 삼으려하는 것이었지요.

권력 앞에 줄을 서고, 돈 앞에 무릎을 꿇는 예가 어디 한두 가지이겠습니까? 강자에게 비굴하게 굽실거리고 약자에게 주먹을 날리고 짓밟는 행위가 어제 오늘의 일이 아닐 것입니다. 이런 세태에 익숙하다 보니 외상(外相)에 치우치지 않는 마음이라는 것이 얼마나 힘든 일인가 하는 것을 생각하게 됩니다. 그러므로 외상에 끄달리는 마음은 수행으로써 극복하지 않으면 안 되는 일이라는 것을 절감하게 됩니다.

인간이 자기 탐욕에 빗대어 많이 가지고 적게 가진 것을 차별하고 자신의 어리석음으로 잘나고 못난 것을 평가하면서 아옹다옹하지만, 깨달음의 경지에서 보면 참으로 부질없는 논란이 아니겠습니까? 부자라고 해서 더 많이 깨달은 것이 아니요, 지위가 높다 해서 더 빨리 깨닫는 것이 아닙니다. 오히려 그것이 장애가 되어 깨달음의 길에서 더 멀어지기 쉬운 것입니다. 오죽하면 성경에도 '부자가 하느님 나라에 들어가는 것보다 낙타가 바늘구멍으로 빠져나가는 것이 더 쉽다(마태19, 24)'고 했을까요. 그러니까 겉으로 드러난 모습은 진정한 의미에서의 평가

기준이 되지 못한다는 것을 알 수 있습니다. 보살이 오로지 자비심으로 모든 사람을 바라볼 수 있는 것도 욕심세계의 중생이라는 점에서 평등하기 때문입니다. 보살에게는 그저 제도해야할 대상일 뿐이니까요.

보살은 일체중생이 선한 법을 부지런히 닦아 걸림 없는 지혜를 얻고 성스러운 공덕을 갖추기를 원한다고 하였습니다. 생각하면 저 역시 부지런하게 살아온 것은 틀림이 없는데, 그것이 지혜를 닦기 위해서라기보다는 세속의 기준에 맞추어 출세와 물질적인 풍요를 좇아 분주하게 살아왔던 것임을 느꼈습니다.

가족의 생계를 꾸려나가기 위해서 돈을 벌어야하고, 돈을 벌기 위해서 더 좋은 학교 더 좋은 직장을 가지는데 전심전력을 기울이면서 살아가는 것이 보통이지요. 세속의 기준에 따라 생활하는 것은 당연한 일이라 할 수 있을 것입니다. 그러나 그것만이 전부라고 생각한다면 부자가 되고 명예와 권력을 가지게 될지는 몰라도 정신세계에서의 발전은 이룰 수 없겠지요. 그것이 전부인줄 여기는 사람 중에는 돈과 권력의 힘을 누리며 교만하기 쉽고, 만약 그 힘을 잃게 되었을 때 삶의 의미도 함께 잃어버리기 쉽습니다.

우리는 주위에서 성적이 떨어졌다고 목숨을 끊고, 사업의 실패로 생을 포기하는 사람들을 볼 수 있습니다. 반면에 극심한 좌절을 기회로 오히려 더 큰 마음의 성장을 이루어낸 사람들도 볼 수 있지요. 옛 선비들은 귀양살이의 수모와 고독을 마음을 갈고 닦는 기회로 삼았고, 민주화 투쟁으로 감옥살이를 한 투사도 책을 읽고 수양을 하는 계기로 삼은 예는 잘 알려져 있지요. 모 대학의 교수는 사고로 목 아래로는 아무 것도 움직일 수 없는 상태에 놓이게 되었는데도, 그 어떤 때보다 평화롭고 행복한 생활을 하고 있다는 고백을 들은 적이 있습니다. 저의 지인 한 분도 침을 잘못 맞아 30년 동안이나 하체를 쓰지 못하는 위기를 겪으면서도 오히려 좌절하지 않고 선수행의 기회로 삼아 정진하는 것을 보았습니다. 그 분의 자유로운 영혼과 평화로운 미소는 깊은 감동을 주었고 많은 것을 생각하게 했습니다.

이런 분들은 어떤 특별한 계기로 외부적인 활동에 제약을 받아 끊임없이 외부세계에 빼앗기던 에너지를 자기 내면으로 돌림으로써 정신적인 성숙을 이루어나갔던 것이지요. 몸을 가두고 건강을 잃은 것이 그분들에게는 더 이상 아무런 속박이 되지 않았던 것입니다. 오히려 천하를 분주히 다니면서도 욕심세계에서 벗어나지 못하고 결박되어 있다면 그것이 나를 가두는 감옥이라 해야겠지요.

사람에 따라서는 이러한 깨달음이 우리가 추구하던 외적인 모든 것을 잃었을 때에 비로소 오는 경우도 있습니다. 외부의 것에 더 가치를 두는 동안은 그쪽을 향해 치달릴 테니까요. 그러나 이렇게 마음을 열고 경전을 읽고 자신을 성찰하며 부지런히 수행해나가는 사람은 외적인 성취와 함께 정신적인 성숙도 이루어나갈 수 있습니다. 이룬다는 것은 외적인 것만이 아니거든요. 그런 의미에서 경전을 읽고 보살의 마음을 배우는 이런 기회야말로 얼마나 소중한지 모르겠습니다. 건강하게 생활하는 가운데 끊임없이 자기를 성찰하고 깨달음의 길로 나아가려는 노력은 참으로 훌륭한 태도일 것입니다.

삼세에 집착하지 않고 자유자재하기를 원한다는 구절을 읽으니 삼세는커녕 조그만 물건하나 사소한 사건 하나에도 집착하고 마음앓이를

하는 자신이 부끄럽습니다.

고통의 원인은 바로 집착입니다. 깨달음에 이른다는 것은 곧 모든 집착에서 벗어나는 것을 의미한다 해도 과언이 아니겠지요. 깨달음에 이르는 것이 어렵고 어려운 만큼 집착을 벗는 일도 어렵고 어려운 일일 것입니다. 그런데 삼세에 집착하지 않고 자유자재하다는 것은 참으로 깨달은 분이 아니고서는 짐작조차 할 수 없는 일이겠지요. 이 경지는 모든 구도자들이 목표로 삼아야할 경지입니다.

사람마다 집착하는 대상이 다릅니다. 내가 무엇에 집착한다는 것은 거꾸로 그 대상에게 내가 잡혀있는 것이 됩니다. 마치 거미줄에 걸린 벌레처럼 발버둥 쳐도 벗어날 수 없을 뿐만 아니라 심지어 잡아먹히기까지 하지요. 집착하는 대상의 올가미에 걸려 옴짝달싹 못하게 되어 벗어나려 해도 벗어날 수 없고 오히려 움직일 때마다 더 단단하게 옥조여 헤어나지 못하게 합니다. 우리 각자는 나를 옭아매는 대상이 무엇인지를 관찰해야 합니다. 자기가 어디에 집착하는지를 아는 것은 거기에서 벗어날 수 있는 중요한 계기가 되니까요.

사람에 따라 그것은 애욕이나 인정욕구일 수도 있고, 돈이나 명예일 수 있고, 외모나 학력일 수도 있겠지요. 애착의 경우도 남녀간 혹은 부모자식간에서 오는 애정의 문제와 그에 따른 미움과 질투와 경쟁과 적개심과 열등감 등의 감정은 이루 말할 수 없이 다양하고 많을 것입니다.

술과 일에 매달려 평생을 살아온 남자가 아무리 돈을 많이 벌고 사회적으로 성공을 거두어도 만족과 기쁨을 느낄 수 없었다고 합니다. 다른 사람들에게 부러움을 사는 그가 한 순간도 행복하지 않고 잠자리에서조차 악몽과 씨름하고 있다고는 아무도 상상하지 못했을 것입니다. 최선을 다해 이룩한 수많은 성취에도 불구하고 남은 것은 만신창이가 된 몸과 황폐해진 마음이었습니다. 애써 불안을 외면하며 살아왔지만, 회피는 해결도 아니고 극복도 아니었던 것이지요. 자신을 위협하는 불안을 꾹꾹 누르며 억압한 것이 수십 년 동안 이름을 붙일 수도 없이 거대해져 자기를 집어삼키려 하였지요. 병을 얻고 나서야 자신을 돌아보니 뿌리 깊은 열등감과 자기불신의 덫에 걸려 평생 허우적거리고 있었던 것을 발견하고는 거기서 놓여날 수 있었습니다.

나를 힘들게 하는 것의 정체를 알면 벗어날 길도 쉽게 찾을 수 있습니다. 어디서 날아오는 돌인지 알면 피할 수 있지만 언제 어디서 돌이 날아올지도 모르면 불안하기만 하고 피할 수가 없지요. 내가 어떤 물건에 집착하는지, 어떤 사람에게 집착하는지, 무슨 일에 집착하는지 꽁꽁 싸맨 마음 보따리를 풀어놓고 하나씩 들여다보는 공부를 해야 할 것입니다.

보살이 중생을 제도하기 위해 세운 간절한 서원을 보니, 중생이 과연 그 경지에 도달할 수 있을까 하는 의문도 들면서 쉽지는 않지만 해낼 수 있는 일이기 때문에 서원하는 것이 아니겠는가 생각되기도 합니다.

서원은 지향이면서 그곳으로 나아가도록 하는 힘입니다. 서원이 없으면 깨달음도 없습니다. 서원이 있기 때문에 전 존재를 투신할 수 있습니다. 물론 보살의 서원은 자신을 위한 것이 아니라 중생을 위한 것이므로 함부로 흉내 낼 수도 없고, 실천하기도 힘든 큰 원일 수 있습니다.

보살이 원력으로 산다고 해서 중생에게는 서원의 힘이 없는 것은 아닙니다. 모든 생명이 성장의 속성을 가지듯이 인간에게도 무의식적인 성장 의지가 있습니다. 단지 그것을 각성하지 못할 뿐 최선의 자기실현을 위한 지향이 이미 있는 것입니다. 막연하나마 좋은 사람이 되려는 것, 보다 인간다운 삶을 영위하려는 것, 남에게 도움이 되고자 하는 것, 이웃을 위하고 사회의 발전을 위해 노력하는 것, 성인의 삶을 본받고자 하는 것, 부처님의 지혜와 자비를 실천하고자 소망하는 것, 이 모든 것이 서원의 다른 모습입니다. 보살은 자기가 그렇게 되기를 원할 뿐만 아니라 모든 중생도 깨달음의 길로 나아가 정각의 경지에 이르기를 서원한다는 점에서 차이가 있지요.

이는 인간에 대한 신뢰, 불성에 대한 믿음이 아니고서는 불가능할 것입니다. 불성은 존재에 대한 무한한 긍정이며 가능성입니다. 보살의 수없는 서원도 바로 이런 믿음에서 가능한 것이겠지요.

6회향에서는 보시하는 보살의 마음가짐이 잘 드러나고 있습니다. 보살은 중생을 복밭이라 생각하고 그들이 원하는 것을 기쁜 마음으로 내어주면서 오히려 찾아가서 보시하지 못한 것을 뉘우치기까지 합니다. 이렇게 적극적인 보시의 태도를 보니 많이 가지고도 움켜쥐고 내놓지 못했던 저의 옹졸함이 반성됩니다.

많이 가졌다고 많이 베풀 수 있는 것은 아닙니다. 가진 사람 중에는 가난한 자의 것을 빼앗아 자기 것을 불리려는 사람도 있으니까요. 사람들은 많이 가지게 되면 그 때 보시하겠다고 하지만, 실제로 어려운 사람들에게 가서 선행을 베푸는 사람은 경제력보다 마음 하나로 발 벗고 나선 사람들이 더 많습니다.

보살은 중생을 복밭으로 생각한다 하였습니다. 복밭이란 말 그대로 복이 나오는 밭이지요. 농부가 밭에 씨를 뿌려 가꾸고 수확하는 것처럼 보살이 중생에게 자비심으로 선행을 베풀고 보시하면 복덕이 생긴다는 의미입니다. 그래서 중생들은 불보살을 복밭으로 삼고, 불보살은 중생들을 복밭으로 삼는다고 하지요.

「보현행원품」에도 중생을 섬기고 기쁘게 하는 것이 부처님을 섬기고 기쁘게 하는 일이라 하였습니다. 중생이 있음으로 자비심을 낼 수 있고, 자비심이 있어야 보리심을 낼 수 있으며, 보리심을 냄으로써 무상정등각을 이룰 수 있다고 하였습니다. 중생이 없으면 어떤 보살도 큰 깨달음을 이루지 못합니다. 그러니 중생이 복밭일 수밖에 없고, 베풀 수 있는 기회를 준 중생에게 감사하는 것이지요.

중생에게 먼저 달려가 베풀지 못한 것을 뉘우치며 기꺼이 자신의 모든 것을 내어주는 보살의 태도는 우리가 보시에 대한 마음가짐을 어떻게 가져야할지를 잘 보여주고 있습니다. 보살은 물질만이 아니라 위없는 법보를 보시하여 중생이 게으름을 버리고 선근에 머무르며 불법 가운데서 물러서지 않도록 합니다. 또한 일체중생이 모든 속박에서 벗어나 궁극적으로는 깨달음의 저 언덕에 이르기를 서원합니다.

보시는 보살이 실천해야할 열 가지 덕목인 십바라밀 중의 첫 번째 덕목이기도 합니다. 보시하지 않으면서 피안에 이를 수는 없지요. 보시 없이 깨달을 수 있다는 것은 자기기만입니다. 내가 가진 물건이 원래 내 것이 아니었고, 남의 도움 없이는 어떤 것도 가질 수 없다는 것을 알아야 합니다. 내가 무엇을 소유하고 혜택을 누리기까지에는 어쩌면 온 우주의 도움이 필요했을 것입니다. 나의 성장에 다른 많은 존재로부터 도움을 받았듯이 모든 존재의 성장을 위해 당연히 나를 내놓아야 할 것입니다. 보살은 매우 적극적으로 자신을 내어주는 삶을 사는 분이지요. 우리도 보살의 마음을 본받아 작은 것부터 실천하는 노력을 해나가야 할 것입니다.

베풀면서도 베푼다는 생각에 빠지지 않는 보시의 마음을 배워야겠습니다. 작은 선행에도 남이 알아주기를 바랄 때가 많으니까요.

우리는 주위에서 선행을 한 사람을 찾아 상을 주기도 하고, 그를 칭찬하여 많은 사람에게 귀감이 되도록 하기도 합니다. 특히 학교에서 학생들에게 교육적인 목적으로 선행을 기리고 장려할 목적으로 상을 주어 칭찬하기도 합니다. 이는 서로 돕는 사회분위기를 조성하기 위한 당연한 노력이겠지요.

사람에 따라서는 베푸는 것보다 그 행위로 인해 받는 보상에 더 관심을 두어 보는 이로 하여금 인상을 찌푸리게 하는 경우도 있습니다. 자기 이미지를 높이거나 기업의 광고수단으로 사용하려는 사람도 있으니까요. 그렇지만 대부분의 사람들이 알아주거나 알아주지 않더라도 묵묵히 베푸는 경우가 더 많습니다. 오히려 선행을 숨기며 익명으로 전 재산을 기부하는 분들도 있었지요.

내가 베풀었다는 생각을 하고 있으면 교만하게 되고 인정받기를 원하게 되고 대가가 없을 땐 서운하게 되겠지요. 그러나 하는 일마다 보상을 다 받으면 그것은 베푼 것이라 할 수 없을 것입니다. 일종의 거래가 되어버립니다. 보살은 내가 가서 마땅히 그들을 도와야 할텐데 이렇게 나에게 와주어 고맙다는 마음을 가지고 있습니다. 보시할 기회를 주니 참으로 고맙다는 것이지요. 감사하는 마음을 가지는 한 자기가 베풀었다고 하는 교만이 있을 리가 없을 것입니다.

『금강경』에 부처님께서 수보리 장로에게 삼천대천세계만큼의 금은보화를 보시하는 사람이 짓는 복이 많으냐고 묻습니다. 수보리 장로는 그 복이 매우 많다고 하면서 그렇지만 복을 지었다는 생각을 하고 있으면 제대로 복을 지었다고 말할 수 없다고 답을 합니다. '내'가 보시를 했다고 하는 '아상(我相)'에 걸려있기 때문이지요. 수보리 장로는 다시 아상·인상·중생상·수자상에 걸리지 않아야 최고의 바른 깨달음을 이루었다 할 수 있다고 대답하고 있습니다. '내'가 아니라 그저 자비심이 자비를 행할 뿐이지요.

달마대사와 중국 황제인 양무제의 대화에서도 올바른 보시행에 대한 태도가 무엇인지 생각할 수 있습니다. 양무제가 절을 세우고 경을 간행하고 스님을 잘 공양한 것을 내세워 그 공덕이 얼마나 되겠는지를 달마대사에게 물었을 때, 달마대사는 한 마디로 아무런 공덕이 없다고 잘라 말했습니다. 자신의 선행에 감동하여 큰 찬탄이 돌아올 것을 예상했던 양무제는 아직도 세속적인 명예와 자만심과 인정욕구를 버리지 못하였던 것이지요.

진정한 보시는 집착을 끊을 때만 가능한 것입니다. 어떤 것에 집착하고 있는 동안 그것을 남에게 줄 수는 없을 테니까요. 집착에서 벗어나는 만큼 베풀 수 있다고 말해도 좋을 것입니다. 그것이 돈이든, 사랑이든, 생명이든 말이지요.

그 동안 수행은 어느 정도 환경이 갖추어져야만 가능하다고 생각해왔습니다만, 보살의 보시행을 보니 환경을 탓하기만 하고 수행을 미루어왔는데, 제가 처한 상황에서도 얼마든지 실천할 수 있을 것이라는 생각이 듭니다.

불교는 실천적 종교입니다. 행하지 않는 믿음은 진정한 믿음이 아닙니다. 출가한 수행승의 갖추어진 환경에서만 수행이 가능한 것은 아닙니다. 지금 우리가 사는 이 삶의 현장을 바로 수행의 도량으로 삼아야할 것입니다. 사람들은 자꾸 조금 더 안정이 된 후에 무엇인가를 하려고 미룹니다. 너무 바쁘다, 할일이 많다, 아직은 준비가 안 되었다고 말하지만 핑계를 찾는 동안에는 영원히 때가 오지 않습니다.

수행공동체에는 수백 가지의 계율이 있다하지만, 세속의 삶에는 어쩌면 그 이상의 계율이 있을지도 모릅니다. 관계가 다양하고 활동범위가 넓다보니 온갖 장애와 갈등에 부딪치게 되고 그것을 극복하기 위해 얼마나 많이 인내하고 노력해야 합니까. 경우에 따라서는 이겨내는 과정에서 마음이 단련이 되고 감정이 성숙되는 사람도 있지만, 자포자기하여 삶을 포기해버리거나 나쁜 행동으로 자신과 남을 해치게 되는 사람도 있지요.

그렇다면 우리는 끊임없이 닥쳐오는 과업과 시련을 어떤 마음으로 받아들여야 할까요? 만약 모든 것이 고생이다 생각하면 끔찍이도 싫고 고달픈 삶이 되고 말겠지요. 고생만 하고 보람이 없다면 견디기 힘들 것입니다. 그러나 죽을 것만 같은 고통도 마음을 바꾸어 고행이라 생각하면 훨씬 견디기가 쉬울 뿐 아니라 도전해보고 싶은 마음까지 생기게 됩니다. 이 고행을 통하여 배우고 더 한층 성숙해지며 깨달음에 한 걸음 더 다가가게 된다고 생각하면 헛된 고생이 아니다 싶어 힘이 나겠지요.

젊은 시절 아버지의 사업실패와 갑작스러운 죽음은 나와 가족들에게 엄청난 시련과 고통을 가져다주었습니다. 그동안 가족의 생계와는 무관하게 지냈던 나는 하루아침에 빚쟁이들의 빚 독촉에 시달리면서 한편 가족들에게는 정신적 물질적인 지주로서의 역할을 해야만 했지요. 갑작스럽게 감당하기 힘든 무게의 짐이 지워졌을 때 '이게 무슨 고생인가, 내 인생은 왜 이런가, 왜 내가 이런 시련을 겪어야 하나'라고 생각하게 되면 그 자리에서 무게를 못 이기고 주저앉아버렸을 것입니다. 그 때 나는 고생을 고행으로 받아들이기로 했습니다. '나와 내 가족의 짐도 지지 못하면서 이웃과 인류의 짐을 어찌 질 수 있을 것인가?'라는 생각이 들면서 일부러도 금욕생활을 하며 수행하는 수도자도 있는데 이것도 또 다른 형태의 고행이라는 마음을 가지게 되었지요. 그러면서 내게 닥친 시련 외에도 천일 동안 하루 한 끼 식사를 하는 등 스스로 정한 계율로서 자신을 더 엄격하게 단련하였던 때가 있었습니다. 그 때 어려움을 극복할 수 있었던 것은 구도적인 삶이 되도록 방향을 바꿀 수 있게 한 마음의 전환이었습니다. 고생이다 싶으면 분하고 억울하고 수동적이면서 절망이 올 것도, 고행이다 싶으면 능동적이고 적극적으로 도전해볼 마음이 생깁니다.

절이나 산속에 가서 도를 닦는다 미루지 말고 우리가 서 있는 이 자리가 바로 수행도량이라고 생각하십시오. 우리가 살아가면서 지켜야 할 의무와 도리를 계율로 삼으십시오. 자기가 있는 곳이 최선의 수행처입니다.

마음의 전환이 얼마나 중요한가를 깨닫게 되었습니다. 똑같은 상황도 어떻게 마음을 먹느냐에 따라 절망할 수도 있고, 깨달음 쪽으로 성큼 다가설 수도 있다는 것을 알겠습니다.

살아가는 동안에 마음먹기에 따라 극락이 되었다가 지옥이 되었다가 하는 것을 경험한 적이 있을 것입니다. 만약 가난해서 끼니를 잇지 못하는 상황이라면 얼마나 비참하고 절망적일까요?

수년 전에 돌아가신 청화스님 같은 분은 50년 동안 하루 한 끼만 드셨다고 합니다. 또 장좌불와하여 한 번도 이불 덮고 누워서 편히 주무신 적이 없었다고 합니다. 만약 좋은 집에서 좋은 옷을 입고 온갖 맛있는 음식을 먹는 것에 삶의 가치를 두는 사람이라면 지옥과 같은 삶이었겠지요. 그러나 자기 스스로 선택한 고행의 길일 때는 보통 사람들이 상상할 수 없는 고통도 묵묵히 견딜 수 있고, 오히려 기쁜 마음으로 해낼 수 있게 되는 것입니다.

이런 것을 보면 우리는 그 일이 어렵기 때문에 못하는 것이 아니라, 못하겠다고 생각하기 때문에 좌절하게 되는 것임을 알 수 있습니다. 『화엄경』 「야마천궁게찬품」의 '일체유심조(一切唯心造)'라는 부처님 말씀을 다시 한번 새겨야할 것입니다.

보살이 보시를 하면서 이 몸은 견고하지 못한 것이니 나를 보시하여 견고한 몸을 얻겠노라고 하였는데, 견고하지 못한 몸을 가지고 견고한 몸으로 바꾸려 한다는 것이 잘 이해되지 않습니다.

몸이란 영원한 것이 아닙니다. 언젠가는 늙고 병들어 죽게 되지요. 그런데도 우리는 백년도 못갈 몸을 위해 되도록 아끼고 온갖 좋다는 것을 먹고 있습니다. 물론 몸을 건강하게 유지하는 것은 중요합니다. 이 세상에 몸을 가지고 온 이상 그것을 잘 관리하고 돌보아야할 책임이 있는 것이지요. 몸은 마음 즉 불성(佛性)의 집이니까요.

그러나 사람에 따라서는 몸의 욕구를 제어하지 못해 육체의 노예가 되어 파탄에 빠지기도 합니다. 특히 요즘은 삶의 수준이 높아지면서 웰빙(well-being) 풍조가 확산되어 모든 사람들이 잘 먹고 잘 사는 것에 관심을 가지게 되었습니다. 하지만 웰빙이 물질적인 삶의 풍요만을 지칭하는 것이 아님에도 불구하고 그 개념이 보신주의와 이기주의로 흐르는 세태를 목격하게 됩니다.

여기서 견고하지 못한 몸이라고 하는 것은 경에도 있듯이 무상하여 결국에는 죽어 없어질 몸을 말합니다. 또 얻고자 하는 견고한 몸은 바로 진리의 몸과 지혜와 자비의 몸이겠지요. 즉 내 온 몸을 던지는 보시행을 통하여 영원히 죽지 않는 진리의 몸을 얻기를 바란다는 말일 것입니다.

한자어로 신(身)은 육(肉)과 구별됩니다. 우리의 몸은 그저 고깃덩어리를 의미하는 것이 아니지요. 그러므로 육체는 썩어 없어질지라도 지혜와 자비의 마음을 통해 얻은 진리의 몸은 더욱 견고해질 수 있습니다. 보살은 원하는 이에게 모든 장기까지 기꺼이 내어줍니다. 온 몸을 다 내어준다는 것은 결국 몸의 무상함을 안다는 것이고, 몸에 대한 집착을 모두 버린다는 것을 의미하지요. 가장 버리기 힘든 자기에 대한 집착마저 벗어버릴 때 흔들림 없는 견고한 몸을 얻을 수 있다는 것을 가르치고 있습니다.

보살이 바른 법을 얻기 위해서 일곱 길 불구덩이에 몸을 던진다는 대목이 무척 감동적입니다. 보살은 머뭇거리기는커녕 오히려 환희용약하며 기꺼이 몸을 던진다 하였는데, 저 자신은 어떤 일을 위해 이토록 적극적으로 투신한 적이 있었는지 돌아보게 됩니다.

공자가 아침에 도를 듣고 깨치면 저녁에 죽어도 좋다고 한 것이나 석가가 진리를 구하기 위해 보장된 풍요로움과 약속된 권력을 내던지고 성을 나온 것을 들을 때, 도를 깨치기 위해 전존재를 걸었던 성현들의 결연한 의지를 보게 됩니다. 신라시대의 혜초스님을 보더라도 그 당시 중국을 거쳐 인도의 불적을 순례한 기행문인 「왕오천축국전」을 남기기도 했는데, 일설에는 영국까지 갔다는 이야기도 있습니다. 교통수단이라고는 걷거나 말을 타는 정도가 고작이었을 그 당시에 이러한 업적은 전 생애를 던져 이룬 위업이 아닐 수 없습니다.

경문에서 불구덩이에 몸을 던진다는 말은 불구덩이에 비유될만한 고통도 마다하지 않는 투철한 구법정신을 강조하려는 것이겠지요. 온몸과 마음을 기울여 최선을 다한다는 의미일 것입니다. 보살은 지옥의 불구덩이라도 마다하지 않을 텐데 인간세계의 불구덩이에 잠깐 들어가는 것 정도로 불법을 들을 수 있다는 것은 참으로 기쁜 일이라고 생각합니다. 욕심세계에는 육도윤회라 하여 여섯 갈래의 세계를 중생이 지은 업에 따라 윤회한다고 하는데 만약 제일 나쁜 악도인 지옥에 떨어졌다면 불법을 만날 기회가 얼마나 희박하겠습니까? 또 얼마나 많은 고통을 겪어야만 거기서 놓여날 수 있겠습니까?

물론 지옥을 공간적 의미로 받아들이기보다 삶의 상황 안에서 현존재의 상태로 받아들여도 좋을 것입니다. 보살의 말씀처럼 지옥의 고통도 달게 받을 것인데, 인간세계의 고통이란 지옥에 비할 바가 아니겠지요. 그러니 그 정도의 고통으로 법을 구할 수 있다면 아주 행운인 것이지요. 법은 아무에게나 설해지는 것이 아닙니다. 그것을 들을 수 있는 사람에게만 설해지니까요. 그러므로 인도(人道)에 태어난 것이 깨달음을 얻을 수 있는 매우 중요한 기회임을 말하고 있는 것인지도 모릅니다. 인도(人道)에 태어난 이 소중한 기회를 흘려버리지 말고 구도적인 삶을 결단하고 시작해야할 것입니다.

보살은 일체중생이 지혜로 훈습한 몸을 얻어 큰 힘을 갖추기를 원한다고 합니다. 저에게는 과연 불구덩이에 뛰어들 결연한 결단이 있을까하는 회의가 들었는데, 훈습이라는 말을 들으니 지금부터라도 조금씩 닦아나가면 되리라는 용기가 생깁니다.

마치 향이 옷에 베어드는 것과 같이 몸과 마음에 스며드는 것을 훈습(薰習)이라 합니다. 『기신론』에도 '무명이 진여에 훈습하여 미혹한 세계를 드러내고, 진여가 무명에 훈습하여 깨달음의 세계를 나타낸다'고 하여 서로가 서로에게 영향을 주어 물들게 할 수 있음을 가르치고 있습니다.

부처님께서도 조그마한 선이라 하여 가벼이 여기지 말라고 가르치고 있습니다. 한 방울의 물이 비록 작아도 한 방울 한 방울이 모여 큰 병을 채우는 것처럼 이 세상의 큰 행복도 작은 선이 쌓여 이루어진 것이라고 말씀하셨지요. 조금씩이라도 쉬지 않고 꾸준히 도를 향해 나아간다면 언젠가는 도달하리라 생각합니다.

훈습은 불교적 용어이지만 오늘날 정신분석에서 널리 사용하고 있습니다. 환자가 자신의 문제에 대한 지적 통찰을 이루었다 하더라도 자신의 갈등에서 바로 풀려나오는 것은 아닙니다. 감정적으로 자신의 갈등을 이해하고 나서도 그 갈등에서 완전히 해방되기까지에는 긴 훈습(working-through)의 과정을 거쳐야하지요. 자신의 욕구와 억제 사이에서 생기는 갈등은 어느 정도의 통찰을 얻고 난 후에도 계속해서 환자의 행동을 지배하기 때문입니다. 즉 통찰을 자기 생활에 적용하는 데는 매우 많은 노력과 오랜 시간이 필요합니다.

단 시간에 무엇이 이루어지지 않는다고 조급해해서는 안 됩니다. 오랜 세월 동안 익숙해진 몸의 욕구와 마음의 습기(習氣)가 있기 때문에 자기도 모르게 습관처럼 행동해버리기가 쉬우니까요. 알음알이로 지식을 머리에 채워 넣는 것만으로 변화가 이루어지는 것이 아닙니다. 갈등을 넘어 구도적인 태도가 몸과 마음에 그윽하게 스며들기까지에는 시간이 필요한 것입니다.

보살은 중생이 요구하는 대로 보시하면서도 싫증을 내지 않았다고 합니다. 그렇지만 요구하는 대로 다 내어주는 것이 과연 현명한 일인가 생각이 됩니다.

진정으로 원하는 것이 무엇인지를 아는 것이 지혜이고 자비입니다. 심지어 부모들도 자기 자식이 진정으로 원하는 것이 무엇인지 모르는 경우가 많습니다. 간절히 사랑을 원하고 있는 자식에게 돈을 주고, 관심을 바라는 자식에게 좋은 옷을 입히는 것으로 최선을 다했다고 말하는 부모들도 많이 있습니다.

소아비만과 극심한 정서불안으로 병원치료를 받는 아동의 어머니는 아이가 해달라는 것을 다 해주었는데 왜 이런지 모르겠다고 속상해했습니다. 맞벌이로 아이를 잘 돌보지 못한 것이 미안해서 좋은 옷과 돈으로 달래려 했고, 유난히 아이스크림과 초콜릿을 좋아해서 매일 그것을 먹어야만 조용해졌다고 합니다. 아이가 막무가내로 조르고 원하는 것을 얻지 못했을 때는 충동조절을 못해 공격적인 행동까지 보이니까 그 어머니는 원하는 대로 요구를 들어주었다고 합니다. 하지만 결과적으로 심각한 소아비만과 정서불안으로 학교에서는 놀림과 따돌림을 당하고 의존적이고 폭력적인 성격으로 친구조차 사귈 수 없는 지경이 되고 말았습니다.

이런 경우 아이가 진정으로 소망한 것은 엄마의 사랑과 관심이었을 것입니다. 자신의 존재가치와 엄마의 사랑을 초콜릿과 아이스크림으로 확인하고 싶어 했던 것이지요. 자기를 보아달라는 것, 함께 있어주고 놀아달라는 것의 다른 말이었을 것입니다. 그 마음을 알아주지 못하고 아이 말 그대로 아무리 원하는 것을 사다주어도 그 아이의 목마름을 해소시킬 수는 없는 것입니다. 오히려 욕구불만은 점점 커져가고 폭력적인 성격으로 발전해버린 것이지요. 무분별하게 원하는 것을 줄 것이 아니라, 떼를 쓰며 조르는 아이의 마음속에 어머니를 향한 사랑의 목마름을 알아주었어야 하는 것이지요.

보살도 마찬가지입니다. 중생이 진정으로 원하는 것이 무엇인지를 알아 모든 것을 버리면서 보시하고도 조금도 후회하는 마음이 없는 것이 보살의 마음입니다.

인연의 도리가 어긋남이 없다는 구절을 읽으니, 원치 않는 환경을 불평하고 외면하려 했는데 겸허히 받아들이고 극복하려는 노력을 해야겠다는 생각이 듭니다.

인연법에 의하면 어떤 것도 의미 없이 거저 일어나는 일은 없습니다. 결과를 낳게 하는 직접적이고 내적인 원인을 인(因)이라 하고, 간접적이고 외적인 원인을 연(緣)이라 합니다. 모든 현상은 인과 연의 화합에서 이루어진다고 하지요. 식물의 씨앗을 인(因)이라고 할 때, 햇빛과 흙과 비와 바람 등은 연(緣)이라 할 수 있지요. 따라서 같은 종자라 할지라도 어떤 조건을 만나느냐에 따라 열매를 맺는 것은 달라질 수밖에 없지요. 모든 중생의 마음속에 불성이 있다 하지만, 불법을 만날 수 있는 조건이 갖추어질 때 성불의 열매를 맺을 수 있는 것과 같습니다.

연기설에도 '이것이 있을 때 저것이 있고, 이것이 생할 때 저것이 생한다'고 하였습니다. 이런 말을 듣는 사람 중에는 만족스럽지 않은 자기현실을 비관하며 자기가 애써도 어쩔 수 없다고 받아들이며 자포자기하려는 사람도 있습니다. 그러나 인연에 의해 오늘의 나와 나의 상황이 있다 하지만, 내가 지금 이 순간 어떤 마음으로 어떻게 행동하는가 하는 것은 미래의 삶에 대한 원인이 되는 것이지요. 현재의 상황이 과거의 내 인연에 의한 결과임을 받아들이는 것은 현재를 수용하는 자세만을 강조하는 것은 아닙니다. 똑같이 만족스럽지 않은 상황이라도 겸허히 받아들이고 지금 내가 할 수 있는 최선을 다하면서 좋은 인연을 만들어간다면 희망찬 미래의 새로운 지평을 열 수 있을 것입니다.

그러므로 매 순간 내가 어떤 마음으로 살고 있는가 하는 것은 참으로 중요한 일입니다. 마음가짐에 따라 유사한 조건이라도 어떤 마음으로 수용하느냐에 따라 다른 조건을 만나게 되니까요. 우리 모두 서로에게 좋은 인연이 되기를 바랍니다.

보살은 회향을 할 때에도 수많은 중생의 행을 따라 하고 있다고 했는데, 저의 경우 자식이 성장해 나가는 것에도 맞추기가 힘이 듭니다. 청소년이 되면서 부모에게 저항하는 일도 많아지고 비판을 하기도 해서 당황스러운 때도 있습니다. 중생의 근기에 알맞게 수순하는 보살의 경지가 참으로 대단하게 여겨집니다.

자기 부모가 무조건 이 세상에서 최고라고 생각하며 살아가는 시기는 어쩌면 아동기까지일 것입니다. 사춘기에 접어드는 자녀들은 호르몬의 급격한 변화와 함께 신체적으로도 성장폭발의 현상을 맞이하면서, 지적 정서적 변화를 겪게 됩니다. 특히 부모의 보호나 학교나 사회에 대한 의존적인 태도에서 벗어나 독립하려는 경향성을 보이면서 부모나 기성세대에 대해 비판적이고 배타적인 성향을 가지게 되는 것이지요. 이시기의 아이들은 이상주의적 사고를 나타내는 특성이 있어 불의에 분노하고 부패한 사회를 뜯어 고치고자 하는 판단자적 사고를 가집니다. 그러다보니 과격한 비판과 저항행동을 하기도 하는데, 이때 부모는 매우 당황하게 되는 경우가 많습니다.

얼마 전까지만 해도 부모 말이라면 무조건 순종하고 부모가 최고인 줄 알고 사랑받으려 하던 아이가, 어느 순간 부모와 외출하려하지 않고 부모를 부끄러워하는가 하면 경제수준으로 부모를 평가하여 무시하며 욕구불만을 터뜨리기도 하지요. 어떤 부모는 이때 배신감을 느끼고 너무 쓸쓸하여 삶의 회의를 느꼈다고 하는 사람도 있었습니다. 그렇지만 이러한 행동의 대부분은 발달적 특징이며 지극히 정상적인 행동입니다. 비판적이고 논리적인 사고를 통해서 더 한층 성숙하게 되는 과정이니까요. 부모에 대한 저항은 부모로부터의 독립으로 발전하고, '나는 누구인가', '어떻게 살아야 하는가' 하는 갈등은 자아정체감을 형성하게 할 것입니다. 부모는 자녀의 성장과정을 잘 이해해야할 것입니다. 자녀의 저항에 좌절하고 자녀의 갈등에 회의를 느끼기보다, 그 저항과 갈등이 좋은 거름이 되게 하여 더 멋진 자녀로 성장할 수 있도록 도와줄 수 있어야 할 것입니다.

보살은 자신이 가진 모든 것을 기꺼이 보시합니다. 그 중에는 보살이

가진 여러 가지 재물도 있지만, 몸을 던져 중생을 구하기도 하고 자신의 신체 일부분을 떼어 보시하기도 합니다. 의술이 발달한 현대에 와서도 장기이식은 쉬운 일이 아니고, 또 자신의 장기를 선뜻 내놓겠다는 뜻을 가진 사람이 많지 않은데, 보살이 이런 마음을 가졌다는 경문을 읽고 참으로 놀랍고 숙연한 일이 아닐 수 없습니다.

얼마 전 종교지도자이셨던 불교의 조계종 전 총무원장 법장스님이 돌아가시면서 자기의 시신과 전체 장기를 필요한 사람에게 기증하였고, 가톨릭의 김수환 추기경이 자신의 안구를 기증하면서 큰 가르침과 감동을 주었습니다. 그 분들은 마지막 순간까지 보시를 실천하신 진정한 보살이십니다.

오늘날에는 골수와 살을 이식하고 못쓰게 된 장기를 떼어내어 바꾸기도 하지만, 경전이 성립될 당시에 이런 생각을 할 수 있었다는 점이 놀랍기만 합니다. 정말 온 몸을 던져 중생을 제도하겠다는 불보살의 마음이 아니라면 상상조차 할 수 없는 일일 것입니다.

경문을 보면 재물은 제외하고라도 온몸으로 보시하는 것은 물론, 눈・귀・코・치아・혀・머리・수족・골수・살・심장・창자・콩팥・간・허파・팔다리의 뼈・피부・손가락・발가락・손톱까지도 보시한다고 세세하게 열거하면서 밝히고 있습니다. 장기이식이 가능해진 것이 불과 얼마 전의 일인 것을 생각하면, 그런 일을 생각지도 못했던 시대에 이 경전을 읽었던 사람들은 너무나 허황된 말이라고 생각했을지도 모릅니다. 그러나 현대의학으로 이러한 일들이 가능해진 지금에 와서는 감탄과 놀라움으로 읽을 수밖에 없을 것입니다.

몇 년 전 티벳을 여행한 적이 있습니다. 그곳에서는 사람이 죽으면 천장(天葬)을 지낸다고 합니다. 조장(鳥葬)이라고도 하는데 시신을 산

위로 옮겨 이미 마련된 넓적한 돌 위에서 간단한 예를 갖추고 시신을 토막을 내어 새들의 먹이감으로 던져준다고 합니다. 저만치서 기다리고 있던 독수리들이 던져진 시신에 달겨들어 뜯어먹는 데는 그리 오랜 시간이 걸리지도 않는다고 합니다. 그러고 나면 남은 뼈를 다시 주워 가루를 내고 밀가루반죽에 버무려 던져주면 그조차도 티끌 하나 남기지 않고 새나 다른 짐승의 먹이감이 되어 자신의 몸을 모두 다른 생명에게 보시하게 됩니다.

매장문화에 익숙했던 저로서는 처음 이 천장문화에 깜짝 놀라고 끔찍하게 생각되기도 했지만, 그 또한 몸에 대한 집착이고 편견임을 깨달았습니다. 티벳 사람의 70%이상이 그렇게 하고 있고, 살인을 했다거나 사회에서 격리시키고 싶은 사람 등은 땅에 묻기도 하는데, 이는 다시 태어나지 못하도록 하기 위해서라고 합니다. 그러니까 매장은 가장 불명예스러운 장례형식인 것이지요. 이처럼 기후나 문화에 따라 가치관의 차이는 얼마든지 있을 수 있는 것인데, 내가 좋아하고 옳다고 생각한 것이 있다고 해서 모든 사람에게 좋고 옳은 일이 될 수는 없는 것입니다.

티벳 사람들은 윤회사상을 믿기 때문에 죽은 후 독수리가 자기 시신을 먹고 하늘 높이 날아오르는 것이 승천하거나 부귀한 집안에 다시 태어나게 되는 것을 의미한다고 믿고 있습니다. 한편으로는 그렇게 함으로써 다시 대자연으로 돌아가고, 사는 동안에 새나 짐승을 죽이고 잡아먹고 신세졌던 빚을 갚고, 내가 마지막으로 줄 수 있는 것을 모두 보시함으로써 깨달음에 더 가까이 다가가려는 마음을 읽을 수 있습니다. 또 고아나 어린 아이 혹은 거지 등은 수장(水葬)을 하는 풍습이 있는데, 가난해서이기도 하지만 생전에 보시하지 못하였으므로 죽은 후에라도 물고기 밥이 되어 보시하고자 하는 뜻을 담고 있다고 합니다. 그러나 살아서는 물론 죽어서도 시신이나 장기기증이 쉽지 않은데, 죽은 몸이기는 하지만 기꺼이 새나 물고기의 밥이 되고자 하는 이들의 문화는 보시에 대해서 다시 한 번 생각하게 해주었습니다.

석가의 전생담에도 굶주린 호랑이에게 몸을 던져 보시를 했다는 이야기가 있습니다. 누구나 생명은 하나인데 자기 몸을 던져 보시하는 것만큼 힘든 것이 있을까요. 중생을 살리고 제도하겠다는 결연한 서원의 의지가 없고서야 상상조차 할 수 없는 일이지요. 이런 경문을 읽으면서 나는 무엇을 얼마나 남에게 베풀었는지, 또 베풀 수 있는지 생각해보아야겠습니다.

제 7 회향

등수순일체중생회향이란?

"불자들이여, 무엇을 보살마하살의 '등수순일체중생회향(일체 중생을 평등하게 따르는 회향)'이라 합니까? 불자들이여, 이 보살마하살은 가는 곳마다 모든 선근을 쌓아 모읍니다. 이를테면 작은 선근, 큰 선근, 넓은 선근, 다양한 선근, 한량없는 선근, 가지가지 선근, 티끌 수같이 많은 선근, 아승기 선근, 한계가 없는 선근, 생각할 수 없는 선근, 헤아릴 수 없는 선근, 부처님 경계 선근, 진리의 경계 선근, 승가 경계 선근, 선지식 경계 선근, 일체 중생 경계 선근, 가장 뛰어난 방편 경계 선근, 선한 마음 닦는 경계 선근, 안 경계 선근, 바깥 경계 선근, 그지없는 *조도법 경계 선근, 모든 보시를 부지런히 닦는 선근, 훌륭한 뜻을 세워 끝까지 계율을 청정하게 지니는 선근, 모든 것 버림을 참고 견디는 선근, 항상 정진하는 마음이 물러서지 않는 선근, 큰 방편으로 무량한 삼매에 들어가는 선근, 지혜로 잘 관찰하는 선근, 모든 중생의 마음 움직임의 차별을 아는 선근, 그지없는 공덕을 모으는 선근, 보살의 업과 행을 부지런히 닦는 선근, 일체 세간을 감싸 기르는 선근입니다."

佛子 云何爲菩薩摩訶薩 等隨順一切衆生廻向. 佛子 此菩薩摩訶薩隨所積集一切善根. 所謂小善根, 大善根, 廣善根, 多善根, 無量善根, 種種善根, 微塵數善根, 阿僧祇善根, 無邊際善根, 不可思善根, 不可量善根, 佛境界善根, 法境界善根, 僧境界善根, 善知識境界善根, 一切衆生境界善根, 方便善巧境界善根, 修諸善心境界善根, 內境界善根, 外境界善根, 無邊助道法境界善根, 勤修一切捨善根, 立勝志究竟持淨戒善根, 一切捨無不受堪忍善根, 常精進心無退善根, 以大方便入無量三昧善根, 以智慧善觀察善根, 知一切衆生心行差別善根, 集無邊功德善根, 勤修習菩薩業行善根, 普覆育一切世間善根.

"What is great enlightening beings' dedication equally adapting and according to all sentient beings? The enlightening beings accord with whatever roots of goodness they have accumulated-small roots of goodness, great roots of goodness, extensive roots of goodness, manifold roots of goodness, measureless roots of goodness, various roots of goodness, roots of goodness as numerous as atoms, incalculable roots of goodness, boundless roots of goodness, inconceivable roots of goodness, immeasurable roots of goodness, roots of goodness of the sphere of buddhahood, roots of goodness of the sphere of the teaching, roots of goodness of the sphere of the religious community, roots of goodness of the sphere of teachers, roots of goodness of the spheres of all sentient beings, roots of goodness of the sphere of skill in means, roots of goodness of the sphere of cultivation of good states of mind, internal roots of goodness, external roots of goodness, roots of goodness of the sphere of boundless aids to the fostering of enlightenment, roots of goodness of diligently cultivating universal relinquishment, roots of goodness of establishing supreme determination and ultimately keeping pure precepts, roots of goodness of equanimously enduring all, roots of goodness of constant, unregressing perseverence, roots of goodness of entering innumerable concentrations by great skill in means, roots of goodness of skillful analysis by knowledge and wisdom, roots of goodness of knowing the differences in mental patterns of all sentient beings, [roots of goodness of collecting boundless virtuous qualities, roots of goodness of practicing acts and practice], roots of goodness of universally protecting and nurturing all worlds."

[주]

*조도법: 助道法, 바로 보는 법, 태도를 돕는 수행방법.

※삼십칠도품: 三十七道品, 삼십칠조도품(三十七助道品): 열반의 이상경에 나아가기 위하여 닦는 도행의 종류. 4념처, 4정근, 4여의족, 5근, 5력, 7각분, 8정도분.

1) 4념처: 四念處, Ⓢcattāri satipatthānāni, 신(身)・수(受)・심(心)・법(法)에 대한 관법. 사념주(思念住)・사념처관(思念處觀)이라고도 한다. 소승의 수행의 하나로, 소승의 수행자가 삼현위(三賢位)에서 오정심관(五停心觀)다음에 닦는 관(觀). ①신념처(身念處): 부모에게 받은 육신이 부정하다고 관하는 것. ②수념처(受念處): 우리 마음에 낙이라고 하는 음행・자녀・재물 등을 보고, 낙이라 하는 것은 참이 아니고, 모두 고통이라고 관하는 것. ③심념처(心念處): 우리의 마음은 항상 그대로 있는 것이 아니고 늘 변화 생멸하는 무상한 것이라고 관하는 것. ④법념처(法念處): 위의 셋을 제하고, 다른 만유에 대하여 실로 자아(自我)인 실체(實體)가 없으며, 또 나에게 속한 모든 물건을 나의 소유물이라고 하는 데 대해서도, 모두 일정한 소유자(所有者)가 없다고, 무아관(無我觀)을 하는 것.

2) 4정근: 四正勤, Ⓢcatvāri-samyakprahānāni, 사정단(四正斷), 사정승(四正勝), 사의단(四意端), 선법을 더욱 자라게 하고 악법을 멀리 여의려고 부지런히 수행하는 네 가지 법. ①이미 생긴 악을 없애려고 부지런히 행함. ②아직 생기지 않은 악을 미리 방지하려고 부지런히 행함. ③이미 생긴 선을 더욱 자라게 하려고 부지런히 행함. ④아직 생기지 않은 선을 생기도록 부지런히 행함.

3) 4여의족: 四如意足, Ⓢcatvāra-ṛddhipāda, 사여의분(四如意分), 사신족(四神足), 여의(如意), 뜻대로 자유자재한 신통. 족(足)은 신통이 일어나는 각족(脚足)이 되는 뜻으로 이 정(定)을 얻는 수단에 욕(欲)·정진(精進)·심(心)·사유(思惟)의 넷이 있으므로 일어나는 원인에 의하여 정을 나눈다. ①욕여의족(欲如意足) ②정진여의족(精進如意足) ③심여의족(心如意足) ④사유여의족(思惟如意足).

4) 5근: 五根, ⓈPañca-indriya Pañcendriyāṇi, 보리에 도달하기 위한 방법으로 다른 일체 선법(善法)을 내는 근본이 되므로 오근이라 한다. ①신근(信根): 불법승 3보와 고(苦), 집(集), 멸(滅), 도(道) 4체(諦)의 이치를 믿음. ②진근(進根): 용맹하게 선법을 수행하는 것. ③염근(念根): 근(根)은 작용이 있는 것. 염은 대경(對境)을 마음에 머물러 두고 잊지 않는 작용. ④정근(定根): 마음을 한 곳에 머물러 두어 산란치 않게 하는 선정(禪定). 이것이 온갖 선근 공덕을 발생하는 근원이라는 뜻으로 근(根)이라고 함. ⑤혜근(慧根): 혜(慧)는 우리로 하여금 진리를 깨닫게 하는 수승(殊勝)한 능력이 있으므로 근(根)이라 함.

5) 5력: 五力, ⓈPañca balāni, 수행하는 데 필요한 다섯 가지 힘. 불교에 대한 실천 방면의 기초덕목이 되는 5종 ①신력(信力): 불법을 믿고 다른 것을 믿지 않는 것 ②진력(進力): 선을 짓고 악을 폐하기에 부지런히 하는 것 ③염력(念力): 사상을 바로 가지고 사특한 생각을 버리는 것 ④정력(定力): 선정을 닦아 어지러운 생각을 없게 하는 것 ⑤혜력(慧力): 지혜를 닦아 불교의 진리인 4체(諦)를 깨달음. 욕계, 색계, 무색계의 견혹(見惑), 사혹(思惑)을 파하고, 번뇌 없는 순진한 무루 지혜를 발하는 힘.

6) 7각분: 七覺分, 열반에 이르기 위하여 닦는 도행(道行)그 제6, 칠각지(七覺支), 칠각의(七覺意), 칠보리분(七菩提分). 깨달음을 얻기 위해 필요한 사항으로 마음의 상태에 따라 존재를 관찰하는 데 주의방법을 7종으로 요약한 것. 즉 불도를 수행하는 데 지혜로써 참되고 거짓되고 선하고 악한 것을 살펴서 골라내고 알아차리는 7가지. ①택법각분(擇法覺分): 지혜로 모든 법을 살펴서 선한 것은 골라내고, 악한 것은 버리는 것. ②정진각분(精進覺分): 갖가지의

수행을 할 때에 쓸데없는 고행은 그만 두고, 바른 도에 일심으로 노력하여 게으르지 않는 것. ③희각분(喜覺分): 참된 법을 얻어서 기뻐하는 것. ④경안각분(輕安覺分): 신심(身心)을 가볍고 쾌적하게 하는 것. ⑤사각분(捨覺分): 바깥 경계에 집착하던 마음을 여읠 적에 거짓되고 참되지 못한 것을 추억하는 마음을 버리는 것. 대상에 대한 집착을 버리는 것. ⑥정각분(定覺分): 정에 들어서 번뇌 망상을 일으키지 않는다. 마음을 집중하여 산란하지 않는 것. ⑦염각분(念覺分): 생각을 화평하게 가지는 것. 불도를 수행함에 있어서 잘 생각하여 정(定), 혜(慧)가 고르게 하는 것. 만일 마음이 혼침(昏沈)하면 택법각분, 정진각분, 희각분으로 마음을 일깨우고, 마음이 들떠서 흔들리면 경안각분, 사각분, 정각분으로 마음을 고요하게 한다.

7) 8정도: 八正道, Ⓢārya-aṣṭāṅgo mārgo, 팔성도지(八聖道支), 팔정도분(八正道分), 불교의 실천 수행하는 중요한 종목을 8종류로 나눈 것. ①정견(正見): 유・무의 편견을 여읜 정중(正中)의 견해. 곧 불교의 정도리(正道理)를 시인하는 견해(見解). ②정사유(正思惟):무루의 지혜로 4성제의 이치를 추구 고찰(推求考察)하고, 관(觀)이 더욱 진취하게 함을 말한다. ③정어(正語): 정견(正見), 정사유(正思惟)에 의하여 온갖 망어(妄語)・사어(邪語) 등을 하지 않는 말. ④정업(正業): 몸의 행동이 정견(正見), 정사유(正思惟)에 따라서 활동하는 것. ⑤정명(正命): 행동・말・생각으로 악업을 짓지 않고, 정당한 생활을 하여, 5사명(邪命)을 여의는 것. ⑥정정진(正精進): 일심 노력하여 아직 발생하지 아니한 악을 나지 못하게 하며, 나지 아니한 선은 발생케 하는 것. ⑦정념(正念): 사념(邪念)을 버리고, 항상 향상을 위하여 수행하기에 정신을 집중하는 것. ⑧정정(正定): 산란한 생각을 여의고, 참으로 마음이 안정된 것.

부지런히 선근을 닦음

"중생들의 공덕장이 되어 구경의 도에 머물러 모든 것을 널리 감싸주며, 허망한 길에서 중생을 구해내어 모든 선한 법에 머물게 하며, 여러 경계에 두루 하여 끊임도 없고 다함도 없으며, *일체지에 이르는 보리의 문을 열고, 지혜의 깃발을 세워 큰 도를 깨끗이 장엄하며, 온 세상에 널리 나타나서 더러움에 물든 것을 없애게 하고, 마음을 잘 *조복하여 여래의 가문에 나서 부처님의 *종성을 깨끗이 하며, 공덕이 충만하여 큰 복밭을 일구며, 세상에서 의지할 곳이 되어 중생을 평온하게 하며 모두 청정하게 하려고 항상 모든 선근을 부지런히 닦습니다."

爲諸衆生功德之藏 住究竟道 普覆一切, 於虛妄道中 拔出衆生 令其安住一切善法, 遍諸境界 無斷無盡, 開一切智菩提之門, 建立智幢 嚴淨大道, 普能示現一切世間 令除垢染, 心善調伏 生如來家 淨佛種性, 功德具足 作大福田, 爲世所依 安立衆生 咸令淸淨 常勤修習一切善根.

"Abiding in the ultimate path, they envelop all. They remove sentient beings from the paths of delusion and cause them to live by all good principles. They reach all realms, uninterrupted and inexhaustible, opening the gates of omniscient enlightenment, setting up the banner of knowledge, clarifying the Great Path, able to show it to all worldlings, causing them to get rid of impurity. Their minds well trained, they are born in the house of the enlightened and purify their buddha-nature. Replete with virtuous qualities, they are great fields of blessings; a refuge for the world, they firmly stabilize sentient beings, purifying them all, diligently cultivating all roots of goodness."

[주]
*조복: 調伏, Ⓢnigraha, Ⓟniggaha, 25품 제1회향 참고.
*일체지: 一切智, ⓈSarva-jñā, ⓅSabbañña, 23품 참고.
*종성: 種性, 23품 참고.

보리심으로 쌓아 모은 선근

"불자들이여, 보살마하살이 깨끗한 서원의 뜻과 보리심의 힘으로 선근을 닦을 때 이렇게 생각합니다. '이 모든 선근은 보리심으로 쌓아 모은 것이며, 보리심으로 사유한 것이며, 보리심으로 일으킨 것이며, 보리심으로 충족한 것이며, 보리심으로 증장한 것이다. 이는 일체 중생을 가엾이 여긴 것이며, 일체종지를 구하기 위함이며, 여래의 십력을 성취하기 위한 것이다.' 이와 같이 생각할 때 선근은 더욱 자라서 영원히 물러서지 않습니다."

佛子 菩薩摩訶薩 以淨志願菩提心力 修諸善根時 作是念言. 此諸善根 是菩提心之所積集, 是菩提心之所思惟, 是菩提心之所發起, 是菩提心之所志樂, 是菩提心之所增益. 皆爲憐愍一切衆生 皆爲趣求一切種智, 皆爲成就如來十力, 作是念時 善根增進 永不退轉.

[한자풀이]
憐:불쌍히 여길 련, 가엾이 여기다 愍:근심할 민, 불쌍히 여기다

"When great enlightening beings cultivate roots of goodness by the power of pure determination for enliightenment, they think in these terms: 'These roots of goodness are accumulated by the aspiration for enlightenment, thought of by the aspiration for enlightenment, initiated by the aspiration for enlightenment, welled by the aspiration for enlightenment, caused to grow by the aspiration for enlightenment: they are all due to pity for all sentient being; they are fit the quest for knowledge of all ways of liberation; they are all for the sake of accomplishing the ten powers of the enlightened.' While they thus reflect, their roots of goodness develop further, never regressing."

[주]
*보리심: 菩提心, 25품 제2회향 참고.

보시의 마음

"불자들이여, 보살마하살이 이렇게 보시할 때 거짓된 마음이 없고, 바라는 마음도 없으며, 명예를 구하는 마음도 없고, 후회하는 마음도 없으며, 괴로워하는 마음도 없습니다. 오로지 일체지를 구하는 마음과 모든 것을 버리는 마음과 중생들을 불쌍히 여기는 마음과 교화하여 성숙된 마음을 내어, 일체지의 지혜로운 마음에 편안히 머물게 하려는 것입니다."

佛子 菩薩摩訶薩 如是施時 無虛僞心, 無希望心, 無名譽心, 無中悔心, 無熱惱心. 但發專求一切智道心 一切悉捨心 哀愍衆生心 敎化成熟心, 皆令安住一切智智心.

"When great enlightening beings give in this way, they have no mind of falsehood or artifice, no mind of seeking or expectation, no desire for name and fame, no regret, no irritating afflictions in their minds; they only develop a mind solely intent on the path of universal knowledge, a mind to give away everything, a mind of pity for sentient beings, a mind to teach and perfect, a mind to cause all to abide in the mind of omniscient knowledge."

모든 세계에서 보시함

"불자들이여, 보살마하살이 한 세계에서 오는 세월이 다하도록 보살행을 닦으면서 이런 물건으로 한 중생에게 보시하고 이와 같이 일체중생에게 베풀어주어 모두 다 만족하게 합니다. 한 세계에서와 같이 온 허공과 법계에 가득한 모든 세계에서도 다 이와 같이 하는데, 대비심으로 널리 보살피는 것을 잠시도 쉬지 않으며, 불쌍히 여기는 마음을 더하여 그들이 바라는 대로 공양하고, 보시행을 그만두게 하는 인연을 만나지 않게 하고, 또 손가락 한번 튕기는 짧은 순간이라 할지라도 결코 고달픈 마음을 내지 않습니다."

佛子 菩薩摩訶薩 於一世界 盡未來劫 修菩薩行 以是等物 施一衆生 如是給施一切衆生 皆令滿足. 如於一世界 於盡虛空遍法界一切世界中 悉亦如是, 大悲普覆 終無間息, 普加哀愍 隨其所須 供給供養, 不令施行 遇緣而息, 乃至不於一彈指頃 生疲倦心.

[한자풀이]

覆:살필 복, 구하다 須:바랄 수 遇:만날 우

Great enlightening beings perform the acts of enlightening beings throughout th future in one world, giving such things to one and all, satisfying everyone; and as they do in one world, so also do they do in all worlds in space throughout the cosmos. They cover all with great compassion, unremittingly, extending sympathy and mercy to all, providing them with what they need. They do not let conditions stop their practice of giving, and never grow weary of it, even for a moment.

선근을 회향함

"불자들이여, 보살마하살이 선근을 모은 것으로 순간순간마다 이렇게 회향합니다. 이를테면 일체 중생이 재물이 풍족하여 모자람이 없기를 원합니다. 일체 중생이 그지없는 큰 공덕장을 성취하기를 원합니다. 일체 중생이 모든 편안함과 즐거움을 갖추기를 원합니다. 일체 중생이 보살마하살의 업을 증장하기를 원합니다. 일체 중생이 무량하고 제일가는 뛰어난 법을 잘 이루기를 원합니다. 일체 중생이 물러서지 않는 일체지의 법을 얻기를 원합니다. 일체 중생이 시방의 모든 부처님을 두루 뵙기를 원합니다. 일체 중생이 세간의 모든 미혹과 번뇌와 더러움을 영원히 벗어버리기를 원합니다. 일체 중생이 모두 청정하고 평등한 마음을 가지기를 원합니다. 일체 중생이 모든 험난한 곳을 떠나서 일체지를 얻게 되기를 원합니다."

佛子 菩薩摩訶薩 以所集善根 於念念中 如是廻向. 所謂願一切衆生 財寶豊足 無所乏少. 願一切衆生 成就無盡大功德藏. 願一切衆生 具足一切安隱快樂. 願一切衆生 增長菩薩摩訶薩業. 願一切衆生 成滿無量第一勝法. 願一切衆生 得不退轉一切智乘. 願一切衆生 普見十方一切諸佛. 願一切衆生 永離世間諸惑塵垢. 願一切衆生 皆得清淨平等之心. 願一切衆生 離諸難處 得一切智.

"In every moment of thought great enlightening beings dedicate the roots of goodness they have gathered in this way: 'May all sentient beings have abundant wealth and lack nothing; may all sentient beings develop inexhaustible stores of great virtues; may all sentient beings fully experience all peace and happiness; may all sentient beings develop and extend the work of great enlightening beings; may all sentient beings fulfill infinite supreme qualities; may all sentient beings gain the vehicle of universal knowledge, which never rolls back; may all sentient beings see all the Buddhas of the ten directions; may all sentient beings be forever rid of the dust and dirt of confusions and delusions of the world; may all sentient beings attain pure, impartial minds; may all sentient beings be free from difficulties and attain omniscience.'"

회향할 때의 환희심

"불자들이여, 보살마하살이 이렇게 회향할 때에 환희한 마음을 내는

데 … 일체중생들로 하여금 청정하고 평등하게 보시하는 마음을 성취하게 하려는 때문이며, 일체중생들로 하여금 부처님의 지계 바라밀다를 받들어 지녀 깨끗하게 하기 위한 때문이며, 일체중생들로 하여금 크게 참는 바라밀다를 얻게 하려는 때문이며, 일체중생들로 하여금 정진 바라밀다에 머물러 게으름이 없도록 하려는 때문이며, 일체 중생들로 하여금 무량한 선정에 머물러 온갖 신통한 지혜를 일으킬 수 있도록 하려는 때문이며, 일체중생들로 하여금 모든 법의 본래성품 없음을 아는 반야바라밀다를 얻게 하려는 때문이며, 일체중생들로 하여금 그지없이 깨끗한 법계를 원만하게 하려는 때문이며, 일체중생들로 하여금 모든 신통을 이루고 선근을 청정하게 하려는 때문이며, 일체중생들로 하여금 평등한 행에 머물러 선한 법을 모아서 모두 원만하게 하려는 때문이며, 일체 중생들로 하여금 모든 부처님의 경계에 잘 들어가 두루 가득하게 하려는 때문입니다."

佛子 菩薩摩訶薩 如是廻向時 發歡喜心 … 爲令一切衆生 成就清淨等施心故, 爲令一切衆生 奉持諸佛尸波羅蜜 等清淨故, 爲令一切衆生 得大堪忍波羅蜜故, 爲令一切衆生 住精進波羅蜜 常無懈故, 爲令一切衆生 住無量定 能起種種神通智故, 爲令一切衆生 得知一切法無體性般若波羅蜜故, 爲令一切衆生 圓滿無邊淨法界故, 爲令一切衆生 成就一切神通清淨善根故, 爲令一切衆生 住平等行 積集善法 悉圓滿故, 爲令一切衆生 善入一切諸佛境界 悉周遍故.

[한자풀이]
歡:기뻐할 환 就:이룰 취 懈:게으를 해 積:쌓을 적

"When great enlightening beings practice dedication in this way, they are inspired with joy: it is … to cause all sentient beings to develop minds of pure impartial generosity; to cause all sentient beings to keep the Buddhas' precepts equally and purely; to cause all sentient beings to attain great transcendent forbearance; to cause all sentient beings to attain great transcendent energy, never becoming lazy; to cause all sentient beings to abide in immeasurable concentration and to able to awaken all kinds of spiritual knowledge; to cause all sentient beings to attain transcendent wisdom knowing all phenomena have no inherent nature; to cause all sentient beings to fulfill the infinite pure realm of truth; to cause all sentient beings to fully develop the pure root of goodness of all mystic power; to cause all sentient beings to abide in the practice of impartiality, build up good qualities, and perfect them all; to cause all sentient beings to be able to comprehensively enter the spheres of all buddhas."

일체중생을 이롭게 함

"불자들이여, 보살마하살은 이처럼 일체중생들을 불쌍하게 여기시어 이롭게 하고 안락하게 합니다. 모두 청정하게 해서 인색함과 질투를 벗어나게 하고, 최상의 즐거움을 받아 큰 위엄과 덕을 갖추게 하며, 큰 믿음과 이해를 내어 성냄과 혼탁한 모든 것에서 영원히 떠나게 하며, 그 마음이 청정하고 소박하고 부드러워 아첨과 미혹과 어리석음이 없으며, 윤회를 벗어나는 행을 행하여 견고하고 깨뜨릴 수 없는 평등한 마음이 물러서지 않으며, 깨끗한 법의 힘을 잘 성취하여 고뇌도 없고 잘못도 없습니다. 아주 잘 회향하고, 항상 바른 행을 닦고, 중생을 조복하며, 선하지 못한 모든 업을 없애며, 고행의 모든 선근을 닦아 행합니다."

佛子 菩薩摩訶薩 如是悲愍利益安樂一切衆生. 咸令清淨 遠離慳嫉, 受勝妙樂 具大威德, 生大信解 永離瞋恚 及諸翳濁, 其心清淨 質直柔軟 無有諂曲 迷惑愚癡, 行出離行 堅固不壞 平等之心 永無退轉, 白淨法力 具足成就 無惱無失. 善巧廻向, 常修正行, 調伏衆生, 滅除一切諸不善業, 修行苦行一切善根.

[한자풀이]

慳:아낄 간 嫉:시기할 질, 미워하다 質:바탕 질, 진실 諂:아첨할 첨 翳:그늘 예, 흐리다 白:흰빛 백, 깨끗하다

"Thus do great enlightening being compassionately aid and comfort all sentient beings, causing them all to be purified, to give up envy and jealousy, to experience the most wonderful bliss, to be endowed with great charisma, to develop great resolute faith, to forever abandon anger and other blinding pollutants, so their hearts are pure, straightforward, and gentle, without deception or deviousness, confusion or folly, so they carry out emancipating practices, consolidating an incorruptible mind of impartiality, never regressing, their power of pure conduct fully developed, without affliction or loss. They practice dedication skillfully, always cultivating right practices, civilizing sentient beings, destroying all bad actions, cultivating the roots of goodness of all austerities."

집착하지 않는 회향

"불자들이여, 보살마하살이 이렇게 회향할 때에, 업에 집착하지 않고, 과보에 집착하지 않으며, 몸에 집착하지 않고, 물질에 집착하지 않으며, 세계에 집착하지 않고, 방위에 집착하지 않고, 중생에 집착하지 않고, 중생 없음에 집착하지 않고, 일체법에 집착하지 않고, 일체법 없음에 집착하지 않습니다. 불자들이여, 보살마하살이 이렇게 회향할 때에 이 선근으로 세간에 널리 보시하면서 일체 중생이 부처님 지혜를 원만히 이루고, 청정한 마음을 얻어 지혜가 밝고 완전하며, 안으로 마음이 고요하고 밖으로 인연에 흔들리지 않으며, 삼세 부처님의 종성을 증장하고 성취하기를 서원합니다."

佛子 菩薩摩訶薩 如是廻向時 不着業, 不着報, 不着身, 不着物, 不着刹, 不着方, 不着衆生, 不着無衆生, 不着一切法, 不着無一切法. 佛子 菩薩摩訶薩 如是廻向時 以此善根 普施世間 願一切衆生 成滿佛智, 得淸淨心 智慧明了, 內心寂靜 外緣不動, 增長成就三世佛種.

"When great enlightening beings practice dedication in this way, they do not become attached to actions, to consequences, to the body, to objects, to lands, to places, to sentient beings, to the nonexistence of sentient beings, to all things, or to the nonexistence of all things. When great enlightening beings make dedication in this way, they distribute these roots of goodness throughout the world, that all sentient beings may fully develop buddha-knowledge, attain pure minds with clear, comprehensive wisdom, their inner minds silent and serene, unmoved by external objects, as they extend and develop the family of Buddhas of past, present, and future."

어김이 없는 덕

"불자들이여, 보살마하살이 이렇게 회향할 때에 일체 공덕이 청정하여 환희법문과 무량공덕과 원만장엄을 얻게 됩니다. 이렇게 회향할 때 중생이 모든 국토와 다르지 않고, 국토가 모든 중생과 다르지 않으며, 국토와 중생이 업과 다르지 않고, 업이 국토와 중생과 다르지 않으며, 생각이 마음과 다르지 않고, 마음이 생각과 다르지 않으며, 생각과 마음이 경계와 다르지 않고, 경계는 생각과 마음과 다르지 않으며, 업이 과보와 다르지 않고, 과보가 업과 다르지 않으며, 업이 업의 길과 다르지 않고, 업의 길이 업과 다르지 않습니다."

佛子 菩薩摩訶薩 如是迴向時 得一切功德淸淨歡喜法門 無量功德圓滿莊嚴. 如是迴向時 衆生 不違一切刹, 刹不違一切衆生, 刹衆生 不違業, 業不違刹衆生, 思不違心, 心不違思, 思心 不違境界, 境界 不違思心, 業不違報, 報不違業, 業不違業道, 業道不違業.

[한자풀이]
違:어길 위, 다르다, 틀리다 刹:절 찰, 국토 業:업 업 報:갚을 보

"When great enlightening beings practice dedication in this way, they attain the complete adornment of in finite virtues of gladdening teachings of which all qualities are pure. In this dedication, sentient beings are not at variance with all lands, lands are not at variance with all sentient beings; lands and sentient beings are not at variance with actions, actions are not at variance with lands and beings; thought is not at variance with mind, mind is not at variance with thought; thought and mind are not ar variance with objects, objects are not at variance with thought and mind; actions are not at variance with consequences, consequences are not ar variance with actions; practice is not at variance with the course of practice, the course of practice is not at variance with practice."

평등한 덕

"불자들이여, 보살마하살이 이렇게 회향할 때 업의 평등을 얻고, 과보의 평등을 얻고, 몸의 평등을 얻고, 방편의 평등을 얻고, 서원의 평등을 얻고, 일체 중생의 평등을 얻고, 일체 국토의 평등을 얻고, 일체 행의 평등을 얻고, 일체 지혜의 평등을 얻고, 삼세 부처님의 평등을 얻습니다. 일체 부처님을 섬기게 되며, 일체 보살을 공양하게 되며, 일체 선근을 심게 되며, 일체의 큰 서원을 만족하게 되며, 일체 중생을 교화하게 되며, 일체 업을 분명히 알게 되며, 일체 선지식을 섬기고 공양하게 되며, 일체의 청정한 대중이 모인 도량에 들어가게 되며, 일체 바른 가르침을 통달하게 되며, 일체의 깨끗한 법을 성취하게 됩니다. 불자들이여, 이것이 보살마하살의 제7회향인 등수순일체중생회향(평등하게 일체중생을 따르는 회향)입니다."

佛子 菩薩摩訶薩 如是廻向時 得業平等, 得報平等, 得身平等, 得方便平等, 得願平等, 得一切衆生平等, 得一切刹平等, 得一切行平等, 得一切智平等, 得三世諸佛平等. 得承事一切諸佛, 得供養一切菩薩, 得種一切善根, 得滿一切大願, 得敎化一切衆生, 得了智一切業, 得承事供養一切善知識, 得入一切清淨衆會道場, 得通達一切正敎, 得成滿一切白法. 佛子 是爲菩薩摩訶薩 第七等隨順一切衆生廻向.

"When great enlightening beings dedicate in this way, they realize the equality of actions, the equality of consequences, the equality of bodies, the equality of expedients, the equality of vows, the equality of all sentient beings, the equality of all lands, the equality of all practices, the equality of all knowledge, the equality of the Buddhas of all times; they get to serve all Buddgas, attend and provide for all enlightening beings, and plant all roots of goodness; they are able to fulfill all great vows, teach and transform all sentient beings, and know all actions comprehensively; they get to serve and provide for all good teachers, and enter all enlightenment sites with pure congregations; they manage to comprehend and master all true teachings, and fully develop all pure qualities. This is the great enlightening beings' seventh dedication, dedication equally adapting to all sentient beings, dedication in accord with all sentient beings."

평등하게 수순하면서 회향함

"보살마하살이 이 회향을 성취하면 곧 모든 마군과 원수를 쳐부수고 탐욕의 가시를 뽑을 수 있게 되고, 해탈의 즐거움을 얻어 둘이 없는 성품에 머물며, 큰 위덕을 갖추어 중생들을 구호하며, 공덕의 왕이 되어 신통이 걸림이 없으며, 모든 국토에 가서 적멸한 자리에 들어가며, 일체의 몸을 갖추어 보살의 행을 이루며, 모든 행원에 있어서 마음이 자유자재하며, 모든 법을 분명하게 분별하여 알고, 모든 부처님 세계에 두루 태어날 수 있고, 걸림 없는 귀를 얻어 모든 세계의 음성을 들으며, 깨끗한 지혜의 눈을 얻어 모든 부처님을 뵈옵고 잠시도 버리지 아니하며, 모든 경계에서 선근을 성취하여 높이는 마음이나 낮추는 마음이 없으며, 일체법에 대하여 얻을 것 없음을 알게 됩니다. 보살마하살은 모든 선근으로써 일체 중생에게 평등하게 *수순하면서 이와 같이 회향합니다."

菩薩摩訶薩 成就此迴向 則能摧滅一切魔怨 拔諸欲刺, 得出離樂 住無二性, 具大威德 救護衆生, 爲功德王 神足無碍, 往一切刹 入寂滅處, 具一切身 成菩薩行, 於諸行願 心得自在, 分別了知一切諸法, 悉能遍生一切佛刹, 得無碍耳 聞一切刹 所有音聲, 得淨慧眼 見一切佛 未嘗暫捨, 於一切境界 成就善根 心無高下, 於一切法 得無所得. 菩薩摩訶薩 以一切善根 等隨順一切衆生 如是迴向.

[한자풀이]

摧:꺾을 최, 누르다 拔:뺄 발 刺:찌를 자, 가시 嘗:맛볼 상, 일찌기

"When great enlightening beings accomplish this dedication, then they can crush all demons; pulling out the thorns of craving, they attain the bliss of emancipation. Abiding in nonduality, they have great mystic powers; they rescue sentient beings and protect them, being monarchs of virtue. Their power of psychic travel is unhindered, and they go to all lands. They enter the realm of extinction, yet may assume any form. They accomplish the deeds of enlightening beings, and their minds attain autonomy in all practices and vows. They analyze and comprehend all things. They are able to be born in all buddha-fields. They attain unobstructed ears and can hear all sounds and voices in all lands. They attain the pure eye of wisdom and always see all Buddhas. In all realms they develop roots of goodness, their minds without pride or obsequiousness. They attain nonacquisitiveness in regard to all things. Great enlightening beings dedicate all roots of goodness equally in accord with all sentient beings."

[주]
*수순: 隨順, 중생의 근기에 알맞게 맞추어 따름.

게송으로 7회향을 노래함

보살이 지으시는 모든 공덕은	菩薩所作諸功德
오묘하고 광대하여 깊고도 먼데	微妙廣大甚深遠
한 순간이라 해도 닦아 행하여	乃至一念而修行

끝도 없이 모두 다 회향합니다 悉能廻向無邊際
The virtues of what enlightening beings do
Are subtle great, and most profound;
Their practice of even one moment
They can dedicate without bounds.

한량없는 겁 동안에 닦아 익혀서 無量劫中所修習
온갖 공덕을 남김없이 회향하고 一切功德盡廻向
수많은 중생들을 제도하기 위해 爲欲求度諸群生
그 마음 끝까지 물러서지 않습니다 其心畢竟不退轉
The virtues they've cultivated for countless eons
They dedicate, all,
Wishing to rescue sentient beings,
Never retreating from this determination.

보살의 서원의 힘 한정이 없어 菩薩願力無限碍
온세상을 다 거두어 받아들이며 一切世間咸攝受
이와 같이 중생들께 회향하면서 如是廻向諸群生
잠깐도 분별심을 내지 않습니다 未曾暫起分別心
Enlightening beings' will power is unlimited and dauntless,
Taking in all worlds,
Thus dedicated to living beings
With never any discrimination.

보살이 회향하여 저 언덕에 이르러 菩薩廻向到彼岸

청정하고 오묘한 법문 널리 열어서 普開淸淨妙法門
지혜는 높고 귀한 부처님과 같아지고 智慧同於*兩足尊
실상을 분별하여 구경에 이릅니다 分別實義得究竟

Enlightening beings' dedication reaches the other shore-
They open the gates of the pure, sublime teaching;
Their knowledge the same as the Buddha,
They analyze the true meaning and attain the ultimate.

[주]

*兩足尊: 양족존, 부처님의 존호. 부처님은 두 발을 가진 인류 중에서 가장 높고 귀한 분이라는 뜻. 또는 대원(大願)과 수행(修行), 지혜와 복덕을 원만히 갖추었다는 뜻.

일체 세간에 있는 모든 것들은 一切世間之所有
가지가지 과보가 제각기 달라서 種種果報各不同
업력으로 생기지 않은 것 없으니 莫不皆由業力成
업이 없어지면 모든 것 없어집니다 若滅於業彼皆盡

The various consequences in all worlds
Are each different-
All are made from the power of acts;
If action is stopped, all come to an end.

보살이 뜻 해석에 좋은 방편을 얻고 菩薩於義得善巧
부처님의 뛰어난 법을 다 알게 되어 能知諸佛最勝法
온갖 선한 업으로 평등하게 회향하여 以衆善業等廻向
중생들이 여래와 같게되길 원합니다 願令庶品同如來

[한자풀이]
庶:여러 서, 많다

Enlightening beings are skilled in interpretation,
And know the supreme teaching of the Buddhas;
They equally dedicate all good works,
Vowing to make all beings the same as Buddha.

이와 같이 진실한 모든 불자들이 如是眞實諸佛子
여래의 가르침으로부터 다시 태어나 從於如來法化生
그들이 이렇게 잘 회향할 수 있다면 彼能如是善廻向
세간의 의혹을 다 없앨 수 있습니다 世間疑惑悉除滅
Thus are true children of Buddha
Born by transformation from the Enlightened One's teaching;
They can practice such dedication well
To remove all the world's confusion.

회향이란
모든 생명체가 호흡을 하듯이
자연스러운 것입니다

Dedication is natural
just like all living beings take a breath.

7회향의 보살은 가는 곳마다 선근을 쌓아 모은다고 하는데, 그 모든 선근은 보리심으로 인한 것이라고 합니다. 보리심이란 무엇인지 다시 한 번 새기고 싶습니다.

보리(菩提)란 불교 최고의 이상(理想)인 부처님 정각의 지혜를 의미합니다. 즉 불과(佛果)에 해당하는 말이지요. 또 부처님 정각의 지혜를 얻기 위해 닦는 도(道), 즉 불과(佛果)에 이르는 길을 말하기도 합니다.

산스크리트어로는 'Bodhi'로 쓰며, 발음은 '보디' 혹은 '보데'에 가깝지만 우리나라에서는 보다 발음하기 쉬운 '보리'로 흔히 사용되고 있지요. 보리수(菩提樹), 보리도(菩提道), 보리행(菩提行), 보리심(菩提心) 등의 용어가 바로 그것입니다.

보리심이란 위로는 깨달음을 구하고 아래로는 중생을 제도하려는 마음입니다. 바로 보살의 마음이지요. 보살이라는 명칭도 원래는 'Bodhisattva'라고 하는 산스크리트어를 중국어로 음역한 '菩提薩埵'를 '보리살타'라고 읽고 그것을 다시 줄여 '보살(菩薩)'이라고 부르는 것입니다. 의미로는 깨달음을 추구하는 자로서, 큰 서원을 하고 육바라밀을 수행하며 삼아승기 백겁이나 되는 긴 세월 동안 자리이타의 행을 닦으며 부처님 정각을 증득하는 자를 말합니다. 대승에서는 재가와 출가를 막론하고 대승법을 수행하는 모든 사람을 보살이라고 하지요.

보살은 스스로의 깨달음을 추구하고, 중생을 교화하려는 네 가지의 큰 서원(사홍서원)을 합니다. 즉 '한량없는 중생을 다 제도하리라, 한량없는 번뇌를 다 끊으리라, 한량없는 법문을 다 배우리라, 위없는 불도를 다 성취하리라' 하고 그것을 다 이루려는 마음을 내는데, 이 마음을 보리심이라 합니다.

보살이 이와 같은 마음으로 사유하고, 중생을 보살피고, 보시하니까 그 모든 것이 선근이 되어 쌓이고 점점 더 늘어나 물러서지 않게 된다는 것이지요.

우리도 어떤 마음으로 생각하고 행동하느냐에 따라 그것이 선근이 되기도 하고 그렇지 않을 수도 있을 것입니다.

경문에 열거된 온갖 선근 가운데서 지혜로 잘 관찰하는 것도 선근이 되는구나 하는 생각이 들면서 저 자신은 얼마나 솔직하게 저를 성찰하고 얼마나 편견 없이 제 주변 사람들을 대하고 있는지 돌아보게 됩니다.

고정관념이나 선입견으로 판단하지 않는 것도 큰 선근이 될 것입니다. 편견을 가지거나 오해하는 일이 얼마나 많은 불화와 고통을 불러일으키는지 생각해보면 잘 알 수 있습니다. 그러나 편견이나 오해가 반드시 다른 사람을 향한 것만은 아닙니다.

흔히 우리는 다른 사람을 이해하려고 표정과 마음과 상황을 잘 관찰하려고 애를 쓰지만, 정작 자신에 대해서는 무지하고 정직하지도 못한 경우를 많이 볼 수 있습니다. 내가 나를 가장 잘 안다 싶어도 어떨 땐 다른 사람이 나를 이해하는 것보다 더 자신을 모르고 있을 때도 있습니다. 우리가 너무나 자연스럽게 못난 모습보다는 멋진 모습을 다른 사람에게 내보이고 싶듯이, 자신에게도 무의식중에 못난 모습을 숨기려고 하지요. 더러는 자신의 잘못도 남의 탓으로 돌리고, 그럴듯한 이유를 찾고 자기합리화를 시켜서라도 자기가 잘못되었다는 것을 인정하고 싶지 않은 것입니다.

어린아이들은 거짓말이 잘 드러납니다. 어떨 때는 너무 유치해서 웃음이 나지요. 그러나 어른들의 거짓말은 가늠하기가 힘듭니다. 철저하게 마음을 숨겨서 부부라 할지라도 수 년 동안 아니 평생 동안 그 마음을 모르고 지내기도 합니다. 어른이 될수록 마음을 숨기는 일이 세련되어가는 것을 보면서 그것이 다른 사람을 향할 때만 그런 것이 아니라 자기 자신에게는 더 완벽한 자기기만이 될 수도 있다는 생각을 하게 됩니다.

상담을 하다보면 자기에게 중요한 사람에게 자기의 약점을 드러내는 것을 죽기보다 싫어하는 사람을 많이 볼 수 있습니다. '절대로 엄마가 알아서는 안 된다'든가 '남편이 알면 큰일 난다'든가 하면서 숨기려고 하지만, 비밀이 많고 감추려고할수록 긴장과 불안이 커지는 법입니다. 물론 사랑하는 사람을 실망시키고 싶지 않은 마음에서일수도 있겠지만 이해받지 못할 것 같은 두려움이나 자기의 못난 부분을 인정하고 싶지 않기 때문이기도 합니다. 이렇게 내 가까운 사람에게 노출시키고 싶지 않듯이 가장 중요한 자기 자신에게는 더욱 은폐시키려고 하는 경향이 있습니다. 그래서 진솔하게 수시로 자신을 성찰하지 않으면 자기도 모르는 사이에 거짓 자아가 자리를 차지하고 주인 행세를 하게 될지도 모릅니다.

귀 기울여 자기를 성찰해보세요. 외롭고 서러운 목소리를 듣고, 분하고 억울한 마음을 읽고, 사랑과 인정을 갈망하는 몸부림을 있는 그대로 정직하게 바라보세요. 이것을 가리고 숨기느라 포장을 두껍게 할수록 진정한 자신의 모습을 만나는 일은 멀어지게 될 것입니다.

사람이 모든 면에서 완벽할 수 없습니다. 그렇기 때문에 닦아나가야 하는 것이지요. 어처구니없이 실수를 저지른 자신의 어리석음을 직시하면서 때로는 너그러이 용서하고 또 더러는 철저하게 반성하면서 다시는 같은 잘못이 되풀이 되지 않도록 자신을 단련시켜야 할 것입니다. 지혜로써 잘 관찰한다면 회피하거나 은폐할 필요도 없고, 있는 그대로 바로 보고 받아들이고 넘어서면 될 것입니다. 이와 같이 자신에 대해서, 나아가 상대에 대해서 잘 관찰하는 지혜를 가지게 되기를 소망해봅니다.

보살이 중생을 위하여 베푸는 선근 공덕이 참으로 크다는 것을 알 수 있습니다. 보살은 중생을 위하여 모든 것을 버린다 하는데, 제 주변을 보면 부모를 모시면서도 자기의 공을 알아줬으면 좋겠고, 재산이라도 다른 형제들보다 더 돌아오기를 바라는 것을 흔히 볼 수 있습니다. 가족관계에서조차 이해득실을 따져 손해 보지 않으려는 세태가 보살의 태도와는 극명하게 비교가 됩니다.

부모부양의 문제는 저 출산, 고령화 사회가 될수록 더욱 심각해질 문제가 아닐 수 없습니다. 부모가 자식에게 대접받기를 바라고, 자식이 부모에게 보상을 바랄수록 더욱 힘들어지겠지요.

사람들 중에는 즉각적인 보상을 바라는 사람이 있습니다. 부모가 자식을 키우면서 누군가가 노고를 알아주기를 바라고 특히 자식이 그 고마움을 알아주기를 바란다면 번번이 좌절을 경험하게 될 것입니다. 부모의 마음을 충분히 알아주는 자식은 없을 테니까요. 자기가 살아있는 동안 자식의 성공으로 보답을 받으려는 부모가 있다면 참으로 어리석은 사람일 것입니다. 자식에 대한 서운함과 배반감으로 쓸쓸한 노년을 보낼 수밖에 없을 테니까요.

자식 역시 늙고 병든 부모를 모시면서 부모의 자녀에 대한 헌신은 잊어버리고 자신의 수고로움만 내세워 부모나 형제에게서 보상받기를 바라는 경우가 있습니다. 그런 것 때문에 가족간의 의가 상하고 관계가 단절이 되는 경우도 종종 볼 수 있습니다.

부모 자식관계는 물론이고 부부관계나 친구관계에서도 마찬가지이지만, 우리는 줄 때와 받을 때 서로 다른 마음의 저울을 사용한다고 합니다. 남에게 준 것은 더 많게 기억하고 받은 것은 더 적게 기억을 한다는 것이지요. 친했던 관계가 깨어질 때 대부분 '나는 이렇게까지 했는데, 저는 어떻게 그럴 수 있나', '나를 이렇게 소홀히 대접하다니 참을 수 없다'는 것이 이유일 때가 많습니다. 자기 행위에 대한 보상을 받으려하는 사람은 결코 만족할 수 없습니다. 왜냐하면 서로가 다른 저울로 평가를 했기 때문에 각자의 마음에서 받아들여지는 것은 내 기대만큼 충족되지 못하고 그에 따른 실망도 크기 때문이지요.

내가 어떤 선행을 베풀었더라도 그 당사자에게서, 그것도 즉각적으로 보상을 받으려 해서는 안 됩니다. 만약 대가를 기대한 행동이라면 그것은 선행이라기보다는 거래라고 해야겠지요. 어쩌면 내가 도움을 준 그에게서는 아무런 보답이 없을 수도 있습니다. 그렇다 해서 그 선행이 없어진 것은 아니지요. 누가 알아주든 알아주지 않든 크고 작은 선근의 공덕이 모이면 그 선한 씨앗이 뿌리를 내려 어느덧 생각지도 않은 곳에서 선한 열매를 이루게 되는 경우도 있습니다. 무엇보다 선근공덕의 힘으로 깨달음의 길에 한걸음 더 다가갈 수 있게 되는 기쁨은 어디에도 비교할 수 없는 보상일 것입니다.

7회향의 보살이 보시를 할 때에 가지는 마음가짐이 참으로 감동을 줍니다. 이렇게 중생을 보살피는 일을 오는 세월이 끝나도록 하면서도 손가락 한번 튕기는 짧은 순간에도 결코 고달픈 마음을 내지 않는다는 것이 흉내도 낼 수 없을 만큼 놀랍습니다.

「십회향품」에서는 십바라밀 중에서도 특히 보시에 대한 내용이 많이 다루어지고 있습니다. 여기서도 보시에 대한 마음가짐을 다시 한 번 새겨볼 수 있으리라 생각합니다.

보살은 보시할 때 거짓된 마음이 없고, 바라는 마음도 없으며, 명예를 구하는 마음도 없고, 후회하는 마음도 없으며, 괴로워하는 마음도 없다고 합니다. 오로지 대비심으로 그들을 불쌍히 여기는 마음으로 그들이 원하는 대로 공양한다고 하였지요.

우리가 어떤 일을 억지로 할 때는 하기 싫고, 하고서도 억울한 마음이 들고 후회가 되기도 합니다. 그러나 만약에 내가 너무나 하고 싶은 일이고 해서 즐거운 일이라면 누가 시키지 않아도 할 것이고, 고달픔이 있다해서 누구를 원망하는 일은 없을 것입니다.

꽃다운 나이에 처녀의 몸으로 다섯 자녀를 둔 불구의 홀아비에게 시집을 가서 평생을 희생하며 산 여성이 있었습니다. 지금은 할머니가 된 그 여성이, 어린 나이에 '나를 필요로 하는 곳에 가서 봉사하며 살리라' 하는 원을 세웠다고 합니다. 어느 날 우연히 라디오를 듣다가 불구의 남성이 혼자되어 다섯 자녀를 키우고 있다는 기막힌 사연을 듣고 '저곳이 내가 갈 곳이다'라고 생각했다는 것입니다. 가족과 주변의 만류에도 불구하고 한 번 본 적도 없는 사람을 스스로 찾아가 살게 되었는데, 그 당시에는 많이 배우지도 못했고 그저 몸뚱이 하나로 할 수 있는 일이 있다면 어떤 일도 다 하겠다는 생각을 했다고 합니다. 전처의 다섯 자녀를 키우기 위해 자신은 일부러 자녀를 낳지도 않았고, 불구의 남편을 돌보고 가족의 생계까지 책임을 져야하는 고된 결혼 생활이었지요. 지금은 장성한 자녀들이 어머니의 은공에 깊이 감사하며 효도하고 있지만, 자랄 때는 새어머니에 대한 오해와 반발 때문에 보통 속을 썩인 것이 아니라고 합니다. 하나 둘밖에 없는 자기 자식 키우기도 힘이 드는

데, 다섯이나 되는 남의 자식을 키우는 것이 얼마나 힘들지는 말하지 않아도 짐작할 수 있을 것입니다. 그런데도 이분이 회고하기를 자기는 조금의 후회도 없다고 하면서 다시 태어나도 그 길을 갈 것이라고 하였습니다.

누가 시킨다 해서 그런 일을 하거나 돈을 준다 해서 그런 일을 할 수 있는 것이 아닐 것입니다. 오로지 내가 필요한 곳에 가서 기꺼이 헌신함으로써 의미 있는 삶을 살겠노라고 하는 서원이 있었기 때문에 가능한 일이었을 것입니다. 똑같은 일도 받아들이는 사람에 따라 너무나 혹독한 시련이 될 수도 있고, 참기 힘든 고통조차도 기쁨으로 받아들일 수 있는 사람이 있는 것입니다. 이 여성은 비록 배움이 적고 비종교인이라 할지라도 진정한 보살의 삶을 사신 것이라고 말할 수 있겠지요.

가족을 보살피는 일도 지칠 때가 있는데, 보살이 잠시도 쉬지 않고 자비심으로 중생을 보살핀다는 경구절을 읽으니 반성도 되면서, 나는 과연 자비심으로 가족을 돌보았나 하는 생각이 듭니다.

자비심이 아니면 가족이라 해도 돌보기가 힘이 들지요. 부모라 해서 모두 자녀를 잘 돌보는 것이 아닙니다. 요즘 들어서는 미혼모가 늘어나고 결혼을 하고서도 이혼을 쉽게 하여 자녀를 내팽개쳐 버리는 경우가 있어 안타깝게 합니다. 예전에는 비록 부부가 이혼은 하더라도 서로 자식을 자기가 키우려고 소송을 하는 사례도 많았지만, 요즘은 부모가 번연히 있으면서도 시설에 맡겨지거나, 부모는 나 몰라라 하고 조부모의 손에서 자라는 조손가정의 자녀들도 늘어나고 있습니다.

가끔 부모가 자녀를 유기하여 그 자녀가 굶고 쓰레기통에서 썩은 음식을 주워 먹고 병이 나도 치료도 해주지 않는 비정한 부모를 매스컴을 통해 본 적이 있습니다. 또 자녀가 운다고 때려 숨지게 하고 죽은 아이를 옷장에 넣어 방치한 믿어지지 않는 부모도 있었지요. 장애아인 경우 버림받는 경우가 더 많습니다. 장애아를 돌보는 절을 정기적으로 방문하고 있는데, 대부분 버려진 경우가 더 많고, 맡겨진 경우라도 가정에서 거친 대접을 받아 안정을 찾기까지 상당한 시간이 걸린다고 하였습니다. 사람에 대한 불신과 두려움으로 오랫동안 불안에 시달린다고 합니다.

물론 대부분의 부모는 있는 힘을 다하여 자신을 희생해가면서 자녀 양육에 정성을 다합니다. 그러나 더러는 내가 원하는 대로 만들려고 하는 욕심이 들어갈 때가 있습니다. 보살은 중생을 보살필 때 그들이 바라는 대로 공양한다고 하였는데, 부모가 자녀를 양육할 때 부모가 바라는 삶을 종용하는 경우를 종종 봅니다. 당연히 먼저 살아온 사람으로서의 안내와 지도는 필요하겠지만, 자녀의 인생을 지배하려해서는 안됩니다.

어떤 엄마가 극성을 부려 기어이 자기 아들을 일곱 번 재수시켜 의대에 보냈다고 합니다. 의대를 나오면 금방 의사가 되는 것으로 믿었지만, 그는 의사자격시험에서 계속 떨어지는 것이었습니다. 그의 아내는 남편이 곧 의사가 될 것을 고대하고 남들의 부러움을 사며 결혼했지만, 시험에 붙지도 않고 그렇다고 다른 직장을 가질 수도 없는 남편 때문에 경제적 부담과 자녀양육의 부담을 고스란히 떠안아야 했습니다. 어릴 때부터 공부를 하고 있으면 엄마에게 사랑과 칭찬을 받았고, 공부 이외의 다른 어떤 일도 하지 않아도 되었지요. 제일 익숙한 것이 공부였고, 공부한다고 하면 다른 일은 못해도 괜찮았던 것이지요. 그 엄마는 공부하라고만 했지 왜 공부를 해야 하는지, 본인의 희망과 적성에 맞는지는 전혀 관심을 두지 않았습니다. 본인 역시 스스로 의사로서의 꿈을 키워 나간 것이 아니고 떠밀리다시피 공부했고 나이가 들었지만 홀로 설 의지도 용기도 없었던 것이지요.

성인이 되고 아버지가 되어도 매일 도서관에 가서 책장만 넘기면서 자기 책임을 다했다고 생각하는 남편 때문에 화병이 나고 그에 대한 스트레스로 상담을 의뢰한 여성의 호소를 들으면서, 자녀에게 관심과 애정을 쏟는 부모라 하더라도 자기 욕심 없이 자비심만으로 자녀를 키우기가 얼마나 힘든 일일까 하는 생각을 했습니다.

산중에서 수행하는 스님들도 뼈를 깎는 고통이 있겠지만, 속세에서 가족을 거느리고, 다른 사람들과 좋은 관계를 맺으면서 살아가는 것도 수행의 일종이 아닐까요?

그렇습니다. 비구나 비구니만 부처님의 제자가 아니라 속가(俗家)에 있으면서 부처님을 믿는 사람도 부처님의 제자이지요. 재가 남자신도를 우바새, 재가 여자신도를 우바이라고 하여 이 넷을 사부대중(四部大衆)이라 부릅니다. 『유마경』의 주인공인 유마거사는 대승불교에 있어서 재가거사(在家居士)의 이상(理想)으로서 유명하지요. 그러므로 속가에 있으면서도 부처님의 가르침을 따르며 선한 일을 행하고 선지식을 섬기며 계를 지키는 사람은 모두 불제자라 할 수 있습니다.

사회에서 만난 사람들을 도반으로 삼고, 깨우침을 주는 이를 선지식으로 섬기며, 가족과 이웃을 제도할 대상으로 여기며 매일의 생활을 수행 과제로 삼을 수 있을 것입니다. 산중에 있으면서도 마음은 속세를 떠나지 못한 수도자도 있습니다. 성적 욕구를 넘어서지 못하거나 물질적인 것에 대한 집착이 있거나 권력이나 명예에 대한 욕구 때문에 승복만 입었지 속인들보다 더한 번뇌에 시달리는 사람도 있습니다. 진정한 출가는 내가 어디에 있느냐가 아니고 욕심을 떠나고 집착을 벗어나는가 하는 것입니다.

물질에 가치를 두고 출세를 성공의 지표로 삼는 세속에서 수도자와 같은 목표를 가지고 생활한다는 것은 불가능할지 모릅니다. 온갖 유혹과 경쟁 속에서 욕심을 버린다는 것은 곧 경쟁에서 패배한다는 것을 의미할 테니까요. 이웃을 향한 자비심은 어리석음으로 보이고, 세속적인 성취에 연연해하지 않는 것에 대해 비현실적이라 비웃음 살지도 모르는 일이지요. 우리의 발목을 잡는 수많은 유혹 속에 있으면서 그것을 벗어나는 일은 더 어렵고 대단한 일이 아니겠습니까?

부처님께서도 고행을 중단하고 보리수 아래에서 정진하실 때, 함께 수행하던 도반들로부터 냉대를 받았습니다. 고행만이 깨달음에 이를 수 있다고 믿었던 그들은 부처님의 행동을 배반행위라고 보고 실망하며 욕을 했지요. 그러나 석가모니 부처님이 정각을 이루시고 제일 먼저 제도한 사람은 바로 자신을 오해하고 욕을 하던 다섯 비구였습니다. 가끔 가까운 사람들로부터 실망과 오해를 사는 일도 있을 것입니다. 세속에서 지향하는 것과는 상반되는 가치를 추구하니까요. 그 때문에 장애가 많고 세속에 남아있으면서 수행자의 마음을 가진다는 것이 산중에서 도를 닦는 사람들보다 더 어려운 일일 것입니다.

이웃을 도반으로 삼고, 가족을 권속으로 삼아 좋은 관계를 유지하고 뜻을 같이 하면서 함께 깨달음의 길로 나아간다면 그것이 곧 마음으로부터의 출가라 할 것입니다.

경문에 보살이 회향할 때에 그 무엇에도 집착하지 않는다고 합니다. 안으로 마음이 고요하고 밖으로 인연에 흔들리지 않는다고 하는데, 신변에 대한 사소한 일까지 집착하는 저로서는 놀라운 경지라 생각됩니다.

보살은 업에도 과보에도 몸에도 물질에도 세계에도 중생에도 일체법에도 집착하지 않는다고 합니다. 우리 사는 세계를 보면 참으로 집착의 세월을 산다고 해도 과언이 아닐 것입니다.

눈에 보이지 않는 정신적인 부분의 가치보다 가시적인 부분에 더 가치를 두다 보니, 물질의 풍요나 외모에 치중하는 사람이 많아지고 있습니다. 성형중독에 걸린 어떤 여성이 아무리 얼굴을 예쁘게 고쳐도 자신에 대한 만족이 없고 더 우울해진다는 호소를 들은 적이 있습니다. 어릴 때 충분히 사랑받지 못하고 가난하게 자라면서 갖은 험한 일을 할 수밖에 없었던 젊은 시절에 대한 보상이기도 하겠지만, 지나친 열등감으로 결혼 20년이 되었는데도 한 번도 남편에게 맨얼굴을 보인 적이 없다고 합니다. 눈과 코와 턱을 수술해서 이목구비는 뚜렷하고 예뻤지만 화장을 벗은 적이 없으니까 피부가 화장독으로 망가져 있었고, 무엇보다 짙은 화장 속에 가려진 낮은 자존감의 얼굴빛은 숨길 수가 없었습니다. 어쩌면 그것을 가리고 싶어서 계속 수술을 했는지도 모를 일이지요. 그러나 그것은 수술로서가 아니라 마음의 치유를 통해서 이루어질 수 있습니다. 외모에 대한 집착은 좌절을 가지고 올 수밖에 없지요. 오늘 아무리 만족스럽게 고쳐놓아도 내일은 또 오늘보다 더 늙을 것이고, 내년은 올해보다 더 주름이 많이 생길 테니까요. 세월을 받아들이고 세월과 함께 무르익은 원숙한 아름다움이 수술로서 얻은 인위적인 모습보다 훨씬 멋진 것입니다.

우리의 몸은 결국 늙고 병들어 죽게 마련입니다. 그러나 몸에 대한 집착은 세속에 사는 사람들의 것만은 아니어서, 선가에서도 탐욕을 다스리기 위하여 부정관(不淨觀)을 하도록 가르치고 있지요. 즉 인간의 몸은 죽어 시체가 부풀고 썩고 온 몸에서 고름이 나오고 살이 흩어져 새나 짐승 혹은 구더기에 먹히고 뼈만 앙상하다가 그 뼈마저 흩어져 재와 흙이 되는 모양을 관(觀)하게 함으로써 욕정을 없애게 하는 방법입니다. 몸에 대한 집착이 얼마나 끊기 힘들었으면 이렇게 죽은 후의 현상을 관하게 하는 것일까요? 역사 속의 인물 중에는 사후세계에까지 집착하여 자신의 무덤을 만든 진시황과 같은 인물도 있었지요. 그러나 이 육신이 백년도 못되어 죽어 썩어질 것을 생각하면 지금 욕심내고 집착하는 것이 모두 허망하다는 것을 절감하게 됩니다.

우리 주변에도 사고나 병으로 죽음의 문턱까지 갔다 온 사람이 모든 집착을 버리고 새로운 삶을 사는 것을 가끔 볼 수 있습니다. 어떤 사람은 불치의 병에 걸려 3개월을 넘길 수 없다는 말을 듣고, 죽음에 대한 준비로 모든 것을 정리하고 평생 모은 재산을 불우이웃을 위해 기부를 하는 선행을 하였습니다. 그런데 놀랍게도 암 말기였던 그의 암세포가 깨끗이 사라지게 되었던 것입니다. 몸에 대한 욕심, 재물에 대한 욕심, 명예에 대한 욕심 그 모든 것을 놓고 나니 암세포마저 없어져버린 것이지요.

나와 내 것에 대한 집착이 있는 한, 진정한 의미의 회향은 어려울 것입니다. 몸에 대한 집착이 탐·진·치를 일으키기도 하지만, 몸이 없다면 보시도 할 수 없는 일이겠지요. 보살은 아무런 집착이 없으니까 저토록 마음이 고요하고 인연에도 흔들림 없이 회향할 수 있는 것처럼, 우리도 작은 집착이라도 내려놓는 만큼 자유로워지고 작으나마 진정한 회향을 할 수 있으리라 생각합니다.

第7회향은 '평등하게 일체중생에게 수순하는 회향'입니다. 보살은 회향할 때 모든 것에 평등하게 대한다고 합니다. 저는 동물과 사람에 대해서 평등하게 대하지 않은 것은 물론, 같은 사람들이라 해도 평등하게 대하지 않은 것 같습니다. 지금 생각하면 집에 있는 아이들에게도 부모임을 내세워 힘을 행사한 적이 있는데, 저로서는 부모의 권리로 당연하다고 생각한 것도 아이들 입장에서는 부당하게 느꼈을 것 같습니다.

평등이라고 해서 차이성을 인정하지 않는 것이 아닙니다. 각각의 개성 없이 모두 하나로 획일화시키는 것을 의미하는 것이 아니지요. 개별적인 차이성을 인정하면서도 모든 생명은 근원에서 볼 때 평등하다는 의미입니다.

우리는 나이나 직위나 학벌이나 재산 정도로 우열을 가리고 그것이 마치 생명의 가치에 대한 우열인 것처럼 여기는 경우가 있습니다. 물론 부모와 자녀, 상사와 부하직원, 선후배의 관계에서 지켜야할 예절이나 도덕성이 필요 없다는 말을 하려는 것은 아닙니다. 사회를 유지하기 위한 질서는 아름답고 필요한 것이지만, 그 모두가 인격을 가진 존재라는 시각에서 사람을 대할 수 있어야 합니다. 오늘날 인종의 차별, 남녀의 차별, 동물에 대한 차별 등은 모두 자기중심의 기준에서 가치를 평가했기 때문에 생긴 현상입니다.

어떤 승려가 길을 가다가 비둘기를 잡아 죽이려는 것을 보고 비둘기를 살려주면 비둘기 대신 같은 무게만큼의 자기 살을 베어주겠노라고 했습니다. 한쪽 허벅지 살 정도면 되리라고 생각했는데, 이상하게도 양쪽 허벅지살을 다 베어도 무게가 부족하여 차례로 팔과 다리를 다 올리고 나중에는 온 몸을 모두 저울에 올렸더니 그제서야 무게가 같아졌다고 합니다. 비록 작은 한 마리 비둘기라 하더라도 생명의 무게는 같다고 하는 가르침을 주는 이야기입니다. 보잘것없는 동물이라 생각하는 만심을 꾸짖고 평등심을 가지라는 것이지요.

사람들은 민족적인 시대적인 사회적인 여러 생활문화양식을 통해 형성된 편견이나 지식 또는 감정과 욕구들로 척도를 만들어 내 방식대로 평가하고 왜곡하여 분별하게 됩니다. 내 마음속에서 이미 좋다 나쁘다는 판단을 내리고 그것에 투사하여 보기 때문이지요. 부처님 당시는 바라문을 최고의 지위로 하는 차별적인 계급사회였으나 부처님은 그것을 비판하여 사성평등론(四姓平等論)을 주장하였지요. 지금도 인도에 사성계급이 존재하는 것을 볼 때, 그 시대에 이런 비판은 굉장히 충격적인 일이었습니다. 바라문교에서 절대시한 출생이나 가문이 중요한 것이 아니라 인간의 행위가 그 무엇보다 중요하다는 것을 주장하였으니까요. 즉 신분이나 재산이나 성별이나 노소에 따라 인간의 가치를 서열화하고 차별화하여 결정해서는 안 된다는 것이지요. 또한 인간이나 다른 모든 중생은 똑같이 구제받을 수 있는 가능성이 있다는 점에서 평등하다고 보았던 것입니다.

이러한 시각으로 사람과 동물을 대한다면 겸허한 마음으로 모든 존재를 평등하게 대할 수 있지 않을까 생각합니다.

보살이 이 회향을 성취하면 모든 행원에서 자유자재하게 된다고 합니다. 저는 어떤 일을 하면서 정신을 바짝 차려도 자꾸 실수를 하게 되는데, 보살의 자유자재함을 들으니 정말 부럽고 고개가 숙여집니다.

'하지 않으면 안된다' 하는 의무감을 가지고 일을 하거나, 하기 싫은 일을 억지로 강박적으로 하는 경우에 잊거나 실수하는 경우가 더 많습니다. '해야 한다'는 마음은 가득하지만, 마음으로 우러나와서 하는 일이 아닐 때에는 즐거움이 적어 성의가 부족해지고 그러다보니 자연히 실수가 많아지지요. 또 싫증나고 하기는 싫은데 안 할 수는 없고 마음이 속박되어 계속 끌려 다니면 무의식적으로 저항이 생기면서 자기도 모르게 잊어버리게 되는 경우도 있습니다.

자유자재라는 것은 방종하며 아무렇게나 하는 것과는 전혀 다릅니다. 행원에 있어서 아무런 구속이나 제한 없이 마음이 자유로운 것을 의미합니다. 보살이 행원을 세웠더라도 강박적으로 지키려하면 그것은 청정하지 못한 것이 됩니다. 아무리 훌륭한 서원이라도 억압이나 강박에 의한 것이어서는 집착이 되고 말지요.

자유자재하지 못한 원인도 살펴볼 수 있겠지요. 외부로부터 다른 사람에 의해 억압을 당하고 속박을 당하는 경우가 있습니다. 또 내 내면의 어두움과 맹목적인 충동 때문에 자유롭지 못한 경우도 있을 것입니다. 다른 사람이나 외부요인으로부터의 자유, 그리고 내 욕구로부터의 자유가 동시에 이루어질 때 자유자재함을 이룰 수 있을 것입니다. 즉 안과 밖의 충돌이나 갈등 없이 일치가 되는 상황에서 비로소 자유자재하게 될 것입니다.

『논어』에서 공자는 70세가 되면 마음이 하고자 하는 대로 하여도 조금도 법도에 어긋남이 없다고 했습니다. 참으로 성숙한 경계이지요. 마음이 시키는 대로 하는 것이 바로 진리의 길이라고 하니까 그것이 바로 자유자재한 경지가 아닐까요. 우리도 어떤 일을 하고자 할 때, 편안한 마음으로 기쁘게 하면서도 아무런 제약이 없는 그런 경지에 이를 수 있도록 안과 밖을 일치시켜 나가는 노력을 해야 할 것입니다.

회향이라는 말이 거창하고 어렵게 들리는데, 아내가 남편을 위해 맛있는 음식을 장만하고 아이들을 사랑으로 보살피는 것으로도 회향한다고 할 수 있을까요?

목숨을 던져 누구를 구하거나, 수백억의 재산을 기부해야만 회향이 아닙니다. 존재론적으로 우리는 회향한다는 의식도 없이 서로가 서로에게 회향하고 있습니다. 회향이란 모든 생명체가 호흡을 하듯이 자연스러운 것이지요. 숨을 들이쉬면 다시 내놓아야 합니다. 들이쉬기만 하고 내놓지 않는 것은 죽음을 의미합니다. 회향이 단절되면 살아있는 생명이라 볼 수 없습니다. 모든 생명들이 존속하고 삶을 이어가고 성장하고 살아가는 것이 회향의 성격을 띠고 있습니다. 그러니까 이 세계의 모든 생명의 존립은 회향의 질서라 해도 좋겠지요.

우리가 이웃과 자연의 도움을 받지 않고 전적으로 자기 힘으로 이룰 수 있는 일이 무엇이 있겠습니까. 한 끼 식사만 하여도, 식재료가 되는 나물이나 생선이 산에서 자라고 바다에서 길러져 그것을 잡고 다듬고 운반하여 반찬으로 장만하기까지 얼마나 많은 손길을 거쳐야 했을까요. 그 과정마다 내 작은 손길이 다른 사람을 위하는 일이 되고 건강에 도움이 되기를 바라는 회향의 마음이 깃들어있을 것입니다. 또한 생명체가 죽어 흙이 되고 거름이 되어 또 다른 생명체를 자라게 하니 그 또한 회향이 되는 것이지요. 그러니 이 우주의 생태질서도 모두 회향으로 이루어진 것임을 알 수 있는 것입니다.

회향의 가능성은 우리 모두에게 있습니다. 아기를 낳은 어미가 젖을 먹여 그 생명을 살립니다. 젖은 바로 여인의 피와 살이지만 아깝다는 생각 없이 기쁘고 행복하게 아기를 위해 내어줍니다. 자기가 쌓은 선근과 자기가 잘 할 수 있는 일을 통하여 다른 사람에게 회향하여 공덕과 이익을 주려하는 것을 중생회향이라 합니다. 그러나 회향한다는 의식도 없는 가운데 이미 회향하려는 마음을 가지고 있지요. 우리는 막연하나마 '이 세상에 도움이 되는 삶을 살고 싶다', '보람 있는 삶을 살고 싶다', '남에게 필요로 하는 삶을 살고 싶다'고 생각합니다. 이것을 굳이 다른 말로 하자면 '중생을 위해, 깨달음을 위해 회향하고 싶다'는 말로 바꾸어 쓸 수 있겠지요. 그러므로 이웃과 나누는 따뜻한 사랑을 담은 말 한마디나 가족을 위한 정성스런 음식 장만도 회향일 것이고, 열심히 공부하여 이룬 선근공덕을 공익을 위해 사회에 환원하는 것도 당연히 회향이라 해야겠지요. 그 마음이 점점 더 확대되어 미물에까지도 그리고 온 우주에까지도 미친다면 진정한 회향이 아니겠습니까.

회향이라는 의미가 너무 크게 다가와서 일상의 삶과는 거리가 있다고 느꼈는데, 우리의 삶 그 자체가 바로 회향임을 알았습니다. 제가 이웃을 위해 베푼 것보다 이웃과 자연으로부터 받은 것이 참으로 많다는 생각에 숙연해집니다.

우리는 많은 것을 받고 있으면서도 받고 있다는 것을 잊고 살 때가 많습니다. 숨을 쉬는 것, 음식을 먹는 것, 살아있는 그 자체가 누군가의 희생과 도움 없이는 불가능한 일입니다. 내가 좀 더 회향하기를 서원하는 한편, 다른 모든 회향에 대한 감사의 마음을 가져야 할 것입니다.

스님들이 식사를 하실 때, 밥알 한 톨도 헛되이 흘려보내지 않는 것을 봅니다. 발우에 묻은 양념 찌꺼기까지도 모두 김치조각으로 닦고 물로 헹궈내어 마시지요. 이 음식이 오늘 이 자리에 오기까지 많고 많은 사람들의 노고에 감사하는 마음과 내 몸을 부지하기 위해 부득이 음식을 먹지만 그로 인해 희생된 뭇 생명에게 미안하고 고마운 마음과 그 희생이 헛되지 않도록 해야겠다는 결연한 의지가 담겨있는 행위입니다. 그래서 절에서는 음식을 버리는 일을 큰 잘못으로 꾸짖고 있습니다. 음식을 먹되 신체를 유지할 정도로만 섭취하고 욕심내지 않으며 절대 남기거나 함부로 버리는 일이 없게 하지요.

그런데 요즘 와서는 물질적으로 더욱 풍요로워지면서 중간과정의 노고와 희생이 무시되는 경향이 있는 것 같습니다. 돈을 지불한 것에 대해서는 내 마음대로 해도 된다는 생각을 하는 사람이 있지만, 회향의 마음은 돈으로 계산할 수가 없는 것입니다. 나를 있게 한 모든 것, 이 세상을 살리는 모든 것에 대해 감사의 마음을 가져야 하겠지요. 내 이웃과 직장 동료에게 감사하고, 아내와 남편 그리고 자녀에게 감사하는 마음을 가져야 할 것입니다. 내가 이웃과 자연으로부터 받은 것 이상으로 그들에게 회향하고자 하는 마음을 가져야 하겠지요. 보살은 먼저 스스로 회향하고 중생으로 하여금 회향하도록 인도해야할 것입니다.

제 8 회향

진여상회향이란?

"불자들이여, 무엇을 보살마하살의 '진여상회향(진여 모양의 회향)'이라 합니까. 불자들이여, 이 보살마하살은 생각이 바르고 분명하여 마음이 견고하게 머물며, 미혹을 멀리 떠나 오로지 한 마음으로 수행하며, 마음이 깊어 흔들림이 없어 무너지지 않는 업을 이루며, 일체지에 나아가 결코 물러서지 않으며, 대승을 구하려는 의지가 용맹하여 두려움이 없으며, 덕의 근본을 심어 세간을 널리 편안하게 하며, 뛰어난 선근을 내어 희고 깨끗한 법을 닦으며, 대비심이 더욱 커져 마음이 보배가 되고, 항상 부처님을 생각하고 바른 법을 보호하여 지니며, 보살도를 닦음에 있어서 믿음이 견고하여 한량없이 깨끗하고 오묘한 선근을 이루며, 모든 공덕과 지혜를 부지런히 닦으며, 잘 인도하는 스승이 되어 선한 법을 내고, 지혜와 방편으로써 회향하게 됩니다."

佛子 何者 是菩薩摩訶薩 眞如相廻向. 佛子 此菩薩摩訶薩 正念明了 其心堅住, 遠離迷惑 專意修行, 深心不動 成不壞業, 趣一切智 終不退轉, 志求大乘 勇猛無畏, 植諸德本 普安世間, 生勝善根 修白淨法, 大悲增長 心寶成就, 常念諸佛 護持正法, 於菩薩道 信樂堅固 成就無量淨妙善根, 勤修一切功德智慧, 爲調御師 生衆善法, 以智方便 而爲廻向.

"What is great enlightening beings' dedication with the character of true thusness? Here enlightening beings' correct mindfulness is clear and perfect, their mind is firm and stable, they get beyond confusion, and cultivate practice single-mindedly, their profound mind unstirring, accomplishing indestructible works, proceeding toward omniscience without ever regressing. They are determined to seek the Great Vehicle, bold and fearless; planting roots of virtue, they bring peace to the world, producing excellent roots of goodness and cultivating pure qualities. Their great compassion grows, their mind-treasure develops; they always remember the Buddhas and preserve the true teaching. Their belief in the path of enlightening beings is firm and enduring, they perfect immeasurable pure roots of goodness, diligently cultivating all virtues and knowledge. As spiritual guides they produce myriad good principles, dedicating their knowledge and skill in liberative means to the salvation of others."

보리회향

"(보살마하살은) 이러한 선근으로 이와 같이 회향합니다. 이를테면 원만하고 걸림 없는 몸의 업으로 보살행을 닦기를 원합니다. 청정하고 걸림 없는 말의 업으로 보살행을 닦기를 원합니다. 걸림 없는 뜻의 업으로 대승에 잘 머물기를 원합니다. 원만하고 장애 없는 마음으로 모든 보살행을 청정하게 닦기를 원합니다. 한량없고 광대한 보시의 마음을 일으켜 그지없는 중생들에게 널리 베풀기를 원합니다. 모든 것에 마음이 자재하여 큰 법을 연설할 때 장애됨이 없기를 원합니다.

일체지의 경지를 분명히 통달하여 보리심을 내어 온 누리를 널리 비추기를 원합니다. *삼세 부처님을 항상 바르게 기억하여 진정으로 여래가 앞에 계신다고 생각하기를 원합니다. 원만하고 더 나아가는 뜻에 머물러 모든 마군과 원수를 멀리 떠나기를 원합니다. 부처님 십력의 지혜에 머물러 쉼 없이 중생을 널리 거두기를 원합니다. *삼매를 얻어 여러 세계에 다니면서도 세간에 물들거나 집착하지 않기를 원합니다. 온갖 세계에 있어도 피로해하거나 싫증내지 않고 중생교화에 쉼이 없기를 원합니다. 한량없이 생각하는 지혜와 방편을 일으켜 불가사의한 보살도를 성취하길 원합니다."

以諸善根 如是迴向. 所謂願得圓滿無碍身業 修菩薩行. 願得淸淨無碍口業 修菩薩行. 願得成就無碍意業 安住大乘. 願得圓滿無障碍心 淨修一切諸菩薩行. 願起無量廣大施心 周給無邊一切衆生. 願於諸法心得自在 演大法明 無能障蔽. 願得明達一切智處 發菩提心 普照世間. 願常正念三世諸佛 諦想如來 常現在前. 願住圓滿增上志樂 遠離一切諸魔怨敵. 願得安住佛十力智 普攝衆生 無有休息. 願得三昧 遊諸世界 而於世間 無所染着. 願住諸世界 無有疲厭 教化衆生 恒不休息. 願起無量思慧方便 成就菩薩不思議道.

[한자풀이]

障:가로막을 장 蔽:덮을 폐, 막다 魔:마귀 마 怨:원수 원 敵:원수 적 疲:지칠 피 厭:싫을 염 恒:항상 항 休:쉴 휴 息:숨쉴 식

"The roots of virtue they dedicate in this way: they vow to attain complete, unobstructed action to carry out enlightening practices; they vow to attain pure unobstructed speech, to carry out enlightening practices; they vow to attain fully developed unobstructed mental action and abide in the Great Vehicle; they vow to attain complete, unobstructed minds and purely cultivate all practices of enlightening beings; they vow to develop minds of infinitely magnanimous generosity and provide for all sentient beings; they vow to master all the teachings and spread the light of the great teaching, which nothing can veil; they vow to arrive at the realm of universal knowledge, illumining the world with the will for enlightenment; they vow to always correctly remember the Buddhas of past, present, and future, always clearly picturing the Enlightened present before them; they vow to live by fully developed powerful aspiration and get away from all demons and enemies; they vow to attain stabilization in the ten powers of knowledge of Buddhas and teach all sentient beings ceaselessly; they vow to attain concentration and travel through the worlds without being affected by or attached to the worlds; they vow to live in the world unwearied and always edify and influence sentient beings; they vow to activate innumerable liberative techniques of thought and wisdom and accomplish the inconceivable path of enlightening beings."

[주]

*삼세: 三世, ⓢTrayo-dhvanaḥ, loka-traya, 25품 제5회향 참고.

*삼매: 三昧, ⓢSamādhi, 24품 참고.

중생회향

"불자들이여, 보살마하살은 항상 선한 마음으로 이렇게 회향합니다. 일체 중생으로 하여금 시원한 구름과 법비를 만나게 하려는 때문이며, 일체 중생으로 하여금 복밭이 되는 훌륭한 환경을 늘 만나도록 하려는 때문이며, 일체 중생으로 하여금 보리심 창고에 잘 들어가서 스스로 보호하여 지니도록 하려는 때문이며, 일체 중생으로 하여금 모든 번뇌를 떠나서 편안히 있도록 하려는 때문이며, 일체 중생으로 하여금 걸림 없는 신통과 지혜를 얻게 하려는 때문이며, 일체 중생으로 하여금 자재한 몸을 얻어 널리 나타내도록 하려는 때문이며, 일체 중생으로 하여금 가장 뛰어난 일체종지를 성취하고 널리 이로움을 일으켜 헛됨이 없도록 하려는 때문이며, 일체 중생으로 하여금 여러 중생들을 널리 거두어 청정하게 하려는 때문이며, 일체 중생으로 하여금 모두 일체지를 끝까지 이루도록 하려는 때문이며, 일체 중생으로 하여금 마음이 흔들리지 않고 장애가 없도록 하려는 때문입니다."

佛子 菩薩摩訶薩 恒以善心 如是迴向. 爲令一切衆生 遇淸凉雲霔法雨故, 爲令一切衆生 常値福田勝境界故, 爲令一切衆生 皆能善入菩提心藏 自護持故, 爲令一切衆生 離諸蓋纏 善安住故, 爲令一切衆生 皆獲無碍神通智故, 爲令一切衆生 得自在身 普示現故, 爲令一切衆生 成就最勝一切種智 普興利益 無空過故, 爲令一切衆生 普攝群品 令淸淨故, 爲令一切衆生 皆能究竟一切智故, 爲令一切衆生 心不動搖 無障碍故.

[한자풀이]
遇:만날 우 凉:서늘할 량 霔:장마 주, 때맞추어 오는 비 值:만날 치 蓋:덮을 개 纏:얽힐 전 最:가장 최 勝:뛰어날 승 興:일 흥 攝:끌어당길 섭 群:무리 군 搖:흔들릴 요

"Great enlightening beings always dedicate their good will in this way, to cause all sentient beings to encounter the cloud of pure coolness showering the rain of truth, to cause all sentient beings to always encounter the excellent environment of fields of virtue, to cause all sentient beings to be able to enter the treasury of the spirit of enlightenment and preserve it themselves, to cause all sentient beings to shed all veils and live properly, to cause all sentient beings to attain knowledge of unhindered spiritual faculties, to cause all sentient beings to attain free bodies appearing everywhere, to cause all sentient beings to achieve supreme knowledge of all ways of liberation and bring about unfailing benefit, to cause all sentient beings to purify all creatures, to cause all sentient beings to be able to consummate universal knowledge, to cause all sentient beings to be unshakable and unobstructed in mind."

여래의 견해를 가짐

"보살은 이때에 모든 선근으로써 이렇게 회향합니다. 일체 중생이 여래의 낙관적인 견해를 얻어 법의 참 성품이 평등하고 평등하여 집착할

바가 없는 원만하고 청정한 것임을 보기를 원합니다. 여래가 매우 즐거이 원만하게 공양하는 것을 일체중생이 보기를 원합니다. 일체중생이 어떤 번뇌도 없는 아주 즐겁고 청정한 부처님 세계에 태어나기를 원합니다. 일체 중생이 부처님들의 사랑의 법을 보기를 원합니다. 일체 중생이 모든 보살의 즐거운 행을 항상 보호하여 지니기를 원합니다. 일체 중생이 선지식의 사랑의 눈을 얻어 걸림 없이 보기를 원합니다."

菩薩 爾時 以諸善根 如是迴向. 所謂願一切衆生 得諸如來 可愛樂見 見法眞性 平等平等 無所取着 圓滿淸淨. 願一切衆生 見諸如來 甚可愛樂 圓滿供養. 願一切衆生 往生一切無諸煩惱甚可愛樂淸淨佛刹. 願一切衆生 得見諸佛 可愛樂法. 願一切衆生 常樂護持一切菩薩 可愛樂行. 願一切衆生 得善知識 可愛樂眼 見無所碍.

"At such a time, they dedicate the roots of goodness in this way: 'May all sentient beings attain the delightful visions of the enlightened, see the true nature of things, equal and impartial, without any grasping or attachment, complete and pure; may all sentient beings see the most delightful, perfect offerings of the Enlightened Ones; may all sentient beings be reborn in all the most delightful pure buddha-lands, free of all afflictions; may all sentient beings manage to perceive th most delightful teaching of the Buddhas; may all sentient beings always happily preserve the pleasing practices of all enlightening beings; may all sentient beings acquire the enjoyable eyes of the wise and see without obstruction."

실제 회향

"비록 바른 업을 닦지마는 업의 성품이 공함을 압니다. 일체법이 모두 환상과 같음을 분명히 알고, 일체법이 자성이 없음을 압니다. 모든 이치와 가지가지 행이 세상을 따라 말하는 것이어서 집착할 것 없음을 관찰하여 인연에 집착하는 모든 것을 없앱니다. 실상 그대로의 이치를 알아서 일체법의 성품이 다 공적함을 관찰하고, 일체법이 실상과 같은 줄을 알며, 법의 모양이 서로 다르지 않다는 것을 압니다. 보살들과 더불어 함께 있으면서 그 도를 닦고, 중생들을 잘 거두어서 과거·미래·현재의 모든 보살의 회향문에 들어갑니다."

雖善修正業 而知業性空. 了一切法 皆如幻化, 知一切法 無有自性. 觀一切義 及種種行 隨世言說 而無所着 除滅一切執着因緣. 知如實理 觀諸法性 皆悉寂滅. 了一切法 同一實相, 知諸法相 不相違背. 與諸菩薩 而共同止 修行其道, 善攝衆生 入去來今一切菩薩廻向之門.

"Though they practice correct actions well, they know the nature of action is empty; they understand all things are like phantoms, and know all things have no intrinsic essence of their own; they observe all meanings and all kinds of practices according to their conventional explanations and are not attached to them; they abolish all causes and conditions of grasping and clinging; they know the truth and see the nature of all things being null and void; they comprehend that all things have the same unique real character; they know the characteristics of things are not mutually opposed; they live with enlightening beings and practice their path; taking all sentient beings into their care, they enter the door of dedication of all enlightening beings of past, future, and present."

선근 회향의 덕

"진여가 모든 곳에 두루하여 끝이 없듯이, 선근의 회향도 그와 같아서 모든 곳에 두루하여 끝이 없습니다. 진여가 진실함을 그 성품으로 삼듯이, 선근의 회향도 그와 같아서 일체법이 진실함을 성품으로 삼는다는 것을 압니다. 진여가 항상 변함없이 본래의 성품을 지키듯이, 선근의 회향도 그와 같아서 본래의 성품을 지켜 처음부터 끝까지 변함이 없습니다. 진여는 일체법이 자성 없음으로 성품을 삼듯이, 선근의 회향도 그와 같아서 일체법이 자성 없음을 성품으로 삼는다는 것을 분명히 압니다. 진여가 형상 없는 것으로 형상을 삼듯이, 선근의 회향도 그와 같아서 일체법이 형상 없음을 형상으로 삼는다는 것을 분명히 압니다."

譬如眞如 遍一切處 無有邊際, 善根廻向 亦復如是 遍一切處 無有邊際. 譬如眞如 眞實爲性, 善根廻向 亦復如是 了一切法 眞實爲性. 譬如眞如 恒守本性 無有改變, 善根廻向 亦復如是 守其本性 始終不改. 譬如眞如 以一切法 無性爲性, 善根廻向 亦復如是 了一切法 無性爲性. 譬如眞如 無相爲相, 善根廻向 亦復如是 了一切法 無相爲相.

"Just as true thusness permeates all places, without boundaries, so also does their dedication of roots of goodness pervade everywhere unbounded; just as true thusness has reality as its essence, so likewise does their dedication of roots of goodness have as its essence understanding of the reality of all things; just as true thusness always retains its original nature without change, so too does their dedication of roots of goodness preserve its original nature unchanging throughout; just as true thusness has as its nature the essencelessness of all things, so also does their dedication of roots of goodness have as its nature the understanding of the essencelessness of all things; just as the mark of true thusness is signlessness, so too is the mark of their dedication of roots of goodness the signlessness of all things."

8회향의 과위

"보살마하살이 이 회향에 머무르면, 한량없는 청정한 법문을 증득하고, 여래의 큰 사자후를 할 수 있어 자재하고 두려움이 없으며, 좋은 방편으로 한량없는 보살을 교화하고 성취하여 언제라도 쉬지 않고, 부처님의 한량없이 원만한 몸을 얻어 한 몸이 일체 세계에 가득하며, 부처님의 한량없이 원만한 음성을 얻어 한 음성으로 일체 중생을 깨우치며, 부처님의 한량없이 원만한 힘을 얻어 한 털구멍에 모든 국토를 널리 수용할 수 있습니다. 부처님의 한량없이 원만한 신통을 얻어 모든 중생을 한 티끌 속에 두며, 부처님의 한량없이 원만한 해탈을 얻어 한 중생의 몸에 일체 부처님의 경계를 나타내어 등정각을 이루며, 부처님의 한량없이 원만한 삼매를 얻어 한 삼매 가운데 일체 삼매를 두루 나타낼 수 있고, 부처님의 한량없이 원만한 변재를 얻어 한 구절 법문을 말할 때에 미래 세상이 끝날 때까지 하더라도 다 말할 수 없이 하여 일체 중생의 의혹을 모두 없애며, 부처님의 한량없이 원만함을 얻은 중생이 부처님의 십력을 갖추어 온 중생계가 다하도록 정각을 이루는 것을 보여줍니다. 불자들이여, 이것이 보살마하살의 제8회향인 '진여상회향(진여 모양의 회향)'입니다."

菩薩摩訶薩 住此廻向, 證得無量清淨法門, 能爲如來大師子吼 自在無畏, 以善方便 教化成就無量菩薩 於一切時 未曾休息, 得佛無量圓滿之身 一身 充遍一切世界, 得佛無量圓滿音聲 一音開悟一切衆生, 得佛無量圓滿之力 一毛孔中 普能容納一切國土. 得佛無量圓滿神通 置諸衆生 於一塵中, 得佛無量圓滿解脫 於一衆生身 示現一切諸佛境界 成等正覺, 得佛無量圓滿三昧 一三昧中 普能示現一切三昧, 得佛無量圓滿辯才 說一句法 窮未來際 而不可盡 悉除一切衆生疑惑, 得佛無量圓滿衆生 具佛十力 盡衆生界 示成正覺. 佛子 是爲菩薩摩訶薩以一切善根隨順眞如相廻向.

"When great enlightening beings abide in this dedication, they attain realization of innumerable pure teachings, and are able to make the lion roar of the enlightened, free and without fear; with skill in means they teach and develop countless enlightening beings, never ceasing at any time; they attain the infinite complete body of Buddhahood., one body filling all worlds; they attain the infinite complete voice of

Buddhahood, one utterance enlightening all beings; they attain the infinite complete power of Buddhahood, able to contain all lands in a single pore; they attain the infinite complete occult abilities of Buddhahood, placing sentient beings in a single atom; they attain the infinite complete liberation of Buddhahood, manifesting all spheres of buddhahood in the body of a single being, attaining true enlightenment; they attain the infinite complete concentration of Buddhahood, able to manifest all concentrations in one concentration; they attain the infinite complete powers of analysis and elucidation of Buddhahood, explaining a single statement of principle forever without exhausting it, removing the doubts and confusion of all sentient beings; they attain the infinite complete being of Buddhahood, endowed with the ten powers of Buddhahood, manifesting the attainment of true enlightenment throughout the realm of sentient beings. This is great enlightening beings' dedication of all roots of goodness in accord with the character of true thusness."

게송으로 8회향을 노래함

중생을 인도하는 존귀한 지위에 오르면 已昇調御人尊地
모든 번뇌 벗어나 마음에 걸림이 없고 離諸熱惱心無碍
법도 이치도 모두 분명히 잘 알아서 於法於義悉善知
중생을 이롭게 하려고 부지런히 익히네 爲利群生轉勤習

They have already ascended to the honored stage of the Human Tamer,

Freed from al burning afflictions, their minds unobstructed;
They Know the meanings of all the teachings
And practice them ever more diligently for the benefit of the living.

보살의 서원의 힘 일체에 두루함이 菩薩願力遍一切
*진여가 어느 곳에나 있는 것처럼 譬如眞如無不在
보거나 보지 못하는 데에 다 두루하여 若見不見念悉周
공덕으로써 모두 다 회향합니다 悉以功德而迴向
The power of enlightening beings' vows is all-pervasive,
Just as true thusness is omnipresent;
Their mindfulness comprehends the seen and unseen,
Whereby they dedicate virtues.

[주]

*진여: 眞如, Ⓢ Tathātā, Bhūtatathatā, 대승불교의 이상개념(理想槪念)의 하나. 우주 만유에 보변(普遍)한 상주 불변하는 본체. 이것은 우리의 사상 개념으로 미칠 수 없는 진실한 경계. 오직 성품을 증득한 사람만이 알 수 있는 것이며, 거짓이 아닌 진실이란 뜻과 변천하지 않고 늘 같다는 뜻으로 진여라 한다.

비유하면 진여의 본래 성품과 같이 譬如眞如本*自性
보살이 큰 마음 내는 것도 그와 같아서 菩薩如是發大心
진여가 있는 곳에는 없는 데가 없어서 眞如所在無不在
이와 같은 행으로써 회향합니다 以如是行而迴向
Like the fundamental essence of true thusness,
Such a great mind do enlightening beings awake:
True thusness's whereabouts is everywhere-

Such practice do they dedicate.

비유하면 진여의 본래 성품과 같이 譬如眞如本自性
그 가운데에는 한 법도 없으니 其中未曾有一法
*자성 없는 것이 진정한 성품이라 不得自性是眞性
이와 같은 업으로써 회향합니다 以如是業而廻向
As in the fundamental essence of true thusness
There has never been a single thing,
Ungraspable essence the true essence,
Such work do they dedicate.

[주]

*자성: 自性, ⓢsvabhāva, 만들어진 것이 아니며 또 다른 것에 의존하지 않는 존재. 일체 현상에는 각기 본래부터 갖추고 있는 변하지 않고 바꿀 수 없는 성품이 있는데 이것을 자성이라 한다.

진여의 형상처럼 업도 역시 그렇고 如眞如相業亦爾
진여의 성품처럼 업도 역시 그러해 如眞如性業亦爾
진여의 성품이 본래 진실하듯이 如眞如性本眞實
업 또한 그러하여 진여와 같습니다 業亦如是同眞如
As is the character of true thusness, so is their work;
As is the essence of true thusness, so is their work:
As the essence of true thusness is basically real,
So is their work the same as true thusness.

비유하면 진여가 끝이 없듯이 譬如眞如無邊際

업도 역시 그러하여 끝이 없는데 業亦如是無有邊
그 가운데 속박도 집착도 없어 而於其中無縛着
그러므로 이 업이 청정해집니다 是故此業得淸淨
Just as true thusness has no limits,
So too is their work boundless-
And yet they have no ties therein,
Therefore this work is pure.

보살은 마음이 밖에 있지도 않고 菩薩觀心不在外
안에 있지도 않음을 관찰하여 亦復不得在於內
마음의 성품이 없음을 알게 되면 知其心性無所有
나와 법을 벗어나 영원히 적멸합니다 我法皆離永寂滅
Enlightening beings observe the mind is not outside
And also is not found within;
They know the nature of mind has no existence,
Detached from self and things, forever extinct.

지혜로운 이는 불법을 분명히 알고 智者了知諸佛法
이와 같은 행으로써 회향하면서 以如是行而廻向
일체 모든 중생들을 불쌍히 여기어 哀愍一切諸衆生
실상법으로 바르게 사유하게 합니다 令於實法正思惟
The wise comprehend all Buddha teachings
And dedicate such practices,
Taking pity on all living beings,
Causing them to contemplate rightly the truth.

아무리 크고 훌륭한 원도
작고 구체적인 원에서 출발해야 합니다.

No matter how great and admirable
a vow may be,
it must be started
from a small and concrete one.

보살이 회향할 때에 잘 인도하는 스승이 되어 선한 법을 낸다고 합니다. 학생들을 지도하면서 참스승이 되려면 어떻게 해야하는 지에 대한 고뇌가 늘 있어왔는데, 보살이야말로 참스승의 모범을 보여준다는 생각을 합니다.

장님이 장님을 인도할 수 있겠습니까? 앞을 잘 분간할 수 없는 사람이 다른 사람을 인도한다는 것은 매우 위험한 일이 아닐 수 없습니다. 그러나 정서불안과 시각장애의 고통을 겪었던 자신의 경험을 바탕으로 자신의 전 인생을 던져 듣지도 보지도 못하는 사람을 인도한 위대한 분이 있습니다. 바로 헬렌 켈러를 지도한 설리반이지요. 헬렌 켈러의 스승인 설리반은 들을 수도 말할 수도 볼 수도 없었던 그녀에게 장애를 극복하고 하버드대학 최초의 장애인 수석입학을 하도록 지도를 했습니다. 설리반은 헬렌 켈러에게서 장애를 보기보다 장애 속에 숨겨진 무한한 가능성을 볼 수 있었습니다. 시각적으로 아무 문제도 없는 사람들은 포기하고 절망하고 있을 때, 그 분은 사랑의 눈으로 그녀의 재능과 잠재력을 보았던 것이지요. 많은 사람들이 볼 수 없는 것을 장애로 여기지만, 때에 따라서는 보는 것이 오히려 장애가 될 수 있다는 것을 알아야 합니다. 그 분이 앞을 볼 수 없었던 경험은 같은 장애를 가지고 있는 다른 사람을 온전히 이해하고 장애를 극복할 수 있도록 돕는 계기가 되었던 것이지요. 한 사람의 진정한 교육자가 미친 영향은 한 개인에게 그치지 않았습니다. 후에 헬렌 켈러는 차별받는 흑인과 힘없는 여자와 어린아이 그리고 노동자를 위해 많은 업적을 남겼으며 그들에게 큰 희망을 주게 되었습니다. 이 위대한 업적 뒤에는 그녀의 스승인 설리반의 헌신적인 사랑과 교육에의 열정이 있었기에 가능했던 것입니다.

교육자나 사회지도자인 경우 많은 사람들에게 영향을 미칠 수 있기 때문에 그의 행동은 참으로 중요하다고 말할 수 있습니다. 지도자 한 사람의 영향이 온 국민을 살리기도 하고 국가를 파멸의 길로 이끌기도 하지요. 인도의 마하트마 간디와 독일의 히틀러가 대표적인 예일 것입니다. 영국의 식민지였던 조국의 독립을 위해 오로지 비폭력으로 민중을 이끌었던 간디와, 세계 제2차 대전을 일으켜 전 세계인을 전쟁의 공포로 몰아넣었을 뿐만 아니라 600만 명의 유대인을 학살한 히틀러의 경우는 우리에게 많은 교훈을 줍니다.

부처님을 부르는 다른 이름 중에서도 '천인사(天人師)'나 '대도사(大導師)' 혹은 '조어장부(調御丈夫)' 등이 있습니다. 천인사는 모든 하늘과 사람들의 스승이라는 뜻으로, 즉 인간계의 사람들과 천상계의 신들을 가르쳐 인도하는 자라는 의미이지요. 대도사는 역시 중생을 가르쳐 인도한다는 뜻으로, 즉 어리석은 중생들에게 바른 길을 가르쳐서 깨달음의 경지에 들어가게 하는 위대한 안내자라는 의미입니다. 또 조어장부라는 명호는 부처님이 대자(大慈)·대비(大悲)·대지(大智)로써 일체 중생을 간절한 말, 부드러운 말, 또는 여러 가지 방편으로 잘 이끌어 바른 길을 잃지 않게 하시는 분이라는 의미입니다. 이러한 호칭에서 스승으로서의 부처님을 만날 수 있을 것입니다.

사람을 가르치는 교육자와 민중을 이끄는 지도자는 지혜와 자비가 있어야 합니다. 오늘날 선생은 있지만 스승은 없다는 말을 자주 듣습니다. 가르치는 도구와 테크닉은 발달하면서도 서로의 가슴을 울리는 믿음과 사랑은 점점 줄어들고 있다는 생각이 듭니다. 중생을 향한 간절한 보살의 서원을 본받아 지혜와 방편으로써 안내할 수 있는 길잡이가 되도록 노력해야할 것입니다.

보살은 중생들이 원만하고 걸림 없는 몸과 말과 뜻의 업으로 보살행을 닦기를 바랍니다. 신(身)·구(口)·의(意)업이 걸림 없다는 것은 어떤 의미인가요?

신(身)·구(口)·의(意) 삼업(三業)이란 우리가 지을 수 있는 모든 업을 말합니다. 몸으로 짓는 업을 신업(身業)이라 하고, 말로 짓는 업을 구업(口業)이라 하고, 마음으로 짓는 업을 의업(意業)이라 합니다. 우리는 몸과 말과 마음으로 악한 업을 지을 수도 있고, 선한 업을 지을 수도 있습니다.

악한 업을 크게 열 가지로 나누면, 신삼(身三), 구사(口四), 의삼(意三)으로 나누지요. 즉 몸으로 짓는 나쁜 업은 살생(殺生)·투도(偸盜)·사음(邪淫)이고, 말로 짓는 나쁜 업은 망어(妄語)·기어(綺語)·악구(惡口)·양설(兩舌)이며, 마음으로 짓는 나쁜 업은 탐욕(貪慾)·진에(瞋恚)·우치(愚癡) 혹은 사견(邪見)입니다. 선한 업은 악업과 반대로 몸으로 살생하지 않고 도둑질하지 않으며 음행하지 않는 것이고, 입으로는 거짓말하지 않고 꾸미는 말 하지 않으며 남의 험담하지 않고 이간질 하지 않는 것이며, 마음으로는 탐심을 내지 않고 화를 내지 않으며 그릇된 생각을 갖지 않는 것을 말합니다.

이렇게 몸과 말과 마음을 셋으로 나누어 설명하고 있지만, 사실은 따로 분리할 수 없는 것입니다. 이 세 가지 요소는 '나'라는 한 존재의 여러 측면일 뿐이지 서로 유기적으로 연결되어 있으므로 별개의 것이라 할 수 없지요. 생각에 따라 말을 하고 행동을 하기 때문에 마음이 바르면 말이 반듯하고 몸가짐도 단정하기 마련이니까요.

업은 짓는다는 뜻을 가지고 있습니다. 그 짓는 행위에 따라 선한 업을 짓기도 하고, 악한 업을 짓기도 하는 것이지요. 이는 단순히 표면적인 행위만을 의미하는 것이 아니라 과보를 동반하는 잠재적인 힘을 가지고 있으므로 윤회를 이루는 힘이기도 합니다. 신·구·의업에 걸림이 없기를 바란다는 것은 어떠한 악업도 짓지 않기를 바랄 뿐 아니라 그로 인한 윤회전생에서 벗어나기를 기원한다는 의미입니다. 보살은 자신의 깨달음만 추구하지 않고 모든 중생의 깨달음을 추구하기 때문이지요.

일체중생이 부처님 사랑의 법을 보기를 원하고, 선지식의 사랑의 눈을 얻어 걸림 없이 보기를 원한다는 말이 마음에 와 닿습니다. 우리는 끊임없이 사랑하기를 바라고 있으면서도 진정한 사랑을 하고 있는가 하는 생각을 합니다.

부처님은 자비심으로써 모든 중생을 평등하게 사랑합니다. 부처님은 중생을 볼 때 욕심이나 집착으로 판단하지 않습니다. 어떤 조건도 분별도 없지요. 모든 중생은 다 불성을 가진 존재이므로 똑같이 평등하게 사랑하십니다.

그렇지만 우리의 사랑을 보면 매우 조건적이라는 것을 알 수 있습니다. '아이가 말을 잘 들으니까', '남편이 돈을 잘 벌어오니까' 사랑하는가 하면, '못 생겨서', '징그러운 벌레라서' 혐오하는 경우가 있지요. 은연중에 상대를 평가하여 싫은 것은 배척하고, 마음에 드는 것을 더 선호하여 편견을 가지고 심하게는 집착하게 됩니다. 순수한 자비심에서의 사랑이라기보다 욕심에 따른 사랑이라고 해도 과언이 아닐 것입니다.

사랑하는 것도 편견과 욕심으로 이루어질 수 있지만, 사랑받으면서도 사랑받는다고 느끼지 못할 때도 있습니다. 상대방의 마음과는 다르게 간섭받는다고 느끼거나, 너무 무관심하다고 느끼기도 하지요. 어머니가 자기보다 동생을 더 사랑한다고 믿고 평생 어머니의 사랑을 갈망한 중년 여성을 상담한 적이 있습니다. 자기 눈에 동생에게 대하는 어머니의 행동은 모두 사랑으로 비쳐졌고, 자기에게 대하는 어머니의 태도는 늘 냉정하고 비판적으로 느껴왔던 것이지요. 40세가 넘도록 그렇게 생각하며 살아온 그 여인의 삶을 생각하면 너무나 측은합니다. 사랑받고 있으면서도 그것이 사랑인줄 모르고 지내는 동안에 느꼈을 불행감이 얼마나 그녀의 삶을 우울하고 척박하게 했을까요. 다행히 상담이 진행되면서 모녀간에 진실한 마음을 터놓을 수 있게 되었고, 용서와 화해로써 지난날을 어루만질 기회를 가졌습니다. 한 번은 그 어머니가 이 딸에게 주려고 목걸이를 사서 건네주었는데, 이 여성은 '아마 동생에게 주려고 산 것을 내게 주었을지도 모른다. 정말은 동생에게 더 주고 싶었을 것이 틀림없다'라고 스스로 생각해버리고 그 목걸이를 가져오지 못하고 두고 왔다고 합니다. 어머니가 야단을 치면 야단을 치는 대로, 선물을 하거나 칭찬을 해도 그것을 자기 식으로 해석해버리고 결코 사랑을 받아들이지를 못하는 것입니다. 또 어떤 여성은 자기는 사랑받을 자격이 없다고 생각하고, 사랑을 고백해오는 남성을 끝내 거절하였습니다. 그가 자기를 사랑한다는 것이 도저히 믿기지 않았다고 합니다. 이미 그는 떠나고, 정확하게는 그에게서 도망치다시피 하여 떠나온 지 수 십 년이 지나 돌이켜 생각해보니 그 때 그 남성이 자기보다 더 자기를 사랑해주었던 사람임을 알게 되었습니다. 자기 안의 편견과 오해, 그리고 욕심과 집착이 사랑할 수 없고 사랑받을 수 없도록 만들었음을 깨닫게 되었던 것이지요.

최근 김수환 추기경님이 돌아가시면서 '고맙습니다. 서로 사랑하세요.'라는 말을 남겨 많은 사람의 가슴을 울렸습니다. 사랑은 하는 것도 중요하고 받는 것도 중요합니다. 우리 모두가 사랑을 느끼고 사랑을 할 수 있기를 소원합니다.

경문에 비록 바른 업을 닦지만 업의 성품이 공함을 알아야한다고 말합니다. 일체법이 자성이 없으니 집착할 것도 없다고 하는데, 우리네 삶은 집착의 덩어리로 이루어진 것 같고 어쩌면 집착이야말로 삶의 원동력이 아닌가라는 생각까지 듭니다. 인연에 집착하고 물질에 집착하고 사랑에 집착하고 성공에 집착하는 모든 것이 우리의 삶을 지탱하고 있는데, 과연 모든 집착을 떠나는 것이 가능한 일일지 궁금합니다.

집착을 떠난다고 해서 사랑을 저버리거나, 성공의 꿈을 포기하는 것이 아닙니다. 기어이 무엇을 이루려는 마음이 그곳으로 달려가게 하는 힘이 되는 것도 사실이지만, 집착이란 자기가 애착을 두고 있는 어느 한 부분에만 마음이 고정되어 다른 것을 볼 수 있는 눈을 멀어버리게 하지요.

둘째 아기를 간절히 원하는 어느 여성이 온통 그 생각에 사로잡혀 가정생활도 직장생활도 제대로 할 수 없었습니다. 배란일을 계산하여 임신이기를 기대하고 확인하며 실망하는 과정으로 몇 년간의 세월을 보냈지요. 임신이 되지 않은 것을 확인할 때마다 좌절감과 끓어오르는 화를 주체할 수가 없었고 방해요인이 되는 주변 환경을 탓하면서, 또 다시 임신을 위해 병원을 오가며 준비하고 조심하는 생활이 반복되었습니다. 그 여성에게는 그것이 가장 중요한 일이었기 때문에 가정도 직장도 돌볼 여유가 없었고 다른 일이나 계획은 생각할 수도 없었지요. 가족들도 짜증과 스트레스를 토해내는 아내와 엄마 때문에 살얼음을 딛는 듯이 눈치를 볼 수밖에 없었고, 원하는 둘째가 생기기 전까지는 즐거움도 없었고 즐거워해서도 안 되며 어떤 기쁨도 유보되어야 했지요.

그 여성이 본인이나 가족의 모든 욕구를 희생하며 기약 없는 바람에 매달리고 있는 것이 집착이라는 것을 알기까지엔 십여 년이라는 긴 세월이 걸렸고, 놀랍게도 그것이 집착임을 깨닫고 그 마음을 버리는 순간 임신을 하게 된 것을 본 적이 있습니다. 임신에 대한 집착을 떠난다는 것은 임신에 대한 기대를 포기한다는 뜻이 아닙니다. 집착한다는 것은 오직 그 한 가지에 마음이 묶여있어 다른 어떤 것도 생각할 수 없게 되는 것을 말하지요. 그 여성은 둘째아이를 갖지 않는다면 삶의 의미도 기쁨도 보람도 없다고 생각하면서 자신을 힘들게 하는 가족들이 원망스럽기만 했지요. 그런 마음을 가지고 있는 동안은 자신의 삶이 비참하고 불행하다고 느낄 수밖에 없었을 것입니다. 자신을 사랑하는 남편과 건강하게 자라는 첫째아이로부터의 행복감은 느끼지 못한 채, 자신이 갖지 못한 일에 대한 집착으로 인해 스스로가 쇠사슬로 묶어 고통을 받고 있었던 것입니다.

이 여성의 소망은 엄마로서 당연히 가질 수 있는 소망이고, 또 건강한 여성이라면 이루지 못할 소망도 아니지만, 단지 그것에 지나치게 집착함으로 인해 모든 것에 대한 가치를 상실하고 자신과 주변사람들을 힘들게 하면서 오히려 엄청난 스트레스가 되어 불임이라는 결과를 초래하게 되었지요. 이것이 바로 욕심이고 집착이구나 하는 것을 깨닫고 거기에서 해방되는 순간 그동안 자기에게 스트레스를 준다고 생각했던 가족들이 얼마나 소중하고 오히려 자신이 그들에게 얼마나 스트레스를 주었던가를 참회하게 되었지요. 그런 마음을 가진지 2개월이 지나지 않아 그토록 소망했던 둘째 아이를 갖게 된 것입니다. 그동안의 불임은 신체적인 이유이기보다 집착으로 인한 경직된 몸과 마음 때문이었음을 알 수 있었지요.

살기 위해 집착한다고 하지만, 집착을 버림으로써 제대로 살 수 있음을 알아야 합니다. 불교에서 모든 현상적 존재는 고정된 불변의 실체가 없다(諸法無我)고 가르치고 있습니다. 모든 것이 공(空)이라는 의미입니다. 그러니 집착할 그 무엇도 없는 것이지요. 대승불교의 핵심인 제법무아(諸法無我)와 제행무상(諸行無常)의 진리를 다시 한 번 생각해보아야겠습니다.

보살마하살이 이 회향에 머무르면 한 털구멍에 모든 국토를 널리 수용할 수 있다고 합니다. 대단한 수용력이라 생각되어 참으로 놀랍습니다. 저의 경우 저 자신을 수용하거나 가족을 수용하는 정도도 감당이 안 될 때가 많은데, 그것도 한 털구멍에 모든 국토를 받아들인다 하니 놀라지 않을 수가 없습니다. 동시에 저 자신의 좁은 수용력이 부끄럽기도 하구요.

우리의 마음자리는 참으로 오묘합니다. 바늘 하나 꽂을 데 없이 비좁은 마음도 수행하기에 따라 온 우주를 받아들일 만큼 커질 수도 있으니까요.

사람에 따라서는 자기가 저지른 잘못에 대해서도 끊임없이 남의 탓을 하며 책임을 전가하는 사람이 있는가 하면, 먼 나라의 환경파괴와 종교전쟁까지도 스스로 반성하며 책임을 통감하는 사람이 있습니다. 이들이 어디까지 자신의 문제로 받아들이는가 하는 것은 엄청난 차이가 있습니다. 수용력의 문제이지요.

불교에서 말하는 자타불이(自他不二)의 정신으로 세계를 바라본다면 이 세상에 남의 일이란 없을 것입니다. 허공이 모든 것을 받아들이면서도 힘겨워하지 않듯이, 내 안에 모든 것을 넉넉하게 받아들이면서도 벅차게 느끼지 않게 될 것입니다. 이웃과 벽을 쌓고 마음의 문을 닫고 어떤 소리도 듣지 않으려 하면서 조그만 일도 책임지려 하지 않는 사람은 자신이 서있을 자리조차 없어져버리겠지요. 자신조차 수용하지 못하는 사람에게 하물며 다른 사람이 수용되기를 기대할 수는 없는 노릇이겠지요. 내 것과 네 것을 구분하여 내 것에 집착하고 네 것을 배척해버리는 마음으로는 기껏해야 자기 것이라고 생각하는 것 정도만 수용할 수 있겠지요.

온 우주를 다 끌어안을 마음이란 어떤 것일까요? 경문에서처럼 한 털구멍에도 모든 국토를 수용할만한 마음이란 어떤 것일까요? 아마도 집착을 벗어버림으로써 깊고 넓은 수용이 가능해지리라 생각합니다. 상대를 규정짓고 평가하는 틀과 잣대를 버리고, 나와 내 것이라는 욕심 그릇을 버리면 수용하는데 있어 아무런 걸림이 없을테니까요. 누구든 허공같이 넓은 마음을 소망할 것입니다. 무턱대고 내 마음 그릇이 좁은 것을 탓하기보다, 수용하지 못하는 것이 무엇인지를 관찰해보아야 합니다. 수용하지 못하는 그 마음에서 나의 욕심과 집착을 발견할 수 있을 것입니다. 집착을 버리고 그 자리를 조금씩 비워나간다면 온 우주를 마음에 안을 수 있을 만큼 되는 날이 오게 되겠지요. 그것이 바로 수행입니다.

보살의 서원의 힘은 모든 곳에 두루하다는 게송의 내용이 매우 깊이와 닿습니다. 보거나 보지 못하는 곳에도 서원이 가득하다고 하는데, 저는 보이는 것에 현혹되어 보이지 않는 곳에도 서원이 깃들어있다는 생각을 하지 못했던 것 같습니다.

원력은 대단한 힘이 있습니다. 동기가 진실한 원이라면 어떤 힘으로도 꺾을 수 없지요. 그러나 만약 그것이 자신의 갈망을 채우고자 한 것이거나, 인정받으려하는 욕구에서 비롯된 것이라면 원(願)이라고 말하지 않습니다. 그 서원이 진실한가? 소중한 의미를 가지고 있는가? 백번 죽더라도 포기할 수 없는 궁극적 의미인가?를 먼저 생각해보아야 하겠습니다. 진실한 서원의 힘은 우주 곳곳에 미치지 않는 곳이 없습니다.

모든 존재는 본원을 가지고 있습니다. 마음이 무명으로 덮이고 얼룩져 내 마음이 그리로 향하고 있는지 그것을 모르고 있을 뿐이지요. 서원은 그저 바라는 정도가 아닙니다. 내 전체를 투신하여 반드시 이루려고 하는 맹세이지요. 보살은 깨달음을 추구하는 한편 중생을 제도하리라는 원을 가지고, 네 가지 큰 서원(四弘誓願)을 세웁니다. 즉 한량없는 중생을 다 제도하리라(衆生無邊誓願度), 한량없는 번뇌를 다 끊으리라(煩惱無盡誓願斷), 한량없는 법문을 다 배우리라(法門無量誓願學), 위없는 불도를 다 성취하리라(佛道無上誓願成)는 서원이지요.

사람들 중에는 인류의 화해와 평화를 소망하거나 사랑의 실천을 맹세한 사람이 있습니다. 그러나 원은 크다고 훌륭한 것이 아니라 추상적인 원을 구체화할 수 있어야 합니다. 만약 세계평화를 위한 운동을 하는 사람이 자기 주변의 불화와 어려운 일을 당한 이웃의 고통을 외면한다면 거룩한 구호로 자기명예를 드높이고자 하는 욕심에 불과한 것이겠지요. 인류에 대한 화합과 사랑을 실천하고자 하는 사람이 가족에 대한 화합과 사랑도 이루지 못한다면 허망한 바람이 되고 말겠지요.

아무리 크고 훌륭한 원도 작고 구체적인 원에서 출발해야 합니다.

부처님의 큰 자비심도 걸을 때 지렁이를 밟지 않고, 몸속에 있는 수많은 작은 생명을 존중하는 것에서 시작하였습니다. 세계인과의 소통을 원한다면 지금 나와 가장 가까운 사람과의 소통을 시도하십시오. 인류의 사랑과 화합을 원한다면 먼저 자신과 가족 그리고 이웃에게 사랑을 실천하십시오. 지금 여기에서 구체적인 방법으로 구현되어야 그것이 살아있는 서원이라 할 것입니다.

보살은 모든 번뇌 벗어나 마음에 걸림이 없고 중생을 이롭게 하려고 모든 이치를 분명히 알아 부지런히 익힌다고 합니다. 어떤 일을 하면서도 자신을 위해서 했지 중생을 위하는 보살처럼 누군가를 위해 해본 적이 있는지 스스로 돌아보아야겠습니다.

중생과 보살의 다른 점이 바로 그것입니다. 중생은 자신의 욕심 때문에 업을 지으며 살고, 보살은 자신과 중생의 깨달음을 위해 서원의 힘으로 살지요. 보살은 자신을 위한 일도 결국 중생에게 모두 회향하기 때문에 중생을 위한 일이라 할 수 있습니다.

중생은 욕심이 시키는 대로 행동하고, 욕심을 채울 수 있는 사람을 만나지만, 서로의 욕구가 다르므로 갈등과 불화가 생기게 됩니다. 처음엔 상대를 위하는 것 같지만 욕심에 따라 사람을 대하다 보니 점점 마음이 협소해지고 상대는커녕 자신을 위할 수도 없게 됩니다. 가끔은 다른 사람을 위한 일이라 생각하면서 하는 일도 알고 보면 자신의 욕구임을 발견할 때가 많습니다.

한 때 수개월 동안 절에 머문 때가 있었는데, 그 때 절에 와 있던 한 남자가 조폭두목인 것이 알려지게 되었습니다. 관법수행을 하던 젊은이들이 그 사실을 알고는 원주스님께 이야기를 해버렸지요. 원주스님은 절에 와 있는 많은 사람들의 안전을 생각하여 나가줄 것을 요구했습니다. 그가 사회에서 거물 조직폭력배였는지 몰라도 그가 절에 머문 동안은 그저 조용히 참회하고 있던 한 중생이었을 뿐이었는데도 말입니다. 그가 절을 나가게 되었을 때 그 전부터 절에 머물고 있던 나에게 와서 눈물을 흘리며 고백하는 것을 들었습니다. 그동안 저지른 잘못을 참회하고 새사람으로 거듭나고 싶었는데, 여기서도 나를 받아주지 않는다고 슬퍼했습니다. 그는 누구도 원망하지 않고 조용히 떠났습니다. 그의 뒷모습은 한 때 수많은 사람들을 위협하던 사나운 조폭의 어깨가 아니었고 선량하게 살기로 마음먹은 한 평범한 남자의 뒷모습이었습니다. 세속에서 저지른 그의 악명 때문에 그의 진심은 왜곡되었고, 다른 사람들이 지레 겁을 먹고 그를 멀리 하려고 하는 두려움 때문에 참회의 기회마저 뺏긴 가엾은 사람일 뿐이었지요. 인사를 하며 돌아서는 그의 뒷모습은 한 없이 슬프고, 그동안 잘 지냈다는 말에는 눈물이 섞여있었습니다. 진실된 마음조차 배척당하는 슬픔도 컸겠지만, 그조차도 자신의 죄 값으로 받아들이는 그의 태도가 의연해보였습니다.

후에 원주스님은 그를 내보낸 일을 후회하였습니다. 이곳에서는 아무런 잘못도 하지 않았는데 세속의 기준으로 그를 판단해서 쫓아낸 것은 참으로 잘못한 일이라는 것이었지요. 그 때 생각으로는 혹시 소란이라도 피워 수행도량을 더럽히고 다른 사람에게 피해를 입힐까 하는 걱정이 앞섰지만, 중생제도를 서원한 승려가 진정 제도가 필요한 중생을 외면했다는 자책감으로 힘들어하는 것을 보았습니다. 그 일은 자기가 스님이 된 이후에 가장 잘못한 일이라고 반성하는 것을 들었을 때, 남을 받아들인다는 것 또 남을 위한다는 것이 얼마나 어려운 일인지를 생각했었지요.

누군가를 위한다는 것이 오히려 그를 해치는 일이 된 적은 없었을까요? 상대를 위한다는 명분을 내세웠지만 결국 나 자신을 위하는 일이 된 적은 없었을까요? 남을 보호한다고 말을 했지만 정작 나의 두려움 때문인 적은 없었을까요? 중생을 위하는 보살의 마음을 배우고 싶습니다.

보살이 중생을 인도하는 존귀한 지위에 오르면 모든 번뇌를 벗어나 마음의 걸림이 없다고 합니다. 모든 존재가 다 존귀하지만, 중생 제도의 뜻을 가진 보살정신은 참으로 숭고하다는 생각을 하게 됩니다.

모든 존재는 존귀합니다. 부처님께서는 태어나시면서 '천상천하유아독존(天上天下唯我獨尊)' 즉 이 우주 속에 나보다 더 귀하고 높은 이가 없다고 하셨습니다. '나'는 협의로는 석가모니불을 의미하지만, 광의로는 '인간의 성품'을 의미합니다. 우리 모두는 불성(佛性)을 가진 존재이므로 그 누구도 존귀하지 않은 사람이 없는 것이지요.

그러나 놀랍게도 많은 사람들이 자기 존재가치에 대해 회의를 느끼고 스스로 자기가치를 깎아내리는 것을 볼 수 있습니다. 그런데 그 존재가치를 판단하는 기준이 어디에 있느냐 하는 것에 주목할 필요가 있을 것입니다. 스스로 불성을 가진 존재임을 믿고 그것에 가치기준을 둔다면 어떤 일에도 기죽거나 절망하는 일이 없을 것입니다. 그러나 사업의 실패로 목숨까지 버리고, 좀 더 예뻐지기 위해 성형을 하려다 그 부작용으로 엄청나게 얼굴이 일그러져버리고, 점수가 내려갔다고 자살을 선택하는 일들을 보아왔습니다. 이들의 삶을 볼 때, 자신의 존재가치를 지탱해주고 있는 기준은 돈이거나, 미모이거나, 성적이었던 것이지요.

다행히 스스로 만족스러워할 때도 있겠지만, 내 기대에 못 미치는 동안에는 늘 불행을 느끼게 되겠지요. 인간이 의지하여 가치기준으로 삼는 돈이나 미모나 성적 그리고 권력이나 명예 등은 언제든 변할 수 있는 것입니다. 인간의 욕심은 끝이 없는데, 어느 정도라야 만족이 있을까요?

불교에서는 이러한 세속적인 기준으로 존재가치를 구분하지 않습니다. 발심 즉 발보리심을 기준으로 중생과 보살과 부처로 구분합니다. 발심이란 깨달음을 추구하는 마음을 내는 것입니다. 자기가 부처임을 모르고 깨닫고자 하는 마음조차 내지 않는 사람을 중생이라 하고, 내면의 불성을 믿고 깨달음을 추구하고자 발심한 중생을 보살이라 하며, 발심하여 깨달음을 성취한 사람을 부처라 하지요. 인간의 본성이 곧 불성이라는 것은 변하지 않는 진리입니다. 중생과 보살의 차이는 불성이 있고 없음의 차이가 아니라 불성이 있음을 믿고 깨닫기 위해 정진하는가에 있는 것입니다. 그러니 돈이 없고 얼굴이 못생긴 것을 슬퍼할 일이 아니라, 발심조차 하지 못한 것을 슬퍼할 일이지요. 불성은 외상(外相)과는 아무런 관련이 없으니까요.

사람들은 귀한 대접을 받고 싶어 합니다. 그것도 남으로부터, 그리고 허망한 세속적 가치기준으로 대접의 정도를 판단합니다. 그러나 아무도 알아주는 사람 없고, 나를 있는 그대로 보아주지 않는다 해도, 심지어 나를 무시하고 핍박한다 하더라도 내 존재가치가 낮아지는 것이 아닙니다. 황무지 허허벌판에 초라하고 이름도 없는 잡풀이라 할지라도 소중한 생명이요 그 자체가 우주입니다. 화려한 꽃잎으로 사람들의 이목을 끄는 꽃이라야 존재가치가 있는 것은 아니지요. 이 땅에 살다간 수없는 사람들 중에는 역사에 이름을 남긴 사람만 존재가치가 있는 것일까요? 지금은 이름조차 잊혀지고 아예 알려지지도 않은 수많은 사람들의 노력 이 없었다면 이 세상이 유지되고 발전되어 왔을 리 없을 것입니다. 경우에 따라서는 정작 혼신을 다하여 노력한 사람보다 겉치레만 번드르르한 사람이 명성을 더 얻는 경우도 허다하지요. 결코 외부의 가시적인 평가에 의해 존재의 가치가 좌우되는 것이 아닙니다. 천만 명이 나의 외상(外相)을 보고 열광하여 박수를 치는 것보다 한 사람의 진정한 친구가 내 진심을 알아주고 공감하고 소통할 수 있다면 그것이 더 행복한 일이겠지요.

결국 자기존중감이나 자기가치감도 외부에 있는 것이 아니라 내 안에 있음을 알아야 합니다.

제 9 회향

무착무박해탈회향이란?

"불자들이여, 무엇을 보살마하살의 무착무박해탈회향(집착도 없고 속박도 없는 해탈의 회향)이라 합니까? 불자들이여, 이 보살마하살은 일체 선근에 존중하는 마음을 냅니다. 이를테면 생사를 벗어나는 데 존중하는 마음을 내고, 일체 선근을 받아들임에 존중하는 마음을 내고, 일체 선근을 희망하여 구하는 데 존중하는 마음을 내고, 모든 허물을 뉘우치는 데 존중하는 마음을 내고, 선근을 기쁘게 따라하는 데 존중하는 마음을 내고, 부처님들께 예경하는 데 존중하는 마음을 내고, *합장하고 공경하는 데 존중하는 마음을 내고, *탑에 *정례하는 데 존중하는 마음을 내고, 부처님께 설법을 청하는 데 존중하는 마음을 내는 것이니, 이러한 여러 가지 선근에 모두 존중하는 마음을 내어 인정하며 잘 따릅니다.

불자들이여, 보살마하살이 저러한 선근에 존중하는 마음을 내어 인정하며 잘 따를 때에 끝까지 기뻐하며, 견고하게 믿고 이해하며, 스스로 편안히 머물고, 남도 편안히 머물게 하며, 부지런히 닦아 집착이 없으며, 자재하게 쌓아 모으고, 훌륭한 뜻을 이루며, 여래의 경계에 머무르며, 세력이 증장하고, 모든 것을 알고 보게 됩니다."

佛子 云何爲菩薩摩訶薩 無着無縛解脫廻向. 佛子 是菩薩摩訶薩 於一切善根 心生尊重. 所謂於出生死 心生尊重, 於攝取一切善根 心生尊重, 於希求一切善根 心生尊重, 於悔諸過業 心生尊重, 於隨喜善根

心生尊重, 於禮敬諸佛 心生尊重, 於合掌恭敬 心生尊重, 於頂禮塔廟 心生尊重, 於勸佛說法 心生尊重, 於如是等種種善根 皆生尊重 隨順* 忍可. 佛子 菩薩摩訶薩 於彼善根 皆生尊重 隨順*忍可時, 究竟欣樂, 堅固信解, 自得安住, 令他安住, 勤修無着, 自在積集, 成勝志樂, 住如來境, 勢力增長 悉得知見.

"What is great enlightening beings' unattached, unbound, liberated dedication? Here they honor and respect all roots of goodness: that is to say, they honor and respect emancipation from birth and death, embodiment of all roots of goodness, seeking all roots of goodness, repentance of past acts, moral support of roots of goodness, expression of respect for Buddhas, [reverence with the palms of the hands together], making prostration before tombs and shrines, and exhorting Buddhas to expound the teaching-they honor and respect such various roots of goodness, recognizing and approving them all.

When great enlightening beings honor, respect, recognize and approve these roots of goodness, they are extremely delighted, and affirm their faith, attaining peace and stability themselves and also enabling others to attain peace and stability. They diligently cultivate roots of goodness without attachment, freely building them up, developing supreme determination, abiding in the realm of the enlightened, their power growing, able to see and know all."

[주]

*합장: 合掌, ⓢAñjalikarma, 두 손바닥을 합하여 마음이 한결 같음을 나타내는 인도(印度)의 경례하는 법의 일종. 그 모양은 여러 가지이다. 보통으로는 두

손바닥과 열 손가락을 합하는 것인데, 손가락만을 합하고 손바닥을 합하지 않은 것은 마음이 거만하고 생각이 흩어졌기 때문이라 하여 꺼린다. 밀교에서는 두 손을 합하는 것을 정혜상응(定慧相應)·이지불이(理智不二)를 나타내는 것이라 하여 그 공덕이 광대 무량하다고 한다.

*탑: 塔, Ⓢstūpa, 탑파(塔婆)라 음역함. 원래는 부처님 사리(舍利)를 묻고, 그 위에 돌이나 흙을 높이 쌓은 무덤 또는 묘를 말하는 것이다.

*정례: 頂禮, Ⓢvandaniya, 오체투지(五體投地)·접족례(接足禮)·두면례(頭面禮)라고도 한다. 상대자의 앞에 나아가 머리가 그의 발에 닿도록 하는 절. 지극한 존경을 나타내는 예이다. 옛 인도나 도교 등에서 널리 행해졌다.

*忍可: 인가, ①고집멸도의 사제의 도리를 받아들이는 것. 인정하는 것. 인지 ②확실히 그렇다고 인정하는 것. 인가(印可)와 동일.

보현보살의 신·구·의 삼업을 닦음

"여러 선근으로 이렇게 회향합니다. 이를테면 집착 없고 속박 없는 해탈의 마음으로써 보현의 신업(몸으로 짓는 업)을 성취합니다. 집착 없고 속박 없는 해탈의 마음으로써 보현의 어업(말로 짓는 업)을 청정하게 합니다. 집착 없고 속박 없는 해탈의 마음으로써 보현의 의업(뜻으로 짓는 업)을 원만하게 합니다. 집착 없고 속박 없는 해탈의 마음으로써 보현의 광대한 정진을 일으킵니다. … 집착 없고 속박 없는 해탈의 마음으로 보현의 행에 머물러 신업(몸으로 하는 업)을 성취하고, 일체중생들로 하여금 (보살마하살을) 본 이들은 기뻐하며 비방하지 않도록 하고, 보리심을 내어 영원히 물러서지 않고 끝까지 청정하게 합니다. 집착 없고 속박 없는 해탈의 마음으로 보현의 행을 닦아, 일체중생의 말과 청정한 지혜를 깨달아 얻고 구족하게 장엄한 모든 말로써 중생에게 널리 응답하여 모두 환희하도록 합니다. … 집착 없고 속박 없는 해탈의 마음으로 보현의 회향하는 *행원을 이루어, 일체 부처님의 청정한 몸과 청정한 마음과 청정한 이해를 얻으며, 부처님의 공덕을 거두어 부처님의 경계에 머무르며, *지인으로 널리 비추어 보살의 청정한 업을 나타내 보이며, 모든 차별한 글귀와 뜻에 잘 들어가서 불보살들의 광대한 자재를 보이며, 일체 중생을 위하여 정각 이룸을 나타냅니다.”

以諸善根 如是廻向. 所謂以無着無縛解脫心 成就普賢身業. 以無着無縛解脫心 淸淨普賢語業. 以無着無縛解脫心 圓滿普賢意業. 以無着無縛解脫心 發起普賢廣大精進. … 以無着無縛解脫心 住普賢行 成就身業, 令一切衆生 見者歡喜 不生誹謗, 發菩提心 永不退轉 究竟淸淨. 以無着無縛解脫心 修普賢行, 得了一切衆生言語淸淨智 一切言詞 具足莊嚴 普應衆生 皆令歡喜. … 以無着無縛解脫心 成滿普賢廻向行願, 得一切佛淸淨身 淸淨心 淸淨解, 攝佛功德 住佛境界, 智印普照 示現菩薩淸淨之業, 善入一切差別句義 示諸佛菩薩廣大自在, 爲一切衆生 現成正覺.

“They dedicate the roots of goodness in this way: with unattached, unbound, liberated mind to accomplish the deeds of Universal Good; with unattached, unbound, liberated mind to purify the speech of Universal Good; with unattached, unbound, liberated mind to perfect the mental action of Universal Good; with unattached, unbound, liberated mind to arouse the vast energy of Universal Good; … with unattached, unbound, liberated mind to live by the practice of Universal

Good, accomplish actions that cause all witnesses to rejoice and not give rise to slander or repudiation and to set their mind on enlightenment with ultimate purity, never regressing; with unattached, unbound, liberated mind to cultivate the practice of Universal Good and attain pure knowledge of the languages of all sentient beings, fully adorned by all verbal expression to respond to all sentient beings and gladden them; … with unattached, unbound, liberated mind to fulfill the practice and vows of dedication of Universal Good and attain the pure body, pure mind, and pure understanding of all Buddhas, embody the virtues of buddhahood, abide in the realm of buddhahood, universally illumining with the seal of knowledge, revealing the pure deeds of enlightening beings, entering into the meanings of all different expressions, demonstrating the tremendous freedom of the Buddhas and enlightening beings, and for the sake of all sentient being manifest the attainment of true enlightenment."

[주]

*행원: 行願, ①구제(救濟)하는 이타(利他)의 원(願)과 그 실천수행. 신행(身行)과 심원(心願). ②일을 이루게 하는 원(願). 행에 대한 서원. ③대자비심. 타인을 해탈시키려 하는 마음. 여기서는 보현보살의 행원을 말함.

※보현행원: 25품 제6회향 참고.

*지인: 智印, 부처나 보살이 갖고 있는 지혜를 상징하는 칼, 구슬, 약병 등을 말함.

분별하지 않는 회향

"불자들이여, 보살마하살은 집착 없고 속박 없는 해탈의 마음으로써 회향합니다. 세간이나 세간법을 분별하지 않으며, 깨달음이나 깨달음을 구하는 중생을 분별하지 않으며, 보살행이나 해탈의 길을 분별하지 않으며, 부처님이나 부처님의 가르침을 분별하지 않으며, 중생을 조복하거나 조복하지 않음을 분별하지 않으며, 선근이나 회향을 분별하지 않으며, 자신이나 남을 분별하지 않으며, 보시하는 물건이나 보시 받는 이를 분별하지 않으며, 보살행이나 등정각을 분별하지 않으며, 법이나 지혜를 분별하지 않습니다."

佛子 菩薩摩訶薩 以無着無縛解脫心迴向. 不分別若世間 若世間法, 不分別若菩提 若菩提薩埵, 不分別若菩薩行 若出離道, 不分別若佛 若一切佛法, 不分別若調伏衆生 若不調伏衆生, 不分別若善根 若迴向, 不分別若自若他, 不分別若施物 若受施者, 不分別若菩薩行 若等正覺, 不分別若法若智.

"Enlightening beings dedicate their unattached, unbound, liberated minds, without forming arbitrary notions of worlds or worldly things, of enlightenment or enlightening beings, of the practices of enlightening beings or the paths of emancipation, of Buddhas or Buddha teachings, of taming or not taming sentient beings, of roots of goodness or dedication, of self or others, of gifts or recipients, of practices of enlightening beings or true enlightenment, of truth or knowledge."

삼세부처님이 닦으시던 회향과 동등한 회향

"보살마하살이 이렇게 회향할 때에 삼세의 부처님들이 보살이었을 때 닦으시던 회향과 같이 회향합니다. 과거 부처님들의 회향을 배우며, 미래의 부처님들의 회향을 성취하며, 현재의 부처님들의 회향에 머물며, 과거부처님들의 회향의 도에 편안히 머물며, 미래 부처님들의 회향의 도를 버리지 않으며, 현재 부처님들의 회향의 도를 잘 따르며, 과거 부처님들의 가르침을 부지런히 닦으며, 미래 부처님들의 가르침을 성취하며, 현재 부처님들의 가르침을 분명히 알며, 과거 부처님들의 평등을 만족하며, 미래 부처님들의 평등을 성취하며, 현재 부처님들의 평등에 머물며, 과거 부처님들의 경계를 행하며, 미래 부처님들의 경계에 머물며, 현재 부처님들의 경계와 평등하며, 삼세 부처님들의 선근을 얻으며, 삼세 부처님들의 종성을 갖추며, 삼세 부처님들의 행하심에 머물며, 삼세 부처님들의 경계를 따릅니다. 불자들이여, 이것이 보살마하살의 제9회향인 '무착무박해탈심회향(집착 없고 속박 없는 해탈의 마음인 회향)'이라고 합니다."

菩薩摩訶薩 如是迴向時 如三世諸佛 爲菩薩時 所修迴向 而行迴向. 學過去諸佛迴向, 成未來諸佛迴向, 住現在諸佛迴向, 安住過去諸佛迴向道, 不捨未來諸佛迴向道, 隨順現在諸佛迴向道, 勤修過去諸佛教, 成就未來諸佛教, 了知現在諸佛教, 滿足過去諸佛平等, 成就未來諸佛平等, 安住現在諸佛平等, 行過去諸佛境界, 住未來諸佛境界, 等現在諸佛境界, 得三世一切諸佛善根, 具三世一切諸佛種性, 住三世一切諸佛所行, 順三世一切諸佛境界. 佛子 是爲菩薩摩訶薩 第九無着無縛解脫心廻向.

"When great enlightening beings practice dedication in this way, they do so as the Buddhas of past, present, and future during their enlightening: they study the dedication of Buddhas of the past, make the dedication of Buddhas of the future, and live by the dedication of Buddhas of the present; they remain on the path of dedication of the Buddhas of the past, do not give up the path of dedication of the Buddhas of the future, and follow the path of dedication of the Buddhas of the present; they diligently practice the teachings of the Buddhas of the past, accomplish the teachings of the Buddhas of the future, and know the teachings of the Buddhas of the present; they fulfill the equanimity of the Buddhas of the past, achieve the equanimity of the Buddhas of the future, and abide in the equanimity of the Buddhas of the present; they traverse the ranges of the Buddhas of the past, abide in the ranges of the Buddhas of the future, and equal the ranges of the Buddhas of the present; they attain the roots of goodness of the Buddhas of past, present, and future, are endowed with the essential nature of all Buddhas of past, present, and future, abide in the sphere of action of all Buddhas of past, present, and future, and accord with the realm of all Buddhas of past, present, and future. This is great enlightening beings' ninth dedication, dedication with unattached, unbound, liberated mind."

9회향의 과위

"보살마하살이 이 회향에 머물렀을 때에는 일체 금강윤위산이라 할지라도 깨뜨릴 수 없으며, 일체 중생 가운데 형상이 가장 뛰어나 따를 이가 없으며, 온갖 마라의 삿된 업을 꺾어 부수어 버리고 시방세계에 널리 나타나서 보살행을 닦으며, 일체 중생을 깨우치기 위하여 적절한 방편으로 불법을 말하여 큰 지혜를 얻게 하며, 여러 부처님의 가르침에 마음의 미혹함이 없습니다. 태어나는 곳마다 다니거나 머무를 때에 좋은 *권속을 항상 만나게 되며, 삼세 부처님들께서 말씀하신 바른 법을 청정한 생각으로 다 받아 지닐 수 있고, 미래의 겁이 다하도록 보살행을 닦아 쉬지도 않고 의지하지도 않으며, 보현행원을 증장하고 갖추어 일체지를 얻으며, *불사를 지어 베풀며 보살의 자재한 신통을 성취합니다."

菩薩摩訶薩 住此廻向時 一切金剛輪圍山 所不能壞, 於一切衆生中 色相第一 無能及者, 悉能摧破諸魔邪業 普現十方一切世界 修菩薩行, 爲欲開悟一切衆生 以善方便 說諸佛法 得大智慧, 於諸佛法 心無迷惑. 在在生處 若行若住 常得值遇不壞眷屬, 三世諸佛 所說正法 以淸淨念 悉能受持, 盡未來劫 修菩薩行 常不休息 無所依着, 普賢行願 增長具足 得一切智, 施作佛事 成就菩薩 自在神通.

"When great enlightening beings live by this dedication, they cannot be broken down even by adamantine mountains; their physical characteristics are supreme among all sentient beings; they can destroy all the evildoing of demons; they appear in all worlds in the ten directions, cultivating the practices of enlightening beings; because they want to enlighten all sentient beings, they expound the Buddha-teachings to them in appropriate ways; attaining great knowledge and wisdom, they have no confusion in their minds about the teachings of the Buddhas; Wherever they live, whether they go or stay, they always encounter incorruptible company; they are able to absorb and retain the teachings expounded by the Buddhas of all time by means of pure mindfulness; they cultivate the practice of enlightening beings forever and ever, never ceasing, developing and fulfilling the practical vows of Universal Good, attaining universal knowledge, disbursing of as buddha-work, perfecting the autonomous spiritual powers of enlightening beings."

[주]

*권속: 眷屬, ⓈParivāra, parijana, ⓅParivāra, 25품 제3회향 참고.

*불사: 佛事, ⓈBuddha-kārya, Buddha-kṛtya ①부처의 교법을 널리 전하기 위해서 행하는 모든 일. 중생을 구하는 사업 활동 ②절에서 행하는 제사・법회・기도 등 모든 일.

게송으로 9회향을 노래함

시방의 비할데 없이 존귀하신 분께　　普於十方無等尊

한 번도 오만한 마음 일으키지 않고　　　未曾一起輕慢心
닦으신 그 공덕과 업을 따라서　　　隨其所修功德業
공경하고 존중하는 맘 다시 냅니다　　　亦復恭敬生尊重
The peerless honored ones of the ten directions
Have never had a thought of pride;
Whatever virtuous works they perform
They are still respectful and reverent.

잠시도 교만한 마음 낸 적이 없고　　　未嘗暫起高慢心
열등하다는 생각도 낸 적 없으며　　　亦復不生下劣意
여래의 몸과 말과 뜻으로 하신 업을　　　如來所有身等業
보살이 모두 여쭈어 부지런히 익히네　　　彼悉請問勤修習
They have never developed pride or conceit,
Yet they are not self-demeaning;
The actions of the enlightened ones
They inquire into and earnestly practice.
[한자풀이]
嘗:일찌기 상　暫:잠시 잠　慢:오만할 만

온 세상 중생들의 행동이 같지 않아　　　世間衆生行不同
나타났다가 숨었다가 가지가지인데　　　或顯或隱無量種
보살은 그 모든 차별상 알고 있지만　　　菩薩悉知差別相
그 상이 형상 없음도 알고 있습니다　　　亦知其相皆無相
The actions of the sentient beings of the world are not the same-
Sometimes apparent, sometimes hidden, there are innumerable kinds:

Enlightening beings know all their different forms,
And know too their forms are formless.

사람 중에 높으신 이 태어나시자 人中尊導現生已
사방으로 일곱 걸음 걸으시면서 旅行諸方各七步
오묘한 법문으로 중생을 깨우치고자 欲以妙法悟群生
여래께서 두루 두루 관찰하시네 是故如來普觀察
After the Honored Human Leaders manifest birth,
They walk seven steps in each direction:
Wishing to enlighten the living by the wondrous truth,
The Buddhas therefore observe all.

어느 때는 왕궁에 계시기도 하고 或時示現處王宮
출가하여 도 닦음을 보이기도 하시니 或現捨家修學道
중생들을 이롭게 하려는 때문에 爲欲饒益衆生故
이와 같이 자재한 힘 보이십니다 示其如是自在力
Sometimes they manifest life in a royal palace,
Sometimes they manifest leaving home and cultivating enlightenment;
Because they want to benefit sentient beings
They demonstrate such powers of freedom.

시방에 한량없는 세계가 있어 十方所有無量刹
더럽기도 하고 깨끗하기도 하며 或有雜染或清淨
모든 부처님들도 그곳에 계시지만 及彼一切諸如來
보살은 분별하여 다 알 수 있습니다 菩薩悉能分別知

All the lands in the ten directions,
Some polluted, some pure,
And all the Buddhas there
Enlightening beings can distinguish and know.

어떤 이가 이 회향 닦을 수 있다면　若人能修此迴向
곧 부처님께서 행하신 도 배우게되고　則爲學佛所行道
마땅히 모든 부처님 공덕을 얻게되며　當得一切佛功德
모든 부처님의 지혜를 얻게 되리라　及以一切佛智慧
If people can practice this dedication,
This is learning the path of the Buddhas:
They'll attain the virtues of all Buddhas,
And the knowledge and wisdom of Buddhas.

보살의 뛰어난 행 헤아릴 수 없고　菩薩勝行不可量
모든 공덕법 역시 이와 같아서　諸功德法亦如是
여래의 위없는 행에 머무르게 되면　已住如來無上行
부처님의 자재한 힘 모두 압니다　悉知諸佛自在力
Enlightening beings' excellent practices are immeasurable,
And so are their virtuous qualities:
Once living by the unexcelled practice of the Enlightened,
They know all the spiritual powers of the Buddhas.

경전을 읽는다는 것은
바로 부처님의 가르침을 만나는 일입니다.

To read the Sutra
is just the same as
to meet the teachings of the Buddha.

9회향에 이른 보살은 아무런 집착도 없고 속박도 없는 해탈회향을 얻는데, 모든 선근에 존중하는 마음을 낸다고 합니다. 중생들은 자기가 높은 지위에 오르면 남을 존중하기보다 존중받고 대접받으려하는 경향이 많아 눈살이 찌푸려지는 때가 많습니다. 보살처럼 높은 지위에 이르고도 작은 일을 기뻐하며 조그만 선근에도 존중하는 마음을 내는 것이야말로 아름다운 일이라 생각합니다.

조급하고 화를 잘 내는 사람은 자신이 없기 때문인 경우가 많습니다. 스스로에 대한 신뢰가 있고 자신감이 있는 사람은 남에게도 너그럽고 여유가 있지요.

자기 신뢰가 부족하고 자신감이 없는 사람은 남의 조언도 받아들일 줄 모르고, 조그만 실수도 용서할 줄 모릅니다. 힐금 자신을 쳐다보는 타인의 눈길에도 자기를 비난하는 것처럼 느끼고, 가까운 사람과 잠시 떨어져 있어도 소외감과 외로움을 느끼게 됩니다. 그러다보니 자신이 괜찮은 사람이라는 것을 인정받고 남에게 확인시키기 위해서 대접받는 것에 더욱 집착하게 되지요. 이런 사람은 남을 칭찬하거나 대접할 줄 모릅니다. 남을 칭찬하거나 대접하면 자신이 초라해질까봐 상대의 약점을 잡아 깎아내리면서 그것을 밟고 올라서면서까지 기어이 자기가 옳고 대단하다는 소리를 들어야 안심을 하지요.

스스로에 대한 신뢰가 있고 자신감이 있는 사람은 남의 평가에 연연하지 않습니다. 남의 칭찬에 지나치게 교만해지거나 들뜨지 않고, 남의 비난에도 평정심을 잃지 않습니다. 자기를 알아달라고 요구하는데 에너지를 쓰기보다 다른 사람을 배려하고 존중하는데 마음을 기울입니다. 작은 선근에도 기뻐하고 칭찬하며 더불어 성장해나가기 위해 노력하지요. 이런 사람은 자신도 편안하지만, 남도 편안하게 하기 때문에 많은 사람들이 따르고 함께 하기를 원하지요.

동물을 보아도 큰 짐승과 작은 짐승은 움직임이 다릅니다. 힘 있는 동물은 여유가 있습니다. 코끼리의 걸음걸이가 그렇고, 사자나 호랑이의 모습이 그렇습니다. 그렇지만 작은 동물은 독이나 보호색으로 위장하면서 자신을 지키려합니다. 큰 동물들은 주변의 웬만한 자극에 동요하지 않지만, 작은 동물들은 불어오는 바람에 풀잎 스치는 소리에도 소스라치며 도망을 갑니다. 큰 개와 작은 개도 마찬가지입니다. 진돗개를 키우는 지인이 한 번은 저 개가 용감하고 영리하다고 하던데 바보인지 짖는 소리를 듣지 못 했다고 푸념을 하는 것을 들은 적이 있습니다. 진돗개나 풍산개는 사람이 곁에 가도 꿈쩍도 않습니다. 눈을 뜨거나 고개도 돌리지 않고 짖지도 않습니다. 조금도 위협적인 상황이 아닌 것이지요. 위협을 느끼지 않으니 공격하거나 도망갈 필요가 없지요. 그러나 크기가 작은 애완견일수록 멀리서 울려오는 발자국소리에도 벌떡 일어나 이리저리 왔다 갔다 하며 안절부절 못 하고 동네가 떠나가도록 짖어댑니다. 아직 사람 그림자도 나타나지 않았는데, 바스락 하는 소리에도 불안을 느끼고 자기 방어를 하려고 하기 때문입니다. 동물의 움직임을 보면서도 자신의 모습을 돌아볼 수 있을 것입니다.

보살이 모든 선근에 존중하는 마음을 내듯이 생활 속에서 선근을 기뻐하고 존중하며 부지런히 닦고 익혀 내 마음 그릇을 넓혀나가야 할 것입니다.

경문에 남을 비방하지 말라고 가르치고 있지만, 우리의 삶을 보면 남을 칭찬하는 일보다 비방하는 일이 더 많은 것 같습니다. 가정에서나 직장에서 혹은 친구관계에서도 칭찬하는 것에 매우 인색한 것을 볼 수 있습니다.

많은 사람들이 남의 허물을 말하면서 그렇지 않은 자신을 옹호하고 합리화하는 수단으로 이용하는 경우가 많습니다. 남을 칭찬할 땐 상대적으로 자신이 초라하고 비굴해지는 기분을 느끼는 사람들이 남을 욕하거나 헐뜯으면서 상대적으로 자신이 우쭐하고 잘난 사람이라는 기분을 느끼는 경우가 있습니다.

인터넷이 발달한 요즘 익명성을 이용하여 입에 담지 못할 험담과 비방으로 특정 사람을 공격하는 일이 자주 발생하고 있습니다. 특히 관심과 시선을 많이 끄는 연예인들이나 사회의 이슈가 될 만한 사건이 생기면 사실과 무관하게 특정인을 폄하하거나 공격하는 일까지도 생겨나고 있어 사이버테러라고 불릴 정도입니다. 차라리 눈앞에서 비난을 하면 변명도 할 수 있고 싸움도 할 수 있지만, 보이지 않는 공간에서 일방적으로 날아드는 언어폭력은 그 두려움이 몇 배나 더 크다고 합니다. 때로는 사건을 일으킨 사람이 욕을 먹을 행동을 했기 때문에 비난을 받는 경우도 있지만, 때로는 욕을 하고 싶은 사람들이 그 사건을 계기로 시기심과 분노와 공격성을 무차별적으로 표출하고 있는 경우도 많습니다. 어쩌면 욕하는 사람이 내면의 스트레스를 풀고 있는 것이라고 해야겠지요.

아우구스티누스는 '여기 없는 사람의 명예를 손상시키는 사람은 이 식탁이 자기에게 적합하지 않다고 생각하라'고 했습니다. 불만이 있을 때 그 자리에서 정정당당하게 맞서지 못하고 뒤에서 말하는 비겁한 사람이 있습니다. 그러면서 앞에서는 아부하는 사람들이 있지요. 이렇게 불일치한 행동은 더욱 자기혐오와 갈등을 낳고 그에 대한 좌절감과 분노가 또다시 강도를 높여 상대에게 화살을 보내는 이유로 작용합니다. 그렇지만 놀랍게도 미움과 분노의 감정은 상대방보다 자신을 더 많이 해칩니다. 미운 마음을 가짐으로써 상대에게 줄 수 있는 피해보다 내 자신이 입는 피해가 더 크다는 말입니다. 당연히 부정적인 감정을 가지고 있는 사람은 정서적으로 황폐해지는 것뿐 아니라 아드레날린과 코티졸의 분비로 신체적인 손상도 동반하게 되기 때문입니다.

사는 동안 상처 없는 사람이 있을까요? 좌절감과 열등감과 분노를 느껴보지 않은 사람이 있을까요? 미워하는 마음도 힘입니다. 그러나 부정적이고 파괴적인 힘이지요. 어떤 사람은 복수하려는 일념으로 그 힘에 의지하여 평생을 살아가는 사람도 있습니다. 그러나 자신과 남을 파괴시키는 이 강력한 힘을 사랑의 힘으로 전환시킬 수만 있다면 자신과 남을 살리는 생명의 에너지가 될 것입니다. 물론 같은 방향으로 계속 가려는 힘의 속성 때문에 이것을 돌이킨다는 것이 얼마나 어려운지는 말할 필요가 없을 것입니다. 사소한 습관 하나를 고치는 것도 어려운 일인데, 마음을 반대방향으로 되 돌이킨다는 것이 얼마나 어려운 일일까요. 부정적인 에너지를 창조적이고 긍정적이며 선한 에너지로 전환시킬 수 있는 방법은 무엇일까요? 오직 용서와 참회로 마음을 다스려나가야 할 것입니다. 용서와 참회로써 녹여낸 마음자리에 사랑을 채우면 자신도 남도 진정으로 칭찬할 수 있는 여유가 저절로 생길 것입니다.

아무런 집착도 없고 속박도 없는 해탈의 마음으로써 회향하는 보살들은 온갖 마라의 그릇된 업을 꺾어 부수고 시방세계에서 널리 보살행을 닦는다고 합니다. 정말 마음이 확고하지 않으면 유혹을 어떻게 이겨낼 수 있을까하는 생각이 듭니다.

어떤 결단을 내려야할 때, 어디선가 또 다른 마음이 불쑥 올라오는 것을 느낀 적이 있을 것입니다. 물론 어떤 결정을 내리기까지에는 당연히 선택의 여지가 있었을 테고 그 중 한 가지를 선택하기 위해 고심을 하게 되겠지요. 그러나 충분히 검토하여 최선의 선택을 했다하더라도 그것을 결행해야할 때가 되면, '이렇게 할 필요가 있을까, 하지 않으면 안 될까, 다음에 하면 어떨까, 내가 꼭 해야 하나, 모른 척 해버릴까'하는 수많은 생각이 꼬리를 물고 일어나면서 마음을 흔들어 놓습니다.

특히 보시를 하거나 선행을 하려고 할 때, '의미 있는 다른 일은 없을까, 돈을 더 많이 벌어 나중에 해도 늦지 않을 거야, 내 작은 도움이 무슨 소용이 있을까, 우선 내가 하고 싶은 일을 먼저하고 나서 해도 되겠지'하는 생각으로 내미는 손을 도로 잡아당기는 유혹이 있습니다. 이런 유혹은 모처럼 착한 마음을 먹고 남을 도우려할 때 혹은 바로 살기로 마음을 먹고 첫발을 내디디려는 순간 어디선가 불현듯 찾아와서 일순간 마음을 흔들어놓고 결행을 주저하게 합니다. 심지어 이불을 떨치고 일어나려고 할 때 부드럽고 따뜻한 온기의 유혹, 금주 금연을 선언하고서도 참기 힘든 술과 담배의 유혹, 질병 때문이거나 미용 때문이거나 식이요법을 하기로 결심하고서도 떨치기 힘든 강열한 음식의 유혹, 책상에 앉아 시험공부를 해야 하는데도 발목을 잡아당기는 온갖 핑계들이 유혹이 되는 우리의 마음을 보면 잘 알 수 있지요.

마라(Māra)란 유혹자입니다. 구도자에게는 수행을 방해하는 마군이지요. 깨달음에 이르기 전의 석가에게도 광야에서 금식하는 예수에게도 마라의 유혹이 있었습니다. 이렇게 극적인 역사적 이야기를 들지 않더라도 우리는 늘 유혹 받고 있고 그 유혹에 시달리고 있습니다. 이때 가장 중요한 것은 바른 길을 가고자 하는 데는 꼭 유혹이 있다는 것을 각성하는 것입니다. 유혹받고 있다고 느끼면 심한 갈등은 겪겠지만 마라의 유혹을 깨부술 수 있는 가능성은 있습니다. 그러나 유혹 당하고 있다는 것을 각성하지 못할 때 넘어가버리기 쉽습니다. 적당히 합리화하면서 스스로를 기만해 버리고 엉뚱한 길을 가면서도 전혀 의식하지 못하는 경우가 있습니다. 그리고는 몇 달, 몇 년이 지난 후에야 깨닫게 될 때가 많습니다.

그러나 마라는 실체가 아닙니다. 내 마음 밖에 어떤 존재가 있어 나를 해치려 하는 것이 아니라, 내 마음속의 유혹입니다. 확신이 부족하고 두려움이 많을 때 마라는 더 자주 나타납니다. 내적 신념에 의해서가 아니라 외부의 힘에 의지하려고 할 때 더 자주 나타납니다. 마라는 나의 약점을 너무나 잘 알고 있습니다. 건드리기만 해도 쉽게 넘어질 것 같은 약한 곳을 파고들지요. 사람에 따라 그것은 돈일 수도 있고, 명예나 권력일 수도 있지요. 살아오는 과정에서 형성된 상처나 욕구는 사람에 따라 다를 테니까요. 그러나 그것은 불가항력적인 외부의 세력이 아니라, 또 다른 내 마음의 유혹이므로 내가 휩쓸리지 않고 상대해주지 않으면 힘을 못 쓰기 마련이지요. 그러므로 수행을 통하여 끊임없이 자신을 관찰하고 상처를 치유하면서 그것을 넘어서는 노력을 할 때 더욱 성숙해질 뿐 아니라 마라의 유혹에 휩쓸리지 않을 것입니다. 경문에서 말하는 아무런 집착이 없고 속박이 없는 해탈의 마음으로 회향하는 보살들은 이미 어떤 것에도 집착하지 않으므로 마라의 유혹에 끄달리지 않는 것이지요. 욕심내는 마음과 성내는 마음과 어리석은 마음에서 자유롭지 못한 한 마라의 유혹은 끊이지 않을 테니까요.

9회향의 보살은 분별하지 않는다고 합니다. 자신이나 남을 분별하지 않고, 부처님이나 부처님의 가르침을 분별하지 않는다고 합니다. 세속에서는 사리분별이 분명해야한다고 배워온 탓에 분별하지 않는다는 것이 어떤 의미인지 잘 짐작이 가지 않습니다.

무분별이라고 해서 식별력이 없다는 것이 아닙니다. 생멸변화 하는 모든 현상을 분별하는 지혜를 분별지(分別智)라 합니다. 온갖 사물도, 옳고 그름도 분명하게 알아야 하지요. 그러나 중생들은 자신의 이기심과 편견으로 잘못 지각하기 쉽고 그 결과로 아집이 생기게 되는데 이를 분별아집(分別我執)이라고 합니다. 분별심을 경계하는 것은 바로 이런 차별하는 마음 때문입니다. 차별하는 마음은 당연히 좋은 것은 취하고 나쁜 것은 배척하려고 하겠지요. 그러다 보니 가지고 싶은 것은 가지지 못해서 괴롭고, 원하지 않은 일인데도 어쩔 수 없이 해야 하니 괴롭고, 많이 가진 사람은 더 가지고 싶어 괴로우니, 분별심이야말로 고통을 만드는 마음이지요.

분별을 넘어선 경계에 이른 분이 바로 부처님이나 예수님 같은 분이 아닐까요. 보살이 분별하지 않는다는 것은 이분법적인 차별을 넘어선다는 의미일 것입니다. 자타불이의 큰 자기를 가진 사람이 배척할 남의 것이 어디 있겠습니까. 무루(無漏)의 무분별심을 무분별지(無分別智)라고 합니다. 즉 올바로 진여(眞如)를 체득하는 지혜를 말하는 것이지요. 진여의 모양은 언어나 문자로 어떻게 형용할 수 없으므로 분별심을 가지고는 그 체성에 계합할 수 없습니다. 그러므로 모든 이분법적인 사고와 분별을 떠난 무분별의 참 지혜로써만 비로소 진여를 깨달을 수 있습니다. 그러니 우리도 9회향의 보살처럼 어떤 것에도 분별심을 내지 않는 마음을 배워야겠습니다.

부처님을 시방의 비할 데 없이 존귀하신 분이라 하면서, 중생의 마음에 있는 불성은 깨닫지 못 하고 또 존귀하게 여겨야 된다는 생각을 못한 것 같습니다. 경문의 가르침을 생활 속에 적용하고 실천할 수 있다면 보살의 길도 어렵게만 여겨지지는 않을 것이라는 생각이 듭니다.

경전은 바로 부처님의 말씀입니다. 경전을 읽는 사람은 부처님의 가르침을 받고 있는 것입니다. 나의 생활과 관계가 없고 적용할 수 없는 말씀이라면 이미 생명력을 잃은 것이겠지요. 수 천 년의 세월이 흘러도 오늘날의 내게 직접적인 가르침이 되고, 내 생활에 적용할 수 있어야 생생히 살아있는 말씀인 것이지요.

부처님이 이 세상에 비할 데 없이 존귀하신 분임을 아는 것과 더불어 불성을 가진 모든 존재가 동시에 다 존귀하다는 것을 아는 것은 참으로 부처님의 가르침을 잘 알아들은 것이라 할 수 있습니다. 가족과 이웃을 부처님처럼 대하고, 내가 만나는 모든 사람을 부처님처럼 대할 수 있으면 짐승도 벌레도 풀 한 포기도 똑같은 사랑과 정성으로 대할 수 있게 될 것입니다. 내가 다른 존재보다 더 우월하다고 자만하지 않으니 교만심이 없고, 내가 다른 존재보다 더 초라하다고 생각하지 않으니 열등감이 없습니다.

그러나 부처를 만나도 스승으로 공경할 수 없는 사람도 있습니다. 아무리 훌륭한 사람을 만나도 그의 작은 허물을 발견하여 그의 인격을 깎아내리는 사람이 있습니다. 그러나 비록 못나고 허수룩한 사람을 만났더라도 그 내면의 빛나는 불성을 찾아내어 공경할 수 있는 사람이 있습니다. 화나지 않는 일에 화내지 않는 것이 인욕이 아니듯이, 업적이 있는 사람만 공경한다면 그것은 진정한 공경이 아닙니다. 참으로 참기 힘든 것을 참아내는 것이 인욕이요, 소외되고 천대받는 사람조차도 사랑하고 공경하는 것이 진정한 공경일 것입니다.

결혼한 제자가 신혼여행을 가서 첫날밤에 남편에게 부처님께 절하듯이 큰 절을 올렸다고 합니다. 당황한 남편이 잠시 머뭇거리더니 함께 마주보며 절을 하더라는 이야기를 들은 적이 있습니다. 부처님을 공경하듯이 남편을 평생 존중하며 살겠다는 마음의 약속이었다고 합니다. 남편 역시 아내의 진심에 감동하며 평생을 사랑하고 존중하겠다는 말을 했다고 합니다. 친구들이 웃으며 그것 혹시 전략 아니냐는 짓궂은 질문을 하기도 했지만, 먼저 베풀고 사랑하지 않고 받기를 기대해서는 안 된다는 신념으로 마음에서 우러나오는 절을 할 수 있었다고 합니다.

사랑은 사랑을 낳지만, 미움은 또 다른 미움을 낳습니다. 미움이 커져 원한이 되고, 분노와 절망만으로 가득한 삶은 너무나 황폐한 대지와 같지요. 메마르고 황폐한 대지에서는 어떤 생명도 자랄 수 없습니다. 사랑하지 않으면 생명은 활기를 잃어 마치 화석처럼 굳어버리게 되지요. 가장 가까운 사람을 귀하게 여기고 사랑하는 것이야말로 부처님 말씀을 실천하는 것입니다.

경전을 읽는다는 것은 바로 부처님의 가르침을 만나는 일입니다. 가르침을 실천하는 일이 비록 어렵고 어려운 일이지만, 이상적인 삶을 살 수 있도록 이끌어주는 지침서가 있는 것이 얼마나 행복한 일입니까. 수행과 명상을 통하여 부처님의 깨달음 세계를 체험하고 구현할 수 있도록 노력해야겠습니다.

보살은 보살행을 닦으면서도 쉬지도 않고 의지하지도 않는다고 합니다. 이 구절을 읽으면서 끈기가 부족하여 자주 쉬어가고 멈칫거리는 저 자신도 부끄럽지만, 조그만 일도 남에게 의지하려는 약한 마음을

반성하게 됩니다.

우리 모두는 서로가 서로를 의지합니다. 땅에 의지하여 서있고, 공기와 햇빛에 의지하여 호흡하고, 물과 곡식에 의지하여 생명을 유지합니다. 인간이 저 혼자서는 태어날 수도 살아갈 수도 없습니다. 또한 인간은 관계 속에서 태어나고 관계 속에서 살아갑니다. 그러므로 인간을 둘러싸고 있는 자연환경과 사회환경은 상호연관성을 가지며 의존적인 관계에 놓이게 되는 것이지요.

화엄에서는 법계 즉 우주만물 모두가 서로 인과관계를 가지며, 그 어떤 것도 단독으로 존재하는 것이 없다고 말하고 있습니다. 서로가 상의상대(相依相待)의 관계에 있어 상호의존적인 관계임을 강조하고 있지요. 즉 어떤 사물을 하나 보더라도 그것은 다른 것과 전혀 관련 없는 고립된 사물이 아니라 그대로 전 우주라는 의미로 받아들일 수 있습니다. 그 사물은 전 우주로 인해서 성립된 것이기 때문이지요. 이처럼 우주 만물은 하나와 전체가 서로 의지하고 있으며 서로에 의해 서로가 유지되고 생성되는 관계입니다. 이것이 바로 화엄의 핵심사상인 법계무진연기이지요.

이렇게 생각하면 나의 성공과 업적도 결국 나 혼자 이룬 것이 아님을 알게 됩니다. 혼자 무엇을 이루었다고 생각하는 사람은 교만하기 쉽지만, 나의 작은 성취를 위해서도 온 우주가 참여했다는 생각을 하면 감사하고 겸허해지겠지요.

온 우주와 상호 소통하고 의지하는 것은 당연하고 건강한 것이지만, 사람에 따라서는 병적으로 남에게 의존하는 경우도 있습니다. 자기 정체성을 잃어버리고 상대의 판단과 시선에 따라 행동하는 경우이지요. 특정 대상이 아니면 스스로 서지도 걷지도 못하고 상대의 말 한마디에도 송두리째 흔들리면서 불안에 빠져버리는 경우입니다. 지나치게 남에게 의존해버리면, 자기 생각에 따른 것이 아니므로 책임도 지지 않으려 하고 수반되는 결과에도 만족하지 못하여, 늘 남의 탓을 하게 되고 불평불만이 생기게 됩니다. 또 남의 기준에 맞추어 행동하려 하므로 왜 그렇게 해야 하는지에 대한 확신도 없이 끌려가고 있어, 마음과 행동 사이의 괴리에서 오는 번민과 불안이 늘 떠나지 않습니다. 의존하면 바라게 되고, 바라는 대로 되지 않으면 실망과 좌절을 겪게 되지요. 나의 결단과 노력으로도 이루지 못하는 일이 많은데, 남에게 의존해서 내가 원하는 것을 얻기를 바라는 것은 불가능한 일이겠지요.

병적인 의존심을 버리고 온 우주와 소통하고 하나 되는 기쁨을 누리는 보살의 마음이 되어야겠습니다.

제 10 회향

등법계무량회향이란?

"불자들이여, 무엇을 보살마하살의 '등법계무량회향(법계와 동등한 무량 회향)'이라 합니까? 불자들이여, 이 보살마하살은 깨끗한 비단을 정수리에 매고 법사의 지위에 머물며 법 보시를 널리 행합니다. 큰 자비심을 일으켜 중생들을 보리심에 편안히 있게 하고, 항상 이로운 일을 행하여 쉼이 없으며, 보리심으로써 선근을 기르며, 중생을 위해 인도하는 스승이 되어 중생에게 일체지에 이르는 길을 보이며, 중생들을 위해 법장의 해가 되어 선근의 광명으로 모든 것을 널리 비추며, 중생들에 대한 마음이 평등하여 여러 가지 선행을 닦아 쉬지 않으며, 마음이 깨끗하여 물들지 않고 지혜가 자재하여 모든 선근의 실천을 버리지 아니하며, 여러 중생에게 지혜로운 상주(상인의 우두머리)가 되어 (중생들이) 편안하고 바른 길에 들어가게 하며, 중생들을 지도하는 지도자가 되어 (그들로 하여금) 모든 선근의 법과 행을 닦게 하며, 중생들을 위해 깨뜨릴 수 없는 견고한 선우가 되어 (그들의) 선근을 자라게 하여 성취하도록 합니다."

佛子 云何爲菩薩摩訶薩 等法界無量迴向. 佛子 此菩薩摩訶薩 以離垢繒 而繫其頂 住法師位 廣行法施. 起大慈悲 安立衆生於菩提心, 常行饒益 無有休息, 以菩提心 長養善根, 爲諸衆生 作調御師 示諸衆生一切智道, 爲諸衆生 作法藏日 善根光明 普照一切, 於諸衆生 其心平等 修諸善行 無有休息, 心淨無染 智慧自在 不捨一切善根*道業, 作諸

衆生 大智商主 普令得入安隱正道, 爲諸衆生 而作導首 令修一切善根法行, 爲諸衆生 作不可壞堅固善友 令其善根 增長成就.

[한자풀이]

垢:때 구 繒:그림 회, 그림이 있는 비단 繫:맬 계 頂:정수리 정 饒:넉넉할 요 染:물들일 염 隱:숨길 은

"What is great enlightening beings′ boundless dedication equal to the cosmos? Here they wrap their heads with the turban of nondefilement, dwell in the position of a teacher of truth, and extensively carry out the giving of teaching, with great kindness and compassion establishing sentient beings in the aspiration for enlightenment. Always practicing charity, by the determination for enlightenment they nurture roots of goodness. Being directors for sentient beings, they point out to them the path of universal knowledge. Being suns of truth for sentient beings, the light of their roots of goodness illumines all. Their minds are impartial toward all sentient beings. They practice good works without rest. Their hearts are pure, free from stain, and their knowledge and wisdom are free. They never give up good works, and, acting as wise caravan leaders for sentient beings, they bring them all into the right path of peace. Being leaders and guides for sentient beings, they have them cultivate the practices of all roots of goodness. Being incorruptible, steadfast, good friends to sentient beings, they cause their roots of goodness to develop and mature."

[주]

*道業: 도업, 도(道)는 깨달음, 업(業)은 영위. 진실의 방식, 불도의 수행, 진리의 실천.

법보시가 으뜸이 됨

"불자들이여, 이 보살마하살은 법 보시를 으뜸으로 하여 모든 청정한 법을 일으켜 일체지의 마음으로 향하도록 합니다. 훌륭한 서원의 힘이 끝까지 견고하여 성취하고 증장하여 큰 위덕을 갖춥니다. 선지식에 의지하여 아첨하거나 속이는 마음이 없으며 일체지의 문과 그지없는 경계를 사유하고 관찰합니다.

이 선근으로써 이와 같이 회향하면서 광대하고 걸림이 없는 일체 경계를 닦아서 성취하고 증장하게 되기를 원합니다. 부처님의 바른 가르침 가운데에서 한 구절이나 한 게송만이라도 듣고 받아 지니어 연설할 수 있게 되기를 원합니다. 법계와 평등하여 한량없고 그지없는 일체 세계에 과거 · 미래 · 현재에 계시는 모든 부처님을 생각하며 이미 생각하고는 보살행을 닦기를 원합니다."

佛子 此菩薩摩訶薩 以法施爲首 發生一切淸淨白法 攝收趣向一切智心. 殊勝願力 究竟堅固 成就增益 具大威德. 依善知識 心無諂誑 思惟觀察一切智門無邊境界. 以此善根 如是廻向 願得修習 成就增長廣大無碍一切境界. 願得於佛正教之中 乃至聽聞一句一偈 受持演說. 願得憶念與法界等 無量無邊一切世界 去來現在一切諸佛 旣憶念已 修菩薩行.

[한자풀이]
殊:뛰어날 수 勝:이길 승 諂:아첨할 첨 誑:속일 광 聽:들을 청 偈:귀글 게 演:흐를 연 邊:가 변 旣:이미 기 憶:생각할 억

"These great enlightening beings make giving of teaching principal; developing all pure, good qualities, they embody the mind directed toward universal knowledge, their supreme will power ultimately enduring, developing, and growing. They are endowed with great powers and virtues. They trust good spiritual friends, their minds have no deceitfulness. They contemplate and examine the boundless realms of the way into universal knowledge.

These roots of goodness they dedicate in this way: they vow to become able to cultivate, perfect, and increase all perspectives of universal nonobstruction; they vow to become able to absorb, retain, and expound whatever they hear of the true teaching of the Buddhas, even a single line or verse; they vow to become able to recollect all the Buddhas, past, future, and present, of all worlds, innumerable, boundless, equal to the cosmos, and, having remembered them, to cultivate enlightening practices."

부처님을 생각한 선근

"또 부처님을 생각한 선근으로 한 중생을 위해 한 세계에서 오는 세상이 다하도록 보살행을 닦으며, 한 세계에서와 같이 온 법계와 허공

계의 모든 세계에서도 다 그와 같이 하며, 한 중생을 위하는 것처럼 일체 중생을 위하여서도 역시 그렇게 하며, 선한 방편으로 한 사람 한 사람이 다 오는 세상이 끝나도록 큰 서원으로 장엄하여 마침내 부처님과 선지식을 떠나려는 생각을 없애며, 항상 부처님들이 앞에 나타나시는 것을 보며, 한 부처님이라도 세상에 출현하실 때에 친근하지 못하는 일이 없기를 원합니다."

又願以此念佛善根 爲一衆生 於一世界 盡未來劫 修菩薩行, 如於一世界 盡法界虛空界一切世界 皆亦如是, 如爲一衆生 爲一切衆生 亦復如是, 以善方便 一一皆爲 盡未來劫 大誓莊嚴 終無離佛善知識想, 常見諸佛 現在其前, 無有一佛 出興於世 不得親近.

[한자풀이]

誓:맹세할 서　嚴:엄할 엄　終:끝날 종　興:일 흥

"They also vow to cultivate enlightening practice for one being in one world forever by this root of goodness of remembrance of Buddhas, and as in one world so in all worlds, throughout the space of the cosmos, and as for one being so for all sentient beings, in each case being eternally adorned with great vows for their sake, eradicating any thought of separation from the Buddhas and spiritual friends, always seeing the Buddhas before them, able to draw near to every Buddha that appears in the world."

자신을 위한 범행이 곧 일체중생을 위한 것

"불자들이여, 보살마하살이 만일 자신을 위해 이와 같이 청정한 수행을 한다면 곧 일체 중생을 위할 수 있게 됩니다. (보살마하살이) 일체 중생들로 하여금 다 편안히 머물 수 있도록 하며, 일체 중생들로 하여금 다 깨우칠 수 있게 하며, 일체 중생들로 하여금 다 성취하도록 하며, 일체 중생들로 하여금 다 청정하도록 하며, 일체 중생들로 하여금 다 더러움 없도록 하며, 일체 중생들로 하여금 다 밝게 비추도록 하며, 일체 중생들로 하여금 티끌을 벗어나도록 하며, 일체 중생들로 하여금 걸림 없도록 하며, 일체 중생들로 하여금 번뇌를 떠나도록 하며, 일체 중생들로 하여금 속박을 벗어나도록 하며, 일체 중생들로 하여금 악에서 영원히 벗어나도록 하며, 일체 중생들로 하여금 해로움 없이 끝까지 청정하도록 합니다."

佛子 菩薩摩訶薩 若能爲己 修行如是清淨*梵行 則能普爲一切衆生. 令一切衆生 皆得安住, 令一切衆生 皆得開曉, 令一切衆生 皆得成就, 令一切衆生 皆得清淨, 令一切衆生 皆得無垢, 令一切衆生 皆得照明, 令一切衆生 離諸塵染, 令一切衆生 無諸障翳, 令一切衆生 離諸熱惱, 令一切衆生 離諸纏縛, 令一切衆生 永離諸惡, 令一切衆生 無諸惱害 畢竟清淨.

[한자풀이]

梵:깨끗할 범 曉:새벽 효, 깨닫다 垢:때 구 照:비출 조 翳:일산 예, 가리개
熱:더울 열 惱:괴로워할 뇌 縛:묶을 박, 속박하다

"If great enlightening beings are able to cultivate such pure religious practices for their own sake, then they will be able to do so for the sake of all sentient beings, enabling all sentient beings to attain stability, enabling all sentient beings to attain open understanding, enabling all sentient beings to attain completion, enabling all sentient beings to attain purity, enabling all sentient beings to attain nondefilement, enabling all sentient beings to attain illumination, enabling all sentient beings to be unstained by sense objects, enabling all sentient beings to be free from blinding hindrances, enabling all sentient beings to be freed from inflaming afflictions, enabling all sentient beings to be freed from all bonds, enabling all sentient beings to forever depart from all evils, enabling all sentient beings to be harmless and ultimately pure."

[주]
*梵行: 범행, ⓈBrahmacara, 청정한 행

보살의 행이 청정해야 하는 까닭

"왜냐하면, 보살마하살이 스스로 깨끗한 수행을 하지 못하면 남에게 청정을 얻도록 할 수 없으며, 스스로 깨끗한 수행에서 물러서면 남에게 물러서지 않도록 할 수 없으며, 스스로 깨끗한 수행에 잘못이 있으면 남을 잘못 없도록 할 수 없으며, 스스로 깨끗한 수행에서 멀리 떠나면 남을 떠나지 않도록 할 수 없으며, 스스로 깨끗한 수행에 게으르면 남을 게으르지 않도록 할 수 없으며, 스스로 깨끗한 수행을 믿고 이해하지 않으면 남을 믿고 이해하도록 할 수 없으며, 스스로 깨끗한 수행에 편안히 머물지 않으면 남을 편안히 머물도록 할 수 없으며, 스스로 깨끗한 수행을 통하여 깨닫지 못하면 남이 깨닫도록 할 수 없으며, 스스로 깨끗한 수행을 버리면 남이 버리지 않도록 할 수 없으며, 스스로 깨끗한 수행에 흔들리면 남의 마음을 흔들리지 않도록 할 수 없습니다."

何以故, 菩薩摩訶薩 自於梵行 不能清淨 不能令他 而得清淨, 自於梵行 而有退轉 不能令他 無有退轉, 自於梵行 而有失壞 不能令他 無有失壞, 自於梵行 而有遠離 不能令他 常不遠離, 自於梵行 而有懈怠 不能令他 不生懈怠, 自於梵行 不生信解 不能令他 心生信解, 自於梵行 而不安住 不能令他 而得安住, 自於梵行 而不證入 不能令他 心得證入, 自於梵行 而有放捨 不能令他 恒不放捨, 自於梵行 而有散動 不能令他 心不散動.

"Why? If great enlightening beings cannot themselves be pure in religious practice, they cannot cause others to attain purity; if they themselves regress from religious practice, they cannot cause others not to regress; if they themselves are corrupt in religious practice, they cannot cause others to be free from corruption; if they themselves stray from religious practice, they cannot cause others not to stray; if they themselves are lazy in religious practice, they cannot cause others not to slack off; if they themselves have bo faith in religious practice, they cannot cause others to have faith; if they themselves do not live steadily by religious practice, they cannot cause others to live steadily; if they themselves have no realization of religious practice, they cannot cause others' minds to attain realization; if they themselves give up religious practices, they cannot cause others to persevere; if they themselves waver in religious practice, they cannot cause others not to waver."

보살이 먼저 청정 행을 실천함

"왜냐하면, 보살마하살이 그릇됨 없는 행에 머물러 그릇됨 없는 법을 말해야지만, 말하는 것이 진실하여 말한 대로 수행하며, 몸과 말과 뜻이 깨끗하여 온갖 더러움을 벗어나 걸림 없는 행에 머물면서 일체 업장을 없앱니다. 보살마하살이 스스로 깨끗한 마음을 얻어 지녀야 남에게 청정심의 가르침을 연설할 수 있고, 스스로 평화롭고 인내하고 선근으로써 마음을 조복해야 남에게 평화롭고 인내하고 선근으로써 마음을 조복하도록 할 수 있으며, 스스로 의심과 후회를 끊어야 남도 의심과 후회를 벗어나도록 할 수 있으며, 스스로 깨끗한 신심을 얻어야 남도 깨뜨릴 수 없는 깨끗한 신심을 얻도록 할 수 있으며, 스스로 바른 법에 머물러야 중생도 바른 법에 편안히 머물도록 할 수 있습니다."

何以故, 菩薩摩訶薩 住無倒行 說無倒法, 所言誠實 如說修行, 淨身口意 離諸雜染 住無碍行 滅一切障. 菩薩摩訶薩 自得淨心 爲他演說淸淨心法, 自修和忍 以諸善根 調伏其心 令他和忍 以諸善根 調伏其心, 自離疑悔 亦令他人 永離疑悔, 自得淨信 亦令他 得不壞淨信, 自在

正法 亦令衆生 安住正法.

"Great enlightening beings act without delusion and teach doctrine that is free from delusion; what they say is truthful, and they practice what they preach. They purify their deeds, words, and thoughts, eliminating all dross and defilements. They abide in unobstructed action and annihilate all hindrances. Great enlightening beings themselves attain pure minds and explain to others ways to purify the mind; they themselves cultivate harmony and tolerance, taming their minds with roots of goodness, and cause others to be harmonious and tolerant, taming their minds with roots of goodness. They themselves get rid of doubt and regret, and also cause others to be forever rid of doubt and regret. They themselves attain pure faith and also cause others to attain indestructible pure faith. They themselves abide by the truth, and also cause others to live by the truth."

법보시로 생긴 선근을 회향함

"불자들이여, 보살마하살은 법보시로 생긴 선근을 이와 같이 회향합니다. 내가 모든 부처님의 다함없는 법문을 얻어, 중생들을 위해 분별하여 해설하며, 모두 환희하여 마음이 만족하게하며, 모든 외도의 잘못된 논리를 무너뜨리기를 원합니다. 내가 일체 중생을 위해 삼세 부처님의 바다와 같은 법을(법바다를) 연설할 수 있게 되며, 하나하나의 법이 생겨나는 것과 하나하나의 법의 이치와 법의 말씀 하나 하나와 하나하나의 법이 잘 정리됨과 하나하나의 법의 해설과 하나하나의 법의 나타남과 하나하나의 법으로 들어가는 문과 하나하나의 법에 깨달아 들어감과 하나하나의 법의 관찰과 하나하나의 법의 분야에서 끝없고 다함없는 *법장을 모두 얻어 두려움이 없어지게 되며, 네 가지 *변재를 갖추어 중생을 위해 분별하여 해설하되 오는 세월이 끝나도록 다함이 없기를 원합니다."

佛子 菩薩摩訶薩 復以法施所生善根 如是廻向. 所謂願我獲得一切諸佛無盡法門, 普爲衆生 分別解說, 皆令歡喜 心得滿足, 摧滅一切外道異論. 願我能爲一切衆生 演說三世諸佛法海, 於一一法生起 一一法義理 一一法名言 一一法安立 一一法解說 一一法顯示 一一法門戶 一一法悟入 一一法觀察 一一法*分位 悉得無邊無盡法滅 獲無所畏, 具四辯才 廣爲衆生 分別解說 窮未來際 而無有盡.

[한자풀이]

摧:꺾을 최, 부러뜨리다 悟:깨달을 오 獲:얻을 획 畏:두려워할 외

"Great enlightening beings also dedicate the roots of goodness arising from giving of teaching in this way: 'May I attain the infinite means of teaching of all Buddhas and analyze and explain them for all sentient beings, causing them all to rejoice and be satisfied in mind, shattering all false philosophies; may I be able to expound the ocean of teachings of the Buddhas of past, present, and future for all sentient beings, in terms of the upshot of each teaching, the meanings and principles of each teaching, the interpretation of each teaching, the revelation of each teaching, the ways of access to each teaching, the awakening to each teaching, the contemplation and investigation of each teaching, and the field and position of each teaching, attain infinite treasuries of truths, acquiring fearlessness, endowed with all powers of analysis and elucidation, extensively analyzing and explaining for sentient beings, throughout the future, inexhaustibly.'"

[주]
*分位: 분위, 나누어진 위치, 차별한 데에 세워진 위치
*법장: 法藏, 25품 제6회향 참고.
*변재: 辯才, 25품 제4회향 참고.

부처님 뵙게 되기를 원함

"불자들이여, 보살마하살은 다시 이 선근으로써 이와 같이 회향합니다. 이를테면 이 선근으로써 모든 부처님과 보살을 받들어 섬기어 모두 환희하게 되기를 원합니다. 이 선근으로써 일체지의 성품에 빨리 들어가기를 원합니다. 이 선근으로써 모든 곳에 두루하여 일체지를 닦게 되기를 원합니다. 이 선근으로써 일체 중생으로 하여금 여러 부처님 계시는 곳에 가서 항상 뵙기를 원합니다. 이 선근으로써 일체 중생으로 하여금 항상 부처님을 뵙고 불사를 짓게 되기를 원합니다. 이 선근으로써 일체 중생으로 하여금 항상 부처님을 뵈오며 불사에 태만한 마음을 내지 않기를 원합니다. 이 선근으로써 일체 중생으로 하여금 항상 부처님을 뵙고 마음이 청정하여 물러서지 않기를 원합니다.

이 선근으로써 일체 중생으로 하여금 항상 부처님을 뵙고 마음으로 잘 이해하여 깨닫기를 원합니다. 이 선근으로써 일체 중생으로 하여금 항상 부처님을 뵙고 집착을 내지 않기를 원합니다. 이 선근으로써 일체

중생으로 하여금 항상 부처님을 뵙고 걸림 없음을 통달하기를 원합니다. 이 선근으로써 일체 중생이 항상 부처님을 뵙고 보현의 행을 이루기를 원합니다. 이 선근으로써 일체 중생이 항상 부처님이 앞에 계심을 뵙고 잠시도 떠나지 않기를 원합니다. 이 선근으로써 일체 중생이 항상 부처님을 뵙고 보살의 한량없는 힘을 내기를 원합니다. 이 선근으로써 일체 중생이 항상 부처님을 뵙고 일체법을 영원히 잊지 않기를 원합니다."

佛子 菩薩摩訶薩 復以此善根 如是廻向. 所謂願以此善根 承事一切諸佛菩薩 皆令歡喜. 願以此善根 速得趣入一切智性. 願以此善根 遍一切處 修一切智. 願以此善根 令一切衆生 常得往觀一切諸佛. 願以此善根 令一切衆生 常見諸佛 能作佛事. 願以此善根 令一切衆生 恒得見佛 不於佛事 生怠慢心. 願以此善根 令一切衆生 常得見佛 心善清淨 無有退轉.

願以此善根 令一切衆生 常得見佛 心善解了. 願以此善根 令一切衆生 常得見佛 不生執着. 願以此善根 令一切衆生 常得見佛 了達無碍. 願以此善根 令一切衆生 常得見佛 成普賢行. 願以此善根 令一切衆生 常見諸佛 現在其前 無時暫捨. 願以此善根 令一切衆生 常見諸佛 出生菩薩無量諸力. 願以此善根 令一切衆生 常見諸佛 於一切法 永不忘失.

"Great enlightening beings also dedicate roots of goodness in this way: 'By these roots of goodness may we serve all Buddhas and enlightening beings and gladden them all; by these roots of goodness may we quickly attain entry into the essence of universal knowledge;

by these roots of goodness may we cultivate omniscience in all places; by these roots of goodness may we cause all sentient beings to always get to go see all the Buddhas; by these roots of goodness may we cause all sentient beings to always see the Buddhas and be able to do buddha-work; by these roots of goodness may we enable all sentient beings to always see the Buddhas and never be lazy about buddha-work; by these roots of goodness may we enable all sentient beings to always see the Buddhas and be joyful and pure in mind and never regress; by these roots of goodness may we enable all sentient beings to always get to see the Buddhas and attain good understanding; by these roots of goodness may we cause all sentient beings to always see the Buddhas and not give rise to clinging attachments; by these roots of goodness may we cause all sentient beings to always see the Buddhas and comprehend without obstruction; by these roots of goodness may we enable sentient beings to always see the Buddhas and accomplish the practices of Universal Good; by these roots of goodness may we cause all sentient beings to always see the Buddhas appearing before them, never leaving them for moment; by these roots of goodness may we cause all sentient beings to always see the Buddhas and produce the infinite powers of enlightening beings; by these roots of goodness may we enable all sentient beings always to see the Buddhas and never forget their teachings.'"

집착하지 않는 회향

"불자들이여, 보살마하살이 다시 여러 선근으로써 이와 같이 회향합니다. 이를테면 업에 집착하기 때문에 회향하는 것이 아니며, 과보에 집착하기 때문에 회향하는 것이 아니며, 마음에 집착하기 때문에 회향하는 것이 아니며, 법에 집착하기 때문에 회향하는 것이 아니며, 사물에 집착하기 때문에 회향하는 것이 아니며, 원인에 집착하기 때문에 회향하는 것이 아니며, 말과 음성에 집착하기 때문에 회향하는 것이 아니며, 이름과 구절과 문장에 집착하기 때문에 회향하는 것이 아니며, 회향에 집착하기 때문에 회향하는 것이 아니며, 중생을 이롭게 하는데 집착하기 때문에 회향하는 것이 아닙니다."

佛子 菩薩摩訶薩 復以諸善根 如是廻向. 所謂不以取着業故廻向, 不以取着報故廻向, 不以取着心故廻向, 不以取着法故廻向, 不以取着事故廻向, 不以取着因故廻向, 不以取着語言音聲故廻向, 不以取着名句文身故廻向, 不以取着廻向故廻向, 不以取着利益衆生故廻向.

"Great enlightening beings also dedicate roots of goodness in this way: they do not dedicate them because of attachment to deeds, they do not dedicate them because of attachment to rewards, they do not dedicate them because of attachment to mind, they do not dedicate them because of attachment to things, they do not dedicate them because of attachment to events, they do not dedicate them because of attachment to cause, they do not dedicate them because of attachment to words and speech, they do not dedicate them because of attachment to names, phrases, and statements, they do not dedicate them because of attachment to dedication, they do not dedicate them because of attachment to benefiting sentient beings."

회향의 이유

"오로지 일체 중생을 교화하고 조복하기 위하여 회향하며, 일체지의 지혜를 원만히 이루기 위해 회향하며, 걸림 없는 지혜를 얻기 위해 회향하며, 장애가 없는 청정한 선근을 얻기 위해 회향하며, 일체 중생들로 하여금 생사를 초월하여 큰 지혜를 증득하게 하려고 회향하며, 큰 보리심을 마치 금강석처럼 깨뜨릴 수 없게 하기 위해 회향하며, 끝내 죽지 않는 법을 성취하기 위해 회향하며, 한량없는 장엄거리로 부처님의 종성을 장엄하여 일체지의 자재함을 나타내 보이려고 회향합니다."

但爲敎化調伏一切衆生故廻向, 但爲成滿一切智智故廻向, 但爲得無碍智故廻向, 但爲得無障碍清淨善根故廻向, 但爲令一切衆生 超出生死 證大智慧故廻向, 但爲令大菩提心 如金剛不可壞故廻向, 但爲成就究竟不死法故廻向, 但爲以無量莊嚴 莊嚴佛種性 示現一切智自在故廻向.

"Enlightened people-they only dedicate them to edify and pacify all sentient beings, to fulfill all-knowledge, to attain unobstructed knowledge, to attain unhindered pure roots of goodness, to cause all sentient beings to transcend birth and death and realize great knowledge, to cause the great determination for enlightenment to be adamant and unbreakable, to accomplish the method of ultimate immortality, to adorn the lineage of Buddhas with infinite adornments, to reveal the freedom of universal knowledge."

중생을 위해 회향함

"또 일체 중생으로 하여금 모든 지옥을 영원히 떠나게 하려고 회향하며, 일체 중생으로 하여금 축생의 갈래에 들어가지 않게 하려고 회향하며, 일체 중생으로 하여금 *염라왕의 처소에 가지 않게 하려고 회향하며, 일체 중생으로 하여금 도를 가로막는 모든 것을 없애게 하려고 회향하며, 일체 중생으로 하여금 모든 선근을 만족하게 하려고 회향하며, 일체 중생으로 하여금 때에 맞게 *법륜을 굴릴 수 있게 하고 모두를 기쁘게 하려고 회향하며, 일체 중생으로 하여금 십력의 바퀴에 들어가게 하려고 회향하며, 일체 중생으로 하여금 보살의 그지없이 청정한 법의 *서원을 만족하게 하려고 회향합니다."

又爲令一切衆生 永離一切地獄故廻向, 爲令一切衆生 不入畜生趣故廻向, 爲令一切衆生 不往閻羅王處故廻向, 爲令一切衆生 除滅一切障道法故廻向, 爲令一切衆生 滿足一切善根故廻向, 爲令一切衆生 能應時轉法輪 令一切歡喜故廻向, 爲令一切衆生 入十力輪故廻向, 爲令一切衆生 滿足菩薩無邊淸靜法願故廻向.

"Also, they dedicate the roots of goodness to cause all sentient beings to forever leave behind all hells, to cause all sentient beings not to enter into animalistic dispositions, to cause sentient beings not to go to the realm of ghosts, to cause all sentient beings to get rid of all factors hindering enlightenment, to cause all sentient beings to fulfill all roots of goodness, to cause all sentient beings to be able to expound the teaching in accord with the time and bring joy to all, to cause all sentient beings to enter the sphere of the ten powers, to cause all sentient beings to fulfill the boundless pure ways and vows of enlightening beings."

[주]
*염라왕: 閻羅王, 25품 제1회향 참고.
*법륜: 法輪, ⓢDharmacakra, 25품 제5회향 참고.
*서원: 誓願, ⓢpraṇidhāna, 24품 참고.
*십력: 十力, ⓢDaśa-balāni, 25품 제4회향 참고.

모든 허물을 떠난 회향

"불자들이여, 보살마하살이 온갖 선근으로 이와 같이 회향할 때 *삼유와 *오욕의 경계를 탐착하지 말아야 합니다. 왜냐하면, 보살마하살은 마땅히 탐욕 없는 선근으로써 회향해야하며, 성냄 없는 선근으로써 회향해야하며, 어리석음 없는 선근으로써 회향해야하며, 해롭지 않은 선근으로써 회향해야하며, 교만을 떠난 선근으로써 회향해야하며, 아첨하지 않는 선근으로써 회향해야하며, 소박하고 정직한 선근으로써 회향해야하며, 부지런한 선근으로써 회향해야하며, 수행하는 선근으로써 회향해야 하기 때문입니다."

佛子 菩薩摩訶薩 以諸善根 如是廻向時 不應貪着三有五欲境界. 何以故 菩薩摩訶薩 應以無貪善根廻向, 應以無瞋善根廻向, 應以無癡善根廻向, 應以不害善根廻向, 應以離慢善根廻向, 應以不諂善根廻向, 應以質直善根廻向, 應以精勤善根廻向, 應以修習善根廻向.

"When great enlightening beings dedicate roots of goodness in this way, they should not greedily cling to objects of desire. Why? Great enlightening beings should dedicate roots of goodness free from greed, should dedicate roots of goodness free from anger, should dedicate roots of goodness free from delusion, should dedicate roots of goodness free from malevolence, should dedicate roots of goodness free from pride, should dedicate roots of goodness free from deceitfulness, should dedicate roots of goodness of honesty, should dedicate roots of goodness of diligence, should dedicate roots of goodness of cultivation and practice."

[주]

*삼유: 三有, 25품 제1회향 참고.

*오욕: 五欲, 모든 욕구의, 대상이 되는 색(色)・성(聲)・향(香)・미(味)・촉(觸). 또는 재물욕・성욕・음식욕・명예욕・수면욕.

회향의 이로움

"불자들이여, 보살마하살이 이와 같이 회향할 때 깨끗한 신심을 얻고 보살행을 기쁘게 인내하고 받아들이며, 청정하고 큰 보살도를 닦아 부처님의 종성을 갖추어 부처님의 지혜를 얻으며, 모든 나쁜 짓을 버리고 마군의 업을 떠나 선우를 가까이 하며, 큰 원을 이루어서는 중생들을 청하여 크게 보시하는 법회를 베풉니다."

佛子 菩薩摩訶薩 如是迴向時 得淨信心 於菩薩行 歡喜忍受, 修習清淨大菩薩道 具佛種性 得佛智慧, 捨一切惡 離衆魔業 親近善友, 成己大願 請諸衆生 設大施會.

"When great enlightening beings practice dedication in this way, they attain minds of pure faith, joyfully accepting the practices of enlightening beings, cultivating the pure great path of enlightening beings, endowed with the essence of buddhahood, attaining enlightened knowledge and wisdom, abandoning all evil, getting rid of all manias, associating with good spiritual friends, and, fulfilling their own great vows. they invite all sentient beings to partake of their charity."

10회향의 과위

"불자들이여, 보살마하살이 이와 같이 회향할 때 법계의 한량없이 평등하고 청정한 몸에 편안히 머물며, 법계의 한량없이 평등하고 청정한 말에 편안히 머물며, 법계의 한량없이 평등하고 청정한 마음에 편안히 머물며, 법계의 한량없이 평등한 보살의 청정한 행원에 편안히 머뭅니다. … 불자들이여, 이것이 보살마하살의 제10회향인 '등법계무량회향(법계에 평등하게 머무는 한량없는 회향)'이라고 합니다. 보살마하살은 법보시와 같은 일체 선근으로써 이와 같이 회향할 때, 보현의 한량없고 그지없는 보살의 행원을 원만하게 성취하며, 온 허공과 법계의 모든 부처님 세계를 모두 깨끗하게 장엄할 수 있고, 일체 중생으로 하여금 역시 이와 같이 끝없는 지혜를 충분히 성취하여 일체 법을 깨닫게 합니다."

佛子 菩薩摩訶薩 如是廻向時 安住法界無量平等清淨身, 安住法界無量平等清淨語, 安住法界無量平等清淨心, 安住法界無量平等諸菩薩清淨行願. … 佛子 是爲菩薩摩訶薩 第十住等法界無量廻向. 菩薩摩訶薩 以法施等一切善根 如是廻向時, 成滿普賢無量無邊菩薩行願, 悉能嚴淨盡虛空等法界一切佛刹, 令一切衆生 亦復如是 具足成就無邊智慧 了一切法.

"When great enlightening beings practice dedication in this way, they abide in equal pure embodiments infinite as the cosmos, they abide in equal pure speech infinite as the cosmos, they abide in equal pure minds infinite as the cosmos, they abide in equal pure commitments of enlightening beings infinite as the cosmos. … This is great enlightening beings' tenth dedication, dedication as infinite as the cosmos. When great enlightening beings dedicate all roots of goodness, such as giving of teaching, in this way, they fulfill the infinite, boundless commitment of Universal Good, are able to purify all buddha-fields throughout the cosmos, equal to space, and cause all sentient beings to also attain such fully developed boundless knowledge, understand all truths."

게송으로 10회향을 노래함

보살이 법의 지혜 성취하여서 菩薩成就法智慧
끝없는 바른 법문 깨달아 알고 悟解無邊正法門
법의 광명으로써 인도하는 스승되어 爲法光明調御師
걸림없는 진실한 법 분명히 아시네 了知無碍眞實法
Enlightening beings accomplish knowledge of truth,
Understanding boundless ways of right teaching:
Becoming teachers with the light of truth,
They know the unobstructed genuine verity.

수행에 따라서 훌륭하게 법보시하고 隨所修行妙法施
곧바로 그들의 선근 또한 관찰하여서 則亦觀察彼善根
중생 위해 지으셨던 온갖 선한 일을 所作衆善爲衆生
지혜로써 모두 다 회향합니다 悉以智慧而廻向
According to the giving of the wonderful teaching they practice,
They also examine their roots of goodness;
The good deeds they do for sentient beings

They dedicate all with knowledge.

부처를 이루려는 공덕의 법을 所有成佛功德法
모두 다 되돌리어 중생에 보시하니 悉以廻施諸群生
중생들이 모두 다 청정하게 되어 願令一切皆清淨
부처님 깨달음 경지에 이르길 원합니다 到佛莊嚴之彼岸
The virtuous ways to attain buddhahood
They pass on to living beings,
Wishing that all may be pure
And reach the Buddhas' magnificent other shore.

세간의 중생들이 한량 없지만 世間衆生無有量
보살은 분별하여 다 알 수 있고 菩薩悉能分別知
부처님 한량없음이 중생과 같아 諸佛無量等衆生
크나큰 마음으로 모두 공양합니다 大心供養咸令盡
The sentient beings of the worlds, without measure,
Enlightening beings can distinguish and know.
The Buddhas are as infinite as living beings;
They generously present offerings to them all.

부처님께 공양하고 찬탄하기를 供養讚歎諸如來
저 세간의 일체 겁이 다할 때까지, 盡彼世間一切劫
세간의 모든 겁이 끝날지라도 世間劫數可終盡
보살의 공양함은 쉼이 없습니다 菩薩供養無休懈
They provide for and laud the Buddhas

Throughout all ages of the world;
The ages of the world may come to an end,
But enlightening beings' offerings never cease.

회향하는 일처럼 보시 행하고 如其廻向行布施
금지하는 계율 역시 굳게 지니며 亦復堅持於禁戒
오랜 정진에도 겁내어 물러섬 없고 精進長時無退怯
욕됨을 참고 화평하여 흔들림 없네 忍辱柔和心不動
Practicing giving in accord with their dedication
And also strictly maintaining the precepts,
Persevering over the long run, unshrinking,
Tolerant, gentle, minds unstirred,

선정에 든 마음 항상 한 곳에 있고 禪定持心常一緣
지혜로 깨달은 경지 삼매와 같아 智慧了境同三昧
과거 미래 현재를 다 통달하니 去來現在皆通達
세간의 그 끝없음을 알게 됩니다 世間無有得其邊
In meditation keeping th mind on one point,
By wisdom comprehending objects, same as concentration,
Penetrating past, future, and present,
To which none in the world can find any bounds-

비유하면 법계가 분별 없듯이 譬如法界無分別
허망함에 물든 것이 영원히 다하고 戲論染着皆永盡
열반 역시 아무 장애 없는 것처럼 亦如涅槃無障碍

마음도 늘 이처럼 온갖 집착 떠납니다　　心常如是離諸取

Like the cosmos, free from false discrimination,
The stain of inanity is forever gone;
And as nirvana has no obstructions,
Their minds likewise are free from all grasping.

보시는 자기를 깨끗하게 하는 것입니다.

Practice of giving
is to make one clean himself.

보살은 큰 자비심으로 중생들을 제도한다고 합니다. 중생을 인도하는 스승이 되어 일체지에 이르는 길을 보여주고, 참으로 든든한 선우가 되어 중생들의 선근을 자라게 도와준다고 합니다. 보살의 행은 참으로 훌륭한 것이어서 자비심이 아니고는 도저히 해낼 수 없는 일이라 생각합니다.

중생제도를 서원한 사람이 보살입니다. 깨달음을 행하는 것으로 자기의 삶을 결단하는 사람이 보살입니다. 그저 중생을 이롭게 하리라는 정도가 아니라, 자기가 성불하지 못하더라도 다시 말해 자기 성불을 희생시키면서까지도 중생들을 먼저 제도하리라는 결심을 하고 있지요.

자비의 철저함을 보여준 분이 지장보살입니다. 지장보살은 효순자비(孝順慈悲)의 마음으로 특히 죄악에 빠져있는 중생을 구하려는 본원을 세워, 지옥의 마지막 한 중생까지 다 구제하지 않으면 부처가 되지 않겠다고 맹세를 하였지요. 무지한 중생이 있는 한 지옥중생이 없을 리 없고, 지옥 중생이 있는 한 지장보살은 성불하지 않고 그들 곁에서 그들의 구원을 위해 남아있을 것입니다.

피붙이인 자식을 돌보는 것도 지쳐 팽개치고 싶을 때가 있고, 나를 낳아준 부모도 늙고 병들면 귀찮아질 수가 있는데, 지옥 중생을 구하기 위해 온갖 고통을 자처한다는 것은 얼마나 어려운 일일까요. 그곳은 불구덩이일 수도 있고 가시밭길일 수도 있는데, 오로지 보살의 자비심이 아니고서는 극복해내지 못할 것입니다.

마더 데레사 수녀님이 생각납니다. 그 분의 이웃 사랑은 바로 보살정신 그대로라고 해도 좋을 것입니다. 그 분은 제도와 관습의 종교를 초월한 수도자였지요. 삶속에서 자비심을 실현하며 사신 분입니다. 노벨평화상을 수상한 업적을 굳이 들지 않더라도, 가난한 자와 병든 자 그리고 고아와 죽어가는 자들을 위해 온 몸을 던져 희생하고 봉사하여 보살정신을 구현한 진정한 수도자였습니다.

아프고 고통 받는 대상에 직면할 때 마음속에 잠재된 자비심이 드러납니다. 어려움에 처한 사람을 볼 때 그를 위해 진정으로 어떤 도움이 되고 싶다는 마음을 갖게 된 적이 있을 것입니다. 관념적으로 자비를 생각한다고 자비심이 우러나는 것이 아닙니다. 말로는 자비심을 외치면서 아프고 가난한 사람을 외면한다면 그것은 아무런 소용이 없습니다. 고통을 경험해보지도 못했고, 고통 받는 사람을 본 적도 없다면 자비심이 무엇인지도 짐작할 수 없을 테니까요. 그래서 학생들에게는 체험을 위해서도 남을 돕게 하고, 의무적인 봉사활동을 통해서도 사랑과 자비의 고귀함을 느낄 수 있도록 하는 가르침이 필요한 것이지요. 돈을 많이 벌고 큰 지위에 오른 뒤에 온 우주를 껴안을 자비를 베풀겠다고 생각할 것이 아니라, 손닿는 곳에 있는 가까운 이웃에게서부터 먼저 작은 사랑과 자비를 실천하는 삶을 살아야겠습니다.

보살마하살은 부처님의 바른 가르침 가운데에서 한 구절이나 한 게송만이라도 듣고 받아 지니어 연설할 수 있게 되기를 바란다고 합니다. 일즉일체라고 했듯이 한 구절의 가르침이라도 바르게 깨달아 지니고 실천할 수 있다면, 그것이 참된 불자의 태도가 아닌가 생각합니다.

부처님의 말씀을 받아 지니고 실천하는 것, 또 그것을 다른 사람에게 말하여 전하는 것은 참으로 중요한 일입니다. 『금강경』에서도 경의 사구게 하나만이라도 받아 지녀 남에게 전해주는 사람의 짓는 복이 무엇에도 비할 수 없을 만큼 많다고 하였습니다. 즉 삼천대천세계만큼의 금은보화를 보시하는 사람이 짓는 복보다 많고, 강가강의 모래 수 세계만큼의 금은보화를 보시하는 사람이 짓는 복보다 많고, 삼천대천 세계에 있는 수미산처럼 가장 큰 산들을 전부 합친 것만큼의 금은보화를 보시하는 사람이 짓는 복보다 많고, 강가강의 모래 수만큼 여러 번 몸을 보시하는 사람이 짓는 복보다 많고, 백천만억 겁 동안 계속 몸을 보시하는 사람이 짓는 복보다 많다고 했습니다. 이런 사람들이 짓는 복은 상상할 수도 없이 많고 한량없이 많고 끝도 없이 많고 비교할 수없이 많아서 최고의 바른 깨달음을 이룰 것이라고 했지요. 심지어 여래가 무량아승기겁 동안 팔만사천만억 나유타 부처님을 친견하면서 지극정성으로 받들어 섬기고 공양하면서 지은 복보다, 말법세상에서 이 경을 받아 지녀 독송하며 남에게 전해주는 사람이 짓는 복이 더 크다고 하였습니다.

경구절을 깊이 마음에 새기고 지닌다는 것은 결국 부처님 가르침대로 몸으로 실천하며 산다는 것을 의미하는 것이겠지요. 팔만사천이나 되는 부처님 말씀을 다 읽어야 불자가 되는 것이 아니라, 단 한 구절이라도 진정으로 받아들이고 체득하는 것이 중요한 것입니다. 또 자기 혼자만이 아니라 다른 사람에게도 연설하여 전하는 것이 중생제도를 서원한 보살의 사명이기도 하겠지요. 연설이라는 것이 반드시 언어적인 방법만은 아닐 것입니다. 언어 이전의 삶의 방식과 태도를 통하여 전해지기도 하니까요. 이렇게 나와 이웃이 모두 부처님의 말씀대로 살아간다면 그곳이 곧 불국토가 아니고 무엇이겠습니까.

한 구절, 한 게송이라 하여 가벼이 보아서는 안 될 것입니다. 예를 들어 부처님께서 보살의 수행덕목으로 보시・지계・인욕・정진・선정・반야・방편・원・력・지의 십바라밀을 말씀하셨습니다. 불자라 하면서도 단 한 가지도 제대로 실천한 것이 있는지 반성해보아야겠지요. 보시를 제대로 하는 것으로 부처님 가르침 모두를 실천하는 것이라 할 수 있고, 지계나 인욕을 철저히 수행하는 것으로도 부처님의 모든 가르침과 회통한다고 말할 수 있을 것입니다. 그러나 단 한가지라 하여 결코 쉬운 일이 아닙니다. 우리도 경문을 읽으면서 마음에 와 닿는 구절을 한 주에 한 게송이라도 마음에 지니면서 실천하려는 노력을 꾸준히 해나가야겠습니다. 처음에는 금방 잊어버리기도 하고 마음만큼 실천에 옮기지 못하는 일도 있겠지요. 그러나 매일 조금씩 주는 물이 큰 나무가 되게 하는 생명수가 되듯이, 한 구절씩의 가르침이 결국 보살행을 하는 밑거름이 될 것입니다.

보살이 자신을 위해 청정한 행을 수행하는 것이 곧 일체중생을 위한 것이 된다고 합니다. 스스로 먼저 닦음으로써 중생을 이끌 수 있게 되기 때문입니다. 경문에서 보살의 자리(自利)와 이타(利他)가 둘이 아님을 확연히 보여주고 있음을 알 수 있습니다.

보살도를 상구보리(上求菩提), 하화중생(下化衆生)이라고 할 수 있습니다. 보살이 깨달음을 얻고자 수행하는 것을 자리(自利)라 한다면, 중생을 제도하는 것을 이타(利他)라고 합니다. 이 두 가지는 서로 별개의 것이 아니지요. 자기가 깨달은 만큼 남을 이끌 수 있고, 남을 제도하는 가운데 깨달음도 커지는 법이니까요. 남을 제대로 잘 이끌기 위해서라도 자신의 수행을 게을리 해서는 안 됩니다.

경문에서 보살마하살이 스스로 청정한 수행을 하지 못하면 남으로 하여금 청정한 행을 얻도록 할 수 없으며, 스스로 청정한 행에서 물러서면 남으로 하여금 물러서지 않도록 할 수 없으며, 스스로 잘못이 있으면 남으로 하여금 잘못 없도록 할 수 없으며, 스스로 게으르면 남으로 하여금 게으르지 않도록 할 수 없으며, 스스로 흔들리면 남으로 하여금 흔들리지 않도록 할 수 없다고 합니다.

이러한 구절에서 사회를 이끌어가는 지도자나, 가르침을 담당하는 교육자가 먼저 실천하고 모범을 보여야 하는 것의 중요성을 배울 수 있습니다. 정말 훌륭한 스승은 말로 가르치는 것이 아니라 행동과 실천으로 가르칩니다. 자기가 행하지 않으면서 남에게 요구하는 것은 이미 진실성을 잃어버렸기 때문에 설득력을 갖지 못합니다. 법을 지키지 않는 지도자가 국민을 향해 법을 지킬 것을 요구하거나 나쁜 짓을 저지른 스승이 제자를 향해 선하게 살 것을 부르짖는다면, 비웃음을 살 뿐 존경과 신뢰를 받을 수는 없을 것입니다.

평생을 구도의 길에서 보살의 삶을 살아오신 분을 본 적이 있습니다. 큰 나무의 그늘아래 사람들이 모이듯, 그 분의 가르침의 나무 아래에는 늘 사람이 많았지요. 때로는 주옥같은 말씀으로 연설하시기도 하고, 때로는 따뜻한 음성으로 아픔을 어루만져주시기도 하지만, 무엇보다 그 분의 삶을 통해 보여준 모든 것이 가르침이었습니다. 그래서 그 분의 이름을 듣는 것만으로도, 먼발치서 모습을 뵙는 것만으로도, 부드러운 표정과 미소를 한 번 보는 것만으로도 기쁨이 되고 공부가 되는 것입니다. 그분의 인생이 순탄하기만 하고, 장애가 없어 인자하신 성품을 가지게 된 것은 아닙니다. 가난도 있었고, 죽음의 문턱에 이를 만큼의 고통도 있었고, 가까운 이로부터의 배신의 쓰라림도 있었습니다. 그러나 모든 사람들이 자기의 안위를 위해 어려움을 외면하고 떠나는 상황에서도 한결같이 인욕하며 끝까지 신뢰를 지켜 주변을 놀라게 하였지요. 어려운 이웃을 보면 자식의 고통을 보듯 진정으로 마음 아파하며 상대의 자존심에 상처를 주지 않으면서 자비를 베풀었고, 참기 힘든 모멸의 순간에도 성내는 대신 사랑의 힘으로 이겨내는 것을 보았습니다. 사람이 참 아름답다는 것을 그 분을 보고 느꼈었지요.

욕심 내지 말고 성내지 말라는 글을 백 번 읽는 것보다 그것을 실천하며 사는 사람을 한 번 보는 것이 더 큰 감동을 줍니다. 굳이 말로 하지 않아도 삶 자체가 가르침이 되어 사람들이 본받도록 합니다. 이런 경우 자리와 이타는 별개의 것이 아닙니다. 자리가 곧 이타이고 이타가 곧 자리인 것이지요. 욕심을 버리지 못한 사람들은 자신을 위한 일이 타인에게는 상처가 될 수 있고, 타인을 위하려 하면 자신에게 불이익이 되는 경우가 많습니다. 이 두 가지가 일치되는 삶을 산다면, 그것이 바로 보살의 삶일 것입니다.

스스로 모범을 보여야 한다는 것을 알면서도 참 힘든 것 같습니다. 남을 꾸짖고 고치려 하기에 앞서 자신의 마음을 먼저 조복하는 것이 우선임을 알겠습니다.

자식이 공부 잘하기를 바라는 부모는 많지만, 공부하는 모습을 보여주는 부모는 많지 않습니다. 자기는 TV를 보고 웃고 떠들면서 자녀에게는 들어가서 조용히 공부하라고 하는 부모가 많습니다. 심지어 자기는 도둑질 하면서 자식에게는 그래서는 안 된다고 말하지요. 자신은 불행하면서 자식보고는 행복 하라 말합니다. 물론 자녀의 행복을 바라지 않는 부모가 어디 있겠습니까만, 부모의 불행한 모습을 보고 자란 자녀는 행복하기가 쉽지 않습니다. 그래서 가장 훌륭한 자녀교육은 부모가 자녀에게 요구하는 대로 바르게 살고 행복하게 사는 모습을 보여주는 것이지요.

아이들끼리 말다툼을 벌이다 주먹이 오가면서 한 아이 얼굴에 멍이 들었습니다. 그 아이는 그 길로 병원으로 달려가 사진을 찍고 진단서를 받아 상대방 아이의 부모를 협박하여 돈을 받아낸 사건이 있었습니다. 아이들끼리 싸울 수도 있고 다칠 수도 있는데, 뼈가 부러지거나 치명적인 상처를 입은 것도 아닌 상황에서 다친 것을 이용해서 돈을 뜯어낸다는 것은 참으로 씁쓸한 일이 아닐 수 없지요. 보통의 부모 같으면 내 아이를 먼저 혼내고, 친구간의 다툼조차도 교훈이 되도록 지도했겠지요. 그러나 그 부모가 늘 다툼을 일삼고, 그 다툼을 빌미로 상대의 약점을 잡아 돈을 뜯어내는 것을 보고 자란 아이라 자연스럽게 부모를 보고 배우게 된 것이지요.

법이 없어 사회가 무질서한 것이 아닙니다. 그것을 지키지 않기 때문에 무질서한 것입니다. 탈세를 한 사람이 부를 누리고, 탈법을 한 사람이 출세를 하는 사회가 되어서는 법은 권위를 잃게 되겠지요. 불법에서도 지계(持戒)를 강조합니다. 계를 지킴으로써 탐심을 없애고, 고요히 마음을 다스림으로써 성내는 마음을 잠재우고, 지혜로써 어리석은 마음을 물리치라 했습니다. 스스로에 대한 견책과 참회로써 바른 길을 걸어갈 때, 저절로 다른 사람의 귀감이 될 것입니다.

말만 앞세우고 실천하지 못할 때가 많은데, 말할 때도 좀 더 신중해야겠다는 생각이 듭니다. 보살마하살은 말하는 것이 진실하여 말한 대로 수행한다고 하는 구절을 읽으니 부끄러움이 앞섭니다.

마음도 진실해야겠지만, 말도 진실해야하고, 행동도 진실해야 합니다. 흔히 마음과 다르게 말하고, 말한 것과 다르게 행동하는 사람을 볼 수 있습니다. 입을 통해 말이 밖으로 나갔을 때는 나 혼자만의 것이 아닙니다. 그것은 남들에게 공언하는 것이 되고, 약속하는 것이 되기 때문입니다. 그러므로 지키지 못할 일을 함부로 남발해서는 안 되겠지요.

그렇지만 먼저 그리하겠노라는 약속을 해놓고 그 약속을 지키기 위해 애를 쓰는 경우도 있습니다. 결혼을 축하하기 위해 모인 여러 하객들 앞에서 부부가 서로 사랑하며 살겠노라는 혼인서약이 그렇고, 불법을 익힌 사미와 사미니가 계를 지키며 수행하겠노라고 약속하는 수계식이 그렇습니다. 이런 의식을 통해서가 아니더라도 우리는 수 없이 장담하고 약속합니다. 사람들은 이것을 지키는 경우도 있겠지만, 더러는 무책임하게 말만 앞세워 실망하고 좌절하게 합니다. 때로는 언어가 폭력이 되어 나쁜 목적으로 거짓말을 하거나 상대를 이용하고 협박하는 수단이 되기도 합니다.

어릴 때부터 부모에게 '이 버러지 같은 놈. 나가 죽어라'는 말을 듣고 자란 자녀가 있었지요. 결혼도 하고 나름대로의 사회적 성공을 이루고도, 부모에게서 들은 말 때문에 자기는 너무나 초라하고 쓸모없는 존재라고 믿고 있었습니다. 어떤 일을 해도 자신감이 없고 남들에게 당당하지 못하여 결국 삶의 의미를 잃고 자살을 시도하기에 이르렀습니다. 이 사람과 자살시도에 대해 이야기를 했을 때, 외부에서 평가하는 그 사람의 능력과 자질에 비해 스스로는 굉장히 비참하고 보잘 것 없는 존재로 생각하고 있는 것을 알게 되었습니다. 부모가 자식 잘 되라고 훈계할 때도 어떤 말을 사용하느냐에 따라 약이 되기도 하고 독이 되기도 한다는 것을 알아야 합니다.

특히 언어를 매개로 하는 영적 지도자들은 말로써 사람을 살리기도 하고 죽이기도 합니다. 심리적으로 영적으로 상처를 입히는 것도 폭력이고 살인입니다. 영적 폭력이지요. 우리는 서로의 영혼과 삶에 영향을 미치고 있습니다. 내 말이 누군가에게 상처가 된 적은 없었는지 생각해 보아야 하겠습니다.

보살은 스스로 평화롭고 인내하고 선근으로써 마음을 조복해야 남에게도 그렇게 하도록 할 수 있다고 하였습니다. 인내하지 못하면 분노가 터져 나오기 때문에 자신도 남도 평화를 유지할 수 없게 됩니다. 참기 힘든 상황도 잘 참아내어 늘 평화로운 마음을 유지하고 싶습니다.

화를 조절하는 것은 큰 수행입니다. 요즘 뉴스를 보면 친구끼리 술을 마시다가도 순간적인 분노를 참지 못하고 살인을 저지르거나, 애인의 변심으로 불을 지르거나, 자기 뜻대로 되지 않는다고 부모에게도 폭행을 저지르는 사건이 매일 같이 보도되고 있습니다.

모욕적인 말을 들었다고 다 싸움이 되는 것은 아닙니다. 문제는 모욕을 당하는 사람에게만 있는 것이 아니라, 모욕적인 언사를 내 뱉는 그에게도 문제가 있으니까요. 어떻게 듣느냐에 따라 반응은 달라집니다. 사람에 따라서는 그것을 충고로 받아들여 자기반성의 기회로 삼을 수도 있을 것입니다. 어쩌면 어이없는 웃음으로 일축해버리는 사람도 있겠지요. 그러나 어떤 사람은 상대의 말이 떨어지기 무섭게 온몸이 불덩이에 휩싸이듯 분노에 이글거리며 바로 폭행으로 이어지는 사람도 있습니다. 단 몇 초라도 마음의 여유가 있었다면 극단적인 사건으로 이어지진 않았을 텐데, 마치 폭탄이 터지듯 자신을 태우고 남을 태우고 말지요.

내가 왜 이 말을 듣고 화가 나는지, 상대는 무슨 이유로 그런 말을 하는지, 그게 정말 내 잘못으로 인한 것인지 아니면 상대의 투사로 인해 그런 말을 하는 것인지, 내 마음속의 어떤 역동이 그 말을 그토록 참기 어려운 모욕으로 느껴지게 하는지, 순간적으로 일어난 분노를 나는 어떻게 해결하고 있는지 성찰해본 적이 있습니까. 이러한 성찰은 화가 났을 때 몇 초 사이에 이루어지기는 어렵습니다. 평소에 자기 마음의 움직임을 관찰하고 묵상하는 생활 속에서 자연스럽게 이루어지는 것입니다.

항상 깨어있어서 자기 마음을 놓치지 않고 잘 관찰하는 사람은 '내가 지금 저 사람의 말에 화가 나려고 하는구나. 그것은 내가 가진 약점 때문이지. 그러니까 저 사람의 잘못이기보다 내가 가진 문제라고 해야겠지. 저 사람에게 화풀이 할 일이 아니야.'라는 각성이 저절로 이루어집니다. 그러니 상대의 말에 휘둘려 화에 빠지지 않고, 문제의 핵심을 보게 되니까 화를 낼 일이 없어지는 것이지요.

수년 전 인도와 네팔을 여행하면서 어느 스님과 동행한 적이 있었습니다. 며칠이 지나면서 친분이 생기자 서로 격의 없이 대하게 되었는데, 한번은 하루일정을 마친 여행객들이 둘러앉아 허심탄회하게 이야기하는 자리에서 삶의 태도에 대한 논쟁이 벌어졌지요. 이미 취기에 오른 철학교수 한 분이 올바른 삶의 방식을 설파하면서 지도자의 입장에 있는 사람들의 책임을 강조하였습니다. 물론 종교지도자도 예외가 아니어서 그 자리에 있던 스님도 거침없는 질타를 받게 되었습니다.

물론 개인에 대한 공격은 아니었고, 여행 중의 자유로운 대화의 장이긴 했지만, 구성원 모두가 친분이 있는 사이가 아니었고 일반인들 사이에서 체면이 손상되었다고 느낄 수도 있었겠지만, 그 스님의 태도는 정말 훌륭했습니다. 종교인으로서 권위를 내세우지도 않았고, 질타와 비판에 대해 노여워하지도 않았습니다. 오히려 다음 날이 되어 제일 크게 꾸짖어 준 철학교수를 찾아가 깊이 감사를 드리기도 했습니다. 묵묵히 비판을 받아들이며 스스로는 참회하고 깨달음을 위한 화두로 삼는 태도로 전환하는 것을 보았습니다. 짧은 만남이었지만 수행자로서의 수용하고 인내하며 닦아나가는 모습은 매우 놀랍고 감동적이었습니다. 후에 알았지만 그 분은 미국에서 포교활동을 하시는 큰 스님이었습니다.

살아가면서 끊임없이 외부와의 갈등과 내면의 번뇌에 마주치게 됩니다. 그것을 어떻게 받아들이고 조복하는가 하는 것은 사람마다 다를 것입니다. 보살마하살과 같이 스스로 평화를 유지할 수 있어야 다른 사람도 그렇게 할 수 있도록 인도할 수 있겠지요.

보살마하살은 항상 부처님을 뵙고 불사를 짓기를 원하고 불사에 태만한 마음을 내지 않기를 원한다고 합니다. 요즘 불사(佛事)라고 하면 흔히 사찰을 건축하거나 불상을 조성하거나 하는 일에 붙이는 용어로 쓰이고 있는데, 보살이 행하기를 원하는 진정한 의미의 불사는 무엇인지 궁금합니다.

불사란 말 그대로 불교의 일입니다. 부처님의 가르침을 펴는 일이며 또 부처님을 받드는 일이기도 하고, 불교의 교법을 전하기 위해 행해지는 모든 일을 말하지요. 요즘은 일반적으로 절에서 행하는 행사나 법회나 기도 등도 모두 불사라고 일컫고 있지요.

최근 들어 불사의 의미가 물질적 사업의 의미로 축소되어 쓰이고 있는 실정입니다. 각 사찰마다 사찰의 터를 넓혀 새로운 집을 짓고, 되도록이면 큰 불상을 조성하느라 경쟁적으로 사업을 벌이면서 불사라는 용어를 쓰고 있는 것을 볼 수 있습니다. 사찰 개보수를 위한 불사, 불상조성 불사, 기와 불사, 개금 불사, 가사불사, 석등 불사, 범종 불사 등 … 수 없는 불사가 있어, 마치 사찰의 세를 확장하는 것이 불사인가 착각을 일으키게 하기도 합니다. 불법을 펼치기 위해 사찰이 굳건한 기반을 가지는 것은 좋은 일입니다. 불자들이 자기 형편 되는 대로 십시일반 성의를 모아 오래 된 사찰을 수리하고 돌보는 일은 불자로서 당연한 일이고 필요한 일이기도 하지요. 그러나 무리하게 공사를 진행하다 보면 은근히 신도들을 압박하게 되고, 부담을 느낀 신도들은 경제력으로 신심을 평가받는 것 같은 기분이 들면서 불법에까지 회의를 느끼게 되는 경우가 있습니다.

만약 부처님이 계신다면 이렇게 큰 불상을 만들고 사찰을 짓기 위해 사람들에게 보시하도록 하는 것을 어떻게 보실까요? 앞에서 말한 적이 있듯이 『금강경』에서 부처님께서는 이루 헤아릴 수 없이 많은 금은보화로 보시하는 사람이 있다 하더라도, 부처님 말씀을 지니어 실천하고 남에게도 전해주는 사람이 짓는 복이 더 크다고 말씀하셨습니다. 또한 『열반경』에 보면 부처님의 열반을 앞두고 수 없이 많은 불자들이 몰려와 저마다의 정성으로 온갖 공양을 하려고 합니다. 그러나 어떤 것도 받지 않으시고 고요히 거절하시면서 부처님의 말씀을 등불 삼아 살아갈 것을 당부하였지요.

물론 우리나라의 역사를 보면 불사의 의미가 축소되어 사용되고 있는 것이 이해되지 않는 것은 아닙니다. 조선왕조는 유교를 통치이념으로 정함에 따라 불교를 배척하는 정책을 펼쳤습니다. 오백년이나 되는 긴 세월 동안의 억불숭유(抑佛崇儒)정책은 불교를 탄압하여 불교는 피폐해질 대로 피폐해졌습니다. 사찰은 부서졌고, 경전은 불탔습니다. 겨우 명맥을 유지하는 스님들은 최하층의 신분이었고, 갖은 학대와 멸시 속에서도 불보살의 원력과 공덕으로 부처님의 가르침을 이어올 수 있었습니다. 그 후 일제강점기 때에도 온전히 부처님의 가르침을 펼칠 수 있는 형편은 아니었지요. 그러고 보면 해방 후 쓰러졌던 사찰을 일으켜 세우고, 새롭게 불상을 조성하고 승려의 위상을 바로잡는 일은 매우 중요한 일이었음에 틀림이 없었을 것입니다. 그러나 21세기가 된 지금까지도 여전히 외형적인 것에만 치중하여 일반인들이 불사의 의미조차 왜곡되게 받아들이는 실정이라면, 이것은 부처님 정신에 어긋나는 일이라 해야 할 것입니다. 물질만능주의의 시대적 흐름을 타고 신심조차도 물질로써 평가하려는 생각을 해서는 안 되겠지요.

진정한 의미의 불사를 알고자 하면 부처님이 어떤 일을 하고 싶어 하셨는지를 생각해보면 될 것입니다. 부처님은 중생들의 괴로움을 없애주고 그들을 깨달음의 저 언덕에 인도하는데 평생을 보내셨습니다. 오늘날 종교가 사랑과 자비를 실천하지 못하고, 부를 축적하고 종교권력을 키우는데 더 많은 관심을 가지고 있다면, 아무리 많은 절을 지어도 진정한 의미의 불사는 요원할 것입니다. 그러니 당연히 우리도 부처님 가르침대로 살면서 어려운 이웃을 도와 함께 깨달음을 추구하는 일을 한다면, 이것이 바로 진정한 의미의 불사라 말할 수 있겠지요.

보살마하살은 법보시로 중생을 제도한다고 합니다. 그러나 돈도 없고 배운 것도 없는 사람은 무엇으로 보시를 할 수 있을까요?

보시는 모든 종교가 공통적으로 권장하는 덕목입니다. 보시는 베푸는 것을 말합니다. 그러나 보시를 하는 이와 받는 이 그리고 보시하는 물건이 모두 청정해야 진정한 보시라고 할 수 있습니다.

흔히 보시의 종류를 재시(財施)와 법시(法施)로 나누거나, 무외시(無畏施)를 보태어 말하기도 하지만, 자기가 가진 것이 무엇이냐에 따라 베풀 수 있는 것이 다르겠지요. 남을 위해 베푼다고 하지만, 보시의 공덕에 대해서는 큰 과보가 주어진다고 하였으므로 결국 보시는 자기를 위하는 일이 되기도 합니다. 깨달음을 위한 수행덕목인 육바라밀과 십바라밀의 첫 번째 덕목도 보시이고, 중생을 이끌기 위한 사섭법의 첫 번째 덕목도 보시입니다. 그만큼 보시는 수행과 중생제도에 있어서 중요한 덕목임을 알 수 있습니다.

재물이 많다고 보시를 잘 할 수 있는 것은 아닙니다. 탐심이 많은 사람은 보시할 수 없습니다. 소유욕 때문에 자기가 가진 것이 아무리 많아도 남에게 줄 수가 없는 것이지요. 또 지식이 많다고 법보시를 많이 하는 것이 아닙니다. 오히려 아집이 많아 파당을 만들고 독선을 일삼기가 쉽지요.

부처님은 가진 것이 없어도 베풀 수 있다고 가르치고 있습니다. 그것은 부드럽고 따뜻한 얼굴로 다정하게 대하는 것(和顔施), 자비롭고 편안한 눈빛으로 대하는 것(眼施), 예의바르고 친절하게 대하는 것(身施), 아름답고 공손한 말로 대하는 것(言辭施), 선하고 어진 마음으로 대하는 것(心施), 겸손하여 남에게 자리를 양보하는 것(床座施), 편안하게 쉴 수 있는 공간을 제공해주는 것(房舍施) 등입니다.

이와 같은 보시가 돈으로 하는 보시보다 못하다고 말할 수 없습니다. 우리의 이웃이 재해를 입었을 때, 몇 만원이든 몇 십 만원이든 돈으로 돕기가 쉽지 직접 몸으로 아픔을 함께하며 그들의 손과 발이 되어주기가 쉽지 않습니다. 따뜻한 말 한마디, 진심에서 우러나오는 공경도 또 다른 보시임을 알아야겠습니다. 미소공양을 별명으로 하면서 모든 사람에게 미소로 대하겠다는 서원을 세운 사람을 보았습니다. 그의 미소를 대하는 사람이 얻게 될 기쁨과 행복은 돈으로 살 수 없는 고귀한 것입니다. 남에게 베푸는 미소 또한 보시가 될 수 있습니다.

보시는 자기를 깨끗하게 하는 것입니다. 탐욕으로부터 그리고 교만과 어리석음으로부터 자기를 정화시키는 참으로 중요한 수행덕목입니다.

보살마하살들은 일체중생으로 하여금 모든 지옥을 영원히 떠나게 하려고, 또 축생계에 떨어지지 않게 하려고 회향한다고 합니다. 저 혼자 지옥에 떨어지지 않도록 사는 것도 힘든 일일 텐데, 일체중생을 지옥과 축생계에 떨어지지 않게 하려는 보살의 삶이 참으로 거룩하게 느껴집니다.

지옥이란 불교에서 말하는 최악의 과보를 받는 곳이지요. 육도 윤회하는 중생이 가장 가기를 두려워하고 가서 안 될 곳이 지옥입니다. 그 다음이 축생이지요.

중생들은 자신이 지은 죄업과 선업에 따라 윤회하며 다른 세계에 태어나게 되는데, 그 과정을 불교에서는 넷으로 나누어 설명합니다. 전생과 금생 또는 금생과 내생의 중간에 있는 몸을 중유(中有) 혹은 중음(中陰)이라고 합니다. 금생에 잉태되는 맨 처음의 몸을 생유(生有)라 하고, 태어나서 죽을 때까지의 몸을 본유(本有)라 합니다. 금생의 목숨이 끊어지는 찰나를 사유(死有)라 합니다. 이 네 과정(四有)은 욕계와 색계의 유정물이라면 모두 갖추고 있다는 것이지요.

엄청나게 큰 죄를 저지른 사람은 중유도 없이 바로 지옥에 떨어지고, 반대로 선행을 많이 한 사람은 바로 극락정토로 간다고 합니다. 그러나 대부분의 중생은 이 생을 끝내고 다음 생을 받을 때까지 중유에 머물면서 과보에 따라 다음 생이 결정된다고 합니다. 중유의 기간에 대해서는 학자에 따라 7일 혹은 49일이라고 말하고 있지만, 흔히 우리가 죽은 이를 위해 49재를 지내며 좋은 곳으로 가기를 기원하는 이유가 여기에 있습니다.

젊은 한 때 죽음을 두고 묵상한 적이 있습니다. 금생의 이 몸이 죽어 중음신이 되었을 때, 선악을 저울질 하여 극락으로 갈 것이 허락된다면 얼씨구 좋아라 하면서 뒤돌아보지도 않고 극락길로 달려가지는 않을까 내 마음을 관찰한 적이 있지요. 누구나 가고 싶은 곳이 극락이지만 허용된 길이라 해서 선뜻 가버린다면 지옥으로 가서 고통 받을 수많은 중생을 어떻게 할 것인가를 두고 깊이 고뇌하였습니다. 중생제도에 한 번 뜻을 세웠으면 죽어서도 그것을 지켜야 참된 서원일 것이라 생각했지요. 이 땅에 버려지고 아프고 고통을 겪는 수많은 사람들에게 따뜻한 자비의 손길이 절실하듯이, 지옥고통을 함께 하고 고통을 헤쳐 나올 수 있도록 손을 잡아주어야 할 테니까요. 그래서 혹시라도 극락으로 발길을 내디딜지도 모르는 내 마음을 경계하고 끝까지 지옥으로 가리라하는 결심을 했었지요.

물론 지옥을 공간적인 개념으로 받아들이지 않아도 좋습니다. 불교에서는 중생들의 이해를 돕기 위해 염부제 아래 2만 유순을 지나 염라대왕이 지키는 팔열지옥과 팔한지옥이 있다고 설명합니다. 하지만 죽어서 지옥을 체험하는 것이 아니라 하루에도 육도를 윤회하며 울고 웃는 자신을 관찰해보십시오. 지옥이 따로 있고 극락이 따로 있는 것이 아닙니다. 어떨 때는 축생 같은 삶이었다가 때로는 지옥의 어둠과 고통과 절망 속을 헤맬 때도 있고 때로는 하늘을 날아갈 것 같은 기쁨과 환희로 행복할 때도 있습니다. 내 마음이 곧 지옥이고, 내 마음이 곧 극락입니다. 감옥 속에 갇혀있어도 평화로운 사람이 있고, 온갖 부귀영화를 누려도 불안하고 우울한 사람이 있습니다. 그렇다면 지금 여기서 힘들고 어려움을 겪는 사람을 돕는 것이 바로 지옥 중생을 돕는 일일지도 모릅니다.

보살은 중생으로 하여금 지옥, 축생의 고통을 영원히 떠나게 하고 중생을 기쁘게 하고 만족하게 하려고 회향한다고 합니다. 보살의 거룩한 마음을 배우고 실천할 수 있기를 바랍니다.

보살마하살은 중생들이 때에 알맞게 법륜을 굴릴 수 있게 하려고 회향한다고 합니다. 때에 맞게 어떤 일을 한다는 것은 매우 어려운 것 같습니다. 지난 일을 생각해보면 그 때 그 일을 했었어야 하는데 하는 미련이나 후회가 남은 일이 많습니다.

때를 아는 것이 지혜입니다. 때를 놓치게 되면 기회도 사람도 세월도 놓치게 되는 경우가 있습니다.

과거를 회상해보면 그 때가 가장 적절한 시기였는데 놓쳐버렸다고 생각되는 일이 많습니다. 나이가 어려서일 수도 있고, 어리석어서일 수도 있고, 준비가 되지 않아서일 수도 있었을 것입니다. 태만해서일 수도 있고, 두렵고 용기가 없어서일 수도 있고, 언제나 기회가 있을 줄 알고 다음으로 미루었을 수도 있겠지요. 지나고 난 후 그 때가 바로 가장 알맞은 때였다는 것을 알고 뒤늦게 후회해도 소용이 없는 경우가 많습니다.

경우에 따라 즉시 해야 하는 일이 있고, 시간을 두고 천천히 해야 하는 일이 있습니다. 미루다가 기회를 놓치는 사람도 있지만, 조급하게 서둘다가 일을 그르치는 사람도 있습니다. 최선의 때는 언제일까요? 어떤 사람은 사랑한다는 말을 제 때에 하지 못해 사랑하는 사람을 영영 떠나보낸 사람이 있습니다. 용서해야할 때 용서하지 못해 평생을 원수로 지내는 사람이 있습니다. 때를 놓친다는 것, 그것은 자기 삶의 부분을 상실해버리는 것을 의미하기도 합니다.

봉사활동을 생활처럼 해오던 분과 이야기를 나눈 적이 있습니다. 크게 넉넉하지 않은 형편인데도 자기가 할 수 있는 한도 내에서 최대한 정성을 다하고 시간과 돈을 아끼지 않는 것을 보고 주변의 칭송이 자자하였습니다. 그러나 정작 그 분은 마음의 빚을 진 사람이 있다는 고백을 하였지요. 젊은 날 도움의 손길이 절실히 필요한 사람을 옆에 두고도 지나쳤다는 것입니다. '누군가 다른 사람이 돕겠지, 나는 아직 돈도 없고 그쪽으로 좀 더 공부를 하고 자격을 가진 후에 정식으로 어려운 사람을 돕는 일을 해야지'라는 생각을 했다는 것입니다. 시간이 흘러 자신에게 도움을 요청하던 그가 생각이 나서 찾아보니, 그 사람은 이미 가난과 질병으로 세상을 등진 후였다고 합니다. 그 때서야 미안한 마음과 안타까운 마음이 밀려오면서 그 당시에 자신이 할 수 있었던 일은 과연 어떤 것이었나 생각하게 되었다고 합니다. 물론 돈도 없고 사회적 지위나 능력은 부족했지만, 애타게 사람들의 손길을 바라던 그에게 정작 필요했던 것은 물질이 아니었을지도 모릅니다. 사랑과 관심, 혹은 위로와 격려였을지 모릅니다. 그런데도 그 분은 나는 아는 것도 없고, 가진 것도 없다고 지레 뒷걸음질 쳤다는 것이지요. 옆에 있어주고, 따뜻하게 웃으며 손잡아주고, 목욕이나 산책이라도 함께 할 수 있었을 텐데 하는 뒤늦은 후회를 했다고 합니다. 이 세상에 혼자 남겨진 것 같은 외로움을 달래주고, 사랑받고 있고 존중받고 있음을 느끼게 해주는 것이 물질로 도움을 주는 것보다 더 중요하다는 것을 깨닫게 되었다는 것입니다. 그래서 지금은 자기가 할 수 있는 일을 결코 미루지 않고 바로 하게 되었다고 합니다.

혹시 때를 놓친 적이 있습니까? 그렇다면 그것은 무엇 때문입니까? 고요히 자신의 마음을 관찰해봅시다. 이기심 때문인지 두려움 때문인지 자만심이나 열등감 때문인지, 그것을 성찰하는 것도 자기를 아는 중요한 공부입니다.

보살마하살들이 행하신 회향의 공덕이 참으로 크다는 것을 알았습니다. 제10회향의 보살은 법보시로 생긴 선근을 회향함으로써 법계의 한량없이 평등하고 청정한 몸과 말과 마음에 편안히 머물게 된다고 합니다. 어떻게 하면 보살의 법보시를 배울 수 있는지 궁금합니다.

죽으면 평생 모은 돈을 가지고 가는 것이 아니라 집착했던 그 마음을 가지고 갑니다. 사는 동안에 열심히 일하고 돈을 벌기도 해야겠지만, 남을 위해 베푸는 일도 열심히 해야겠습니다. 보시를 통하여 집착하는 마음의 때를 씻고, 보시를 통하여 선근 공덕을 쌓을 수 있습니다.

불·법·승 삼보(三寶)에 공양하는 것도 보시입니다. 또한 가난한 이웃을 돕는 것도 보시이고 우주 만물을 포함한 일체중생의 은혜에 보답하는 것도 보시입니다. 흔히 보시라 하면 물질로써 베푸는 것(재시)을 제일 먼저 생각하지만, 이웃의 고통과 두려움을 달래주고 사랑을 베푸는 것(무외시)도 참으로 중요한 보시입니다. 특히 진리를 전하여 올바른 삶을 살도록 인도하는 보시(법보시)는 보시 중에서도 가장 큰 보시라 할 수 있습니다.

부처님의 가르침을 마음 깊이 지니고 실천하며 남에게 전해주는 것이 바로 법보시입니다. 부처님은 이 공덕이 매우 크다고 했는데, 여래가 연등부처님을 모시기 전에 무량아승기겁동안 팔만사천만억 나유타 부처님을 친견하면서 지극정성으로 받들어 섬긴 복보다 말법 세상에 부처님의 가르침을 수지독송하고 남에게 전하는 이의 복이 더 크다고 말씀하셨습니다. 이와 같이 법보시의 공덕은 상상할 수 없을 정도로 크다는 것이지요.

법보시는 진리를 가르치고 베풂으로써 중생을 이롭게 하는 것입니다. 옷이 필요한 사람에게 옷을 주고, 돈이 필요한 사람에게 돈을 주는 것도 중요하지만, 참되게 살도록 하고 궁극적으로는 깨달음의 길로 갈 수 있도록 인도하는 것이 가장 중요한 보시이겠지요.

그러나 보시를 할 때는 결코 보상을 바라거나 만심(慢心)을 가져서는 안 됩니다. 내가 너에게 베풀었다는 생각을 가진다는 것은 나와 남을 분별하는 마음에 빠져 상(相)에 집착한 것이 되므로 보시의 공덕은 사라지게 될 것입니다. 베풀되 베풀었다는 생각을 가지지 않아야 참된 보시입니다. 이것이 바로 무주상보시(無住相布施)입니다. 내가 많은 재물을 가지고 있다 해도 그것이 본래 내 것이 아닌데, 내가 잘난 척 할 일도 아니고 대가를 바랄 일도 아니지요. 교만한 마음으로 한 보시는 또 다른 집착에 불과합니다. 진정한 의미의 보시는 무소유의 마음으로 자타불이의 정신에서 대가 없이 이루어져야 비로소 청정한 보시가 될 것입니다.

[부록1]

『화엄경』 개요

『화엄경』은 한 편의 장엄하고 거대한 드라마에 비유할 수 있다. 『화엄경』의 무대는 시간적으로 삼세(과거·현재·미래)를 자유자재로 누비며 공간적으로 온 우주를 배경으로 한다. 무대에는 저마다의 아름다움을 뽐내는 온갖 잡화가 만발하였고 수많은 보살들과 보살행들도 꽃에 비유되어 장식된다. 막이 오르자마자 무대는 찬란하고 아름다운 깨달음의 세계가 환하게 펼쳐진다. 언어로써 다 표현할 수 없는 웅대한 무대이다. 그리고는 범부가 부처의 경지에 도달할 수 있는 길을 제시하고 있다. 즉 중생이 발심하여 수행과정을 거쳐 드디어는 정각에 이르는 과정을 52단계로 나누어 단계별로 안내하고 그 때마다 보살이 닦아야 할 수행덕목을 자상하게 가르쳐주고 있다.

또 『화엄경』의 마지막 품인 「입법계품」에서는 선재(善財, Sudhana)라는 주인공을 통하여 52선지식을 찾아 깨달음을 얻는 과정을 보여준다. 총 7막 9장(7처 9회)의 막이 바뀔 때마다 천상과 지상을 오가며 펼쳐지는 장면은 엄청난 감동으로 관객을 사로잡는다. 상상할 수 없을 정도의 수많은 등장인물에 압도당하고 점진적으로 반복되는 방대한 설법에 또 한번 놀라고 만다.

부처님은 출가 후 6년간의 고행을 끝내고 마가다국의 니련선하 근처에 있는 보리수 아래에서 12월 8일 새벽에 정각을 이루셨다. 이 자리가 바로 금강보좌이며 보리도량이다. 『화엄경』은 부처님께서 이곳 보리수 아래에서 정각을 이루시고 2・7일(14일)에 그 자리에서 일어서시지 않고 깨달은 진리를 그대로 설하신 경이다. 이는 물론 역사적 사실과 일치하는 것은 아니지만, 대승불교의 견지에서 석가모니를 중심으로 하는 의미상의 배열이고 서술이다. 전설에 의하면 용수(龍樹, 약150-250년)가 히말라야 산기슭에서 한 늙은 비구의 가르침을 받고 용궁으로 가서 가지고 온 것(용궁장래설)이라고 하지만 「십지품」이나 「입법계품」은 용수 이전에 이미 존재했고 교리발달사적 측면에서 보면 부처님께서 돌아가신 후 5・6백 년 사이에 중관(中觀:實相), 유가(瑜伽:法相) 양종이 통일되는 일승불교 형성의 한 과정에서 성립된 대승불교의 경전이라 할 수 있다.

우리 나라에서는 『화엄경』이 오늘날 승가대학의 교과과정 중 마지막 과정인 대교과에서 학습하는 중요한 경이다. 한국불교에서는 원효와 의상에 의해 한국화엄사상의 기틀이 마련되었는데 선수행을 주로 하면서도 선학(禪學)에 있어서는 화엄사상이 바탕이 되고 있다. 원래 화엄은 선삼매의 실천을 통한 법계실상(法界實相)의 직관적 체증(體證)을 강조하고 있으므로 화엄과 선은 분리시킬 수 없는 것이다. 엄밀히 말해 『화엄경』이 설하고 있는 지혜와 자비의 세계에 참여하기 위해서는 우선 선정(禪定)을 통해서만 가능하다. 지성에 의한 이해만으로는 체득할 수 없는 세계이다. 또한 『화엄경』은 일승원교(一乘圓敎)로서 완전무결한 가르침일 뿐 아니라 인류가 남긴 최대의 걸작 가운데 하나라고 일컬어지고 있다.

1. 『화엄경』이라는 명칭의 뜻

『화엄경』이란 대방광불화엄경(大方廣佛華嚴經)의 약명(略名)이다. 산스크리트어로는 마하 바이푸르야 붓다 간다 뷰하 수트라 (Maha Vaiplya Buddha Ganda Vyuha sūtra), 혹은 붓다 아바탐사카나마 마하 바이푸르야 수트라(Buddha-avataṁsaka-nāma-mahāvaipūlya- sūtra, 화엄이라 부르는 광대한 경전)이라고 한다. 『화엄경』을 부르는 또 다른 이름으로는 Buddhāvataṃsaka(붓다바탐사카, 불화엄경), Avataṃsaka Sūtra(아바탐사카 수트라, 『화엄경』)이다. 우리 식 발음으로 Hwaŏm-gyŏng, Hwaŏm Sūtra, 또 중국 식 발음으로 Hua-yen Sūtra라고 한다. 영역본에서는 Flower Splendour Scripture, Flower Adornment Scripture, Flower Ornament Scripture로 표기되고 있다.

그 뜻은 "무한히 크고(大), 표준이 되어 변함이 없으며(方), 모든 것을 널리 포함하고(廣), 인생과 우주 삼라만상을 깨달은 사람(人)이 되며, 마음속의 온갖 능력을 마음껏 꽃피우며(華), 온 우주의 사물 하나하나마다를 이 아름다운 부처의 꽃으로 장엄(嚴)하고, 이러한 절대적인 진리를 담아내는 그릇(經)"이다(무비, 『화엄경』, 1995).

즉 대방광(大方廣)이라고 하는 부처님을 설하는 『화엄경』이라는 뜻이다. 화엄이라고 하는 말은 온갖 아름다운 꽃으로 완벽하게 장식한다는 뜻이므로 『화엄경』이란 무한한 비로자나(범어: 바이로차나, Vairocana) 부처님의 깨달음 세계를 보살의 갖가지 만행화로써 장엄함을 설하고 있는 경이다.

2. 『화엄경』의 종류

『화엄경』은 시간상(說時)으로 볼 때 부처님께서 성도하신 후 2·7일에 중생들의 근기(根機)에 관계없이 깨달은 진리를 그대로 일시에 설한 것이며 양적으로는 매우 방대하다. 중국에 전해져 현존하는『화엄경』의 한역본에는『60화엄경』『80화엄경』『40화엄경』의 세 가지가 있다.

『40화엄경』은『60화엄경』과『80화엄경』의「입법계품」만을 따로 번역한 경이므로 보통『화엄경』이라고 하면『60화엄경』과 『80화엄경』을 가리킨다.

이 경을 서로 비교해 보면 <표 1>과 같다.

3. 『화엄경』의 전래

현존하는 가장 오래된 『화엄경』은 5세기초의 『60화엄경』으로서 서역의 고탄(호탄) 지역에서 전래되었다고 한다. 이 『60화엄경』의 범본을 중국에 전래한 이는 월지국의 지법령이었다. 그 후『80화엄경』도 역시 고탄에서 전해진 것으로 알려져 있다. 고탄(우전)은 곤륜산맥의 북쪽에 위치하며 동서무역의 중개시장으로 동서 양쪽 문화를 받아들여 독특한 문화를 형성하였다. 불교가 번창했던 이곳은 현재 화전현의 남쪽 약 25킬로미터에 있는 옛성의 유적지로 남아 있다(장휘옥 역, 『화엄경 이야기』, 1996).

구 분	60 화엄경	80 화엄경	40 화엄경
번 역 시 기	동진, 359-429 (혹은 418-420)	당, 측천무후시대, 695-699	당, 정원11년,798
역 자	불타발타라	실차난타	반야 삼장
명 칭	구역 화엄경, 진역 화엄경	신역 화엄경, 당역 화엄경	입부사의해탈경계 보현행원품, 정원본 화엄경
구 성	7처8회, 34품, 3만 8천 게송	7처9회, 39품, 4만 5천 게송	선재의 52선지식 순례와 깨달음

<표 1> 경의 비교

중앙아시아 지역의 지도와 『화엄경』 및 화엄종 관련지도를 살펴보면 <그림 1>, <그림 2>와 같다(木村清孝, 『華嚴經をよむ』, 1997).

<그림 1> 중앙아시아 지도

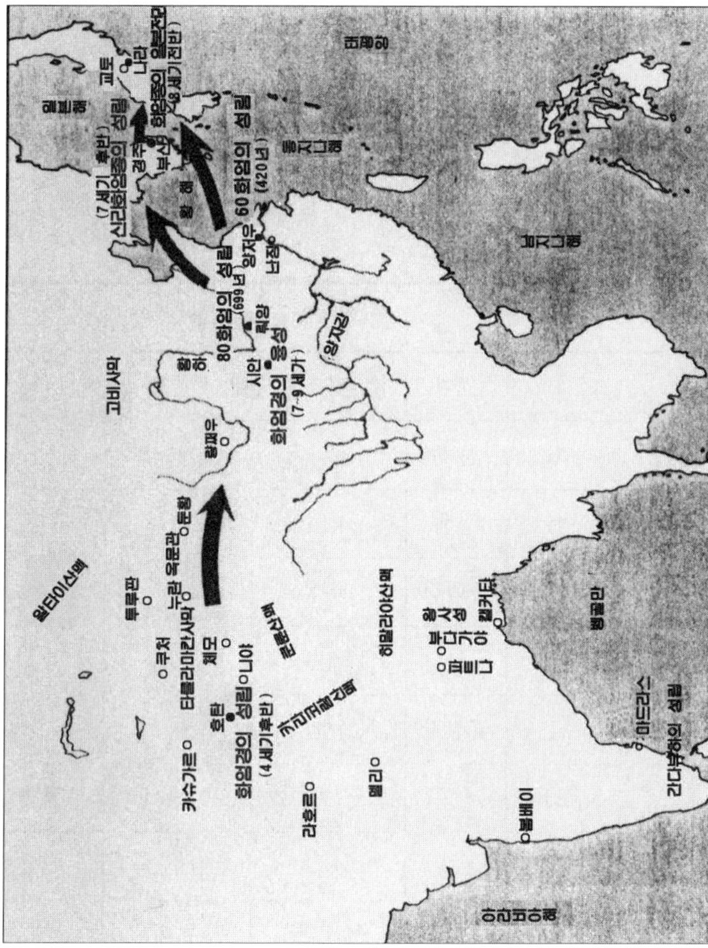

<그림 2> 화엄경 · 화엄종 관련지도

4. 『화엄경』의 구성

80화엄은 7처(경을 설한 장소, 지상3곳 천상4곳) 9회(경을 설한 모임) 39품(내용으로 분류) 총 4만 5천 게송으로 이루어져 있다.

80화엄의 구성을 살펴보면 <표 2>와 같다.

<table>
<tr><th>9회</th><th>7처</th><th>39품</th><th>설주
보살</th><th>설법 내용</th><th>경전 구분</th><th>내용
(대상)</th></tr>
<tr><td>1</td><td>보리장회
(지상)</td><td>6</td><td>보현</td><td>佛自內證境</td><td>보현경전계</td><td>부처님</td></tr>
<tr><td>2</td><td>보광명전
(지상)①</td><td>6</td><td>문수</td><td>信</td><td>문수경전계</td><td>중생</td></tr>
<tr><td>3</td><td>도리천
(천상)</td><td>6</td><td>법혜</td><td>十住</td><td rowspan="4">십지경전계</td><td rowspan="4">보살</td></tr>
<tr><td>4</td><td>야마천
(천상)</td><td>4</td><td>공덕림</td><td>十行</td></tr>
<tr><td>5</td><td>도솔천
(천상)</td><td>3</td><td>금강당</td><td>十廻向</td></tr>
<tr><td>6</td><td>타화자재
천(천상)</td><td>1</td><td>금강장</td><td>十地</td></tr>
<tr><td>7</td><td>보광명전
(지상)②</td><td>11</td><td>주로
보현</td><td>覺(等・妙覺)</td><td>보현경전계</td><td>부처님</td></tr>
<tr><td>8</td><td>보광명전
(지상)③</td><td>1</td><td>보현</td><td>妙覺</td><td>보현경전계</td><td>부처님</td></tr>
<tr><td>9</td><td>급고독원
(지상)</td><td>1</td><td>문수→
보현</td><td>解脫門</td><td>전체</td><td>전체</td></tr>
</table>

<표 2> 80화엄의 구성

『화엄경』에서 특별히 중요한 부분은「십지품, Dasabhumika」과

「입법계품, Gandavyuha」으로, 이것은 산스크리트어본이 현존하는 가장 오래된 부분이기도 하다.

각 품의 명칭을 살펴보면 <표 3>과 같다.

「보현행원품」은 『60화엄경』이나 『80화엄경』에서는 설해지지 않고 『40화엄경』에서만 설해지고 있다. 이에 관해서는 반야가 『40화엄경』을 번역할 당시 『별행경』으로서 유행하고 있던 불타발타라 역의 『문수사리발원경』이나 불공 번역의 「보현보살행원찬」을 첨가시켜 편집했다는 설이 있다(이도업, 『화엄경사상연구』, 1998).

오늘날 널리 지송되고 있는 「보현행원품」은 『40화엄경』의 제40권에서 보현보살에 의해 설해지고 있는데 넓게는 「입법계품」 전체를 가리키는 말이기도 하나 좁게는 40화엄 중의 보현보살의 10종 행원 부분만 일컫기도 한다. 따라서 「보현행원품」은 『화엄경』의 결론이며, 대승불교전체의 결론이라고 할 수 있으므로 『80화엄경』에는 포함되어 있지 않지만 첨가해서 살펴보고자 한다.

5. 『화엄경』의 내용

경의 내용은 글에 따른 분류(4가지)와 뜻에 따른 분류(5가지)로 나누어 볼 수 있다.

<표 4>의 내용을 종합해 볼 때 『화엄경』의 강령은 신(信)·해(解)·행(行)·증(證)의 넷으로 집약된다고 할 수 있다.

회	품 명	회	품 명
1회(6품)	1. 세주묘엄품(世主妙嚴品)	4회(4품)	21. 십행품(十行品)
	2. 여래현상품(如來現相品)		22. 십무진장품(十無盡藏品)
	3. 보현삼매품(普賢三昧品)	5회(3품)	23. 승도솔천궁품(昇兜率天宮品)
	4. 세계성취품(世界成就品)		24. 도솔궁중게찬품(兜率宮中偈讚品)
	5. 화장세계품(華藏世界品)		25. 십회향품(十廻向品)
	6. 비로자나품(毘盧遮那品)	6회(1품)	26. 십지품(十地品)
2회(6품)	7. 여래명호품(如來名號品)	7회(11품)	27. 십정품(十定品)
	8. 사성제품(四聖諦品)		28. 십통품(十通品)
	9. 광명각품(光明覺品)		29. 십인품(十忍品)
	10. 보살문명품(菩薩問明品)		30. 아승기품(阿僧祇品)
	11. 정행품(淨行品)		31. 여래수량품(如來壽量品)
	12. 현수품(賢首品)		32. 보살주처품(菩薩住處品)
3회(6품)	13. 승수미산정품(昇須彌山頂品)		33. 불부사의법품(佛不思議法品)
	14. 수미정상게찬품(須彌頂上偈讚品)		34. 여래십신상해품(如來十身相海品)
	15. 십주품(十住品)		35. 여래수호광명공덕품(如來隨好光明功德品)
	16. 범행품(梵行品)		36. 보현행품(普賢行品)
	17. 초발심공덕품(初發心功德品)		37. 여래출현품(如來出現品)
	18. 명법품(明法品)	8회(1품)	38. 이세간품(離世間品)
4회(4품)	19. 승야마천궁품(昇夜摩天宮品)	9회(1품)	39. 입법계품(入法界品)
	20. 야마궁중게찬품(夜摩宮中偈讚品)	보현행원품(普賢行願品)	

<표 3> 각 품의 명칭

공통점	글에 의한 분류	뜻에 의한 분류
신(信) 제1회	결과를 드러내 보이며 수행을 권하여 믿음을 내게 하는 것 (擧果勸樂生信分)	믿을 인과 (所信因果)
해(解) 제2회 ~7회	인행을 닦아 결실을 맺는 것을 말하며 지혜를 내게 하는 것 (修因契果生解分, 十信~十地)	차별한 인과 (差別因果) 평등한 인과 (平等因果)
행(行) 제8회	수행하는 법에 의지하여 닦아나가면 인행을 성취하는 것 (託法進修成行分)	수행을 성취하는 인과 (成行因果)
증(證) 제9회	범부로 하여금 증득하게 하여 덕을 성취한다는 것 (依人證人成德分)	증득하는 인과 (證入因果)

<표 4 > 화엄경의 내용

6. 『화엄경』의 특징

1) 경을 설한 시기와 경전이 성립된 시기

경을 설한 시기에 대해 화엄종의 법장(法藏)은 해인삼매 가운데서 일념 중에 설해진 것이라는 해인삼매정중설(海印三昧定中說)이라 말하고 『십지경』에는 제 이칠일(14일)이라 하고 천태교판에서는 최초 삼칠일(21일) 동안 말씀하신 경이라고 한다. 그러나 이것은 『화엄경』이 역사적으로 성립된 사실을 말하는 것이 아니라 『화엄경』이 부처님의 세계를 드러내는 것임을 의미하는 사상적 특징을 나타내는 것이라 하겠다. 전해져오는 산스크리트어본은 「십지품」과 「입법계품」 뿐이고 현존하는 『화엄경』은 중국에서 유통되고 있던 '화엄경 전류'를 모아 40권, 60권, 80권으로 편집 정리한 것이라고 말할 수 있다.

2) 화엄의 교주와 『화엄경』의 설주

화엄의 교주는 비로자나불이다. 비로자나불은 융삼세간(融三世間)·십신구족(十身具足)·삼불원융(三佛圓融)의 청정법신이다. 즉 지정각세간(智正覺世間)과 중생세간(衆生世間)과 기세간(器世間)이 각기 다른 존재가 아니라 부처와 보살, 보살과 중생, 중생과 부처가 다르지 않음을 말하는 것이다. 또한 법신(法身)·보신(報身)·화신(化身)인 비로자나불·노사나불·석가모니불은 삼신(三身)이면서 동일한 불신(佛身)이므로 서로 다르지 않다. 이러한 비로자나불은 『화엄경』에서 삼매에 들어 광명만으로 나타내 보일 뿐이고 39품 중 단 2개 품(아승지품, 여래수호광명공덕품)에서만 직접 설하신다. 그 외에는 모두 문수·보현 등의 여러 보살들이 부처님께서 깨달은 내용을 감득한 후, 부처님의 가피를 받아 설하는 것이다. 이것은 『화엄경』이 문수경전과 보현경전 그리고 십지경전의 체계로 구성되었음을 말하고 있는 것이다. 부처님의 지혜를 성취한 보살들에 의해 부처님의 세계를 나타내 보이고 보살들이 설하고 있는 그 보살행을 실천함으로써 중생이 바로 부처 될 수 있음을 보여주고 있다.

3) 십이라는 원만수의 사용

『화엄경』에서는 모든 것을 열이라는 숫자로 나타내고 있다. 부처님도 십불(十佛, ①無着佛, ②願佛, ③業報佛, ④持佛, ⑤化佛 또는 涅槃佛, ⑥法界佛, ⑦心佛, ⑧三昧佛, ⑨性佛, ⑩如意佛)로 나타내고 있는데 십불이 구족한 세계가 대방광불의 비로자나불 세계인 것이다. 그 외에도 십보살, 십원, 십바라밀, 십신, 십주, 십행, 십회향, 십지… 등에서 10이라는 원만수를 사용하고 있고, 비유를 들거나 게송을 읊을 때, 설명을 할 때도 반드시 열 개씩 묶어 열 가지, 백가지, 천 가지의 숫자로 짝을 맞추는데,

이는 『화엄경』의 세계가 무애원만한 세계임을 보여주려는 상징적인 수(數)의 언어라고 할 수 있겠다.

4) 일치 속의 다양한 사상

『화엄경』의 중심사상에 대해 이기영 교수는 법신불 사상, 성기사상, 법계무애의 연기사상, 해인삼매론, 일심론, 보살 52위론, 육상론의 일곱 가지로 나누어 설명하고, 도업스님은 법신불 사상, 보살사상, 유심사상, 연기사상, 정토사상으로 나누고 있다. 해주스님은 여래출현, 일승보살도, 법계연기로 요약하고 있는데 간략한 설명(해주스님, 『화엄의 세계』, 1998 참고)은 다음과 같다.

첫째, 여래출현이란 여래 성기(性起)라고도 하는데 『화엄경』의 '대방광불'은 온 우주법계에 충만한 변만불(遍滿佛)로서 모든 존재가 비로자나 부처님의 화현 아님이 없다. 개개 존재가 불성으로서의 고유한 제 가치를 평등히 다 갖추고 있어 여래의 지혜인 여래성품이 그대로 드러난 존재인 것이다. 이를 여래 성기 또는 여래출현이라고 한다. 화엄가들은 화엄교주를 융삼세간, 십신구족, 삼불원융의 청정법신 비로자나불이라 부른다. 『화엄경』은 불세계를 교설한 것으로 부처님께서는 옛부터 본래 부처인 중생의 원력에 의해 이 땅에 구현됨을 밝혀 준 것이다.

둘째, 일승보살도로서 보살행이라는 꽃으로 불세계를 장엄하고 있다. 범부와 보살의 다른 점은 발심에 있다. 발심한 중생이 보살인데 화엄에서는 발심만 하면 바로 정각을 이룬다고 한다. 즉 처음 발심할 때가 바로 정각을 성취하는 때이다(初發心時便成正覺). 발심보살의 보살행은 성불로 향해 가는 인행(因行)이라기보다 정각 후의 과행(果行)이며 부처행(佛行)인 것이다. 왜냐하면 인과가 둘이 아닌 인과교철(因果交徹)의 인행이며 과행이기 때문이다. 이는 보살행의 실천적 체험이 없이 사변적인 이성만으로는 다가갈 수 없는 심오한 경지를 뜻한다. 정각에 이르는 과정의 면에서 보면, 비로자나 부처님의 세계를 현실적으로 구현해나가는 것이 바로 『화엄경』의 보살행이다. 『화엄경』의 보살계위는 십주 · 십행 · 십회향 · 십지 · 등각 · 묘각의 42위이고 경우에 따라 10신을 합하여 52위로 보기도 한다. 또 「입법계품」에서는 선재의 구법을 단계적으로 불세계를 구현시켜나가는 여정으로 감명 깊게 드러내고 있다. 한마디로 화엄사상을 보살사상의 정화로 규정할 수 있다.

셋째, 법계연기는 일체의 존재는 서로서로 무애하게 받아들이고(相入) 하나되어(相卽) 원융무애한 무진연기를 이루고 있음을 말한다. 십현육상의 사사무애 법계연기로 설명하기도 한다. 연기란 '연(緣)하여 함께 일어난다.'라는 의미로 모든 존재는 어느 것이나 그럴만한 원인과 조건이 있어서 생긴 것, 즉 말미암아 생긴 것이니 상의상관(相依相關)의 관계에 있다는 것이다. 즉 '이것이 있으므로 저것이 있고 이것이 없으므로 저것이 없다. 이것이 일어나므로 저것이 일어나고 이것이 멸하므로 저것이 멸한다.'는 연기의 이법은 모든 존재의 생성과 소멸의 과정에 적용할 수 있는 것이다.

5) 보살도와 보살의 수행덕목

화엄의 중심사상은 일승보살도이다. 즉 중생이 신심을 가지고 보리심을 일으키면 바로 정각을 이룬다고 하였다(初發心時阿耨多羅三藐三菩提). 발심한 중생이 곧 보살이며 『화엄경』에서는 보살이 밟아야 할 계위를 십신(순서가 명시된 것은 아님), 십주(十住), 십행(十行), 십회향(十廻向), 십지(十地), 등각(等覺), 묘각(妙覺)의 52위를 들고 있다. 또한 이 단계마다 닦아야 할 수행덕목으로서 십바라밀을 제시하고 있다. 이는 보시, 지계, 인욕, 정진, 선정, 반야, 방편, 원, 력, 지 바라밀이다.

<표 5>에서 십바라밀과 52계위를 살펴볼 수 있다.

7. 화엄 10찰

신라의 의상(義湘, 625-702)이 지은 10개의 절이다. 의상이 당나라에서 공부하고 문무왕 10년(670년)에 귀국한 후 전교(傳敎)를 하면서 10개소에 절을 지었는데, 이를 화엄십찰이라 한다.

① 중악 공산 미리사(美理寺 일명 美利寺) ② 남악 지리산 화엄사(華嚴寺) ③ 북악 태백산 부석사(浮石寺) ④ 강주 가야산 해인사(海印寺) ⑤ 웅주 가야협 보원사(普願寺) ⑥ 계룡산 갑사(岬寺) ⑦ 양주 금정산 범어사(梵語寺, 현재는 梵魚寺) ⑧ 비슬산 옥천사(玉泉寺, 현재는 龍泉寺) ⑨ 모악산 보광사(普光寺) ⑩ 한주 멱아산 청담사(靑潭寺)

그 외에도 국신사(國神寺, 현재는 歸信寺), 화산사(華山寺) 등을 화엄십찰 중 하나로 보는 견해도 있다.

	十波羅蜜	十信	十住	十行	十廻向	十地
1	단(檀)바라밀 [布施〃] Dānapāramitā	신심 (信心)	초발심주 (初發心住)	환희행 (歡喜行)	일체 중생을 구호하면서도 중생이라는 생각을 떠난 회향 (救護一切衆生離衆生相廻向)	환희지 (歡喜地)
2	시(尸)바라밀 [持戒〃] Śilapāramitā	염심 (念心)	치지주 (治地住)	요익행 (饒益行)	깨뜨릴 수 없는 회향(不壞廻向)	이구지 (離垢地)
3	찬제(羼提)바라밀[인욕〃] Ksāntipāramitā	정진심 (精進心)	수행주 (修行住)	무위역행 (無違逆行)	모든 부처님과 동등한 회향 (等一切諸佛廻向)	발광지 (發光地)
4	비리야(毘梨耶)바라밀(精進〃) Viryapāramitā	혜심 (慧心)	생귀주 (生貴住)	무굴요행 (無屈撓行)	모든 곳에 이르는 회향 (至一切處廻向)	염혜지 (焰慧地)
5	선(禪)바라밀 [禪定〃] Dhyānapāramitā	정심 (定心)	구족방편주(具足方便住)	무치란행 (無痴亂行)	다함이 없는 공덕장 회향(無盡功德藏廻向)	난승지 (難勝地)
6	반야(般若)바라밀[지혜〃] Prajñāpāramitā	불퇴심 (不退心)	정심주 (正心住)	선현행 (善現行)	견고한 일체의 선근을 따르는 회향(隨順堅固一切善根廻向)	현전지 (現前地)
7	방편(方便) 바라밀 Upāyapāramitā	회향심 (廻向心)	불퇴주 (不退住)	무착행 (無着行)	일체 중생을 평등하게 따라주는 회향(等隨順一切衆生廻向)	원행지 (遠行地)
8	원(願)바라밀 Pranidhāna-pāramitā	호심 (護心)	동진주 (童眞住)	난득행 (難得行)	진여인 모양의 회향(眞如相廻向)	부동지 (不動地)
9	력(力)바라밀 Balapāramitā	계심 (戒心)	법왕자주 (法王子住)	선법행 (善法行)	집착도 속박도 없는 해탈회향 (無着無縛解脫廻向)	선혜지 (善慧地)
10	지(智)바라밀 Jñānapāramitā	원심 (願心)	관정주 (灌頂住)	진실행 (眞實行)	법계와 평등한 무량회향(等法界無量廻向)	법운지 (法雲地)

<표 5> 보살의 계위와 십바라밀

8. 화엄조사

중국화엄에서는 초조인 두순으로부터 지엄, 법장, 징관, 종밀까지를 화엄 5조라 부른다. 여기에 인도의 용수와 마명을 보태어 화엄 7조로 부르기도 하고 세친을 합하여 화엄 8조라고 하기도 한다. 또 문수와 보현보살을 보태어 화엄 10조로 나누기도 한다.

중국과 한국의 화엄조사들을 알아보고, 그들의 주요 저서 및 특징을 살펴보면 <표 6>과 같다.

9. 의상의 『화엄일승법계도』

『일승법계도』는 의상(義湘, 625-702)이 지은 것으로 『화엄경』의 핵심내용을 210자로 줄여 7언 30구의 게송으로 만든 것이다. 이것은 법계도인(法界圖印)과 법성게(法性偈)와 해석부분인 법계도기(法界圖記)까지를 통칭하는 말로서 법계도인과 법성게를 합한 것을 『일승법계도합시일인(一乘法界圖合詩一印)』 또는 『반시』라고 한다. 법성원융무이상(法性圓融無二相)의 '법'자로부터 구래부동명위불(舊來不動名爲佛)의 '불'자로 끝나고 54각을 이루며 한 길로 이어지고 있다.

법계도의 그림은 <그림 3>과 같다(안형관 역, 『과정형이상학과 화엄불교』, 1999).

	조사명	주요 저서 및 특징
화엄경	보현(普賢)보살	실존 인물은 아니나 『화엄경』에서 부처님을 대신하여 설법하는 대표적인 인물임
	문수(文殊)보살	
인도	마명(馬鳴, Aśvaghoṣa, 50-150)	『대승기신론(大乘起信論)』
	용수(龍樹, Nāgārjuna, 150-250)	『중론(中論)』, 『화엄경약찬게(華嚴經略讚偈)』, 『십주비바사론(十住毘婆沙論)』
	세친(世親, Vasabandhu, 약320-400년)	『십지경론(十地經論)』
중국	두순(杜順, 法順, 帝心尊者, 557-640)	◦ 화엄종 초조(初祖) 『오교지관(五敎止觀)』, 『화엄법계관문(法界觀門)』
	지엄 (智儼, 至相大師, 602-668)	◦ 화엄교학의 기초자 『화엄경수현기(搜玄記)』, 『화엄공목장(華嚴經孔目章)』, 『일승십현문(一乘十玄門)』
	법장 (法藏, 賢首大師, 643-712)	◦ 화엄교학의 대성자 『화엄경탐현기(華嚴經探玄記)』, 『화엄오교장(華嚴五敎章)』, 『금사자장(金師子章)』
	징관(澄觀, 淸凉大師, 738-838)	『화엄경소(華嚴經疏)』, 『화엄경현담(華嚴經玄談)』, 『보현행원품별행소(普賢行願品別行疏)』
	종밀 (宗密, 圭峯, 780-841)	◦ 교선일치의 주창자 『주화엄법계관문(註華嚴法界觀門)』, 『원인론(原人論)』, 『선원제전집도서(禪源諸詮集都序)』, 『보현행원품소초(普賢行願品疏鈔)』
중국	이통현 (李通玄, 635-730)	『신화엄경론(新華嚴經論)』

우리나라	승랑(勝朗, 고구려)	◦ 화엄관련 최초의 승려, 중국신삼론종의 개조가 됨
	연기조사(緣起, 烟起, 신라 진흥왕)	◦ 8세기 중엽 화엄사 창건
	자장율사(慈藏, 신라 선덕여왕)	◦ 삼국시대 화엄경의 전래가 자장에 의해 이루어졌다고 함
	원효성사 (元曉, 617-686)	『화엄경소』, 『금강삼매경론』
	의상대사 (義湘, 625-702)	◦ 해동화엄 초조 『화엄일승법계도』
	승전(勝詮)	◦ 법장의 『화엄소초』를 전함
	심상(審詳, ?-742)	◦ 법장에게서 수학, 일본화엄의 초조가 됨

<표 6> 화엄조사

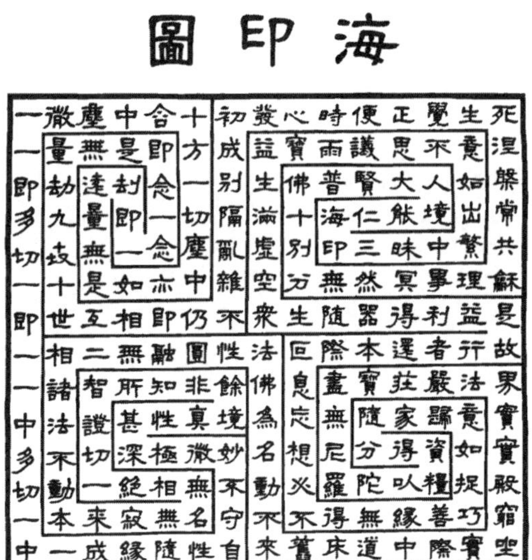

<그림 3> 법계도

[부록2]

화엄경 묵상 제1권

화엄세계 안에서의 대화

차 례

[부록3]

화엄경 묵상 제2권

화엄세계 안에서의 나눔

차 례

제4회 야마천궁회(夜摩天宮會) / 253

찾아보기

ㅇ

ㅊ

ㅌ

ㅍ

ㅎ